利息（第三版）
理論與應用

張運剛　編著

第三版前言

自《利息理論與應用》(第二版)出版以來,客觀環境發生了一些變化,在教學過程中發現了一些新的問題,讀者在使用過程中也反饋了一些寶貴意見,因此,有必要再做一些修訂,使本書使用起來更方便一些、內容更實用一些、學習更輕松一些、體系更完備一些。

為此,筆者做了如下一些修訂工作:

(1)改正了一些錯誤,糾正了一些不規範的提法,讓表述更加簡明與清楚。

(2)增加了每期遞增多次的變額確定年金,以便將其他類型的遞增或遞減型年金的現值、終值公式統一起來。

(4)增加或更換了一些例題或習題。

(5)增加了一些「請讀者思考」的問題,以使講授內容更加深入或更具有挑戰性。

(6)重新核對了習題及其答案,並進行了修正。

本書修訂過程中還得到了研究生鐘楚龍、鐘美玲、張杰茹、蔣耀文、舒雙梅、唐綺瑤、段蕾等的大力支持,幫筆者做了不少工作,並提出了很多有益的建議,特此致謝。

在本書修訂過程中,儘管筆者投入了大量精力與時間,但錯誤或遺漏仍將難免。

張運剛

目　錄

第一章　利息的度量及其基本計算

第一節　利息的度量 …………………………………………… (1)
第二節　利息問題的基本計算 ………………………………… (25)
本章小結 ………………………………………………………… (32)
習題 1 …………………………………………………………… (32)

第二章　確定年金

第一節　每期給付一次的等額確定年金 ……………………… (35)
第二節　每期給付 m 次的等額確定年金 …………………… (50)
第三節　每期連續給付的等額確定年金 ……………………… (55)
第四節　每 k 期給付一次的等額確定年金 ………………… (56)
第五節　變額確定年金 ………………………………………… (60)
第六節　本金償還保險 ………………………………………… (72)
本章小結 ………………………………………………………… (77)
習題 2 …………………………………………………………… (79)

第三章　投資收益分析

第一節　投資收益分析的基本方法 …………………………… (82)
第二節　幣值加權收益率及其計算 …………………………… (89)
第三節　時間加權收益率及其計算 …………………………… (93)
第四節　違約風險對收益率的影響 …………………………… (96)
第五節　再投資收益率 ………………………………………… (100)
第六節　收益分配方法 ………………………………………… (104)
第七節　一般借貸模型 ………………………………………… (106)
本章小結 ………………………………………………………… (109)
習題 3 …………………………………………………………… (110)

第四章　債務償還方法

第一節　分期償還法 ·· (113)
第二節　償債基金法 ·· (133)
第三節　級差利率 ·· (144)
本章小結 ·· (148)
習題 4 ·· (149)

第五章　證券的價值分析

第一節　債券的定價原理 ·· (151)
第二節　股票價值分析 ··· (170)
本章小結 ·· (174)
習題 5 ·· (176)

第六章　利息理論的進一步應用

第一節　誠實信貸與抵押貸款 ·································· (178)
第二節　資產折舊 ·· (184)
第三節　利率水平的決定因素 ·································· (192)
第四節　資產與負債的匹配分析 ······························· (201)
本章小結 ·· (211)
習題 6 ·· (213)

第七章　利息的隨機處理

第一節　隨機利率 ·· (215)
第二節　資產的定價模型 ·· (221)
第三節　期權定價模型 ··· (231)
本章小結 ·· (237)
習題 7 ·· (239)

復習思考題

習題參考答案

習題1	…………………………………………………………………	(249)
習題2	…………………………………………………………………	(249)
習題3	…………………………………………………………………	(251)
習題4	…………………………………………………………………	(251)
習題5	…………………………………………………………………	(252)
習題6	…………………………………………………………………	(252)
習題7	…………………………………………………………………	(253)
復習思考題	………………………………………………………………	(253)

附錄

附錄一 線性插值法與迭代法的應用	…………………………	(257)
附錄二 等額本利分期償還法	………………………………………	(258)
附錄三 其他方法	…………………………………………………………	(260)

附表

附表1 常用系數表	………………………………………………………	(261)
附表2 終值系數$[(1+i)^n]$表	…………………………………	(265)
附表3 現值系數$[v^n=(1+i)^{-n}]$表	………………………	(269)
附表4 年金現值系數$(a_{\overline{n}|i})$表	………………………	(273)
附表5 年金終值系數$(s_{\overline{n}|i})$表	………………………	(277)

第一章　利息的度量及其基本計算

本章主要研究與利息有關的概念、利息的三種度量方式，以及現值、終值、投資期限、利率等的基本計算。

第一節　利息的度量

一、利息

（一）利息

利息是資金的價格，是借款者支付給貸款者使用其資金的代價。換言之，利息是指在一定時期內，資金的所有人將使用資金的自由權轉讓給借款人之後所得到的報酬。通常利息按存款或貸款的本金、利息率與期限的乘積計算而得，而在利息理論、保險精算中，利息的多少還與利息的度量方式有關。利息是在信用的基礎上產生的一個經濟範疇。

（二）利息的來源與意義

由借款人支付利息給貸款人在當代經濟生活中相當普遍，很難想像沒有利息經濟該怎樣運行。然而歷史上並不總是這樣認為的：哲學家亞里士多德曾經譴責取得利息是一種非生產性和不道德的行為；在中世紀，所有的高利貸被天主教禁止。今天，只有「過多」的利息才被禁止。

西方經濟學對利息來源的解釋很多。如「節欲論」認為是資本所有者不將資本用於當前生活消費而得到的報酬，或者等待將來消費而得到的報酬。

「時差利息論」認為，利息產生於人們對現有財貨的評價大於對未來財貨的評價，現在的一元比未來的一元更值錢，利息是價值時差的貼水。大多數企業和個人都更願意今天有錢，而不是明天擁有同樣多的貨幣，利息不過是一種補償。

「流動偏好論」認為，利息是放棄流動偏好所得到的報酬。

馬克思的勞動價值論認為一切價值都是勞動創造的，節欲、等待、對財貨時間價值的主觀評價以及資本本身，都不會使價值增大。貸款人之所以願意支付利息，是因為他能將借來的貨幣投入到生產中，能取得一定的利潤，利息只不過是利潤的一部分。利息是剩餘產品的價值形態，因而利息來源於剩餘產品。

不同社會制度下的利息體現著不同的生產關係。在前資本主義社會，高利貸者以利息的形式，不僅榨取生產者的剩餘勞動，而且也榨取一部分必要勞動。

在資本主義社會，利息是職能資本家為取得借貸資本家或銀行資本家的貨幣資本而付給借貸資本家或銀行資本家的一部分利潤，利潤只不過是剩餘價值的轉化形式。因此，從本質上講，資本主義利息是工人在生產過程中創造的一部分剩餘價值，它體現著資產階級剝削無產階級的生產關係，也體現著借貸資本家、銀行資本家同職能資本家共同瓜分剩餘價值的關係。

在社會主義社會，利息仍然產生於生產過程，是勞動者創造的價值，各種利息最終都來源於企業的純收入。我國企業創造的純收入，一部分作為稅收上繳財政，一部分形成生產者的累積，一部分以利息的形式付給借貸資金的所有者。借出的資金量越多，在純收入分配中所占的份額也就越大，因此社會主義的利息體現的是一種按資分配純收入的關係，但這並不意味著完全不存在剝削關係。

利息，特別是利率，還是合理配置資源、提高資源利用效率、調節國民經濟活動的重要槓桿。

從理論上講，資本和利息可以是貨幣，也可以不是貨幣，但本書所說的資本和利息均限於貨幣。

二、現值函數與終值函數

(一) 本金、利息與累積值的關係

任何一項普通的金融業務都可被視為投資一定數量的資金以產生一定的利息。我們把每項業務開始時投資的金額即初始投資的金額稱為本金（或俗稱母金），而把經過一段時期後連本帶利收回的總金額稱為在該時刻的累積值。累積值與本金的差額就是這一段時期產生的利息，也就是投資期間所得到的利息報酬。顯然，本金 + 利息 = 累積值。

在整個投資期間的任何時刻收回的金額都是累積值，特別地，在整個投資期結束時的累積值稱為終值。同時，累積值也可以看成是終值，只需把所考察的期間當成整個投資期來處理。因此，為了敘述方便起見，本書不區分累積值與終值。

決定終值大小的因素有三個：① 本金；② 投資期限（即投資所經歷的時間長度）；③ 利息的度量方式。在本金、利息的度量方式都確定的條件下，終值則是所經歷的時間的函數。這裡的時間長度的度量單位，可以是一年、一個季度、一個月、一天，也可以是任何一個時間長度，如 5.33 年，究竟選擇多長時間取決於研究的目的。為了方便起見，我們將這樣的時間長度單位稱為「時期」或「期」。同時，利息度量方式中包括了利

率的大小及其表達方式。

(二) 終值函數與總量函數

1. 終值函數 $a(t)$

1單位本金從投資之時起,經過t期后的累積值或終值,記為$a(t)$。在利息度量方式一定的條件下,$a(t)$是所經歷的時期t的函數,稱為終值函數或累積值函數。它具有如下性質:

(1) $a(0) = 1$。

(2) 一般地,$a(t)$為t的增函數(未必是嚴格的)。$a(t)$也可能在某個時期遞減,但正常情形下應該是隨著投資期間的延長,利息逐漸累積,因而收回的金額應越來越多,故有此性質。

(3) 當利息連續產生時,$a(t)$為t的連續函數。但若認為利息僅在付息日產生,$a(t)$就為t的非連續函數,不過這種假設是不合理的。

2. 總量函數 $A(t)$

$K(K>0)$個單位本金,經歷t期后的累積值或終值,記為$A(t)$。在利息度量方式一定的條件下,它同樣是所經歷的時期t的函數,稱為總量函數。在現實生活中,本金不為1的情形是客觀存在的,因此研究$A(t)$更具有普遍的現實意義。不過也可以將K個單位本金視為1個單位本金,此時就成為上面所述的累積值或終值函數的情形了。

$A(t)$具有與$a(t)$類似的性質:

(1) $A(0) = K$。

(2) 一般地,$A(t)$為t的增函數。

(3) 當利息連續產生時,$A(t)$為t的連續函數。

3. 總量函數與終值函數的關係

$$A(t) = Ka(t) \quad \text{或} \quad A(t) = A(0)a(t) \tag{1.1.1}$$

即 $K \xrightarrow{\times a(t)} Ka(t)$,因此稱$a(t)$為累積因子,稱該過程為累積過程。

(三) 現值函數

現值函數是指為了獲得未來一定數量的貨幣而在現在必須投入的金額,這個金額稱為未來一定數量的貨幣在現在時刻的現值。簡言之,將未來一定數量的貨幣按一定方式折算為現在的價值,稱為現值。

為了獲得t期后的1個單位貨幣,現在必須投入的金額,即現值,記為$a^{-1}(t)$。顯然,$a^{-1}(t)$經過t期的累積可以達到終值1,即$a^{-1}(t) \cdot a(t) = 1$,從而$a^{-1}(t) = \dfrac{1}{a(t)}$。這裡可以看出,記號$a^{-1}(t)$中的$-1$實際上就是冪指數。在利息度量方式一定的條件下,$a^{-1}(t)$是$t$的函數;因為$t$期后的1個單位貨幣的現值為$a^{-1}(t)$,所以$t$期后$B$個單位貨幣的現值為$Ba^{-1}(t)$,即$Ba^{-1}(t) \xleftarrow{\times a^{-1}(t)} B$,因此稱$a^{-1}(t)$為折現因子,稱該過程為折現過程。

從上面的分析不難看出,累積與折現是兩個互逆的過程。注意:這裡的箭頭方向是由右方指向左方,寓意將未來值折算為現值。

綜上所述,累積值與過去有關,現值與未來相聯繫,既與過去又與現在相聯繫的值稱為當前值。實際上,這些概念都是一些相對概念,即相對於我們考察問題的時點而言的概念。在利息理論、保險精算等理論與實務中,由於貨幣在不同時點具有不同的價值,不同時點發生的金額不能直接比較,也不能直接相加減,因此,我們首先必須明確站在哪個時點來考慮問題。為簡便起見,以後把這樣的時點稱為觀察時點,簡稱為觀察點。雖然有些書將其稱為可比日或可比點,但筆者更願意形象地稱之為觀察點。於是,不同時點發生的金額,要麼通過累積,要麼通過折現,換算為在觀察點的值,這樣就可以比較和運算了。

今後,凡涉及資金的運動,可以按資金的流入與流出、借款與償還或投資與收回來分清運動方向,並用「收支平衡原則」進行分析。因此,筆者將「觀察點」「時期」「收支平衡原則」稱為利息理論的「三大法寶」,當然它也是壽險精算的「三大法寶」。掌握了這「三大法寶」,解決利息理論等課程中的有關問題將變得輕鬆自如。

三、利息的度量

利息可以用三種方式來度量:一是用利息率來直接度量利息;二是用貼現率來間接度量利息;三是用利息力來度量瞬間利息。

(一) 利息率

利息率簡稱利率,它是一定時期內產生的利息與投入或貸出的本金之比。它反應了單位本金在單位時期內產生利息的多少。通常有年利率、月利率和日利率三種具體形式。年利率用本金的百分之幾表示,月利率用本金的千分之幾表示,日利率用本金的萬分之幾表示。在利息理論、壽險精算中,將利息率區分為實際利率與名義利率,從而可使許多公式(如年金的現值與終值公式)表現形式簡明且統一。

1. 實際利率

所謂實際利率就是一個時期內實際產生的利息與期初投入的本金之比,它反應了單位本金在單位時期內產生利息的水平高低。通常把一年結算一次的年利率稱為年實際利率。注意在實際利率所涉及的時期內中途不結轉利息,而是到期滿時刻才結算該期利息。

假設某投資在第 t 期末的累積值為 $A(t)$ 或 $a(t)$,第 t 期的實際利率為 i_t,則

$$i_t = \frac{A(t) - A(t-1)}{A(t-1)} = \frac{a(t) - a(t-1)}{a(t-1)}, t \in N \tag{1.1.2}$$

顯然,下列關係式成立:

$$A(t) = A(0)(1 + i_1)(1 + i_2) \cdots (1 + i_t) \tag{1.1.3}$$

$$a(t) = (1 + i_1)(1 + i_2) \cdots (1 + i_t) \tag{1.1.4}$$

例 1.1.1 今有某項 1,500 元的投資,若在第 1 年年末收回,則可以收回 1,700 元;若在第 2 年年末收回,則可以收回 2,000 元;若在第 3 年年末收回,則可以收回

2,500 元。求各年的實際利率。

解：由題意知，$A(0) = 1,500 ; A(1) = 1,700 ; A(2) = 2,000 ; A(3) = 2,500$；因此

$$i_1 = \frac{A(1) - A(0)}{A(0)} = \frac{1,700 - 1,500}{1,500} \approx 13.33\%$$

$$i_2 = \frac{A(2) - A(1)}{A(1)} = \frac{2,000 - 1,700}{1,700} \approx 17.65\%$$

$$i_3 = \frac{A(3) - A(2)}{A(2)} = \frac{2,500 - 2,000}{2,000} = 25\%$$

所以，第 1 年、第 2 年、第 3 年的年實際利率分別為 13.33%、17.65% 和 25%。

當投資期間包含了若干個時期或若干年（不一定為整數）時，在實務中如何來度量利息就涉及單利和複利問題。

(1) 單利

單利即按本金計算出的利息不再加入到本金之中，不在下一期產生新的利息，即利上無利。其計算公式為：利息 = 本金 × 利率 × 時間。

假設每期利率為 i，在時刻 t（即剛剛經歷 t 期后的那一時刻，今后不再特別聲明）按單利計算的終值 $a(t)$ 為

$$a(t) = 1 + it \quad (t \geq 0) \tag{1.1.5}$$

顯然，(1.1.5) 式對整數 t 成立，下面只需說明該等式對非整數的正實數 t 也成立。

事實上，根據單利的定義可知

$$i(t + s) = it + is \tag{1.1.6}$$

即 1 單位本金在 $t + s$ 期上產生的利息等於在 t 期上產生的利息與在 s 期上產生的利息之和；從數學上看，只不過是乘法分配律的應用。由於 1 單位本金在 t 期內產生的利息可以表示為 $a(t) - 1$，因而 (1.1.6) 式也可以表示為

$$a(t + s) - 1 = [a(t) - 1] + [a(s) - 1]$$

即

$$a(t + s) = a(t) + a(s) - 1 \tag{1.1.7}$$

(1.1.7) 式對非負整數 t 和 s 顯然是成立的，我們可以合理地認為它對一切非負實數 t 和 s 也成立。

假設 $a(t)$ 可導，由導數的定義有

$$a'(t) = \lim_{s \to 0} \frac{a(t + s) - a(t)}{s} = \lim_{s \to 0} \frac{[a(t) + a(s) - 1] - a(t)}{s}$$

$$= \lim_{s \to 0} \frac{a(s) - a(0)}{s} = a'(0)$$

這是一個與 t 無關的常數。

顯然

$$\int_0^t a'(r) \mathrm{d}r = \int_0^t a'(0) \mathrm{d}r$$

$$a(t) - a(0) = a'(0)t$$

即

$$a(t) = 1 + a'(0)t$$

令 $t=1$，由於 $a(1)=1+i$，因此，$a'(0)=i$。從而，$a(t)=1+it$，這裡 t 為非負實數，即(1.1.5) 式得證。

(2) 複利

複利即按本金計算出的利息加入到本金之中以在下一期產生新的利息，即利上加利，俗稱「利滾利」。

假設每期利率為 i，在時刻 t 按複利計算的終值 $a(t)$ 為

$$a(t)=(1+i)^t \quad (t\geq 0) \tag{1.1.8}$$

不難看出(1.1.8) 式對整數 t 是成立的，下面只需說明等式對非整數的正實數 t 也成立。

容易知道

$$(1+i)^{t+s}=(1+i)^t \cdot (1+i)^s$$

即

$$a(t+s)=a(t)\cdot a(s) \tag{1.1.9}$$

(1.1.9) 式對非負整數 t 和 s 顯然是成立的，且是有意義的，它反應了現在投資 1 個單位的貨幣，經歷 $t+s$ 期的累積而獲得的累積值等於這 1 個單位的貨幣先經歷 t 期的累積再經歷 s 期的累積而獲得的累積值。自然我們可以合理地認為它對一切非負實數 t 和 s 也成立。

現在我們將從(1.1.9) 式出發，證明(1.1.8) 式對一切非負實數也成立。

事實上，假設 $a(t)$ 可導，由導數的定義有

$$a'(t)=\lim_{s\to 0}\frac{a(t+s)-a(t)}{s}=\lim_{s\to 0}\frac{a(t)a(s)-a(t)}{s}$$

$$=a(t)\cdot \lim_{s\to 0}\frac{a(s)-a(0)}{s}=a(t)\cdot a'(0)$$

$$\frac{a'(t)}{a(t)}=\frac{\mathrm{d}}{\mathrm{d}t}\ln a(t)=a'(0)$$

$$\therefore \int_0^t \frac{\mathrm{d}}{\mathrm{d}r}\ln a(r)\mathrm{d}r=\int_0^t a'(0)\mathrm{d}r$$

即

$$\ln a(t)-\ln a(0)=t\cdot a'(0)$$

令 $t=1$，並由 $a(1)=1+i$，可得 $a'(0)=\ln(1+i)$，從而有 $a(t)=(1+i)^t$，即(1.1.8) 式對一切非負實數 t 都成立。

(3) 單利、複利條件下的現值

單利條件下的現值為：

$$a^{-1}(t)=\frac{1}{1+it} \tag{1.1.10}$$

複利條件下的現值為：

$$a^{-1}(t)=\frac{1}{(1+i)^t} \tag{1.1.11}$$

例 1.1.2 已知每期利率為 i，分別求在單利、複利條件下第 n 期的實際利率。

解：在單利條件下

$$\because a(t) = 1 + it$$

$$\therefore i_n = \frac{a(n) - a(n-1)}{a(n-1)} = \frac{(1+ni) - [1+(n-1)i]}{1+(n-1)i} = \frac{i}{1+(n-1)i}$$

顯然，i_n 是 n 的減函數，即常數的單利意味著遞減的實際利率。

在複利條件下

$$\because a(t) = (1+i)^t$$

$$\therefore i_n = \frac{a(n) - a(n-1)}{a(n-1)} = \frac{(1+i)^n - (1+i)^{n-1}}{(1+i)^{n-1}} = i$$

顯然，常數的複利意味著常數的實際利率。

例1.1.3 證明：

$$(1) (1+i)^n > 1 + ni \quad (n > 1, -1 < i \neq 0) \tag{1.1.12}$$

$$(2) (1+i)^n = 1 + ni \quad (n = 1, -1 \leq i) \tag{1.1.13}$$

$$(3) (1+i)^n < 1 + ni \quad (0 < n < 1, -1 < i \neq 0) \tag{1.1.14}$$

證明：

(1) 考慮函數 $f(i) = (1+i)^n - (1+ni)$

$$f'(i) = n[(1+i)^{n-1} - 1]$$

$\because f'(i) < 0 \ (-1 < i < 0)$ 且 $f'(i) > 0 \ (i > 0)$

$\therefore f(i)$ 在 $i = 0$ 時取得最小值，即 $f(i) > f(0)(-1 < i \neq 0)$，從而(1.1.12)式得證。

(2) 容易驗證(1.1.13)式成立。

(3) 考慮函數 $f(i) = (1+i)^n - (1+ni)$

$$f'(i) = n[(1+i)^{n-1} - 1]$$

$\because f'(i) > 0 (-1 < i < 0)$ 且 $f'(i) < 0 (i > 0)$

$\therefore f(i)$ 在 $i = 0$ 時取得最大值，即 $f(i) < f(0)(-1 < i \neq 0)$，從而(1.1.14)式得證。

說明：

(1) 現在可斷言，命題「在本金、利率、期限均一定的條件下，按複利計算的終值一定大於按單利計算的終值」為假命題。

(2) 不少書籍將 i 的取值範圍限定在 $0 < i < 1$。筆者認為，這有一定的缺陷。事實上，i 可以為負數，甚至可以為 -1，只不過意味著有一部分甚至全部本金都收不回來，因而不能否認 $i < 0$ 這種情形的客觀存在性。從數學上看，$f(i)$ 的定義域為 $(-1, +\infty)$，從理論上講，i 是可以大於或等於 -1 的，只不過 $0 < i < 1$ 似乎更合理些罷了。

(3) 當累積期限超過1期時，複利終值大於單利終值；當累積期限短於1期時，複利終值小於單利終值；當累積期限等於1期時，複利終值等於單利終值。

(4) 讀者可以用實例去驗證。如年利率為6%，在單利和複利的條件下，分別比較 20,000 元本金在 8 個月後、3 年後的終值大小。

例1.1.4 某銀行以單利計息，年利率為6%。某人存入銀行5,000元，5年后累

積值是多少?如果以複利計息,在其他條件不變時,結果又如何?

解:

對於單利情形
$$A(5) = 5,000a(5) = 5,000(1 + 5 \times 6\%) = 6,500(元)$$

對於複利情形
$$\tilde{A}(5) = 5,000\tilde{a}(5) = 5,000(1 + 6\%)^5 = 6,691.13(元)$$

注意:$\tilde{A}(5)$ 與 $A(5)$、$\tilde{a}(5)$ 與 $a(5)$ 沒有本質區別,含義均一樣,都表示第 5 年年末的累積值。在其頭上加上波浪線,僅僅是為了區分單利與複利情形。今後,在同一例題解答中,出現類似情形而又沒有特別指出其含義時,均是出於區分的目的。

例 1.1.5 已知年實際利率為 8%,求 4 年后支付的 10,000 元的現值。

解: 設所求現值為 x 元,則
$$xa(4) = 10,000$$

即
$$x(1 + 8\%)^4 = 10,000$$

$$\therefore x = 7,350.30(元)$$

或
$$10,000a^{-1}(4) = 10,000(1 + 8\%)^{-4} = 7,350.30(元)$$

2. 名義利率

假設年利率為 6%,每 1 年結轉利息 4 次,那麼每一季的利率為 $\frac{6\%}{4} = 1.5\%$。若現在投入本金 1,則在 1 年後的終值為 $(1 + 1.5\%)^4 \approx 1.061,4 = 1 + 6.14\%$。即年初的單位 1 按照 1 年結息 4 次的方式,在年末增值 6.14%,這 6.14% 就稱為年實際利率,而計算所採用的初始年利率 6% 則稱為年計息 4 次的年名義利率,1.5% 稱為季實際利率。顯然,年名義利率是季實際利率的 4 倍。

一般地,如果一期結息 m 次,那麼稱 $\frac{1}{m}$ 期的實際利率的 m 倍為該期的名義利率,記為 $i^{(m)}$。由此可得,$\frac{1}{m}$ 期的實際利率為 $\frac{i^{(m)}}{m}$。

設一期計算 m 次利息的名義利率為 $i^{(m)}$,該期的實際利率為 i,下面將推導出二者的關係。假設期初投入的本金為單位 1,按名義利率方式累積到期末的過程如表 1-1-1 所示。該表反應了在按每期計算利息 m 次的名義利率方式下期初的本金 1 在期末的終值為 $\left(1 + \frac{i^{(m)}}{m}\right)^m$,將其寫成 $1 + i$ 的形式;它表明按每期計算利息 1 次,每期實際利率為 i,那麼期初的本金 1 在期末的終值為 $1 + i$,因此,

$$\left(1 + \frac{i^{(m)}}{m}\right)^m = 1 + i \tag{1.1.15}$$

我們稱滿足(1.1.15)式的 $i^{(m)}$ 與 i 具有等價關係,即相同的本金經歷相同的時間可以得到相同的終值。換言之,獲得的效果一樣,而並非二者大小相等。

表 1-1-1　　　　　　按名義利率方式的累積過程

時點	0	$\frac{1}{m}$	$\frac{2}{m}$	...	$\frac{m-1}{m}$	$\frac{m}{m}$
利息	0	$1 \cdot \frac{i^{(m)}}{m}$	$\left(1+\frac{i^{(m)}}{m}\right)\frac{i^{(m)}}{m}$	...	$\left(1+\frac{i^{(m)}}{m}\right)^{m-2}\frac{i^{(m)}}{m}$	$\left(1+\frac{i^{(m)}}{m}\right)^{m-1}\frac{i^{(m)}}{m}$
餘額	1	$1+\frac{i^{(m)}}{m}$	$\left(1+\frac{i^{(m)}}{m}\right)^2$	...	$\left(1+\frac{i^{(m)}}{m}\right)^{m-1}$	$\left(1+\frac{i^{(m)}}{m}\right)^m$

由(1.1.15)式可得用名義利率表示實際利率的公式：

$$i = \left(1+\frac{i^{(m)}}{m}\right)^m - 1 \tag{1.1.16}$$

或者用實際利率表示名義利率的公式為：

$$i^{(m)} = m\left[(1+i)^{\frac{1}{m}} - 1\right] \tag{1.1.17}$$

對於(1.1.15)式、(1.1.16)式、(1.1.17)式，只需掌握(1.1.15)式，另外兩個式子可直接由其推導出來。(1.1.15)式反應了期初本金 1 分別在名義利率與實際利率作用下在期末的終值相等。

順便說一句，(1.1.15)式的左邊也可這樣得到：以 $\frac{1}{m}$ 期作為新的一期，簡稱「新期」，每「新期」的實際利率為 $\frac{i^{(m)}}{m}$，期初的本金 1 累積到期末意味著本金 1 經過 m 個「新期」的累積，於是，由複利公式可得終值為 $\left(1+\frac{i^{(m)}}{m}\right)^m$。

例1.1.6　求與年實際利率8%等價的每年計息2次、4次、8次……的年名義利率。

解：∵ $\left(1+\frac{i^{(m)}}{m}\right)^m = 1+i$

∴ $i^{(m)} = m\left[(1+i)^{\frac{1}{m}} - 1\right]$

∴ $i^{(2)} = 2\left[(1+8\%)^{\frac{1}{2}} - 1\right] \approx 7.85\%$

$i^{(4)} = 4\left[(1+8\%)^{\frac{1}{4}} - 1\right] \approx 7.77\%$

$i^{(8)} = 8\left[(1+8\%)^{\frac{1}{8}} - 1\right] \approx 7.73\%$

……

$i^{(+\infty)} = \lim_{m \to +\infty} m\left[(1+8\%)^{\frac{1}{m}} - 1\right]$

$= \lim_{t \to 0^+} \frac{(1+8\%)^t - 1}{t} \quad (t = \frac{1}{m})$

$= \lim_{t \to 0} (1+8\%)^t \ln(1+8\%) = \ln(1+8\%) \approx 7.70\%$

結論：當實際利率一定時，名義利率隨結轉利息次數的增加而減少，且存在下確界。

例 1.1.7 求與年名義利率 8% 等價的每年計息 2 次、4 次、8 次 …… 的年實際利率。

解：∵ $\left(1 + \dfrac{i^{(m)}}{m}\right)^m = 1 + i$

∴ $i = \left(1 + \dfrac{i^{(m)}}{m}\right)^m - 1$

每年計息 2 次的年實際利率為：
$$\left(1 + \dfrac{8\%}{2}\right)^2 - 1 \approx 8.16\%$$

每年計息 4 次的年實際利率為：
$$\left(1 + \dfrac{8\%}{4}\right)^4 - 1 \approx 8.24\%$$

每年計息 8 次的年實際利率為：
$$\left(1 + \dfrac{8\%}{8}\right)^8 - 1 \approx 8.29\%$$

……

每年計息 $+\infty$ 次的年實際利率為：
$$\lim_{m \to +\infty} \left[\left(1 + \dfrac{i^{(m)}}{m}\right)^m - 1\right] = \lim_{m \to +\infty} \left[\left(1 + \dfrac{8\%}{m}\right)^m - 1\right]$$
$$= \lim_{m \to +\infty} \left[\left(1 + \dfrac{8\%}{m}\right)^{\frac{m}{8\%}}\right]^{8\%} - 1$$
$$= e^{8\%} - 1 \approx 8.33\%$$

結論：當名義利率一定時，實際利率隨結轉利息次數的增加而增加，且存在上確界。

例 1.1.8 求 1 萬元本金按每年計息 4 次的年名義利率 6% 投資 3 年的積累值。

解：以一季為一期，則每期的實際利率為 6%/4 = 1.5%，因此所求的累積值為
$$a(12) = (1 + 1.5\%)^{12} \approx 1.195,618 (萬元)$$

另解：以一年為一期，設每期實際利率為 i，則
$$i = \left(1 + \dfrac{6\%}{4}\right)^4 - 1 \approx 0.061,363,351$$

∴ $a(3) = (1 + i)^3 = (1 + 0.061,363,351)^3 \approx 1.195,618 (萬元)$

例題結論推廣：已知每期名義利率為 $i^{(m)}$，則第 t 期末的終值為
$$a(t) = (1 + i)^t = \left(1 + \dfrac{i^{(m)}}{m}\right)^{mt} \tag{1.1.18}$$

第 t 期末單位 1 的現值為
$$a^{-1}(t) = (1 + i)^{-t} = \left(1 + \dfrac{i^{(m)}}{m}\right)^{-mt} \tag{1.1.19}$$

（二）貼現率

1. 實際貼現率

貼現是商業銀行的放款形式之一。票據持有人為了取得現金，以未到期的票據向銀行申請貼現以融通資金，銀行按照市場利息率以及票據的信譽高低，給出某一貼現率，扣除自貼現日至到期日的貼現利息，然後將票面余額支付給票據持有人；銀行再持票據向最初的出票人或背書人兌取現款；或經過一段時間后，如銀行需要流動性，可以將此票據向中央銀行申請再貼現或向其他銀行轉讓即轉貼現。

例如，某人將一張面額為10,000元、還有一年到期的票據向銀行申請貼現，銀行確定該票據的年貼現率為2.5%，銀行扣除貼息10,000×2.5% = 250元后，將票面余額 10,000 - 250 = 9,750 元支付給票據持有人；銀行持有票據，在票據到期日就可收回資金10,000元。在這個過程中，原票據持有人由於提前1年獲得了現款，因而在著眼於到期日應得款項 10,000 元的基礎上損失利息或支付貼息250元，因而年貼現率為 $\frac{250}{10,000}$ = 2.5%，且在貼現之時（或貼現期之初）就支付了貼息250元。從銀行的角度來看，投資9,750元，1年期滿收回10,000元，獲得利息250元，年實際利率為 $\frac{250}{9,750}$ ≈ 2.56%，且在貼現期之末或票據到期之時獲得利息250元。

因此，貼現率就是貼息與票據到期應得金額之比，而實際貼現率則是在一期內貼息的金額（或損失的利息金額）與期末的應付金額之比，記實際貼現率為d，它反應了單位到期值因提前1期而損失的利息。換言之，實際貼現率就是一期內貼現1次的貼現率。

若甲以年實際利率6%到一家銀行借款100萬元，期限1年，則銀行將給甲100萬元；1年后，甲將還給銀行原始貸款100萬元，外加6%的利息6萬元，共計106萬元。假設甲以6%的實際貼現率借款100萬元，為期1年，則銀行只給甲94萬元，1年后甲將還給銀行100萬元，銀行在貸款期初預收了當年利息6萬元。

利息率與貼現率的比較：

（1）利息率為利息金額與期初投資本金之比，貼現率為利息金額與期末投資收回額之比。

（2）利息是按期初金額來計算的，並在期末支付；而貼息是按期末累積額計算的且在期初支付。這裡，利息 = 貼息。

實際貼現率也可以有單貼現率與復貼現率之分。

在單貼現情形下，假設每期貼現率為d，最后一期的終值為1（以后未做特別聲明的，都可認為是這樣的），於是 $a^{-1}(t) = 1 - dt$，其中 $0 \leq t \leq \frac{1}{d}$。貼息不從期末值扣除后再計算貼息，即每期貼息計算都以1為基準，扣除貼息d。

在復貼現情形下，假設每期貼現率為d，則 $a^{-1}(t) = (1-d)^t$，即從期末終值扣除貼息之后，作為前一期的期末終值，並在此基礎上，計算更前一期的貼息，直到求得所

需的現值，通常稱之為「折上折」。其推導方向剛好與按複利求終值相反，即由未來推算到現在。

利息率與貼現率的關係：

$1 \xrightarrow{\text{在利率 } i \text{ 作用下}} 1+i$，即 1 單位本金在期末的終值為 $1+i$，由此可計算出實際貼現率

$$d = \frac{i}{1+i} \tag{1.1.20}$$

從本金 1 經過先累積后貼現又還原到 1 可得

$$(1+i)(1-d) = 1 \tag{1.1.21}$$

$1-d \xleftarrow{\text{在貼現率 } d \text{ 作用下}} 1$，即期末 1 單位終值在期初的現值為 $1-d$，由此可計算出實際利率

$$i = \frac{d}{1-d} \tag{1.1.22}$$

從終值 1 經過先貼現后累積可得與(1.1.21)式相同的等式：

$$(1-d)(1+i) = 1$$

按照利率方式，期末的終值 1 對應於期初的現值為：

$$v = \frac{1}{1+i} \tag{1.1.23}$$

由此可得

$$1 - d = v \tag{1.1.24}$$

在上面(1.1.20)式、(1.1.21)式、(1.1.22)式或(1.1.24)式中的 i 與 d 數值大小不相同，但滿足其中之一，也就滿足其他等式，此時稱 i 與 d 具有等價關係。

由(1.1.24)式可得

$$d = 1 - v = \frac{i}{1+i} = iv \tag{1.1.25}$$

由此也可看出，貼息只不過是利息的現值而已。相應的，利息就是貼息的終值。

由(1.1.21)式容易得出

$$i - d = id \tag{1.1.26}$$

下面對(1.1.26)式進行解釋。考慮兩種投資。投資方式 1：期初投資單位 1，期末收回 $1+i$，獲得利息 i；投資方式 2：按貼現方式期初投資 $1-d$，期末收回 1，獲得利息 d；投資方式 1 比投資方式 2 多獲得利息 $i-d$，這是由於投資方式 1 比投資方式 2 多投入了本金 d，由於 1 單位投資經過 1 期可獲得利息 i，因而就多獲得利息 id，從而(1.1.26)式成立。

由於實際貼現率是一個時期內貼息額（或利息額）與到期日應付金額之比，因而可用累積值函數與總量函數來表示第 t 期的實際貼現率 d_t

$$d_t = \frac{A(t) - A(t-1)}{A(t)} = \frac{a(t) - a(t-1)}{a(t)} \tag{1.1.27}$$

於是
$$a^{-1}(n) = (1-d_1)(1-d_2)\cdots(1-d_n) \tag{1.1.28}$$
特別地,當 $d_1 = d_2 = \cdots = d_n$ 時,$a^{-1}(t) = (1-d)^t$。

例 1.1.9

(1) 在每期單貼現率均為 d 的條件下,求在整個貼現期間每期的實際貼現率。

(2) 設每期的復貼現率均為 d,求每期的實際貼現率。

解: 假設整個貼現期間的期末終值為 1,則

(1) 在單貼現條件下

$$\begin{aligned} d_n &= \frac{a(n) - a(n-1)}{a(n)} \\ &= \frac{(1-nd)^{-1} - [1-(n-1)d]^{-1}}{(1-nd)^{-1}} \\ &= \frac{d}{1-(n-1)d} \end{aligned}$$

它表明常數的單貼現率意味著實際貼現率是單調遞增的。

(2) 在復貼現條件下

$$\begin{aligned} d_n &= \frac{a(n) - a(n-1)}{a(n)} \\ &= \frac{(1-d)^{-n} - (1-d)^{-(n-1)}}{(1-d)^{-n}} = d \end{aligned}$$

它表明常數的復貼現率意味著常數的實際貼現率。

例 1.1.10 設 $0 < d < 1$,證明:

(1) $(1-d)^n > 1 - dn$ ($n > 1$);

(2) $(1-d)^n = 1 - dn$ ($n = 1$);

(3) $(1-d)^n < 1 - dn$ ($0 < n < 1$)。

證明: 考慮函數 $f(d) = (1-d)^n - (1-dn)$

$$f'(d) = -n[(1-d)^{n-1} - 1] = n[1 - (1-d)^{n-1}]$$

(1) 當 $n > 1$ 時,由於 $0 < d < 1$,$f'(d) > 0$,從而 $f(d) > f(0)$,即 $(1-d)^n > 1 - dn$。

(2) 當 $n = 1$ 時,顯然成立。

(3) 當 $0 < n < 1$ 時,由於 $0 < d < 1$,$f'(d) < 0$,從而 $f(d) < f(0)$,即 $(1-d)^n < 1 - dn$。

說明:

(1) 純粹從數學的角度去考慮,例 1.1.10 的結論對 d 為負數也成立,留給讀者去思考。讀者還可以以具體實例去驗證。如年貼現率為 6%,在單貼現和復貼現條件下,分別比較終值 20,000 元在 8 個月前、3 年前的現值大小。

(2) 當貼現期限超過 1 期時,復貼現現值大於單貼現現值;當貼現期限短於 1 期時,復貼現現值小於單貼現現值;當貼現期限等於 1 期時,復貼現現值等於單貼現

現值。

（3）結合例1.1.3,有如下結論:當期限超過1期時,複利或復貼現有更大的終值或現值;當期限短於1期時,單利或單貼現有更大的終值或現值。

2. 名義貼現率

我們可以仿照名義利率那樣去定義名義貼現率。

例如,某一筆貼現業務,年貼現率為6%,每季初計算一次貼息,求到期票面金額1的現值。

本題在每季初支付一次貼息。假設年末的票面金額為1,那麼第四季度初支付貼息后應得的款項為$1-\frac{6\%}{4}$,第三季度初支付貼息后應得的款項為$\left(1-\frac{6\%}{4}\right)^2$,第二季度初支付貼息后應得的款項為$\left(1-\frac{6\%}{4}\right)^3$,第一季度初即年初支付貼息后應得的款項為$\left(1-\frac{6\%}{4}\right)^4$。

由於$\left(1-\frac{6\%}{4}\right)^4 \approx 0.941,3 = 1 - 0.058,7 = 1 - 5.87\%$,即在1年支付4次貼息后所能獲得的款項為$1 - 5.87\%$,相當於支付了5.87%的貼息,所以把5.87%稱為年實際貼現率,把6%稱為年貼息4次的年名義貼現率,把1.5%稱為季實際貼現率。

一般地,如果每一期計算m次貼息,那麼稱$\frac{1}{m}$期的實際貼現率的m倍為該期的名義貼現率,記為$d^{(m)}$。由此可得$\frac{1}{m}$期的實際貼現率為$\frac{d^{(m)}}{m}$。

設一期內支付m次貼息,名義貼現率為$d^{(m)}$,實際貼現率為d,試推導出二者的關係。假設期末的終值為單位1,按名義貼現率方式,貼現到期初的貼現過程如表1-1-2所示。

表1-1-2　　　　　　　　按名義貼現率方式的貼現過程

時點	0	$\frac{1}{m}$	…	$\frac{m-2}{m}$	$\frac{m-1}{m}$	$\frac{m}{m}$
貼息	$\frac{d^{(m)}}{m}\left(1-\frac{d^{(m)}}{m}\right)^{m-1}$	$\frac{d^{(m)}}{m}\left(1-\frac{d^{(m)}}{m}\right)^{m-2}$	…	$\frac{d^{(m)}}{m}\left(1-\frac{d^{(m)}}{m}\right)$	$\frac{d^{(m)}}{m} \cdot 1$	0
餘額	$\left(1-\frac{d^{(m)}}{m}\right)^m$	$\left(1-\frac{d^{(m)}}{m}\right)^{m-1}$	…	$\left(1-\frac{d^{(m)}}{m}\right)^2$	$1-\frac{d^{(m)}}{m}$	1

表1-1-2表明,按1期計算貼息m次,那麼期末的終值1在期初的現值為$\left(1-\frac{d^{(m)}}{m}\right)^m$;而按1期計算貼息1次,那麼期末的終值1在扣除貼息d后在期初的現值為$1-d$,因此

$$\left(1-\frac{d^{(m)}}{m}\right)^m = 1 - d \tag{1.1.29}$$

由(1.1.29)式可得用名義貼現率表示實際貼現率的公式：

$$d = 1 - \left(1 - \frac{d^{(m)}}{m}\right)^m \qquad (1.1.30)$$

或用實際貼現率表示名義貼現率的公式：

$$d^{(m)} = m\left[1 - (1-d)^{\frac{1}{m}}\right] \qquad (1.1.31)$$

$$= m(1 - v^{\frac{1}{m}}) \qquad (1.1.32)$$

由(1.1.32)式容易得到：

$$\frac{d^{(m)}}{m} = 1 - v^{\frac{1}{m}} \qquad (1.1.33)$$

(1.1.33)式的左邊為 $\frac{1}{m}$ 期的實際貼現率，而右邊為 $\frac{1}{m}$ 期末領取的金額 1 提前在 $\frac{1}{m}$ 期初只能領取現值 $v^{\frac{1}{m}}$，損失利息或貼息 $1 - v^{\frac{1}{m}}$，它與 $\frac{1}{m}$ 期末終值 1 之比得到該 $\frac{1}{m}$ 期的實際貼現率，故(1.1.33)式成立。

在(1.1.29)式、(1.1.30)式、(1.1.31)式中，(1.1.29)式是基本的，其余兩式是派生的，滿足三式中任何一式的 $d^{(m)}$ 與 d 具有等價關係。在(1.1.29)式中，左右兩邊分別表示在名義貼現率與實際貼現率的作用下，期末 1 單位終值在期初的現值相等。

由(1.1.15)式和(1.1.29)式可得

$$\left(1 + \frac{i^{(m)}}{m}\right)^m = 1 + i = (1-d)^{-1} = \left(1 - \frac{d^{(n)}}{n}\right)^{-n} \qquad (1.1.34)$$

或

$$\left(1 + \frac{i^{(m)}}{m}\right)^{-m} = (1+i)^{-1} = 1 - d = \left(1 - \frac{d^{(n)}}{n}\right)^n \qquad (1.1.35)$$

下面對(1.1.34)式與(1.1.35)式進行解釋：從數學上看，二者互為倒數關係；從經濟學意義上看，(1.1.34)式反應了期初的本金 1 在期末的終值相等關係，(1.1.35)式反應了期末的終值 1 在期初的現值相等關係；並且二者的每一邊都可看成冪的形式，且冪的底數為 $1 + b$ 形式，當與利率有關時，b 的符號為正；當與貼現率有關時，b 的符號為負。冪指數與冪底數中第二項 b 之積在(1.1.34)式中均為正數，而在(1.1.35)式中均為負數。滿足(1.1.34)式或(1.1.35)式中的 $i^{(m)}$、i、d 與 $d^{(n)}$ 具有等價關係。

例 1.1.11 已知年名義貼現率為 8%，求與之等價的每年計算貼息 2 次、4 次、8 次 …… 的年實際貼現率。

解：∵ $\left(1 - \frac{d^{(m)}}{m}\right)^m = 1 - d$

∴ $d = 1 - \left(1 - \frac{d^{(m)}}{m}\right)^m$

每年計算貼息 2 次的年實際貼現率為：

$$1 - \left(1 - \frac{8\%}{2}\right)^2 \approx 7.84\%$$

每年計算貼息 4 次的年實際貼現率為：
$$1 - \left(1 - \frac{8\%}{4}\right)^4 \approx 7.76\%$$

每年計算貼息 8 次的年實際貼現率為：
$$1 - \left(1 - \frac{8\%}{8}\right)^8 \approx 7.73\%$$

……

每年計算貼息無窮多次的年實際貼現率為：
$$\lim_{m \to +\infty}\left[1 - \left(1 - \frac{d^{(m)}}{m}\right)^m\right] = 1 - \lim_{m \to +\infty}\left[\left(1 - \frac{8\%}{m}\right)^{-\frac{m}{8\%}}\right]^{-8\%}$$
$$= 1 - e^{-8\%} \approx 7.69\%$$

結論：當名義貼現率一定時，實際貼現率隨著貼現次數的增加而減少，且有下確界。

例 1.1.12 已知年實際貼現率為 8%，求與之等價的每年計算貼息 2 次、4 次、8 次……的年名義貼現率。

解：$\because \left(1 - \frac{d^{(m)}}{m}\right)^m = 1 - d$

$\therefore d^{(m)} = m[1 - (1 - d)^{\frac{1}{m}}]$

$\therefore d^{(2)} = 2[1 - (1 - 8\%)^{\frac{1}{2}}] \approx 8.17\%$

$ d^{(4)} = 4[1 - (1 - 8\%)^{\frac{1}{4}}] \approx 8.25\%$

$ d^{(8)} = 8[1 - (1 - 8\%)^{\frac{1}{8}}] \approx 8.29\%$

……

$ d^{(+\infty)} = \lim_{m \to +\infty} m[1 - (1 - 8\%)^{\frac{1}{m}}]$

$\phantom{\therefore d^{(+\infty)}} = \lim_{t \to 0^+} \frac{1 - (1 - 8\%)^t}{t} \quad (t = \frac{1}{m})$

$\phantom{\therefore d^{(+\infty)}} = \lim_{t \to 0^+}[-(1 - 8\%)^t \ln(1 - 8\%)]$

$\phantom{\therefore d^{(+\infty)}} = -\ln(1 - 8\%) \approx 8.34\%$

結論：當實際貼現率一定時，名義貼現率隨著貼現次數的增加而增加，且有上確界。

例 1.1.13 設每年計算貼息 2 次的年名義貼現率為 10%，求 7 年后支付 1 萬元的現值。

解：所求現值為
$$a^{-1}(7) = (1 - d)^7 = \left(1 - \frac{10\%}{2}\right)^{2 \times 7} = 0.95^{14} \approx 0.487,675(萬元)$$

另解：以一年為一期，則每期的實際貼現率為

$$d = 1 - \left(1 - \frac{10\%}{2}\right)^2 = 0.097,5$$

因此,所求現值為

$$a^{-1}(7) = (1-d)^7 = (1-0.097,5)^7 \approx 0.487,675(萬元)$$

例題結論的推廣:已知每期名義貼現率為 $d^{(m)}$,則第 t 期末的終值為

$$a(t) = (1+i)^t = \left(1 - \frac{d^{(m)}}{m}\right)^{-mt} \tag{1.1.36}$$

第 t 期末的終值 1 的現值為

$$a^{-1}(t) = (1+i)^{-t} = \left(1 - \frac{d^{(m)}}{m}\right)^{mt} \tag{1.1.37}$$

為了更好地理解由名義利率、名義貼現率表示的現值與終值公式,請參考對(1.1.34)式與(1.1.35)式的解釋。

例 1.1.14 證明:$\dfrac{i^{(m)}}{m} - \dfrac{d^{(m)}}{m} = \dfrac{i^{(m)}}{m} \cdot \dfrac{d^{(m)}}{m}$ $\tag{1.1.38}$

證明: 在(1.1.34)式中令 $n = m$,得

$$\left(1 + \frac{i^{(m)}}{m}\right)^m = \left(1 - \frac{d^{(m)}}{m}\right)^{-m}$$

兩邊 $\dfrac{1}{m}$ 次方得

$$1 + \frac{i^{(m)}}{m} = \left(1 - \frac{d^{(m)}}{m}\right)^{-1}$$

即

$$\left(1 + \frac{i^{(m)}}{m}\right)\left(1 - \frac{d^{(m)}}{m}\right) = 1$$

$$\therefore \frac{i^{(m)}}{m} - \frac{d^{(m)}}{m} = \frac{i^{(m)}}{m} \cdot \frac{d^{(m)}}{m},即(1.1.38)式成立。$$

不難發現(1.1.38)式與(1.1.26)式兩式的實質一樣,因為它們都反應了這樣一個等量關係:一個時間段上的實際利率與實際貼現率之差等於它們之積。只不過前者涉及的時間段為 $\dfrac{1}{m}$ 期,后者為 1 期。

(三) 利息力

1. 利息力(利息強度)的概念

前面我們所講的利息率、貼現率都是度量在一個規定時間段上的利息。實際利率和實際貼現率度量在一期內產生利息的多少,而名義利率和名義貼現率可直接度量 $\dfrac{1}{m}$ 期實際產生利息的多少。有時,需要度量在一個時點上產生利息的多少,或者度量某一時刻產生利息的強弱程度,這就可用利息力(或稱為利息強度或簡稱為息力)來刻畫。

設一筆投資在時刻 t 的累積值為 $A(t)$,定義該投資在時刻 t 的利息力為

$$\delta_t = \frac{\frac{\mathrm{d}}{\mathrm{d}t}A(t)}{A(t)} = \frac{A'(t)}{A(t)} \tag{1.1.39}$$

或用累積值函數 $a(t)$ 來定義在時刻 t 的利息力為

$$\delta_t = \frac{\frac{\mathrm{d}}{\mathrm{d}t}a(t)}{a(t)} = \frac{a'(t)}{a(t)} \tag{1.1.40}$$

由於 $A(t) = Ka(t)$，且 K 為常數，因此(1.1.39)式與(1.1.40)式等價。

為了正確理解利息力的含義，需要對(1.1.39)式進行分析。我們分兩種情況：

(1) 當 $h > 0$ 時

由 $\frac{\mathrm{d}}{\mathrm{d}t}A(t) = \lim\limits_{h \to 0+}\frac{A(t+h)-A(t)}{h}$ 可知，$\frac{\mathrm{d}}{\mathrm{d}t}A(t)$ 反應了 $A(t)$ 在時刻 t 的變化率，或者在時刻 t 的瞬間利息變動情況，即單位時間內產生利息的多少。顯然它與本金 $A(t)$ 有關，因為本大利大、本小利小，將 $\frac{\mathrm{d}}{\mathrm{d}t}A(t)$ 除以 $A(t)$，即 δ_t^+ 消除了本金差異大小對產生利息多少的影響。換言之，它反應了該投資在時刻 t 單位本金在單位時期內產生利息的多少，即反應了產生利息的強弱程度或力度，故稱為利息強度或利息力，它本質上是一個利率概念，見(1.1.41)式。那麼，它是實際利率還是名義利率呢？

依利息力定義

$$\delta_t^+ = \lim_{h \to 0+}\frac{A(t+h)-A(t)}{hA(t)} \tag{1.1.41}$$

$$= \lim_{h \to 0+}\frac{\frac{A(t+h)-A(t)}{A(t)}}{h} \tag{1.1.42}$$

由(1.1.42)式知，分子 $\frac{A(t+h)-A(t)}{A(t)}$ 表示在區間 $[t,t+h]$ 上的實際利率，將其除以 h 后，即 $\frac{\frac{A(t+h)-A(t)}{A(t)}}{h}$ 就是按單純的比例關係換算成 1 期的利率，即為名義利率，然后取極限值，結果仍是名義利率，因而 δ_t^+ 本質上屬於名義利率概念範疇。

(2) 當 $h < 0$ 時

類似於(1)的分析，$\delta_t^- = \lim\limits_{h \to 0-}\frac{A(t)-A(t+h)}{-hA(t)}$ 本質上為名義貼現率。依據極限的定義，當 δ_t 存在時，δ_t^+ 與 δ_t^- 均存在且相等，即 $\delta_t^+ = \delta_t^- = \delta_t$。換言之，當 $h \to 0$ 時，名義利率、名義貼現率都統一到了利息力這一概念上。

2. 貼息力(貼息強度)

設 t 期后 1 單位終值的現值為 $a^{-1}(t)$，定義

$$\tilde{\delta}_t = -\frac{\frac{\mathrm{d}}{\mathrm{d}t}a^{-1}(t)}{a^{-1}(t)} \tag{1.1.43}$$

為在時刻 t 的貼息力或貼息強度。

(1) 當 $h > 0$ 時

$$\tilde{\delta}_t^+ = -\lim_{h \to 0^+} \frac{a^{-1}(t+h) - a^{-1}(t)}{ha^{-1}(t)} = \lim_{h \to 0^+} \frac{a^{-1}(t) - a^{-1}(t+h)}{ha^{-1}(t)}$$

由於 $a^{-1}(t+h)$ 為在時刻 $t+h$ 收回金額 1 所對應的現值，$a^{-1}(t)$ 為在時刻 t 收回金額 1 所對應的現值，因而分子 $a^{-1}(t) - a^{-1}(t+h)$ 為把本應在時刻 $t+h$ 收回金額 1 提前到時刻 t 收回 1 所必須損失的利息或者支付的貼息。$\frac{a^{-1}(t) - a^{-1}(t+h)}{h}$ 為提前單位時期收回單位到期值所損失的利息現值，從而在時刻 t 所損失的利息的累積值為 $\frac{a^{-1}(t) - a^{-1}(t+h)}{h} \cdot a(t)$，即為 $\frac{a^{-1}(t) - a^{-1}(t+h)}{ha^{-1}(t)}$。換言之，表示本應在時刻 $t+h$ 收回金額 1 提前到時刻 t 收回 1，並將其換算成提前單位時期收回所必須損失的利息或支付的貼息，因而它反應了在時刻 t 提前單位時期收回單位終值所必須損失的利息的多少，即反應了損失利息的強弱程度或力度，故稱為貼息強度或貼息力，它本質上屬於貼現率概念。

$\tilde{\delta}_t^+$ 可以寫成如下形式：

$$\tilde{\delta}_t^+ = \lim_{h \to 0^+} \frac{\frac{a^{-1}(t) - a^{-1}(t+h)}{a^{-1}(t)}}{h}$$

上式中分子 $\frac{a^{-1}(t) - a^{-1}(t+h)}{a^{-1}(t)}$ 就是在區間 $[t, t+h]$ 上的實際貼現率，將其除以 h 后，即 $\frac{\frac{a^{-1}(t) - a^{-1}(t+h)}{a^{-1}(t)}}{h}$ 就是按單純的比例關係換算成 1 期的貼現率，即為名義貼現率，然後取極限值，結果仍是名義貼現率，因而 $\tilde{\delta}_t^+$ 本質上屬於名義貼現率概念範疇。

(2) 當 $h < 0$ 時

類似於(1)的分析，

$$\tilde{\delta}_t^- = -\lim_{h \to 0^-} \frac{a^{-1}(t+h) - a^{-1}(t)}{ha^{-1}(t)} = \lim_{h \to 0^-} \frac{a^{-1}(t+h) - a^{-1}(t)}{-ha^{-1}(t)}$$

$\tilde{\delta}_t^-$ 本質上屬於名義利率概念的範疇。事實上，假設在時刻 t 收回 1，而提前在時刻 $t+h$ 收回金額 1，要損失利息現值 $a^{-1}(t+h) - a^{-1}(t)$，相當於在時刻 $t+h$ 損失利息的累積值為 $[a^{-1}(t+h) - a^{-1}(t)]a(t+h)$，因而在時刻 $t+h$ 可以收回的金額為 $1 - [a^{-1}(t+h) - a^{-1}(t)]a(t+h)$，即收回 $a^{-1}(t)a(t+h)$。換言之，本問題相當於在時刻 $t+h$ 投入本金 $a^{-1}(t)a(t+h)$，在期滿時(即在時刻 t) 可以收回金額 1，從而獲得利息 $[a^{-1}(t+h) - a^{-1}(t)]a(t+h)$，因而在時間區間 $[t+h, h]$ 上的實際利率為 $\frac{[a^{-1}(t+h) - a^{-1}(t)]a(t+h)}{a^{-1}(t)a(t+h)}$，化簡后即得 $\frac{a^{-1}(t+h) - a^{-1}(t)}{a^{-1}(t)}$，將此式除以 $-h$

后，即 $\dfrac{a^{-1}(t+h) - a^{-1}(t)}{-ha^{-1}(t)}$，這也就是按單純的比例關係換算成 1 期的利率，即為名義利率，然后再取極限值，結果仍是名義利率，因而 $\tilde{\delta}_t^-$ 本質上屬於名義利率概念範疇。

依據極限的定義，當 $\tilde{\delta}_t$ 存在時，$\tilde{\delta}_t^+$ 與 $\tilde{\delta}_t^-$ 均存在且相等，即 $\tilde{\delta}_t = \tilde{\delta}_t^+ = \tilde{\delta}_t^-$。換言之，當 $h \to 0$ 時，名義利率、名義貼現率都統一到了貼息力這一概念上。

例 1.1.15 證明 $\tilde{\delta}_t = \delta_t$。

證明：$\because \tilde{\delta}_t = -\dfrac{\dfrac{\mathrm{d}}{\mathrm{d}t}a^{-1}(t)}{a^{-1}(t)} = -\dfrac{-1 \times a^{-2}(t) \cdot a'(t)}{a^{-1}(t)} = \dfrac{a'(t)}{a(t)} = \delta_t$

$\therefore$ 所證等式成立，即貼息強度等於利息強度。

3. 用利息力 δ_t 表示 $a(t)$ 或 $A(t)$

由利息力 δ_t 的定義

$$\delta_t = \dfrac{\dfrac{\mathrm{d}}{\mathrm{d}t}a(t)}{a(t)} = \dfrac{\mathrm{d}}{\mathrm{d}t}\ln a(t)$$

可得

$$\mathrm{d}\ln a(t) = \delta_t \mathrm{d}t$$

兩邊從 0 到 t 積分，並改變積分變量記號可得：

$$\int_0^t \mathrm{d}\ln a(s) = \int_0^t \delta_s \mathrm{d}s$$

$$\therefore a(t) = \mathrm{e}^{\int_0^t \delta_s \mathrm{d}s} \tag{1.1.44}$$

$$\therefore A(t) = A(0)a(t) = A(0)\mathrm{e}^{\int_0^t \delta_s \mathrm{d}s} \tag{1.1.45}$$

由 δ_t 的定義可得

$$\mathrm{d}A(t) = A(t)\delta_t \mathrm{d}t$$

兩邊從 0 到 n 積分得：

$$A(n) - A(0) = \int_0^n A(t)\delta_t \mathrm{d}t \tag{1.1.46}$$

(1.1.46) 式左邊表示某項投資在 n 期內總共獲得的利息，而右邊表示該投資在 n 期內每時每刻獲得的利息的累加，因而等式成立。

更一般地，對於任意的時刻 t_1、t_2，有公式：

$$A(t_2) = A(t_1)\exp\left(\int_{t_1}^{t_2} \delta_t \mathrm{d}t\right) \tag{1.1.47}$$

例 1.1.16 已知利息力在 $[0,n]$ 上為常數 δ，求 $a(t)$。

解：$\because$ 利息力在 $[0,n]$ 上為常數 δ，即 $\delta_t = \delta$

$\therefore a(t) = \mathrm{e}^{\int_0^t \delta_s \mathrm{d}s} = \mathrm{e}^{\int_0^t \delta \mathrm{d}s} = \mathrm{e}^{\delta t}$

$\because \delta \geq 0$

$\therefore \mathrm{e}^{\delta} \geq 1$

記　　　$i = e^\delta - 1$ （1.1.48）

或　　　$\delta = \ln(1+i)$ （1.1.49）

顯然，這裡的 $i \geq 0$。

$$\therefore a(t) = (1+i)^t$$

這實際上具有按複利公式計算的累積值形式。換言之，這裡的 i 就是按複利計算的每期實際利率。

例題推導蘊涵著這樣一個命題：常數利息力意味著每期常數的實際利率，其逆命題不成立。即常數利息力意味著每時每刻產生利息的強弱程度是一樣的，意味著每期單位本金將產生相同的利息，即每期實際利率相同。反之，當每期實際利率相同時，並不意味著每時每刻產生利息的強弱程度相同，很可能在一些時點大一些，而在另一些時點小一些，但每期單位本金將產生相同利息。下面舉例予以說明。

一方面，設每期實際利率為 10%，則 $a(1) = 1 + 10\%$；另一方面，設利息力函數為：$\delta_t = \begin{cases} \delta_1, & \text{當 } t \in [0, 0.5] \text{ 時} \\ \delta_2, & \text{當 } t \in [0.5, 1] \text{ 時} \end{cases}$，其中 δ_1, δ_2 為常數，則

$$a(1) = e^{\int_0^1 \delta_s ds} = e^{0.5(\delta_1 + \delta_2)}$$

$$\therefore 1 + 10\% = e^{0.5(\delta_1 + \delta_2)}$$

即 $\delta_1 + \delta_2 = 2\ln(1 + 10\%) \approx 19.06\%$，顯然滿足該等式的 δ_1, δ_2 組合有無窮多種，如 $\delta_1 = 8\%, \delta_2 = 11.06\%$；或 $\delta_1 = 13\%, \delta_2 = 6.06\%$。這實際上已表明在 $[0,1]$ 上利息力不為常數。

說明：由（1.1.48）式及（1.1.33）式或（1.1.34）式可以將實際利率、名義利率、實際貼現率、名義貼現率和利息力聯繫起來。

例 1.1.17　已知 $\delta_t = 0.02t (0 \leq t \leq 3)$，若現在投資 $5,000$ 元，求第 3 年產生的利息、第 3 年的實際利率與實際貼現率。

解：$\because \delta_t = 0.02t (0 \leq t \leq 3)$，且 $A(0) = 5,000$

$$\therefore A(t) = A(0) e^{\int_0^t \delta_s ds} = 5,000 e^{\int_0^t 0.02s ds} = 5,000 e^{0.01t^2}$$

$$A(3) = 5,000 e^{0.01 \times 3^2} = 5,000 e^{0.09} \approx 5,470.87$$

$$A(2) = 5,000 e^{0.01 \times 2^2} = 5,000 e^{0.04} \approx 5,204.05$$

因此，第 3 年產生的利息為：

$$I_3 = A(3) - A(2) \approx 5,470.87 - 5,204.05 = 266.82 (元)$$

第 3 年的實際利率為：

$$i_3 = \frac{I_3}{A(2)} \approx 5.13\%$$

第 3 年的實際貼現率為：

$$d_3 = \frac{I_3}{A(3)} \approx 4.88\%$$

例1.1.18 在利息力 $\delta_t = Kt^2$（K為常數）的作用下，100萬元的投資在第10年年末的終值為500萬元，求K。

解：$\because A(t) = A(0)e^{\int_0^t \delta_s ds}$

$\therefore 500 = 100 e^{\int_0^{10} Ks^2 ds}$

$\therefore K = \dfrac{3\ln 5}{1,000} \approx 0.004,828$

例1.1.19 一筆投資業務，按利息力5%計息，求500萬元的投資在第8年年末的累積值。

解：$A(8) = 500(1+i)^8 = 500(e^{5\%})^8 \approx 745.91$（萬元）

例1.1.20 證明：① $d = iv$；② $d^{(m)} = i^{(m)} \cdot v^{\frac{1}{m}}$

證明：(1) $\because d = 1 - v = 1 - \dfrac{1}{1+i} = \dfrac{i}{1+i} = iv$

$\therefore$ ① 式成立。

(2) $\because i^{(m)} = m[(1+i)^{\frac{1}{m}} - 1]$

$\therefore d^{(m)} = m[1 - (1-d)^{\frac{1}{m}}] = m(1 - v^{\frac{1}{m}})$

$\qquad = m[(1+i)^{\frac{1}{m}} - 1] \cdot v^{\frac{1}{m}} = i^{(m)} \cdot v^{\frac{1}{m}}$

$\therefore$ ② 式得證。

例1.1.21 已知每期實際利率為i，且 $1 + \dfrac{i^{(n)}}{n} = \dfrac{1 + \dfrac{i^{(5)}}{5}}{1 + \dfrac{i^{(6)}}{6}}$，求$n$。

解：$\because \left(1 + \dfrac{i^{(n)}}{n}\right)^n = 1 + i$

$\therefore 1 + \dfrac{i^{(n)}}{n} = (1+i)^{\frac{1}{n}}$

由已知條件得：

$(1+i)^{\frac{1}{n}} = \dfrac{(1+i)^{\frac{1}{5}}}{(1+i)^{\frac{1}{6}}}$

$\therefore \dfrac{1}{n} = \dfrac{1}{5} - \dfrac{1}{6}$

$\therefore n = 30$。

例1.1.22 已知 $i^{(m)} = 0.184,414,4$，$d^{(m)} = 0.180,260,8$，試確定m。

解：$\because \dfrac{i^{(m)}}{m} - \dfrac{d^{(m)}}{m} = \dfrac{i^{(m)}}{m} \cdot \dfrac{d^{(m)}}{m}$

$\therefore m = \dfrac{i^{(m)} d^{(m)}}{i^{(m)} - d^{(m)}} = \dfrac{0.184,414,4 \times 0.180,260,8}{0.184,414,4 - 0.180,260,8} \approx 8$

例 1.1.23 證明 $\dfrac{\mathrm{d}}{\mathrm{d}t}\delta_t = \dfrac{A''(t)}{A(t)} - \delta_t^2$

證明：$\because \delta_t = \dfrac{A'(t)}{A(t)}$

$$\therefore \dfrac{\mathrm{d}}{\mathrm{d}t}\delta_t = \dfrac{\mathrm{d}}{\mathrm{d}t}\left(\dfrac{A'(t)}{A(t)}\right) = \dfrac{A(t)A''(t) - A'(t)A'(t)}{A^2(t)}$$

$$= \dfrac{A''(t)}{A(t)} - \left(\dfrac{A'(t)}{A(t)}\right)^2 = \dfrac{A''(t)}{A(t)} - \delta_t^2$$

∴ 所證等式成立。

例 1.1.24
(1) 求本金 1 在第 n 期末的累積值，其中在第 $k(1 \leq k \leq n)$ 期的實際利率為 $i_k = (1+r)^k(1+i) - 1$。
(2) 證明 (1) 的答案可以寫成 $(1+j)^n$ 的形式，並求 j。

解：(1) $\because i_k = (1+r)^k(1+i) - 1 \quad (1 \leq k \leq n)$

$$\therefore a(n) = (1+i_1)(1+i_2)\cdots(1+i_n)$$

$$= (1+r)(1+i)(1+r)^2(1+i)\cdots(1+r)^n(1+i)$$

$$= (1+r)^{1+2+\cdots+n}(1+i)^n = (1+r)^{\frac{n(n+1)}{2}}(1+i)^n$$

(2) $a(n) = (1+r)^{\frac{n(n+1)}{2}}(1+i)^n$

$$= [(1+r)^{\frac{n+1}{2}}(1+i)]^n \triangleq (1+j)^n$$

上式中，$1+j = (1+r)^{\frac{n+1}{2}}(1+i)$，或 $j = (1+r)^{\frac{n+1}{2}}(1+i) - 1$。

例 1.1.25 已知 $\delta_t = \dfrac{t^3}{100}$，求 $a^{-1}(5)$。

解：$\because \delta_t = \dfrac{t^3}{100}$

$$\therefore a^{-1}(5) = e^{-\int_0^5 \delta_s \mathrm{d}s} = e^{-\int_0^5 \frac{s^3}{100}\mathrm{d}s} = e^{-1.562\,5} \approx 0.21$$

例 1.1.26 證明 $\sum\limits_{m=1}^{+\infty}(-1)^{m-1}i^m \cdot \left[\dfrac{1}{d^{(m)}} - \dfrac{1}{i^{(m)}}\right] = \delta$

證明：$\because \dfrac{i^{(m)}}{m} - \dfrac{d^{(m)}}{m} = \dfrac{i^{(m)}}{m} \cdot \dfrac{d^{(m)}}{m}$

$$\therefore \dfrac{i^{(m)} - d^{(m)}}{i^{(m)} \cdot d^{(m)}} = \dfrac{1}{m}$$

即 $\dfrac{1}{d^{(m)}} - \dfrac{1}{i^{(m)}} = \dfrac{1}{m}$

$$\therefore \sum_{m=1}^{+\infty}(-1)^{m-1}i^m \cdot \left[\dfrac{1}{d^{(m)}} - \dfrac{1}{i^{(m)}}\right] = \sum_{m=1}^{+\infty}(-1)^{m-1}\dfrac{i^m}{m} = \ln(1+i) = \delta$$

∴ 所證等式成立。

例 1.1.27 ①用 $i^{(3)}$ 表示 $d^{(4)}$；②用 $d^{(2)}$ 表示 $i^{(6)}$；③用 δ 表示 $d^{(5)}$。

解：(1) $\because \left(1 + \dfrac{i^{(3)}}{3}\right)^3 = \left(1 - \dfrac{d^{(4)}}{4}\right)^{-4}$

$\therefore d^{(4)} = 4\left[1 - \left(1 + \dfrac{i^{(3)}}{3}\right)^{-\frac{3}{4}}\right]$

(2) $\because \left(1 - \dfrac{d^{(2)}}{2}\right)^2 = \left(1 + \dfrac{i^{(6)}}{6}\right)^{-6}$

$\therefore i^{(6)} = 6\left[\left(1 - \dfrac{d^{(2)}}{2}\right)^{-\frac{1}{3}} - 1\right]$

(3) $\because \left(1 - \dfrac{d^{(5)}}{5}\right)^5 = (1 + i)^{-1} = e^{-\delta}$

$\therefore d^{(5)} = 5(1 - e^{-\frac{\delta}{5}})$

例 1.1.28 假設 σ_k 是從投資日算起的第 k 期的利息力，且為常數（其中 $k = 1, 2, 3, \cdots, n$），求 1 單位投資在第 n 期末的終值，並求第 n 期的實際利率。

解：$\because \delta_t = \sigma_k (k - 1 < t \leqslant k,$ 且 $k = 1, 2, 3, \cdots, n)$，σ_k 為依賴於 k 而不依賴於 t 的常數。

$\therefore a(n) = e^{\int_0^n \delta_s \mathrm{d}s} = e^{\int_0^1 \delta_s \mathrm{d}s + \int_1^2 \delta_s \mathrm{d}s + \cdots + \int_{n-1}^n \delta_s \mathrm{d}s}$

$= e^{\int_0^1 \sigma_1 \mathrm{d}s + \int_1^2 \sigma_2 \mathrm{d}s + \cdots + \int_{n-1}^n \sigma_n \mathrm{d}s} = e^{\sigma_1 + \sigma_2 + \cdots + \sigma_n}$

顯然 $\quad a(n) = a(n-1)e^{\sigma_n}$ (1.1.50)

第 n 期的實際利率為：

$i_n = \dfrac{a(n) - a(n-1)}{a(n-1)} = e^{\sigma_n} - 1$

進一步思考，(1.1.50) 式左邊表示 1 單位本金在第 n 期末的累積值，右邊表示 1 單位本金在第 $n - 1$ 期末的累積值的基礎上，再經過第 n 期累積，因而乘以該期的累積因子 e^{σ_n}，就得到第 n 期末的累積值，顯然左右兩邊含義一致，故等式成立。

另外，由 $\delta_t = \dfrac{\mathrm{d}}{\mathrm{d}t}\ln A(t)$ 可得

$\mathrm{d}\ln A(t) = \delta_t \mathrm{d}t$

兩邊從 $n - 1$ 到 n 積分，並改變積分變量記號可得：

$\int_{n-1}^n \mathrm{d}\ln A(s) = \int_{n-1}^n \delta_s \mathrm{d}s$

$A(n) = A(n-1)e^{\int_{n-1}^n \delta_s \mathrm{d}s}$

特別地，當 $\delta_t = \sigma_k \quad (k - 1 < t \leqslant k,$ 且 $k = 1, 2, 3, \cdots, n)$，這裡 σ_k 為依賴於 k 而不依賴於 t 的常數時，$A(n) = A(n-1)e^{\sigma_n}$，由此可得第 n 期的實際利率為

$i_n = \dfrac{A(n) - A(n-1)}{A(n-1)} = e^{\sigma_n} - 1$。

例 1.1.29　基金 A 以年計息 12 次的 12% 的年名義利率累積,基金 B 以利息力 $\delta_t = \dfrac{t}{6}$ 進行累積。在時刻 $t = 0$ 時,兩筆基金存入的款項相同,試確定兩基金金額相等的下一時刻。

解:設經過 n 年兩基金累積值再次相等,則

$$(1 + \frac{12\%}{12})^{12n} = e^{\int_0^n \frac{t}{6}dt}$$

即　　　$1.01^{12n} = e^{\frac{n^2}{12}}$

$\therefore n = 144\ln 1.01 \approx 1.43(年)$

例 1.1.30　某投資者在一家銀行存款 10,000 元,第 1 年年實際利率為 i;第 2 年年實際利率為 $i - 0.05$,到第 2 年年末余額為 12,093.75 元。如果 3 年中每年的年實際利率為 $i + 0.09$ 的話,那麼此投資帳戶在第 3 年年末的余額應為多少?

解:$\because 10,000(1 + i)[1 + (i - 0.05)] = 12,093.75$

$\therefore i = 0.125$

$\therefore A(3) = 10,000(1 + i + 0.09)^3 = 10,000 \times 1.215^3 \approx 17,936.13(元)$

第二節　利息問題的基本計算

一、利息問題的有關概念

(一) 價值等式

利息理論中有一個基本原則:任何時刻資金的累積值依賴於所經歷的時間。不同時點,其資金累積值不同。因此,在考察利息問題時,必須首先確定考察時點,也就是前面所講的觀察點。只有將不同時點發生的金額折算到觀察點的價值,才能進行比較。於是,相對於觀察點來講,過去發生的資金經歷一個累積過程達到觀察點的值,即形成累積值或終值;未來發生的金額則經歷一個折現過程達到觀察點的值,即形成現值。將不同時點發生的金額換算到觀察點的值,並依據收支平衡原則而建立的等式,叫做價值等式,又稱為等值方程。

(二) 利息問題中的基本要素

一個簡單的利息問題通常包含四個基本要素:①本金;②(投資)時間長度;③利息的度量方式(利率、貼現率、利息力);④ 終值。已知其中三個量,通過所建立的價值等式可以求出第四個量。求本金屬於折現問題,求終值屬於累積問題,這些問題前面已探討過,求 ②③ 兩個問題放在后面研究。

觀察點通常可以任意選取,選取的一般原則是方便和易於計算。在複利條件下,其結果不變,但在單利條件下,會導致不同的結果。

通常可以畫一個時間軸來幫助理解。上方標註一個方向的金額,如收入性質的金

額,下方則標註另一個方向發生的金額,如支出性質的金額,這樣建立價值等式就比較方便了。也可以畫一張表格,第一行表示時點,可用 0 表示計時開始的時刻,時點 1 表示第 1 期期末,時點 5 表示第 5 期期末,等等;第二行在對應時點標註收入金額;第三行在對應時點標註支出金額。任何兩個時點數字之差就是它們間隔的期數。這裡採用第二種方法。

例 1.2.1 某人在第 3 年年末存入 3,000 元,第 5 年年末存入 4,000 元,第 6 年年末取出 2,000 元,第 8 年年末還可領取多少元?假設年利率為 5%。

解:設第 8 年年末還可領取 x 元,以 0 點作為觀察點,以 1 年作為 1 期,於是價值等式為

$$2{,}000v^6 + xv^8 = 3{,}000v^3 + 4{,}000v^5$$

解得

$$x = \frac{3{,}000v^3 + 4{,}000v^5 - 2{,}000v^6}{v^8} = \frac{3{,}000 + 4{,}000v^2 - 2{,}000v^3}{v^5}$$

$$\approx 6{,}254.35(元)$$

本題實際上屬於現值的收支平衡問題。如表 1 - 2 - 1 所示。

表 1 - 2 - 1　　　　　　　　收支情況表

時點	0	1	2	3	4	5	6	7	8
收入							2,000		x
支出				3,000		4,000			

本題也可以以其他時點作為觀察點,甚至可以以表外其他時點,如 15 作為觀察點。但通常以表內時點且發生過收支金額的時點作為觀察點,如 3、5、6、8。若以時點 6 作為觀察點,則依據收支平衡原則有

$$2{,}000 + xv^2 = 3{,}000(1 + i)^3 + 4{,}000(1 + i)$$

因此

$$x = \frac{3{,}000(1 + i)^3 + 4{,}000(1 + i) - 2{,}000}{v^2} = \frac{3{,}000 + 4{,}000v^2 - 2{,}000v^3}{v^5}$$

$$\approx 6{,}254.35(元)$$

顯然,以時刻 8 作為觀察點來計算最簡便。

二、投資年數的確定

(一) 投資年數的計算公式

在利息問題中,我們常常以年作為時間單位,但經常會遇到投資期不為整數的情形。為此,需先算出年數,再計算利息。其中:

$$投資年數 = \frac{投資期天數}{基礎天數}$$

$$利息 = 本金 \times 利率 \times 投資年數(單利情形)$$

或   利息 = 本金 × $\left[(1+利率)^{投資年數}-1\right]$

這裡，對於不同的方法，有不同的投資期天數和基礎天數，因而計算出的年數有一定的差異。

(二) 常用的計算方法

1. 嚴格單利法

嚴格單利法亦稱英國法，因為主要在英國使用，簡記為「實際／實際」。計算天數時往往是算頭不算尾。即：

$$投資年數 = \frac{投資的實際天數}{1 \text{ 年的實際天數}(365 \text{ 天或} 366 \text{ 天})}$$

2. 常規單利法

常規單利法亦稱大陸法，因為在歐洲大陸許多國家流行，簡記為「30/360」。計算時，將每月都視為 30 天，因而每年都為 360 天。

首先，計算出兩個給定日期之間的天數。記起點年月日為 (Y_1, M_1, D_1)，終點年月日為 (Y_2, M_2, D_2)，因而

$$天數 = 360(Y_2 - Y_1) + 30(M_2 - M_1) + (D_2 - D_1)$$

其次，計算出投資年數：

$$投資年數 = \frac{天數}{360}$$

3. 銀行家法則

銀行家法則適用於混合型或歐洲貨幣型，簡記為「實際/360」。

用實際天數作為投資天數，一年以 360 天作為基礎天數，顯然它對投資人有利。於是有

$$投資年數 = \frac{實際天數}{360}$$

三、未知時間問題求解

例 1.2.2　投資 1 萬元，每月計息 1 次的年名義利率為 12%，若欲累積到 3 萬元，則要經過多少年？

解：設需要 n 年，則價值等式為

$$10,000\left[\left(1+\frac{12\%}{12}\right)^{12}\right]^n = 30,000, \text{ 即 } 1.01^{12n} = 3$$

$$\therefore n = \frac{\ln 3}{12\ln 1.01} \approx 9.20(年)$$

例 1.2.3　設在時刻 $t_1, t_2, \cdots, t_n$ 分別付出款項 $s_1, s_2, \cdots, s_n$，它們等價於在何時付出款項 $s_1 + s_2 + \cdots + s_n$？

解：設等價於在時刻 t 付出款項 $s_1 + s_2 + \cdots + s_n$，在 0 點現值相等可以得到價值等式

$$(s_1 + s_2 + \cdots + s_n)v^t = s_1 v^{t_1} + s_2 v^{t_2} + \cdots + s_n v^{t_n} \tag{1.2.1}$$

$$\therefore t = \frac{\ln(s_1 v^{t_1} + s_2 v^{t_2} + \cdots + s_n v^{t_n}) - \ln(s_1 + s_2 + \cdots + s_n)}{\ln v} \quad (1.2.2)$$

由於 $v^t = e^{-\delta t} = 1 - \delta t + \frac{1}{2!}(\delta t)^2 - \frac{1}{3!}(\delta t)^3 + \cdots \approx 1 - \delta t$

(1.2.1) 式可轉化為

$$(s_1 + s_2 + \cdots + s_n)(1 - \delta t) \approx s_1(1 - \delta t_1) + s_2(1 - \delta t_2) + \cdots + s_n(1 - \delta t_n)$$

$$\therefore t \approx \frac{s_1 t_1 + s_2 t_2 + \cdots + s_n t_n}{s_1 + s_2 + \cdots + s_n} = \frac{\sum_{r=1}^{n} s_r t_r}{\sum_{r=1}^{n} s_r} \triangleq \bar{t} \quad (1.2.3)$$

這種以各次付款額為權數,各次付款時間的加權平均數(即 $\bar{t}$)作為一次付出所有應付款項的時間的方法,稱為等時間法。

例 1.2.4 證明 $t < \bar{t}$,即精確值總小於近似值。

證明: $\because$ 若函數 $f(x)$ 滿足 $f''(x) > 0$,則

$$f\left(\frac{p_1 a_1 + p_2 a_2 + \cdots + p_n a_n}{p_1 + p_2 + \cdots + p_n}\right) \leq \frac{p_1 f(a_1) + p_2 f(a_2) + \cdots + p_n f(a_n)}{p_1 + p_2 + \cdots + p_n} \quad (1.2.4)$$

其中, $p_1, p_2, \cdots, p_n$ 為正數,當且僅當 $a_1 = a_2 = \cdots = a_n$ 時,等式成立。

取 $f(x) = -\ln x$,顯然 $f''(x) > 0$。取 $p_k = s_k, a_k = v^{t_k}$,其中 $k = 1, 2, \cdots, n$,則由 (1.2.4) 式可得

$$\left(\frac{s_1 v^{t_1} + s_2 v^{t_2} + \cdots + s_n v^{t_n}}{s_1 + s_2 + \cdots + s_n}\right)^{s_1 + s_2 + \cdots + s_n} > (v^{t_1})^{s_1} (v^{t_2})^{s_2} \cdots (v^{t_n})^{s_n}$$

$\because t_1, t_2, \cdots, t_n$ 各不相等

$\therefore (v^t)^{s_1 + s_2 + \cdots + s_n} > v^{s_1 t_1 + s_2 t_2 + \cdots + s_n t_n}$

即 $\qquad v^t > v^{\bar{t}}$

由於當 $i > 0$ 時,$0 < v < 1$,因此 $t < \bar{t}$。

例 1.2.5 一項貸款的年實際利率為 6%,原計劃在第 1 年年末還款 3,000 元,第 3 年年末還款 4,000 元,第 5 年年末還款 6,000 元,第 8 年年末還款 2,000 元,借款人可以在何時一次性還清這總額為 15,000 元的貸款?

解: (1) 精確法:

$$t = \frac{\ln(3,000v + 4,000v^3 + 6,000v^5 + 2,000v^8)}{\ln v}$$

$$- \frac{\ln(3,000 + 4,000 + 6,000 + 2,000)}{\ln v}$$

$$\approx 3.96(\text{年}) \quad \text{其中}, v = \frac{1}{1 + 6\%}$$

(2) 近似法:

$$\bar{t} = \frac{3,000 \times 1 + 4,000 \times 3 + 6,000 \times 5 + 2,000 \times 8}{3,000 + 4,000 + 6,000 + 2,000} \approx 4.07(\text{年})$$

顯然,3.96 < 4.07,這從實例的角度驗證了例 1.2.4 成立。

例 1.2.6 求存款翻倍的時間。

解:設本金為 1,每期利率為 i,在複利的作用下,經過 t 期後,存款余額達到 2,因此

$$(1+i)^t = 2$$

$$\therefore t = \frac{\ln 2}{\ln(1+i)} \tag{1.2.5}$$

$$\approx \frac{0.69}{i} = \frac{69}{100i} \tag{1.2.6}$$

$$\approx \frac{0.70}{i} = \frac{70}{100i} \tag{1.2.7}$$

(1.2.5) 式是精確算法的公式,(1.2.6) 式、(1.2.7) 式是近似算法公式,並分別被稱為 69 法則、70 法則。當年利率為 5% 時,按精確法計算,大約需要 14.21 年才能實現存款翻倍;按 69 法則、70 法則計算,則分別需要 13.8 年和 14 年。

下面,我們討論其他法則。由 (1.2.5) 式可得

$$t = \frac{\dfrac{i\ln 2}{\ln(1+i)}}{i}$$

當 $i = 5\%$ 時,$\dfrac{i\ln 2}{\ln(1+i)} = \dfrac{5\%\ln 2}{\ln(1+5\%)} \approx 0.71$

於是得到 71 法則:

$$t \approx \frac{0.71}{i} = \frac{71}{100i} \tag{1.2.8}$$

當 $i = 8\%$ 時,$\dfrac{i\ln 2}{\ln(1+i)} = \dfrac{8\%\ln 2}{\ln(1+8\%)} \approx 0.72$

這樣我們就得到了 72 法則:

$$t \approx \frac{0.72}{i} = \frac{72}{100i} \tag{1.2.9}$$

有這麼多法則來計算存款翻倍所需的時間,在實際應用中究竟應當選取哪個法則?這主要看哪一法則計算的結果誤差較小。從上面關於這些法則的推導過程來看,不同法則有不同的適用範圍。69 法則、70 法則主要適用於利率比較低即利率靠近 0 的情形,71 法則適用於利率靠近 5% 的情形,72 法則適用於利率靠近 8% 的情形。當然還可以按 72 法則推導出更多類似法則。當利率為 5% 時,按 71 法則計算出的存款翻倍時間為 14.2 年,與精確算法的值相當接近。

從上面的推導過程還可以看出:69 法則和 70 法則分別使用了 0.69 與 0.70,這只不過是 ln2 的不足近似值與過剩近似值,而且 0.69 與 ln2 誤差更小一些,且當 i 非常小時,$\ln(1+i) \approx i$,因此 69 法則更適用於利率接近於 0 的情形,而 70 法則更適用於利率接近 2% 的情形,參見表 1-2-2。

存款翻倍所需要時間問題在人口統計學中也有重要應用。按現有人口自然增長

率發展下去，可以計算出現有人口規模翻一番所需要的時間，如年自然增長率為 1%，大約需要 69 年；若年自然增長率為 2%，則大約只需 35 年。

表 1－2－2　　　　　　　　存款翻倍時間表　　　　　　　　單位：年

利率	1%	2%	3%	4%	5%	6%	7%	8%	9%	10%	11%
精確值	69.661	35.003	23.450	17.673	14.207	11.896	10.245	9.006	8.043	7.273	6.642
69 法則	69	34.500	23.000	17.250	13.800	11.500	9.857	8.625	7.667	6.900	6.273
70 法則	70	35.000	23.333	17.500	14.000	11.667	10.000	8.750	7.778	7.000	6.364
71 法則	71	35.500	23.667	17.750	14.200	11.833	10.143	8.875	7.889	7.100	6.455
72 法則	72	36.000	24.000	18.000	14.400	12.000	10.286	9.000	8.000	7.200	6.545

四、未知利率問題求解

一般地，求利率問題比求時間、現值、終值問題要複雜得多。對於只有單次收入、單次支出情形，通過價值等式，容易求出利率。對於收入或支出達到兩次或以上的，問題求解就變得困難得多，往往需要用線性插值法或迭代法。換言之，需要求出方程 $f(i) = 0$ 的解。

線性插值法與迭代法的基本原理：若函數 $f(i)$ 在 $[\tilde{i}_1, \tilde{i}_2]$ 上連續，且 $f(\tilde{i}_1)f(\tilde{i}_2) < 0$，則在 $(\tilde{i}_1, \tilde{i}_2)$ 上存在 i_0 使 $f(i_0) = 0$。首先，通過試驗，容易找出符合上述條件的 $\tilde{i}_1$、$\tilde{i}_2$。其次，用 $\tilde{i}_1, \tilde{i}_2$ 的值去估計 i_0 的值。方法就是：通過 $(\tilde{i}_1, f(\tilde{i}_1))$、$(\tilde{i}_2, f(\tilde{i}_2))$ 兩點的直線必然與橫坐標軸 i 軸相交，設交點為 $(\hat{i}_k, 0)$，這樣就可將 $\hat{i}_k$ 的值作為 i_0 的近似值，即 $i_0 \approx \hat{i}_k$。由於三點 $(\tilde{i}_1, f(\tilde{i}_1))$、$(\tilde{i}_2, f(\tilde{i}_2))$、$(\hat{i}_k, 0)$ 共線，所以有

$$\frac{\hat{i}_k - \tilde{i}_1}{\tilde{i}_2 - \tilde{i}_1} = \frac{0 - f(\tilde{i}_1)}{f(\tilde{i}_2) - f(\tilde{i}_1)}$$

由此可得：

$$\hat{i}_k = \tilde{i}_1 - (\tilde{i}_2 - \tilde{i}_1) \frac{f(\tilde{i}_1)}{f(\tilde{i}_2) - f(\tilde{i}_1)} \tag{1.2.10}$$

上述求 $\hat{i}_k$ 的方法稱為線性插值法。具體而言，運用第 $k(k = 1, 2, \cdots, n)$ 次線性插值法的計算結果為 $\hat{i}_k$。如果 $f(\hat{i}_1) = 0$，那麼 $i_0 = \hat{i}_1$，求解過程結束。如果 $f(\hat{i}_1) \neq 0$，那麼選擇 $(\hat{i}_1, f(\hat{i}_1))$ 作為一個點，並在 $(\tilde{i}_1, f(\tilde{i}_1))$、$(\tilde{i}_2, f(\tilde{i}_2))$ 兩點中選擇縱坐標與 $f(\hat{i}_1)$ 異號的一點作為第二個點，將 $(\hat{i}_2, 0)$ 作為第三個點，重複利用上面的線性插值方法得到 i_0 的第二次近似值 $\hat{i}_2$，即再次運用 (1.2.10) 式求得 $\hat{i}_2$，顯然 $\hat{i}_2$ 比 $\hat{i}_1$ 有更高的精確度。如此繼續進行下去，直至得到 i_0 的滿意近似值為止，見圖 1－2－1 所示。這種后一次計算需要利用前一次結果的方法，被稱為迭代法。

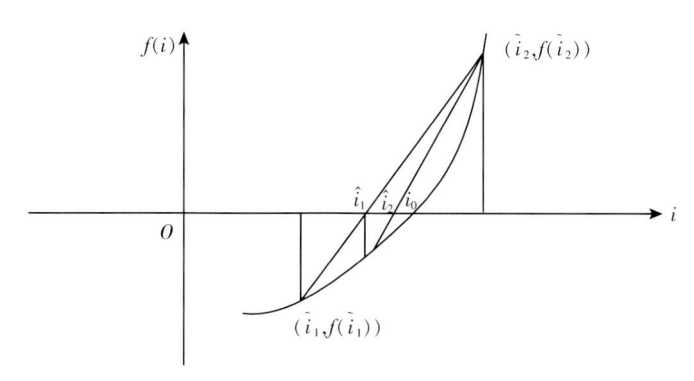

图 1-2-1 線性插值示意圖

例 1.2.7 某人投資 5,000 元,欲在 5 年后累積到 8,000 元,那麼每月計息 1 次的年名義利率應為多少?

解: 由題意可得

$$5,000\left(1+\frac{i^{(12)}}{12}\right)^{12\times 5}=8,000$$

$$i^{(12)}=12(1.6^{\frac{1}{60}}-1)\approx 9.44\%$$

例 1.2.8 某投資者在期初投資 1,000 元,第 3 年年末又投資 3,000 元,第 5 年年末投資 1,000 元,到第 6 年年末時已累積到 7,000 元。假設每半年結轉一次利息,求年名義利率。

解: 以半年為一期,設每期利率為 i,則所求的年名義利率為 $2i$,於是可得關於 i 的方程:

$$1,000(1+i)^{12}+3,000(1+i)^{6}+1,000(1+i)^{2}=7,000$$

即 $(1+i)^{12}+3(1+i)^{6}+(1+i)^{2}-7=0$

記 $f(i)=(1+i)^{12}+3(1+i)^{6}+(1+i)^{2}-7$

試算得 $f(0.05)\approx -0.081,356,752$, $f(0.06)\approx 0.391,353,81$

$$\hat{i}_1=0.05-(0.06-0.05)\frac{-0.081,356,752}{0.391,353,81-(-0.081,357)}$$

$$\approx 0.051,721,07$$

由於 $f(\hat{i}_1)\approx -0.002,395,40$,因此 $\hat{i}_1$ 與 0.6 搭配,重複上面線性插值法,可以得到所求方程的如下系列近似根:

$$\hat{i}_2\approx 0.051,771,43, \hat{i}_3\approx 0.051,772,91, \hat{i}_4\approx 0.051,772,95$$

並且 $f(\hat{i}_4)\approx -0.000,000,06$

因此,$i\approx 0.051,772,95$,$2i\approx 0.103,5$。於是,所求的年名義利率約為 10.35%。

本章小結

1. 內容概要

本章主要介紹了利息的三種度量方式以及現值與終值。

利息的三種度量方式是指利息率、貼現率和利息力,其中利息率分為實際利率和名義利率,貼現率分為實際貼現率和名義貼現率。實際利率和名義利率的最大差別在於前者在一期內結算利息一次,而后者在一期內結算利息多次。實際貼現率和名義貼現率的最大差別在於前者在一期內計算貼息一次,而后者在一期內計算貼息多次。利息力實際度量了一項投資在一個時點上產生利息的強弱程度,或者度量了提前收回投資所導致的利息損失的強弱程度。

現值與終值始終是利息理論所要討論的中心問題。終值就是投入一定本金后在投資終了之時收回的金額,這裡的本金就是該終值的現值。

利息理論中的「三大法寶」是指觀察點、時期和收支平衡原則。掌握了這三大法寶,解決利息問題將輕松自如。

2. 重要公式

(1) $\left(1 + \dfrac{i^{(m)}}{m}\right)^m = 1 + i$

(2) $\left(1 - \dfrac{d^{(m)}}{m}\right)^m = 1 - d$

(3) $v = \dfrac{1}{1+i} = 1 - d$

(4) $\delta = \ln(1 + i)$

(5) 終值函數:$a(t) = (1 + i)^t$

(6) 現值函數:$a^{-1}(t) = (1 + i)^{-t}$

習題 1

1-1 年利率為 7%,10 年后可獲得 10 萬元,現在必須投入多少本金?

1-2 若 $A(4) = 1{,}000$ 元及 $i_n = 0.01n$,求 $A(7)$。

1-3 若第 1 年、第 2 年和第 3 年的實際貼現率分別為 6%、7% 和 8%,試求平均每年的實際利率。

1-4 若每年計息 2 次的年名義利率為 5%,現在投資 1 萬元,在第 7 年年末可獲得多少金額?

1-5 已知實際利率為 i,求 $\lim\limits_{m \to +\infty} i^{(m)}$、$\lim\limits_{m \to +\infty} d^{(m)}$。

1－6　已知年實際利率為6%,求與之等價的利息力、年貼息4次的名義貼現率、年實際貼現率。

1－7　證明:當 $m > 1$ 且 $-1 < i \neq 0$ 時,$d < d^{(m)} < \delta < i^{(m)} < i$。

1－8　利息力的 Stoodley 公式是 $\delta_t = p + \dfrac{s}{1+re^{st}}$,試證明:$a^{-1}(t) = \dfrac{1}{1+r}v_1^t + \dfrac{r}{1+r}v_2^t$,其中 $v_1 = e^{-(p+s)}$,$v_2 = e^{-p}$。

1－9　兩項基金 A 和 B 從相同的金額開始,且滿足下列條件:

(1) 基金 A 以 6% 的利息力計息;

(2) 基金 B 以每年計息 4 次的年名義利率 j 計息;

(3) 第 10 年年末基金 A 中的累積值是 B 中累積值的 1.25 倍。求 j。

1－10　已知 $A(t) = Ka^{t}b^{t^2}d^{e^t}$,其中 K 為常數,求利息力 δ_t。

1－11　設每年利率為 5.67%,現在存入 1 萬元,經過多少年存款餘額可達到 3 萬元?

1－12　一項貸款的年實際利率為 5%,原還款計劃為第 1 年年末償還 5,000 元,第 2 年年末償還 6,000 元,第 4 年年末再償還 5,000 元,正好還清全部貸款。如果借款人希望一次性還清所有貸款,試用精確法和近似法分別計算合理的還款時間。

1－13　已知 $\delta_t = \dfrac{0.2t}{1+t^2}(0 \leq t \leq 10)$,現在投入本金 5 萬元,第 3 年年末再投入本金 4 萬元,求第 7 年年末的終值。如果要達到同樣的效果,那麼年平均利率應為多少呢?

1－14　如果現在投資 1,000 元,5 年後再投資 2,000 元,每半年計息一次的年名義利率應為多少時,才能在第 10 年年末累積到 5,000 元?

1－15　如果現在投資 3,000 元,第 3 年年末投資 2,000 元,第 4 年年末投資 1,000 元,那麼到第 5 年年末時累積值將達到 7,000 元,求每年的實際利率。

1－16　用 Excel 程序分別做出現值系數(v^n)表、終值系數$(1+i)^n$表。

1－17　用 Excel 程序分別做出名義利率($i^{(m)}$)表、名義貼現率($d^{(m)}$)表。

1－18　用 Excel 程序驗證關於複利終值與單利終值大小的論斷。

1－19　用 Excel 程序驗證關於複貼現現值與單貼現現值大小的論斷。

1－20　用 Excel 程序求解第 1－15 題。

第二章 確定年金

　　所謂年金,就是一系列按照相等時間間隔支付的款項。在經濟生活中,年金是普遍存在的。如每隔一段時間到銀行存入一筆款項,存入的資金形成一個年金;又如在住房按揭還款中,每月償還一定數額的款項,各次償還額構成一個年金;購物分期付款、保險合同中養老金給付及分期交付保險費、銀行中的存本取息或零存整取都構成了年金的實例。因此,學習和研究年金具有現實意義。

　　以前認為年金似乎就是每年領取一定的金額,現在來看,年金已經超出了這個範圍,有的每季給付一次或每月給付一次,甚至每週給付一次,只要是間隔相等的收付,都形成一個年金。學術界已將年金概念放寬到更一般的情形,即年金就是一系列的付款或收款,儘管我們更多地研究按相等時間間隔支付款項的年金。

　　年金按不同標準,有不同的分類。按各次給付額是否相等,可以分為等額年金和變額年金。前者的各次給付額相等,而後者的各次給付額不完全相等。按是否與約定人的生死發生關聯而分為生存年金和確定年金。生存年金又稱為風險年金,它在被保險人或約定人生存期間,且在規定的時間範圍內才給付,當其死亡或約定期滿時,給付結束,該年金實際給付的次數事先無法確定,因而支付的總量也無法確定。按月領取養老金、年繳保險費,就是生存年金的例子。在生存年金的計算中,除了要考慮利率因素外,還要考慮年金受領人的生存概率,也就是說要依據生命表,因而計算就比較複雜。所謂確定年金就是與約定人的生死無關的年金,其每次給付金額、給付時間、給付總期限事先已確定。該年金純粹以預定利率作為累積基礎或計算基礎。

　　確定年金有如下幾種分類方法:

　　(1) 按在期初或期末給付,可以分為期初付年金和期末付年金。在每期期初給付的年金叫期初付年金,在每期期末給付的年金則叫期末付年金。

　　(2) 按簽約后是否立即開始給付期,可以分為即期年金和延期年金。立即開始給付期的年金叫即期年金,需等待一段時間才開始支付期的年金叫延付年金或延期年金。注意:「立即開始給付期」不同於「立即開始給付」。

(3) 按給付期限是否有限,可以分為定期年金(或有限年金)和永續年金(或永久年金)。給付期限為有限的叫定期年金,反之則叫永續年金。

(4) 按每期支付次數不同,可以分為多期給付一次的年金、每期給付一次的年金、每期給付多次的年金和每期給付無窮多次的年金(連續年金)。

本章知識結構體系概括如下:

(1) 每期給付一次的等額確定年金;

(2) 每期給付 m 次的等額確定年金;

(3) 每 k 期給付一次的等額確定年金;

(4) 每期連續給付的等額確定年金;

(5) 變額確定年金,主要考慮給付額按等差數列、等比數列變化的年金。

注意:這裡以利息結算期為一期,並假定每期利率為 $i, k > 1, m > 1$。也可將第五部分內容分解到前面四個部分中去。

本章的主要內容為求年金的現值或年金的終值。年金的現值就是各次給付額在過去觀察點的現值之和,而年金的終值就是各次給付額在未來觀察點的終值之和。這裡,過去觀察點是指這樣一個觀察點,即所有給付的發生在不遲於該觀察點所代表的時刻,一般以計時開始的 0 時刻或給付期開始的時刻作為觀察點;而未來觀察點則是指這樣一個觀察點,即所有給付的發生在不早於該觀察點所代表的時刻,一般以給付期結束時刻為觀察點。

第一節　每期給付一次的等額確定年金

本節主要內容有期末付年金、期初付年金、延期年金、永久年金以及一些近似計算。

一、期末付年金

(一) 現值與終值

這裡的期末付年金是在本節大標題限定條件下的一種特殊年金,以後遇到類似情形,不再說明。

每期末付款 1,給付 n 期的年金,在 0 點的現值記為 $a_{\overline{n}|}$ 或 $a_{\overline{n}|i}$,在 n 點的終值記為 $s_{\overline{n}|}$ 或 $s_{\overline{n}|i}$,它們分別被稱為該期末付年金的現值或終值。

依年金現值與終值的定義可得

$$a_{\overline{n}|} = v + v^2 + \cdots + v^n \qquad (2.1.1)$$

$$= \frac{1 - v^n}{i} \qquad (2.1.2)$$

$$s_{\overline{n}|} = (1+i)^{n-1} + (1+i)^{n-2} + \cdots + (1+i) + 1 \qquad (2.1.3)$$

$$= \frac{(1+i)^n - 1}{i} \qquad (2.1.4)$$

(2.1.1) 式、(2.1.3) 式是依據年金現值與終值定義直接表述出來的，(2.1.2) 式、(2.1.4) 式是年金現值、終值的基本形式，讀者都必須熟練地掌握，其中基本形式由定義形式依據等比數列的求和公式而得。今后，我們在討論其他形式的年金的現值或終值時，一是要求能用定義直接表述出來，二是要求能用形如(2.1.2) 式或(2.1.4) 式的基本形式表達出來。年金現值 $a_{\overline{n}|}$ 可以理解為：為了獲得在未來 n 期內每期末單位 1 的給付而在現在必須投入的本金，即可視為購買該年金的理論價格。這裡未考慮年金經營者的經營費用。年金終值 $s_{\overline{n}|}$ 可以看成是每期期末投資單位 1，投資 n 期，在第 n 期末所累積的金額或所能獲得的回報。以后年金現值與終值的含義均可以這樣理解。

(2.1.2) 式可變形為

$$1 = i a_{\overline{n}|} + v^n \qquad (2.1.5)$$

解釋(2.1.5) 式：該式可理解為在 0 點的一個收支平衡等式。具體而言，現在投資 1，投資 n 期，顯然投資的現值為 1，那麼在每期末可收回當期利息 i，投資期滿時可收回本金 1，收回的現值為 $i a_{\overline{n}|} + v^n$，由收支平衡原則可得(2.1.5) 式。

(2.1.4) 式可變形為

$$(1+i)^n = i s_{\overline{n}|} + 1 \qquad (2.1.6)$$

解釋(2.1.6) 式：該式可理解為在 n 點的一個收支平衡等式。具體而言，現在投資 1，投資 n 期，投資的終值為 $(1+i)^n$，那麼在每期末可收回當期利息 i，投資期滿時可收回本金 1，收回的終值為 $i s_{\overline{n}|} + 1$，由收支平衡原則可得(2.1.6) 式。

不難發現，(2.1.5) 式和(2.1.6) 式都反應了同樣一個投資收回過程，只不過觀察點不同。

例 2.1.1 已知年利率為 4%，某人現在向銀行存入 100,000 元，在未來 10 年間，每年年末可等額領取多少元？

解：設每年年末可領取 x 元，則依據收支平衡原則有

$$100,000 = x a_{\overline{10}|}$$

$$\therefore x = \frac{100,000}{a_{\overline{10}|}} \approx \frac{100,000}{8.110,895,78} \approx 12,329.09(元)$$

例 2.1.2 已知年利率為 4%，某人每年年末向銀行存入 3,000 元，存入 10 次，最后 1 次存入后的存款余額是多少？

解：最后 1 次存入后的存款余額為

$$3,000 s_{\overline{10}|} \approx 3,000 \times 12.006,107,12 \approx 36,018.32(元)$$

(二) $a_{\overline{n}|}$ 與 $s_{\overline{n}|}$ 的關係

1. 等價關係

$a_{\overline{n}|}$ 與 $s_{\overline{n}|}$ 表示每期末給付 1、給付 n 期的年金，即同樣的一系列給付，因而具有等價關係。它們的差異在於觀察點相差 n 期，因而有如下的數量關係：

$$a_{\overline{n}|} = v^n s_{\overline{n}|} \qquad (2.1.7)$$
$$s_{\overline{n}|} = (1+i)^n a_{\overline{n}|} \qquad (2.1.8)$$

2. 倒數關係

容易計算出(以萬元為單位,請讀者解釋下面計算結果的實際意義):

$$a_{\overline{10}|6\%} \approx 7.360,087, \quad \frac{1}{a_{\overline{10}|6\%}} \approx 0.135,868,$$

$$s_{\overline{10}|6\%} \approx 13.180,795, \quad \frac{1}{s_{\overline{10}|6\%}} \approx 0.075,869。$$

顯然有: $\dfrac{1}{a_{\overline{10}|6\%}} = 6\% + \dfrac{1}{s_{\overline{10}|6\%}}$,

一般地 $\qquad \dfrac{1}{a_{\overline{n}|}} = i + \dfrac{1}{s_{\overline{n}|}} \qquad (2.1.9)$

事實上, 左邊 $= \dfrac{1}{\frac{1-v^n}{i}} = \dfrac{i}{1-v^n} = \dfrac{i(1-v^n)+iv^n}{1-v^n} = i + \dfrac{1}{\frac{(1+i)^n-1}{i}} = $ 右邊

解釋(2.1.9)式: 現在投資 1、投資 n 期,可按如下兩種方法收回:

方法 1: 每期末等額收回 $\dfrac{1}{a_{\overline{n}|}}$。

方法 2: 每期末先收回當期利息 i, 到期收回本金 1。到期收回本金 1, 相當於每期末收回 $\dfrac{1}{s_{\overline{n}|}}$, 因而每期末可等額收回 $i + \dfrac{1}{s_{\overline{n}|}}$, 故 (2.1.9) 式成立。

說明: (2.1.9) 式成立的觀察點為任意一期期末。現在投資 1, 未來 n 期內每期末等額收回 $\dfrac{1}{a_{\overline{n}|}}$, 也可理解為現在貸款 1、貸款 n 期, 那麼每期末需償還 $\dfrac{1}{a_{\overline{n}|}}$。如果每期末存入 $\dfrac{1}{s_{\overline{n}|}}$, 那麼第 n 次存入后即時的存款累積額為 1。

例 2.1.3 如果某人現有 200,000 元存款, 年利率為 5%, 每半年結算利息一次, 那麼這個人每半年可提取一筆多大金額, 剛好在第 20 年年末提取完畢? 假設每次提款相等。

解: 以半年為一期, 則每期實際利率為 5%/2 = 2.5%, 並設每期末可提款 x 元, 於是所有提款構成一個 40 期的期末付年金, 在 0 點依據收支平衡原則有

$$xa_{\overline{40}|2.5\%} = 200,000$$

解得 $\qquad x = \dfrac{200,000}{a_{\overline{40}|2.5\%}} \approx \dfrac{200,000}{25.102,775,05} \approx 7,967.25(元)。$

二、期初付年金

(一) 現值與終值

每期期初給付 1、給付 n 期的年金, 在 0 點的現值記為 $\ddot{a}_{\overline{n}|}$ 或 $\ddot{a}_{\overline{n}|i}$, 在 n 點的終值記為 $\ddot{s}_{\overline{n}|}$ 或 $\ddot{s}_{\overline{n}|i}$, 它們分別被稱為該期初付年金的現值或終值。

依年金現值、終值的定義,有
$$\ddot{a}_{\overline{n}|} = 1 + v + \cdots + v^{n-1} \tag{2.1.10}$$
$$= \frac{1 - v^n}{d} \tag{2.1.11}$$
$$\ddot{s}_{\overline{n}|} = (1 + i)^n + (1 + i)^{n-1} + \cdots + (1 + i) \tag{2.1.12}$$
$$= \frac{(1 + i)^n - 1}{d} \tag{2.1.13}$$

(2.1.11) 式可變形為
$$1 = d\ddot{a}_{\overline{n}|} + v^n \tag{2.1.14}$$

解釋(2.1.14)式:該式可理解為在 0 點的一個收支平衡等式。具體而言,現在投資 1、投資 n 期,投資的現值為 1,那麼在每期初可預收當期利息 d,投資期滿時可收回本金 1,收回的現值為 $d\ddot{a}_{\overline{n}|} + v^n$,由收支平衡原則可得(2.1.14)式。

(2.1.13) 式可變形為
$$(1 + i)^n = d\ddot{s}_{\overline{n}|} + 1 \tag{2.1.15}$$

解釋(2.1.15)式:該式可理解為在 n 點的一個收支平衡等式。具體而言,現在投資 1、投資 n 期,投資的終值為 $(1 + i)^n$,那麼在每期初可預收當期利息 d,投資期滿時可收回本金 1,收回的終值為 $d\ddot{s}_{\overline{n}|} + 1$,由收支平衡原則可得(2.1.15)式。

不難發現,(2.1.14)式和(2.1.15)式都反應了同樣一個投資收回過程,只不過觀察點不同。當然,也可改變資金流向,如先借款,后償還。

(二) $\ddot{a}_{\overline{n}|}$ 與 $\ddot{s}_{\overline{n}|}$ 的關係

1. 等價關係

$\ddot{a}_{\overline{n}|}$ 與 $\ddot{s}_{\overline{n}|}$ 表示每期期初給付 1、給付 n 期的年金,它們是同樣的一系列給付,因而具有等價關係。它們的差異在於觀察點相差 n 期,因而有如下的數量關係:
$$\ddot{a}_{\overline{n}|} = v^n \ddot{s}_{\overline{n}|} \tag{2.1.16}$$
$$\ddot{s}_{\overline{n}|} = (1 + i)^n \ddot{a}_{\overline{n}|} \tag{2.1.17}$$

2. 倒數關係
$$\frac{1}{\ddot{a}_{\overline{n}|}} = d + \frac{1}{\ddot{s}_{\overline{n}|}} \tag{2.1.18}$$

解釋(2.1.18)式:現在投資 1、投資 n 期,可按如下兩種方法收回:

方法 1:每期初可等額收回 $\frac{1}{\ddot{a}_{\overline{n}|}}$。

方法 2:每期初先預收當期利息 d,到期收回本金 1。由於到期收回本金 1,相當於每期初收回 $\frac{1}{\ddot{s}_{\overline{n}|}}$,因而每期初實際上可等額收回 $d + \frac{1}{\ddot{s}_{\overline{n}|}}$,故(2.1.18)式成立。

說明:(2.1.18)式成立的觀察點為任意一期期初。現在投資 1,未來 n 期內每期初可等額收回 $\frac{1}{\ddot{a}_{\overline{n}|}}$;也可理解為如果現在貸款 1、貸款 n 期,那麼每期初需償還 $\frac{1}{\ddot{a}_{\overline{n}|}}$。如果

每期初存入$\frac{1}{\ddot{s}_{\overline{n}|}}$,那麼第 n 期期末存款的累積值為1。

(三) 期初付年金與期末付年金的關係

兩者的關係有如下幾種：

(1) $\ddot{a}_{\overline{n}|} = a_{\overline{n}|}(1 + i)$ (2.1.19)

$\ddot{s}_{\overline{n}|} = s_{\overline{n}|}(1 + i)$ (2.1.20)

解釋：因為期初付年金比期末付年金每次都早一期支付，故期初付年金無論現值還是終值均為期末付年金的相應值的$(1 + i)$倍。

(2) $\ddot{a}_{\overline{n}|} = a_{\overline{n-1}|} + 1$ (2.1.21)

$a_{\overline{n}|} = \ddot{a}_{\overline{n+1}|} - 1$ (2.1.22)

$\ddot{s}_{\overline{n}|} = s_{\overline{n+1}|} - 1$ (2.1.23)

$s_{\overline{n}|} = \ddot{s}_{\overline{n-1}|} + 1$ (2.1.24)

說明：該組公式表明期初付或期末付年金的現值或終值可以由另一種年金的現值或終值表示出來。在實際應用中，主要是為了方便計算，通常對於常用的利率水平 i 與期限 n，將 $\ddot{a}_{\overline{n}|}$ 與 $\ddot{s}_{\overline{n}|}$ 或者 $a_{\overline{n}|}$ 與 $s_{\overline{n}|}$ 的值做成年金現值表和終值表，然後利用上面公式，就能很容易地通過查表計算出另一種性質年金的現值或終值。

現在，我們可以觀察上面這組公式的特點：等式左邊是某 n 年期年金的現值或終值；等式右邊第二項是「+1」或「-1」，第一項是另一種性質年金的現值或終值，其期限與第二項合計為左邊年金的期限，因此只要能確定第二項是「+1」還是「-1」，那麼公式就容易寫出來了。注意左邊年金現值的觀察點在0點，終值的觀察點在n點，右邊第二項取「+1」時，對應左邊的年金在觀察點剛好有一次給付，且給付的金額為1；而右邊第二項取「-1」時，對應左邊的年金在觀察點沒有資金給付。因此，以左邊為基礎，可將上面四個公式總結為「有1加1，無1減1」。即左邊在觀察點若有1次支付，則右邊第二項為加上一次支付的金額1；否則，就減去一次支付的金額1。這一結論適用於每期支付多次的情形，以后不再多講，請讀者自己留心。

例2.1.4 有一位35歲的工人打算通過在25年內每年年初存款1,000元來累積一筆退休金，從60歲開始此工人在以后15年內每年年初取款一次。假設所有存款都存了，他從60歲開始每次可領取多少金額？其中在頭25年的實際利率為8%，而此后僅為7%。

解：設該工人退休后每年年初可領取 x 元的退休金。以60歲作為觀察點，於是依收支平衡原則有

$$1,000\ddot{s}_{\overline{25}|8\%} = x\ddot{a}_{\overline{15}|7\%}$$

$$\therefore x \approx \frac{1,000 \times 78.954,415,15}{9.745,467,99} \approx 8,101.66(元)$$

例2.1.5 一筆貸款100,000元，為期10年。如果年實際利率為5%，比較如下三種還款方式中，哪種還款方式利息負擔最重？

(1) 在第10年年末一次性償還所有本息；

(2) 每年年末支付當年利息,第 10 年年末再償還本金;

(3) 10 年內,每年年末均勻償還,剛好在第 10 年年末還清貸款。

解:

(1) 這筆貸款在第 10 年年末一次性還款,支付的利息為
$$100,000[(1+5\%)^{10}-1] \approx 62,889.46(元)$$

(2) 由於每年年末支付的利息為 $100,000 \times 5\% = 5,000(元)$,因而 10 年間共支付利息 50,000 元。

(3) 10 年內,每年年末均勻償還,設每次還款 x 元,則
$$xa_{\overline{10|}} = 100,000$$

解得　　$x \approx 12,950.458(元)$

因而 10 年間共還款 129,504.58 元,扣除 100,000 元的本金後,負擔的利息為 29,504.58 元。

從上面的計算結果容易看出,第一種還款方式利息負擔最重,而第三種還款利息負擔最輕。其實不難看出,還款越早,利息負擔越輕;還款越遲,利息負擔越重。

需要注意的是:在上面的利息計算過程中,我們實際上將不同時點的金額加在了一起,平時我們往往也這樣計算,但這在利息理論上是不允許的。因此,我們將不同時點支付的利息都按年利率折算到同一時點,然後才進行比較。先計算利息的現值,再計算其終值。

還款方式(1):償還的利息現值 $= \dfrac{62,889.46}{(1+5\%)^{10}} \approx 38,608.67(元)$

還款方式(2):償還的利息現值 $= 5,000 a_{\overline{10|}} \approx 38,608.67(元)$

還款方式(3):償還的利息現值 $= xa_{\overline{10|}} - \dfrac{100,000}{(1+5\%)^{10}}$
$$\approx 100,000 - 61,391.33 = 38,608.67(元)$$

還款方式(1):償還的利息終值 $\approx 62,889.46(元)$

還款方式(2):償還的利息終值 $= 5,000 s_{\overline{10|}} \approx 62,889.46(元)$

還款方式(3):償還的利息終值 $= xs_{\overline{10|}} - 100,000$
$$\approx 162,889.46 - 100,000 = 62,889.46(元)$$

因此,在年利率為 5% 的條件下,無論從現值還是從終值的角度來看,利息負擔與還款方式無關。當然,如果借款人借來的錢獲得的年收益率低於 5%,那麼投資者應當盡可能多提前還款,此時第三種償還方式負擔最輕;若年收益率高於 5%,則可推遲還款,此時第一種還款方式的利息負擔最輕。

三、延期年金

(一)延期期末付年金

令 $_{f|}a_{\overline{n|}}$ 表示延期 f 期、給付 n 期、每期末給付 1 的年金的現值,則
$$_{f|}a_{\overline{n|}} = v^{f+1} + v^{f+2} + \cdots + v^{f+n} \tag{2.1.25}$$

$$= v^f a_{\overline{n}|} \tag{2.1.26}$$

$$= a_{\overline{f+n}|} - a_{\overline{f}|} \tag{2.1.27}$$

（2.1.25）式是依據延期年金現值的定義直接表達出來的結果，接著可按等比數列求和公式求和。（2.1.26）式可以理解為延期年金在新觀察點（第 f 期末）的現值為 $a_{\overline{n}|}$，然後再折算到原觀察點（0 點），故需要乘以折現因子 v^f，從而得到延期年金的現值。（2.1.27）式可以這樣理解：首先按后面給付期內年金額給付方式補充等待期或延付期內的給付，因而補充后的年金的現值為 $a_{\overline{f+n}|}$，然後扣除已補充的年金現值 $a_{\overline{f}|}$，從而得到延期年金的現值。

（二）延期期初付年金

令 $_{f|}\ddot{a}_{\overline{n}|}$ 表示延期 f 期、給付 n 期、每期期初給付 1 的年金的現值，則

$$_{f|}\ddot{a}_{\overline{n}|} = v^f + v^{f+1} + \cdots + v^{f+n-1} \tag{2.1.28}$$

$$= v^f \ddot{a}_{\overline{n}|} \tag{2.1.29}$$

$$= \ddot{a}_{\overline{f+n}|} - \ddot{a}_{\overline{f}|} \tag{2.1.30}$$

請讀者思考：按上述延期年金存入款項 1，那麼支付期期滿時的終值是多少？如果 n 期期滿不提取款項，而是再經過 m 期的累積，那麼到期可獲得多少款項？

例 2.1.6 已知貸款 100,000 元，年利率為 5%，5 年后才開始還款，在接下來的 10 年內還清，每年年末等額還款，求每次還款額。

解：設每次還款額為 x 元，各次還款構成一個延期 5 年，給付 10 年的延期期末付年金，依收支平衡原則有

$$x \cdot {}_{5|}a_{\overline{10}|} = 100,000$$

$$\therefore x = \frac{100,000}{{}_{5|}a_{\overline{10}|}} = \frac{100,000}{v^5 a_{\overline{10}|}} \approx \frac{100,000}{0.783,526,17 \times 7.721,734,93} \approx 16,528.43（元）$$

四、永久年金

年金給付的期限為無限的年金，或年金給付延續到永遠的年金，稱為永久年金或永續年金。如未附償還條件的優先股的紅利給付，便形成一種永久年金（假設公司不破產，能永久經營）。研究永久年金更多的是理論上的需要。

每期給付額為 1 的期末付永久年金的現值記為 $a_{\overline{\infty}|}$，即

$$a_{\overline{\infty}|} = v + v^2 + v^3 + \cdots = \frac{v}{1-v} = \frac{1}{i} \quad (i > 0) \tag{2.1.31}$$

或者

$$a_{\overline{\infty}|} = \lim_{n \to \infty} a_{\overline{n}|} = \lim_{n \to \infty} \frac{1-v^n}{i} = \frac{1}{i} \quad (i > 0)$$

（2.1.31）式可以這樣理解：現在投入期末付永久年金的現值 $\frac{1}{i}$，在利率 i 的作用下，每期期末可獲得當期利息 1，並可以永遠地投資下去。

同樣地，每期給付額為 1 的期初付永久年金的現值記作 $\ddot{a}_{\overline{\infty}|}$，即

$$\ddot{a}_{\overline{\infty}|} = 1 + v + v^2 + v^3 + \cdots = \frac{1}{1-v} = \frac{1}{d} \quad (i > 0) \tag{2.1.32}$$

或者 $\ddot{a}_{\overline{\infty}|} = \lim\limits_{n \to \infty} a_{\overline{n}|} = \lim\limits_{n \to \infty} \dfrac{1 - v^n}{d} = \dfrac{1}{d}$ $(i > 0)$

容易求得延期永久年金的現值：

$$_{f|}a_{\overline{\infty}|} = v^{f+1} + v^{f+2} + v^{f+3} + \cdots = v^f a_{\overline{\infty}|} = \dfrac{v^f}{i} \quad (i > 0)$$

$$_{f|}\ddot{a}_{\overline{\infty}|} = v^f + v^{f+1} + v^{f+2} + \cdots = v^f \ddot{a}_{\overline{\infty}|} = \dfrac{v^f}{d} \quad (i > 0)$$

五、年金問題中有關利率與期限問題求解

任何一個年金問題都包含四個變量：① 現值；② 期限 n（或給付次數）；③ 利息的度量（主要是利率）；④ 終值。已知利率 i 和年金期限 n，可以求出年金的現值或終值，這在前面已經研究過。這裡，我們將討論兩類問題：一是已知年金的現值或終值和年金期限 n，求利率 i；二是已知年金的現值或終值和利率 i，求年金期限 n。

（一）求利率 i

有三種方法求利率 i：一是解析法，依收支平衡原則，通過包含利率的解析表達式來求解；二是線性插值法；三是迭代法。下面將主要討論迭代法。

定理 2.1.1 對於方程 $x = \varphi(x)$，只要 $\varphi(x)$ 在 $[a,b]$ 上連續，$|\varphi'(x)| \leq q < 1$，那麼它的根可由 $x_1 = \varphi(x_0), x_2 = \varphi(x_1), x_3 = \varphi(x_2), \cdots, x_{n+1} = \varphi(x_n), \cdots$ 來接近。

由定理 2.1.1 可以總結出迭代法的基本思路：

(1) 將包含利率 i 的價值等式寫成 $i = \varphi(i)$ 的形式；

(2) 寫出迭代基本公式 $\hat{i}_{t+1} = \varphi(\hat{i}_t), t = 0, 1, 2, \cdots, n$；

(3) 給出 i 的初值 $\hat{i}_0$，通過迭代公式，就可以得出 i 的一系列近似值：$\hat{i}_1, \hat{i}_2, \hat{i}_3, \cdots, \hat{i}_t$，直到精確度達到滿意為止。具體地，當 $\hat{i}_{t+1}$ 與 $\hat{i}_t$ 近似相等時，就可停止迭代。

1. 已知年金現值，求利率問題

具體化：已知

$$a_{\overline{n}|} = A \tag{2.1.33}$$

求 i。

首先，由 $a_{\overline{n}|} = A$，即 $\dfrac{1 - (1+i)^{-n}}{i} = A$ 可得 $i = \dfrac{1 - (1+i)^{-n}}{A}$；

其次，選取迭代公式

$$\hat{i}_{t+1} = \dfrac{1 - (1+\hat{i}_t)^{-n}}{A} \tag{2.1.34}$$

選取初值 $\hat{i}_0$，通過迭代公式 (2.1.34) 可得出 i 的一系列近似值：$\hat{i}_1, \hat{i}_2, \hat{i}_3, \cdots, \hat{i}_t$。該方法雖然簡單，但收斂速度比較慢。對於不同初值 $\hat{i}_0$，達到同樣精確度的近似值所需要的迭代次數也不一樣，所以我們可以選擇比較接近方程 (2.1.33) 的根的數作為 $\hat{i}_0$ 的值，這樣可以減少迭代次數。運用迭代公式 (2.1.34) 求方程近似解的方法，稱為

普通迭代法。

由級數展開得

$$a_{\overline{n}|} = \frac{1-v^n}{i} = \frac{1-(1+i)^{-n}}{i}$$

$$= n - \frac{n(n+1)}{2!}i + \frac{n(n+1)(n+2)}{3!}i^2 - \cdots \quad (2.1.35)$$

$$\frac{1}{a_{\overline{n}|}} = \frac{1}{n} \cdot \frac{1}{1 - \frac{n+1}{2!}i + \frac{(n+1)(n+2)}{3!}i^2 - \cdots}$$

$$= \frac{1}{n}\left(1 + \frac{n+1}{2}i + \frac{n^2-1}{12}i^2 + \cdots\right) \quad (2.1.36)$$

由(2.1.33)式知：

$$\frac{1}{A} = \frac{1}{a_{\overline{n}|}} \approx \frac{1}{n}\left(1 + \frac{n+1}{2}i\right)$$

解得

$$i \approx \frac{2(n-A)}{A(n+1)}$$

因此可取

$$\hat{i}_0 = \frac{2(n-A)}{A(n+1)} \quad (2.1.37)$$

還可以選擇比(2.1.34)式收斂速度更快的迭代公式。

定理 2.1.2 （一般牛頓法）設 $f(x)$ 在 $[a,b]$ 上連續，且 $f'(x) \neq 0$，$f''(x) \neq 0$，$f(a)f(b) < 0$，用迭代公式 $x_{n+1} = x_n - \frac{f(x_n)}{f'(x_n)}$，並取 $x_0 = \begin{cases} a, & \text{當} f''(x) < 0 \text{時} \\ b, & \text{當} f''(x) > 0 \text{時} \end{cases}$，可以計算出 $f(x) = 0$ 的根的近似值，且 $|\zeta - x_n| \leq \frac{|f(x_n)|}{\min\limits_{a \leq x \leq b} |f'(x)|}$，其中 $f(\zeta) = 0$。

由 $a_{\overline{n}|} = A$，即 $\frac{1-(1+i)^{-n}}{i} = A$ 可得

$$1 - (1+i)^{-n} - Ai = 0 \quad (2.1.38)$$

記 $f(i) = 1 - (1+i)^{-n} - Ai$，則

$$f'(i) = n(1+i)^{-n-1} - A = n(1+i)^{-n-1} - \frac{1-(1+i)^{-n}}{i}$$

$$= -\frac{1}{i}\{1 - (1+i)^{-n-1}[1 + (n+1)i]\}$$

由牛頓迭代法，可以得到求方程(2.1.38)的根的迭代公式：

$$\hat{i}_{t+1} = \hat{i}_t - \frac{f(\hat{i}_t)}{f'(\hat{i}_t)}$$

$$= \hat{i}_t\left\{1 + \frac{1-(1+\hat{i}_t)^{-n} - A\hat{i}_t}{1-(1+\hat{i}_t)^{-n-1}[1+(n+1)\hat{i}_t]}\right\} \quad (2.1.39)$$

同時,選擇(2.1.37)式作為 $\hat{i}_0$ 的值,運用迭代公式(2.1.39),可以求出方程(2.1.38)的根的近似值,其收斂速度很快。這種運用迭代公式(2.1.39)求方程近似解的方法,稱為 Newton-Raphson 迭代法。

例 2.1.7 已知 $a_{\overline{19|}} = 10$,求利率 i。

解法 1:運用普通迭代法,即運用迭代公式(2.1.34)。

(1) 尋找迭代公式

$$\because a_{\overline{19|}} = 10$$

$$\therefore \frac{1-(1+i)^{-19}}{i} = 10$$

$$\therefore i = \frac{1-(1+i)^{-19}}{10}$$

$$\therefore \hat{i}_{t+1} = \frac{1-(1+\hat{i}_t)^{-19}}{10}$$

(2) 選擇初值 $\hat{i}_0 = \frac{2(n-A)}{A(n+1)} = \frac{2 \times (19-10)}{10 \times (19+1)} = 0.09$

(3) 將初值代入迭代公式,得到一系列關於方程 $a_{\overline{19|}} = 10$ 的近似解。通過 Excel 得 $\hat{i}_5 \approx 0.074,673,935$,$\hat{i}_{10} \approx 0.074,446,717$,$\hat{i}_{15} \approx 0.074,442,449$,$\hat{i}_{20} \approx 0.074,442,369$,$\hat{i}_{23} \approx 0.074,442,367$,即第 23 次迭代使方程的近似根達到了 9 位小數的精確度。

對於 $\hat{i}_0$ 取不同初值,達到同樣精確度的近似值,所需迭代的次數各不相同。選擇越靠近方程根的真實值的近似值,所需迭代次數就越少;反之,則需要更多的迭代次數,見表 2-1-1。

表 2-1-1　　　　對於不同初值方程 $a_{\overline{19|}} = 10$ 的根達到
9 位小數精確度所需迭代次數

$\hat{i}_0$	0.01	0.04	0.05	0.06	0.07	0.074,44	0.074	0.08	0.09	0.1	0.2	1
迭代次數	27	24	23	22	20	10	17	22	23	24	25	25

解法 2:運用 Newton-Raphson 迭代法。迭代公式為

$$\hat{i}_{t+1} = \hat{i}_t \left[1 + \frac{1-(1+\hat{i}_t)^{-19}-10\hat{i}_t}{1-(1+\hat{i}_t)^{-20}(1+20\hat{i}_t)} \right]$$

且 $\hat{i}_0 = 0.09$,則

$$\hat{i}_1 \approx 0.073,005,235,\ \hat{i}_2 \approx 0.074,430,509,\ \hat{i}_3 \approx 0.074,442,367$$

由此可見,運用 Newton-Raphson 迭代法,第 3 次就可使近似根達到 9 位小數的精確度,顯然,近似根數列收斂速度相當快。如果 $\hat{i}_0 = 0.07$,那麼達到同樣精確度仍需

要 3 次迭代,但前兩次精確度已提高;如果 $\hat{i}_0 = 0.074$ 或 $0.074,4$,那麼達到同樣精確度只需 2 次迭代;如果 $\hat{i}_0 = 0.074,44$,那麼第 1 次迭代就可達到所需要的精確度。

解法 3:運用線性插值法。

$f(i) = a_{\overline{19}|} - 10$,利用公式(1.2.10),即 $\hat{i}_k = \tilde{i}_1 - (\tilde{i}_2 - \tilde{i}_1) \dfrac{f(\tilde{i}_1)}{f(\tilde{i}_2) - f(\tilde{i}_1)}$,可以得到方程的根的第一次近似值 $\hat{i}_1$。重複上面方法,可以得到該方程的根的系列近似值 $\hat{i}_2$、$\hat{i}_3$ 等,運行 Excel 計算結果見表 2 – 1 – 2。顯然,第 5 次插值就可達到 9 位小數的精確度,說明近似值的收斂速度是比較快的。

表 2 – 1 – 2　運用線性插值法求出方程 $a_{\overline{19}|} = 10$ 的根的各次近似值

k	$\tilde{i}_1$	$\tilde{i}_2$	$f(\tilde{i}_1)$	$f(\tilde{i}_2)$	$\hat{i}_k$
1	0.07	0.08	0.335,595,243	– 0.396,400,800	0.074,584,659
2	0.074,584,659	0.07	– 0.010,467,022	0.335,595,243	0.074,445,991
3	0.074,445,991	0.07	– 0.000,266,770	0.335,595,243	0.074,442,460
4	0.074,442,460	0.07	– 0.000,006,821	0.335,595,243	0.074,442,370
5	0.074,442,370	0.07	– 0.000,000,195	0.335,595,243	0.074,442,367

2. 已知年終值,求利率問題

具體化:已知

$$s_{\overline{n}|} = S \qquad (2.1.40)$$

求 i。

由級數展開得

$$\dfrac{1}{s_{\overline{n}|}} = \dfrac{i}{(1+i)^n - 1} = \dfrac{1}{n + \dfrac{n(n-1)}{2!}i + \dfrac{n(n-1)(n-2)}{3!}i^2 + \cdots}$$

$$= \dfrac{1}{n}\left(1 - \dfrac{n-1}{2}i + \dfrac{n^2-1}{12}i^2 - \cdots\right) \qquad (2.1.41)$$

由(2.1.40)式知:

$$\dfrac{1}{S} = \dfrac{1}{s_{\overline{n}|}} \approx \dfrac{1}{n}\left(1 - \dfrac{n-1}{2}i\right)$$

解得 $\quad i \approx \dfrac{2(S-n)}{S(n-1)}$

因此可取

$$\hat{i}_0 = \dfrac{2(S-n)}{S(n-1)} \qquad (2.1.42)$$

由 $s_{\overline{n}|} = S$,即 $\dfrac{(1+i)^n - 1}{i} = S$ 可得:

$$(1+i)^n - Si - 1 = 0 \qquad (2.1.43)$$

記 $f(i) = (1+i)^n - Si - 1$，則
$$f'(i) = n(1+i)^{n-1} - S$$

由牛頓迭代法可以得到求方程(2.1.40)的根的迭代公式：

$$\hat{i}_{t+1} = \hat{i}_t - \frac{f(\hat{i}_t)}{f'(\hat{i}_t)} = \hat{i}_t \left\{ 1 + \frac{(1+\hat{i}_t)^n - 1 - S\hat{i}_t}{(1+\hat{i}_t)^{n-1}[1-(n-1)\hat{i}_t] - 1} \right\} \quad (2.1.44)$$

同時，可以選擇(2.1.42)式作為 $\hat{i}_0$，運用迭代公式(2.1.44)，可以求出方程(2.1.40)的根的近似值，其收斂速度很快。這裡運用迭代公式(2.1.44)求方程近似解的方法，也稱為 Newton-Raphson 迭代法。

需要說明的是，在由年金終值求利率問題時，沒有像年金現值那樣求利率的普通迭代法公式。

例 2.1.8 已知 $\ddot{s}_{\overline{8}|} = 11$，求利率。

解：$\because \ddot{s}_{\overline{8}|} = 11$，且 $\ddot{s}_{\overline{8}|} = s_{\overline{9}|} - 1$

$\therefore s_{\overline{9}|} = 12$

運用 Newton-Raphson 迭代法，迭代公式為

$$\hat{i}_{t+1} = \hat{i}_t \left[1 + \frac{(1+\hat{i}_t)^9 - 1 - 12\hat{i}_t}{(1+\hat{i}_t)^8(1-8\hat{i}_t) - 1} \right]$$

取初值

$$\hat{i}_0 = \frac{2(S-n)}{S(n-1)} = \frac{2(12-9)}{12(9-1)} = 0.062,5$$

由此可得：

$$\hat{i}_1 \approx 0.070,588,524, \quad \hat{i}_2 \approx 0.070,441,634, \quad \hat{i}_3 \approx 0.070,441,584$$

上式中 0.070,441,584 是所求的達到 9 位小數精確度的每期利率。

（二）求年金期限

1. 已知年金現值及利率，求年金給付期限

(1) 已知年金現值為 $a_{\overline{n}|} = A$ 及利率 i，求 n。

$\because a_{\overline{n}|} = A$

$\therefore \dfrac{1-(1+i)^{-n}}{i} = A$

即 $(1+i)^{-n} = 1 - Ai$

$\therefore n = -\dfrac{\ln(1-Ai)}{\ln(1+i)}$

(2) 已知年金現值為 $\ddot{a}_{\overline{n}|} = B$ 及利率 i，求 n。

$\because \ddot{a}_{\overline{n}|} = B$

$\therefore \dfrac{1-(1+i)^{-n}}{d} = B$

即 $(1+i)^{-n} = 1 - Bd$

$$\therefore n = -\frac{\ln(1-Bd)}{\ln(1+i)}$$

2. 已知年金終值及利率,求年金給付期限

(1) 已知年金終值為 $s_{\overline{n}|} = S$ 及利率 i,求 n。

$$\because s_{\overline{n}|} = S$$

$$\therefore \frac{(1+i)^n - 1}{i} = S$$

即 $(1+i)^n = 1 + Si$

$$\therefore n = \frac{\ln(1+Si)}{\ln(1+i)}$$

(2) 已知年金終值為 $\ddot{s}_{\overline{n}|} = T$ 及利率 i,求 n。

$$\because \ddot{s}_{\overline{n}|} = T$$

$$\therefore \frac{(1+i)^n - 1}{d} = T$$

即 $(1+i)^n = 1 + Td$

$$\therefore n = \frac{\ln(1+Td)}{\ln(1+i)}$$

顯然,期限長度能用解析法求得。

例 2.1.9 某投資者將 100,000 元存入某基金,希望每年初能領取 8,400 元。假設基金利率為 6%,計算投資者能領取多長時間。

解:設投資者能領取 n 年,由題意可得

$$8,400\ddot{a}_{\overline{n}|} = 100,000$$

$$\therefore \frac{1-(1+6\%)^{-n}}{\frac{6\%}{1+6\%}} = \frac{250}{21}$$

即 $(1+6\%)^{-n} = \frac{121}{371}$

$$\therefore n = \frac{\ln 371 - \ln 121}{\ln 1.06} \approx 19.228,290,92(年)$$

本題所計算出的期限是一個小數,意味著投資者有 19 次正常領取(即每年初領取 8,400 元),最後一次正常領取是在第 19 年年初,並在第 20 年中的 0.228,290,92 年(約 83.33 天,即在第 84 天),再領取一筆非正常款項,設為 w 元。這 w 元可提前到第 20 年年初領取 x 元,也可推遲到第 20 年年末領取 y 元。顯然,$x < w < y$,並且 $x < 8,400$,因為若 $x \geq 8,400$,則意味著第 20 年年初還有一次正常領取,這將與前面計算的結果矛盾。

下面分別求出 x、w、y 值。

以第 20 年年初(即第 19 年年末)為觀察點,依據收支平衡原則有

$$8,400\ddot{s}_{\overline{19}|} + x = 100,000(1+6\%)^{19}$$

$$\therefore x \approx 1,960.98(元)$$

以第 19.228,290,92 年,即在第 20 年的第 84 天為觀察點,依收支平衡原則有
$$8,400\ddot{s}_{\overline{19|}}(1+6\%)^{0.228,290,92} + w = 100,000(1+6\%)^{19.228,290,92}$$
$$\therefore w \approx 1,987.24(元)$$

以第 20 年年末為觀察點,依據收支平衡原則有
$$8,400\ddot{s}_{\overline{19|}}(1+6\%) + y = 100,000(1+6\%)^{20}$$
$$\therefore y \approx 2,078.64(元)$$

上面的 x、w、y 只不過是在第 19 次正常支付後在不同時點進行的非正常支付的金額,因而具有等價關係。換言之,第 20 年年初支付的 x 元,相當於在該年中第 84 天支付的 w 元,也相當於在該年年末支付的 y 元,即有如下關係:
$$w = x(1+6\%)^{0.228,290,92}$$
$$y = w(1+6\%)^{0.771,709,08}$$

對於本題中的期初付年金,非正常支付最好在第 20 年年初支付。因為如果在第 20 年年末支付,那麼意味著與上一次支付已間隔了兩年。

請讀者思考:若將本例中的 100,000 元改為 102,000 元,則結果如何?

六、可變利率的年金現值與終值

前面我們在考慮年金現值與終值的計算問題時,為簡單起見,都假定在整個給付期內利率是保持不變的。然而,實際情況更多的可能是各年利率不盡相同。

(一) 採用所經歷時段的利率

這時根據一次給付所經歷的時段不同而採取相應的利率。假設第 1 期,第 2 期,…,第 n 期的利率分別為 $i_1, i_2, \cdots, i_n$。在此背景下,設每期末給付 1、給付 n 期的年金的現值與終值分別記為 $\tilde{a}_{\overline{n|}}$、$\tilde{s}_{\overline{n|}}$。於是

$$\tilde{a}_{\overline{n|}} = (1+i_1)^{-1} + (1+i_1)^{-1}(1+i_2)^{-1} + \cdots$$
$$+ (1+i_1)^{-1}(1+i_2)^{-1}\cdots(1+i_n)^{-1} \quad (2.1.45)$$

$$\tilde{s}_{\overline{n|}} = 1 + (1+i_n) + (1+i_n)(1+i_{n-1}) + \cdots$$
$$+ (1+i_n)(1+i_{n-1})\cdots(1+i_2) \quad (2.1.46)$$

同理,可寫出期初付年金的現值與終值的表達式:

$$\tilde{\ddot{a}}_{\overline{n|}} = 1 + (1+i_1)^{-1} + (1+i_1)^{-1}(1+i_2)^{-1} + \cdots$$
$$+ (1+i_1)^{-1}(1+i_2)^{-1}\cdots(1+i_{n-1})^{-1} \quad (2.1.47)$$

$$\tilde{\ddot{s}}_{\overline{n|}} = (1+i_n) + (1+i_n)(1+i_{n-1}) + \cdots$$
$$+ (1+i_n)(1+i_{n-1})\cdots(1+i_1) \quad (2.1.48)$$

(二) 不同時點給付額採取不同的利率

比如,第 1 次給付(無論期初還是期末)採用利率 $\hat{i}_1$,求其現值或終值所經歷的每期的利率都採用利率 $\hat{i}_1$,第 2 次給付採用利率 $\hat{i}_2$……第 n 次給付採用利率 $\hat{i}_n$。假設

每期末給付 1、給付 n 期的年金的現值與終值分別記為 $\hat{a}_{\overline{n}|}$、$\hat{s}_{\overline{n}|}$。於是

$$\hat{a}_{\overline{n}|} = (1+\hat{i}_1)^{-1} + (1+\hat{i}_2)^{-2} + \cdots + (1+\hat{i}_n)^{-n} \tag{2.1.49}$$

$$\hat{s}_{\overline{n}|} = (1+\hat{i}_1)^{n-1} + (1+\hat{i}_2)^{n-2} + \cdots + (1+\hat{i}_{n-1}) + 1 \tag{2.1.50}$$

同理,可寫出期初付年金的現值與終值的表達式:

$$\hat{a}_{\overline{n}|} = 1 + (1+\hat{i}_2)^{-1} + \cdots + (1+\hat{i}_n)^{-n+1} \tag{2.1.51}$$

$$\hat{s}_{\overline{n}|} = (1+\hat{i}_1)^n + (1+\hat{i}_2)^{n-1} + \cdots + (1+\hat{i}_n) \tag{2.1.52}$$

例 2.1.10 試確定一筆每年年末投入 10,000 元、為期 10 年的年金業務的終值。假設前 6 年每年的實際利率為 6%,后 4 年每年的實際利率為 5%。

解: 可運用公式(2.1.46)來求終值,因而所求年金的終值為

$$10,000[1 + (1+5\%) + (1+5\%)^2 + (1+5\%)^3]$$
$$+ 10,000(1+5\%)^4[1 + (1+6\%) + (1+6\%)^2$$
$$+ (1+6\%)^3 + (1+6\%)^4 + (1+6\%)^5]$$
$$\approx 127,886.68(元)$$

也可將該 10 年期年金分為兩段:前 6 年與后 4 年。對於前 6 年的年金部分,先以第 6 年年末為觀察點,然后再累積到第 10 年年末,因而其終值為 $10,000s_{\overline{6}|6\%}(1+5\%)^4$;對於后 4 年的年金部分的終值為 $s_{\overline{4}|5\%}$。因而所求年金的終值為

$$10,000s_{\overline{6}|6\%}(1+5\%)^4 + 10,000s_{\overline{4}|5\%} \approx 127,886.68(元)$$

例 2.1.11 試確定一項每年投資 10,000 元、為期 10 年的期末付年金的終值。假定前 6 次付款按年實際利率 6% 計算,后 4 次付款按年實際利率 5% 計算。

解: 可以利用公式(2.1.50)來求解。即所求年金的現值為:

$$10,000[(1+6\%)^9 + (1+6\%)^8 + (1+6\%)^7$$
$$+ (1+6\%)^6 + (1+6\%)^5 + (1+6\%)^4]$$
$$+ 10,000[(1+5\%)^3 + (1+5\%)^2 + (1+5\%)^1 + 1]$$
$$\approx 131,163.04(元)$$

也可用下面的簡便方法來計算,於是所求年金的終值為:

$$10,000s_{\overline{6}|6\%}(1+6\%)^4 + 10,000s_{\overline{4}|5\%} \approx 131\ 163.04(元)$$

例 2.1.12 某人希望以零存整取方式累積存款 2,000 萬元,前 n 年每年年末存入 50 萬元,后 n 年每年年末存入 100 萬元,不足部分在第 $2n+1$ 年年末存入,以正好達到 2,000 萬元存款本利和。設年利率為 4.5%,計算 n 及不足部分。

解: 設零頭為 x 元,依收支平衡原則可得

$$50s_{\overline{n}|}(1+0.045)^{n+1} + 100s_{\overline{n}|}(1+0.045) + x = 2,000$$

首先忽略 x,並設

$$50s_{\overline{m}|}(1+0.045)^{m+1} + 100s_{\overline{m}|}(1+0.045) = 2,000$$

$$1.045(1.045)^{2m} + 1.045 \times 1.045^m - 3.89 = 0$$

解得 $m \approx 9.107,0$

所以　　　　$n = [m] = 9$

從而　　　　$x = 2,000 - 50 s_{\overline{9}|}(1.045)^{10} - 100 \times 1.045 s_{\overline{9}|} \approx 32.41(萬元)$

第二節　每期給付 m 次的等額確定年金

每期給付 $m(m > 1)$ 次的等額確定年金，實際上就是通常所講的年金給付間隔期小於利息結算期，即每個利息結算期進行多次給付的年金。本節主要考慮年金的現值與終值，且分期末付與期初付兩種情況進行討論。

一、期末付年金

(一) 現值與終值

設每期利率為 i、每期支付 m 次、每 $\frac{1}{m}$ 期末給付 $\frac{1}{m}$、給付 n 期的年金的現值與終值分別記為 $a_{\overline{n}|}^{(m)}$、$s_{\overline{n}|}^{(m)}$ 或者 $a_{\overline{n}|i}^{(m)}$、$s_{\overline{n}|i}^{(m)}$。於是有

$$a_{\overline{n}|}^{(m)} = \frac{1}{m}(v^{\frac{1}{m}} + v^{\frac{2}{m}} + \cdots + v^{\frac{mn}{m}}) \tag{2.2.1}$$

$$= \frac{1}{m} \cdot \frac{v^{\frac{1}{m}}[1 - (v^{\frac{1}{m}})^{mn}]}{1 - v^{\frac{1}{m}}} = \frac{1 - v^n}{i^{(m)}} \tag{2.2.2}$$

$$s_{\overline{n}|}^{(m)} = \frac{1}{m}[(1 + i)^{\frac{mn-1}{m}} + (1 + i)^{\frac{mn-2}{m}} + \cdots + (1 + i)^{\frac{1}{m}} + 1] \tag{2.2.3}$$

$$= \frac{1}{m} \cdot \frac{1 - [(1 + i)^{\frac{1}{m}}]^{mn}}{1 - (1 + i)^{\frac{1}{m}}} = \frac{(1 + i)^n - 1}{i^{(m)}} \tag{2.2.4}$$

這四個公式中的 n 不一定為整數，只需為 $\frac{1}{m}$ 的整數倍即可。

(2.2.2) 式與 (2.2.4) 式的推導實際上依據了年金現值與終值的定義。我們還可以將這個問題轉化為每期給付一次的年金問題去處理，具體說來有兩種方法：一是期限分割法，二是給付額合併法。

1. 期限分割法

以每 $\frac{1}{m}$ 期作為新的一期，設新的一期的實際利率為 j，顯然 $j = \frac{i^{(m)}}{m}$，這樣，原來的年金就轉化為每期給付 1 次、每期末給付 $\frac{1}{m}$、給付 mn 期的年金問題，即

$$a_{\overline{n}|}^{(m)} = \frac{1}{m} a_{\overline{mn}|j} = \frac{1}{m} \cdot \frac{1 - (1 + j)^{-mn}}{j}$$

$$= \frac{1}{m} \cdot \frac{1 - (1 + \frac{i^{(m)}}{m})^{-mn}}{\frac{i^{(m)}}{m}} = \frac{1 - v^n}{i^{(m)}}$$

$$s^{(m)}_{\overline{n}|} = \frac{1}{m}s_{\overline{mn}|j} = \frac{1}{m} \cdot \frac{(1+j)^{mn}-1}{j}$$

$$= \frac{1}{m} \cdot \frac{(1+\frac{i^{(m)}}{m})^{mn}-1}{\frac{i^{(m)}}{m}} = \frac{(1+i)^n-1}{i^{(m)}}$$

2. 給付額合併法

設每$\frac{1}{m}$期末給付$\frac{1}{m}$，給付一期相當於期末給付x，則

$$x = \frac{1}{m} + \frac{1}{m}(1+i)^{\frac{1}{m}} + \frac{1}{m}(1+i)^{\frac{2}{m}} + \cdots + \frac{1}{m}(1+i)^{\frac{m-1}{m}}$$

$$= \frac{1}{m} \cdot \frac{1-[(1+i)^{\frac{1}{m}}]^m}{1-(1+i)^{\frac{1}{m}}} = \frac{i}{m[(1+i)^{\frac{1}{m}}-1]} = \frac{i}{i^{(m)}}$$

因此

$$a^{(m)}_{\overline{n}|} = x a_{\overline{n}|} = \frac{i}{i^{(m)}} \cdot \frac{1-v^n}{i} = \frac{1-v^n}{i^{(m)}}$$

$$s^{(m)}_{\overline{n}|} = x s_{\overline{n}|} = \frac{i}{i^{(m)}} \cdot \frac{(1+i)^n-1}{i} = \frac{(1+i)^n-1}{i^{(m)}}$$

（二）$a^{(m)}_{\overline{n}|}$ 與 $s^{(m)}_{\overline{n}|}$ 的關係

1. 等價關係

$$a^{(m)}_{\overline{n}|} = v^n s^{(m)}_{\overline{n}|} \qquad (2.2.5)$$

$$s^{(m)}_{\overline{n}|} = (1+i)^n a^{(m)}_{\overline{n}|} \qquad (2.2.6)$$

2. 倒數關係

$$\frac{1}{a^{(m)}_{\overline{n}|}} = i^{(m)} + \frac{1}{s^{(m)}_{\overline{n}|}} \qquad (2.2.7)$$

事實上，左邊 $= \dfrac{1}{\dfrac{1-v^n}{i^{(m)}}} = \dfrac{i^{(m)}}{1-v^n} = \dfrac{i^{(m)}(1-v^n)+i^{(m)}v^n}{1-v^n}$

$$= i^{(m)} + \frac{1}{\dfrac{(1+i)^n-1}{i^{(m)}}} = 右邊$$

二、期初付年金

（一）現值與終值

設每期利率為i、每期給付m次、每$\frac{1}{m}$期初給付$\frac{1}{m}$、給付n期的年金的現值與終值分別記為$\ddot{a}^{(m)}_{\overline{n}|}$、$\ddot{s}^{(m)}_{\overline{n}|}$ 或者 $\ddot{a}^{(m)}_{\overline{n}|i}$、$\ddot{s}^{(m)}_{\overline{n}|i}$。於是

$$\ddot{a}^{(m)}_{\overline{n}|} = \frac{1}{m}(1 + v^{\frac{1}{m}} + v^{\frac{2}{m}} + \cdots + v^{\frac{mn-1}{m}}) \qquad (2.2.8)$$

$$= \frac{1 - v^n}{d^{(m)}} \tag{2.2.9}$$

$$\ddot{a}_{\overline{n}|}^{(m)} = \frac{1}{m}\left[(1+i)^{\frac{mn}{m}} + (1+i)^{\frac{mn-1}{m}} + \cdots + (1+i)^{\frac{1}{m}}\right] \tag{2.2.10}$$

$$= \frac{(1+i)^n - 1}{d^{(m)}} \tag{2.2.11}$$

上述公式中的 n 不一定為整數，只需為 $\frac{1}{m}$ 的整數倍即可。(2.2.9) 式、(2.2.11) 式也可以用期限分割法、給付額合併法推導，請讀者自己思考。

(二) $\ddot{a}_{\overline{n}|}^{(m)}$ 與 $\ddot{s}_{\overline{n}|}^{(m)}$ 的關係

1. 等價關係

$$\ddot{a}_{\overline{n}|}^{(m)} = v^n \ddot{s}_{\overline{n}|}^{(m)} \tag{2.2.12}$$

$$\ddot{s}_{\overline{n}|}^{(m)} = (1+i)^n \ddot{a}_{\overline{n}|}^{(m)} \tag{2.2.13}$$

2. 倒數關係

$$\frac{1}{\ddot{a}_{\overline{n}|}^{(m)}} = d^{(m)} + \frac{1}{\ddot{s}_{\overline{n}|}^{(m)}} \tag{2.2.14}$$

三、期初付年金與期末付年金的關係

$$\ddot{a}_{\overline{n}|}^{(m)} = (1+i)^{\frac{1}{m}} a_{\overline{n}|}^{(m)} \tag{2.2.15}$$

$$a_{\overline{n}|}^{(m)} = v^{\frac{1}{m}} \ddot{a}_{\overline{n}|}^{(m)} \tag{2.2.16}$$

$$\ddot{s}_{\overline{n}|}^{(m)} = (1+i)^{\frac{1}{m}} s_{\overline{n}|}^{(m)} \tag{2.2.17}$$

$$s_{\overline{n}|}^{(m)} = v^{\frac{1}{m}} \ddot{s}_{\overline{n}|}^{(m)} \tag{2.2.18}$$

$$\ddot{a}_{\overline{n}|}^{(m)} = a_{\overline{n-\frac{1}{m}}|}^{(m)} + \frac{1}{m} \tag{2.2.19}$$

$$a_{\overline{n}|}^{(m)} = \ddot{a}_{\overline{n+\frac{1}{m}}|}^{(m)} - \frac{1}{m} \tag{2.2.20}$$

$$\ddot{s}_{\overline{n}|}^{(m)} = s_{\overline{n+\frac{1}{m}}|}^{(m)} - \frac{1}{m} \tag{2.2.21}$$

$$s_{\overline{n}|}^{(m)} = \ddot{s}_{\overline{n-\frac{1}{m}}|}^{(m)} + \frac{1}{m} \tag{2.2.22}$$

上面的公式都反應了一種年金的現值（終值）可以由另一種年金的現值（終值）表示。前面四個公式中，兩種年金的期限相同，而后面四個公式中的期限不同。(2.2.19) 式 ~ (2.2.22) 式有與 (2.1.21) 式 ~ (2.1.24) 式類似的形式，同樣可用「有 1 加 1、無 1 減 1」來概括。

四、延期年金

$_{f|}a_{\overline{n}|}^{(m)}$ 表示延期 f 期、給付 n 期、每期支付 m 次、每 $\frac{1}{m}$ 期末給付 $\frac{1}{m}$ 的年金現值。

因此

$$_{f|}a_{\overline{n}|}^{(m)} = \frac{1}{m}(v^{f+\frac{1}{m}} + v^{f+\frac{2}{m}} + \cdots + v^{f+\frac{mn}{m}}) \tag{2.2.23}$$

$$= v^f a_{\overline{n}|}^{(m)} \tag{2.2.24}$$

$$= a_{\overline{f+n}|}^{(m)} - a_{\overline{f}|}^{(m)} \tag{2.2.25}$$

$_{f|}\ddot{a}_{\overline{n}|}^{(m)}$ 表示延期 f 期、給付 n 期、每期支付 m 次、每 $\frac{1}{m}$ 期初給付 $\frac{1}{m}$ 的年金現值。因此

$$_{f|}\ddot{a}_{\overline{n}|}^{(m)} = \frac{1}{m}(v^f + v^{f+\frac{1}{m}} + v^{f+\frac{2}{m}} + \cdots + v^{f+\frac{mn-1}{m}}) \tag{2.2.26}$$

$$= v^f \ddot{a}_{\overline{n}|}^{(m)} \tag{2.2.27}$$

$$= \ddot{a}_{\overline{f+n}|}^{(m)} - \ddot{a}_{\overline{f}|}^{(m)} \tag{2.2.28}$$

五、永久年金

期末付永久年金的現值為

$$a_{\overline{\infty}|}^{(m)} = \lim_{n \to +\infty} a_{\overline{n}|}^{(m)} = \frac{1}{i^{(m)}} \tag{2.2.29}$$

期初付永久年金的現值為

$$\ddot{a}_{\overline{\infty}|}^{(m)} = \lim_{n \to +\infty} \ddot{a}_{\overline{n}|}^{(m)} = \frac{1}{d^{(m)}} \tag{2.2.30}$$

六、每期給付 m 次與每期給付一次的年金的關係

它們的關係如下：

$$\ddot{a}_{\overline{n}|}^{(m)} = \ddot{s}_{\overline{1}|}^{(m)} a_{\overline{n}|} = \ddot{a}_{\overline{1}|}^{(m)} \ddot{a}_{\overline{n}|} \tag{2.2.31}$$

$$a_{\overline{n}|}^{(m)} = s_{\overline{1}|}^{(m)} a_{\overline{n}|} = a_{\overline{1}|}^{(m)} \ddot{a}_{\overline{n}|} \tag{2.2.32}$$

$$\ddot{s}_{\overline{n}|}^{(m)} = \ddot{s}_{\overline{1}|}^{(m)} s_{\overline{n}|} = \ddot{a}_{\overline{1}|}^{(m)} \ddot{s}_{\overline{n}|} \tag{2.2.33}$$

$$s_{\overline{n}|}^{(m)} = s_{\overline{1}|}^{(m)} s_{\overline{n}|} = a_{\overline{1}|}^{(m)} \ddot{s}_{\overline{n}|} \tag{2.2.34}$$

上式中，$\ddot{a}_{\overline{1}|}^{(m)} = \dfrac{d}{d^{(m)}}, a_{\overline{1}|}^{(m)} = \dfrac{d}{i^{(m)}}, \ddot{s}_{\overline{1}|}^{(m)} = \dfrac{i}{d^{(m)}}, s_{\overline{1}|}^{(m)} = \dfrac{i}{i^{(m)}}$。

（2.2.31）式～（2.2.34）式反應了每期給付 m 次的年金現值（終值）可以用每期給付一次的年金現值（終值）表示，同時配上每期給付 m 次、給付一期的年金現值或終值係數 $\ddot{a}_{\overline{1}|}^{(m)}, a_{\overline{1}|}^{(m)}, \ddot{s}_{\overline{1}|}^{(m)}, s_{\overline{1}|}^{(m)}$，而給付一期、給付 m 次的年金現值（終值）係數可事先做成一張表，以便簡化每期給付 m 次的年金現值（終值）的計算，這種方法尤其是在計算技術不發達的時代更是經常使用。進一步分析還可發現，每期給付 m 次的年金現值（終值）可以用每期給付一次的期末或期初付年金現值（終值）來表示。如果用期末付年金表示，那麼採用終值係數；如果用期初付年金表示，那麼採用現值係數；同時，係數的期初（期末）付屬性與公式左邊的期初（期末）付屬性一致。

例 2.2.1 在 20 年期間，每月支付 1,500 元，年利率為 7%。求：

(1) 這些付款在第一次付款前 3 年的現值。

(2) 這些付款在最後一次付款後的第 5 年年末的累積值。

解：

(1) 所求年金現值為

$$1,500 \times 12 \cdot {}_{3|}\ddot{a}^{(12)}_{\overline{20}|} = 1,500 \times 12 v^3 \ddot{a}^{(12)}_{\overline{20}|}$$
$$= 18,000(\ddot{a}^{(12)}_{\overline{23}|} - \ddot{a}^{(12)}_{\overline{3}|}) \approx 161,502.85(元)$$

(2) 所求的累積值為

$$1,500 \times 12 \cdot s^{(12)}_{\overline{20}|}(1+7\%)^5 = 18,000(s^{(12)}_{\overline{25}|} - s^{(12)}_{\overline{5}|}) \approx 1,067,769.04(元)$$

例 2.2.2 有一筆 200,000 元的貸款採用在未來 10 年內每季末分期付款的方式償還。假設貸款年利率 8%，每年結轉 2 次利息。每季末還款的金額是多少？

解：以半年為一期，則每期實際利率為 8%/2 = 4%，所有還款構成每期給付 2 次、給付 20 期的確定年金。設每季末還款為 x 元，那麼每期還款總額為 $2x$ 元，由收支平衡原則得

$$2x a^{(2)}_{\overline{20}|4\%} = 200,000$$

$$\therefore x = \frac{100,000}{a^{(2)}_{\overline{20}|4\%}} \approx \frac{100,000}{13.724,897,095} \approx 7,286.03(元)$$

另解：以一季為一期，設每期利率為 j，則 $(1+j)^2 = 1 + \frac{8\%}{2}$，解得 $j \approx 0.019,803,903$，設每季末還款為 x 元，由收支平衡原則得

$$x a_{\overline{40}|j} = 200,000$$

$$x \approx 7,286.03(元)$$

例 2.2.3

(1) 已知某種年金年支付額為 36,000 元，分期於每月月末支付一次相等金額，支付期 10 年，年實際利率 5%，該年金的現值是多少？

(2) 如果年利率是 5%，每季結算一次利息，其餘條件相同，此時年金的現值又是多少？

解：

(1) 以每年為一期，每期的實際利率為 5%，則本題年金就是每期給付 12 次的年金，於是所求現值為

$$36,000 \cdot a^{(12)}_{\overline{10}|5\%} \approx 284,296.77(元)$$

(2) 以一季為一期，每期的實際利率為 5%/4 = 1.25%，則本題年金就是每期給付 3 次，每期給付總額為 $\frac{36,000}{4}$ 元，給付 40 期的年金，於是所求年金的現值為

$$\frac{36,000}{4} \cdot a^{(3)}_{\overline{40}|1.25\%} \approx 283,113.92(元)$$

第三節　每期連續給付的等額確定年金

一、連續年金

連續年金是指每期給付無窮多次或者說連續不斷地給付的確定年金。顯然，它是每期給付 m 次 $(m>1)$ 的確定年金在 $m\to+\infty$ 時的極限情形。

用 $\bar{a}_{\overline{n}|}$、$\bar{s}_{\overline{n}|}$ 分別表示每期連續給付總額為 1、給付 n 期的連續年金的現值與終值，我們有如下結論：

$$\bar{a}_{\overline{n}|} = \lim_{m\to+\infty} a_{\overline{n}|}^{(m)} = \lim_{m\to+\infty} \frac{1}{m}\sum_{k=1}^{mn} v^{\frac{k}{m}} = \int_0^n v^t \mathrm{d}t \qquad (2.3.1)$$

$$= \frac{1-v^n}{\delta} \qquad (2.3.2)$$

$$\bar{s}_{\overline{n}|} = \lim_{m\to+\infty} s_{\overline{n}|}^{(m)} = \lim_{m\to+\infty} \frac{1}{m}\sum_{k=0}^{mn-1}(1+i)^{\frac{k}{m}} = \int_0^n (1+i)^t \mathrm{d}t \qquad (2.3.3)$$

$$= \frac{(1+i)^n - 1}{\delta} \qquad (2.3.4)$$

同樣，可由每期給付 m 次的期初付年金的現值與終值的極限來定義 $\bar{a}_{\overline{n}|}$、$\bar{s}_{\overline{n}|}$，即 $\bar{a}_{\overline{n}|} = \lim_{m\to+\infty} \ddot{a}_{\overline{n}|}^{(m)}$，$\bar{s}_{\overline{n}|} = \lim_{m\to+\infty} \ddot{s}_{\overline{n}|}^{(m)}$，上述(2.3.1)式～(2.3.4)式的結論仍成立，其中定積分表達式體現了數學中的「微元法」思想。

二、$\bar{a}_{\overline{n}|}$ 與 $\bar{s}_{\overline{n}|}$ 的關係

(一) 等價關係

$$\bar{a}_{\overline{n}|} = v^n \bar{s}_{\overline{n}|} \qquad (2.3.5)$$

$$\bar{s}_{\overline{n}|} = (1+i)^n \bar{a}_{\overline{n}|} \qquad (2.3.6)$$

(二) 倒數關係

$$\frac{1}{\bar{a}_{\overline{n}|}} = \delta + \frac{1}{\bar{s}_{\overline{n}|}} \qquad (2.3.7)$$

三、連續年金與每期給付一次的年金的關係

其關係如下：

$$\bar{a}_{\overline{n}|} = \bar{s}_{\overline{1}|} a_{\overline{n}|} = \bar{a}_{\overline{1}|} \ddot{a}_{\overline{n}|} \qquad (2.3.8)$$

$$\bar{s}_{\overline{n}|} = \bar{s}_{\overline{1}|} s_{\overline{n}|} = \bar{a}_{\overline{1}|} \ddot{s}_{\overline{n}|} \qquad (2.3.9)$$

上式中，$\bar{a}_{\overline{1}|} = \frac{d}{\delta}$，$\bar{s}_{\overline{1}|} = \frac{i}{\delta}$。對 (2.2.31) 式～(2.2.34) 式特點的歸納適用於 (2.3.8) 式、(2.3.9) 式。

四、其他連續年金

$_{f|}\bar{a}_{\overline{n}|}$ 表示延期 f 期、給付 n 期、每期連續給付 1 的年金的現值。

$$_{f|}\bar{a}_{\overline{n}|} = v^f \bar{a}_{\overline{n}|} \tag{2.3.10}$$

$$= \bar{a}_{\overline{f+n}|} - \bar{a}_{\overline{f}|} \tag{2.3.11}$$

$$\bar{a}_{\overline{\infty}|} = \frac{1}{\delta} \tag{2.3.12}$$

例 2.3.1 試確定利息力，使 $\bar{s}_{\overline{20}|} = 4\bar{s}_{\overline{10}|}$ 成立。

解： $\because \bar{s}_{\overline{20}|} = 4\bar{s}_{\overline{10}|}$，且 $1 + i = e^\delta$

$\therefore \dfrac{e^{20\delta} - 1}{\delta} = 4 \dfrac{e^{10\delta} - 1}{\delta}$

$\therefore (e^{10\delta} - 1)(e^{10\delta} - 3) = 0$

$\therefore \delta = 0$ 或 $\delta = \dfrac{\ln 3}{10}$

$\delta = 0$ 不符合題意，捨去。故 $\delta = \dfrac{\ln 3}{10} \approx 0.109\,9$

例 2.3.2 已知 $\bar{a}_{\overline{n}|} = 15.497\,6, \bar{s}_{\overline{n}|} = 83.153\,4$，求利息力。

解： $\because \dfrac{1}{\bar{a}_{\overline{n}|}} = \delta + \dfrac{1}{\bar{s}_{\overline{n}|}}$

$\therefore \delta = \dfrac{1}{\bar{a}_{\overline{n}|}} - \dfrac{1}{\bar{s}_{\overline{n}|}} = \dfrac{1}{15.497\,6} - \dfrac{1}{83.153\,4} \approx 5.25\%$

第四節　每 k 期給付一次的等額確定年金

每 k 期給付一次的等額確定年金指的是每 k 個利息結算期才給付一次的年金。顯然該年金給付次數比利息結算次數少。如每季結轉一次利息、每年支付一次款項的年金；又如每月結轉一次利息、每季支付一次款項的年金。它們都是每 k 期給付一次的年金的實例。對於這種年金，有三種方法求其現值與終值：一是定義法；二是期限合併法；三是給付額分解法。需要說明的是，本節現值與終值記號是為了方便起見，由筆者自行編製的。

一、定義法

所謂定義法，指的是直接依據年金現值與終值的定義來求現值與終值，這也是求年金現值與終值的普遍而常用的方法。

(一) 期末付年金

設每期利率為 i、每 k 期末給付 1、給付 n 期（n 為 k 的整數倍）的年金的現值、終值

分別記為$(ka)_{\overline{n}|}$、$(ks)_{\overline{n}|}$或者$(ka)_{\overline{n}|i}$、$(ks)_{\overline{n}|i}$。

$$(ka)_{\overline{n}|} = v^k + v^{2k} + \cdots + v^{\frac{n}{k} \cdot k} \tag{2.4.1}$$

$$= v^k \cdot \frac{1 - (v^k)^{\frac{n}{k}}}{1 - v^k} = \frac{1 - v^n}{(1+i)^k - 1} \tag{2.4.2}$$

$$= \frac{a_{\overline{n}|}}{s_{\overline{k}|}} = \frac{\ddot{a}_{\overline{n}|}}{\ddot{s}_{\overline{k}|}} \tag{2.4.3}$$

其特例：永續年金$(ka)_{\overline{\infty}|} = \lim_{n \to +\infty}(ka)_{\overline{n}|} = \frac{1}{(1+i)^k - 1} = \frac{a_{\overline{\infty}|}}{s_{\overline{k}|}} = \frac{\ddot{a}_{\overline{\infty}|}}{\ddot{s}_{\overline{k}|}} \quad (i > 0)$

從(2.4.2)式到(2.4.3)式，只需分子、分母同時除以i或d。當然還可以同時除以$i^{(m)}$、$d^{(m)}$或δ，從而得出$(ka)_{\overline{n}|}$的其他年金現值、終值的表達形式。

$$(ks)_{\overline{n}|} = (1+i)^{(\frac{n}{k}-1)k} + (1+i)^{(\frac{n}{k}-2)k} + \cdots + (1+i)^k + 1 \tag{2.4.4}$$

$$= \frac{1 - [(1+i)^k]^{\frac{n}{k}}}{1 - (1+i)^k} = \frac{(1+i)^n - 1}{(1+i)^k - 1} \tag{2.4.5}$$

$$= \frac{s_{\overline{n}|}}{s_{\overline{k}|}} = \frac{\ddot{s}_{\overline{n}|}}{\ddot{s}_{\overline{k}|}} \tag{2.4.6}$$

$(ka)_{\overline{n}|}$與$(ks)_{\overline{n}|}$的關係：

$$(ka)_{\overline{n}|} = v^n (ks)_{\overline{n}|} \tag{2.4.7}$$

$$(ks)_{\overline{n}|} = (1+i)^n (ka)_{\overline{n}|} \tag{2.4.8}$$

（二）期初付年金

設每期利率為i、每k期初給付1、給付n期（n為k的整數倍）的年金的現值、終值分別記為$(k\ddot{a})_{\overline{n}|}$、$(k\ddot{s})_{\overline{n}|}$或者$(k\ddot{a})_{\overline{n}|i}$、$(k\ddot{s})_{\overline{n}|i}$。

$$(k\ddot{a})_{\overline{n}|} = 1 + v^k + v^{2k} + \cdots + v^{(\frac{n}{k}-1) \cdot k} \tag{2.4.9}$$

$$= \frac{1 - v^n}{1 - v^k} \tag{2.4.10}$$

$$= \frac{a_{\overline{n}|}}{a_{\overline{k}|}} = \frac{\ddot{a}_{\overline{n}|}}{\ddot{a}_{\overline{k}|}} \tag{2.4.11}$$

其特例：永久年金$(k\ddot{a})_{\overline{\infty}|} = \lim_{n \to +\infty}(k\ddot{a})_{\overline{n}|} = \frac{1}{1 - v^k} = \frac{a_{\overline{\infty}|}}{a_{\overline{k}|}} = \frac{\ddot{a}_{\overline{\infty}|}}{\ddot{a}_{\overline{k}|}} \quad (i > 0)$

$$(k\ddot{s})_{\overline{n}|} = (1+i)^{\frac{n}{k} \cdot k} + (1+i)^{(\frac{n}{k}-1)k} + \cdots + (1+i)^k \tag{2.4.12}$$

$$= (1+i)^k \cdot \frac{1 - [(1+i)^k]^{\frac{n}{k}}}{1 - (1+i)^k} = \frac{(1+i)^n - 1}{1 - v^k} \tag{2.4.13}$$

$$= \frac{s_{\overline{n}|}}{a_{\overline{k}|}} = \frac{\ddot{s}_{\overline{n}|}}{\ddot{a}_{\overline{k}|}} \tag{2.4.14}$$

$(k\ddot{a})_{\overline{n}|}$與$(k\ddot{s})_{\overline{n}|}$的關係：

$$(k\ddot{a})_{\overline{n}|} = v^n (k\ddot{s})_{\overline{n}|} \tag{2.4.15}$$

$$(k\ddot{s})_{\overline{n}|} = (1+i)^n (k\ddot{a})_{\overline{n}|} \qquad (2.4.16)$$

現在可以總結出(2.4.3)式、(2.4.6)式、(2.4.11)式和(2.4.14)式的特點:每 k 期給付一次的年金可以用每期給付一次的年金以商的形式表達出來;期初期末付體現在分母上,期初付對應現值,期末付對應終值;年金現值與終值分別體現在分子上的現值與終值;分子為 n 期,分母為 k 期,且分子、分母同為期初付或同為期末付的年金。

二、期限合併法

所謂期限合併法,就是將 k 期合併成新的一期,從而將每 k 期給付一次的年金轉化為每期給付一次的年金來求其現值與終值的方法。為此,需要由原來的每期利率計算出新的一期的利率,所以該法又稱為利率轉換法。

以 k 期作為新的一期,設新的一期的利率為 j,顯然 $j = (1+i)^k - 1$,於是

$$(ka)_{\overline{n}|} = a_{\overline{\frac{n}{k}}|j} = \frac{1-(1+j)^{\frac{n}{k}}}{j} = \frac{1-v^n}{(1+i)^k - 1}$$

$$(ks)_{\overline{n}|} = s_{\overline{\frac{n}{k}}|j} = \frac{(1+j)^{\frac{n}{k}}-1}{j} = \frac{(1+i)^n - 1}{(1+i)^k - 1}$$

$$(k\ddot{a})_{\overline{n}|} = \ddot{a}_{\overline{\frac{n}{k}}|j} = \frac{1-(1+j)^{-\frac{n}{k}}}{\frac{j}{1+j}} = \frac{1-v^n}{1-v^k}$$

$$(k\ddot{s})_{\overline{n}|} = \ddot{s}_{\overline{\frac{n}{k}}|j} = \frac{(1+j)^{\frac{n}{k}}-1}{\frac{j}{1+j}} = \frac{(1+i)^n - 1}{1-v^k}$$

三、給付額分解法

所謂給付額分解法,就是將 k 期給付一次分解為每期給付一次,從而將每 k 期給付一次的年金問題轉化為每期給付一次的年金問題來求解的方法。

(一) 期末付年金

設每 k 期末給付1等價於(k 期中)每期末給付 x,那麼 $1 = xs_{\overline{k}|}$ 即 $x = \frac{1}{s_{\overline{k}|}}$,從而每 k 期末給付一次、給付 n 期的年金相當於每期末給付 x、給付 n 期的年金。因而

$$(ka)_{\overline{n}|} = xa_{\overline{n}|} = \frac{a_{\overline{n}|}}{s_{\overline{k}|}}$$

$$(ks)_{\overline{n}|} = xs_{\overline{n}|} = \frac{s_{\overline{n}|}}{s_{\overline{k}|}}$$

上面給付額還可這樣分解:設每 k 期末給付1等價於(k 期中)每期初給付 y,那麼 $1 = y\ddot{s}_{\overline{k}|}$,即 $y = \frac{1}{\ddot{s}_{\overline{k}|}}$,從而每 k 期末給付一次、給付 n 期的年金相當於每期初給付 y、給

付 n 期的年金。因而

$$(ka)_{\overline{n}|} = y\ddot{a}_{\overline{n}|} = \frac{\ddot{a}_{\overline{n}|}}{\ddot{s}_{\overline{k}|}}$$

$$(ks)_{\overline{n}|} = y\ddot{s}_{\overline{n}|} = \frac{\ddot{s}_{\overline{n}|}}{\ddot{s}_{\overline{k}|}}$$

(二) 期初付年金

設每 k 期初給付 1 等價於 (k 期中) 每期末給付 X，那麼 $1 = Xa_{\overline{k}|}$，即 $X = \frac{1}{a_{\overline{k}|}}$，從而每 k 期初給付一次、給付 n 期的年金相當於每期末給付 X、給付 n 期的年金。因而

$$(k\ddot{a})_{\overline{n}|} = Xa_{\overline{n}|} = \frac{a_{\overline{n}|}}{a_{\overline{k}|}}$$

$$(k\ddot{s})_{\overline{n}|} = Xs_{\overline{n}|} = \frac{s_{\overline{n}|}}{a_{\overline{k}|}}$$

上面給付額還可這樣分解：設每 k 期初給付 1 等價於 (k 期中) 每期初給付 Y，那麼 $1 = Y\ddot{a}_{\overline{k}|}$，即 $Y = \frac{1}{\ddot{a}_{\overline{k}|}}$，從而每 k 期初給付一次、給付 n 期的年金相當於每期初給付 Y、給付 n 期的年金。因而

$$(k\ddot{a})_{\overline{n}|} = Y\ddot{a}_{\overline{n}|} = \frac{\ddot{a}_{\overline{n}|}}{\ddot{a}_{\overline{k}|}}$$

$$(k\ddot{s})_{\overline{n}|} = Y\ddot{s}_{\overline{n}|} = \frac{\ddot{s}_{\overline{n}|}}{\ddot{a}_{\overline{k}|}}$$

例 2.4.1 已知某投資者欲購買這樣一種年金：3 年延期、20 年給付期、每 3 個月初給付 1,800 元、年結轉 12 次、年名義利率為 12%。該投資者的購買價格是多少元？

解：由題意知，月利率為 12%/12 = 1%，記 $v = \frac{1}{1+1\%}$，設年金的購買價格為 P 元。下面分別用定義法、期限合併法、給付額分解法來求 P 的值。

(1) 定義法

$$P = 1,800(v^{36} + v^{39} + v^{42} + \cdots + v^{270} + v^{273}) = 1,800 \frac{v^{36}[1-(v^3)^{80}]}{1-v^3}$$

$$= 1,800 \frac{v^{36} - v^{276}}{1-v^3} \approx 38,849.81(元)$$

(2) 期限合併法

以 3 個月為一期，設每期利率為 j，則 $j = (1+1\%)^3 - 1 = 0.030,301$，於是本題涉及的年金就是延期 12 期、支付 80 期、每期給付 1,800 元的期初付年金，因此

$$P = 1,800 _{12|}\ddot{a}_{\overline{80}|j} = 1,800\ddot{a}_{\overline{92}|j} - 1,800\ddot{a}_{\overline{12}|j}$$

$$\approx 57,276.80 - 18,426.99 = 38,849.81(元)$$

(3) 給付額分解法

設每 3 月初給付 1,800 元相當於每月初給付 x 元，則

$$1,800 = x\ddot{a}_{\overline{5}|1\%}$$
$$\therefore x = 605.98$$
$$\therefore P = x_{36|}\ddot{a}_{\overline{240}|1\%} = x\ddot{a}_{\overline{276}|1\%} - x\ddot{a}_{\overline{36}|1\%}$$
$$\approx 57,276.80 - 18,426.99 = 38,849.81(元)$$

第五節　變額確定年金

在前面四節中，我們所討論的年金都有一個共同的特點，那就是各次給付額相等，即每期給付一次的等額確定年金、每期給付 m 次的等額確定年金、每 k 期給付一次的等額確定年金、每期連續給付的等額確定年金。在本節中，我們將討論變額確定年金，即各次給付額不完全相等的年金，並主要討論兩類特殊的變額確定年金：一類是給付額按等差數列變化；另一類是給付額按等比數列變化。對於其他情形的一般年金，只能按定義來求其現值與終值。

一、給付額按等差數列變化的變額確定年金

(一) 每期支付一次的變額確定年金

1. 遞增年金

第 1 期期末給付 1，第 2 期期末給付 2……第 n 期期末給付 n 的年金的現值與終值分別記為 $(Ia)_{\overline{n}|}$、$(Is)_{\overline{n}|}$ 或 $(Ia)_{\overline{n}|i}$、$(Is)_{\overline{n}|i}$；第 1 期期初給付 1，第 2 期期初給付 2……第 n 期期初給付 n 的年金的現值與終值分別記為 $(I\ddot{a})_{\overline{n}|}$、$(I\ddot{s})_{\overline{n}|}$ 或 $(I\ddot{a})_{\overline{n}|i}$、$(I\ddot{s})_{\overline{n}|i}$。

$$(Ia)_{\overline{n}|} = v + 2v^2 + 3v^3 + \cdots + (n-1)v^{n-1} + nv^n \qquad (2.5.1)$$

(2.5.1) 式 $\times (1+i)$ 得：

$$(1+i)(Ia)_{\overline{n}|} = 1 + 2v + 3v^2 + 4v^3 + \cdots + nv^{n-1} \qquad (2.5.2)$$

(2.5.2) 式 - (2.5.1) 式得：

$$i(Ia)_{\overline{n}|} = 1 + v + v^2 + \cdots + v^{n-1} - nv^n = \ddot{a}_{\overline{n}|} - nv^n$$

$$\therefore (Ia)_{\overline{n}|} = \frac{\ddot{a}_{\overline{n}|} - nv^n}{i} \qquad (2.5.3)$$

說明：(2.5.3) 式是從年金現值的定義出發而得到的，也可以像下文那樣，用將變額年金分解為等額年金的方法來推導。本節大多數變額確定年金都可以這樣處理，以後不再贅述。

$$(Ia)_{\overline{n}|} = a_{\overline{n}|} + {}_{1|}a_{\overline{n-1}|} + {}_{2|}a_{\overline{n-2}|} + \cdots + {}_{n-1|}a_{\overline{1}|}$$
$$= a_{\overline{n}|} + va_{\overline{n-1}|} + v^2 a_{\overline{n-2}|} + \cdots + v^{n-1} a_{\overline{1}|}$$
$$= \frac{1-v^n}{i} + v \cdot \frac{1-v^{n-1}}{i} + v^2 \cdot \frac{1-v^{n-2}}{i} + \cdots + v^{n-1} \cdot \frac{1-v}{i}$$

$$= \frac{1 + v + v^2 + \cdots + v^{n-1} - nv^n}{i} = \frac{\ddot{a}_{\overline{n}|} - nv^n}{i}$$

$$(Is)_{\overline{n}|} = (1+i)^n (Ia)_{\overline{n}|} = \frac{\ddot{s}_{\overline{n}|} - n}{i} \tag{2.5.4}$$

$$= \frac{s_{\overline{n+1}|} - (n+1)}{i} \tag{2.5.5}$$

$$(I\ddot{a})_{\overline{n}|} = 1 + 2v + 3v^2 + \cdots + nv^{n-1} = \frac{\ddot{a}_{\overline{n}|} - nv^n}{d} \tag{2.5.6}$$

$$(I\ddot{s})_{\overline{n}|} = (1+i)^n (I\ddot{a})_{\overline{n}|} = \frac{\ddot{s}_{\overline{n}|} - n}{d} \tag{2.5.7}$$

特別地,永久年金的現值為:

$$(Ia)_{\overline{\infty}|} = \lim_{n \to +\infty} (Ia)_{\overline{n}|} = \frac{1}{id} \quad (i > 0)$$

$$(I\ddot{a})_{\overline{\infty}|} = \lim_{n \to +\infty} (I\ddot{a})_{\overline{n}|} = \frac{1}{d^2} \quad (i > 0)$$

說明:(2.5.6)式、(2.5.7)式也可以根據$(I\ddot{a})_{\overline{n}|} = (1+i)(Ia)_{\overline{n}|}$,$(I\ddot{s})_{\overline{n}|} = (1+i)(Is)_{\overline{n}|}$進行推導。(2.5.4)式、(2.5.6)式、(2.5.7)式也可以用推導(2.5.3)式的方法去推導,不過對於期初付年金,可以等式兩邊同乘以v,然后再錯位相減,這樣更簡便。

例 2.5.1 某人欲購買一種年金,該年金在第一年年末給付 6,000 元,以后每一次比上一次多給 500 元,年金給付期為 40 年。如果年利率為 6%,那麼這項年金的現值是多少元?

解:本題所涉及的期末付年金可以分解為兩種年金。年金1:每年年末給付 5,500元,給付 40 年,其現值為$5,500a_{\overline{40}|}$;年金2:第1年年末給付1個單位(本例1個單位為500元),第2年年末給付2個單位……第40年年末給付40個單位,其現值為$500(Ia)_{\overline{40}|}$。因此,該項年金的現值為:

$$5,500a_{\overline{40}|} + 500(Ia)_{\overline{40}|} \approx 183,256.19(元)$$

2. 遞減年金

第1期期末給付n,第2期期末給付$n-1$……第n期期末給付1的年金的現值與終值分別記為$(Da)_{\overline{n}|}$、$(Ds)_{\overline{n}|}$或$(Da)_{\overline{n}|i}$、$(Ds)_{\overline{n}|i}$;第1期期初給付n,第2期期初給付$n-1$……第n期期初給付1的年金的現值與終值分別記為$(D\ddot{a})_{\overline{n}|}$、$(D\ddot{s})_{\overline{n}|}$或$(D\ddot{a})_{\overline{n}|i}$、$(D\ddot{s})_{\overline{n}|i}$。

$$(Da)_{\overline{n}|} = nv + (n-1)v^2 + \cdots + 2v^{n-1} + v^n \tag{2.5.8}$$

(2.5.8)式$\times (1+i)$得

$$(1+i)(Da)_{\overline{n}|} = n + (n-1)v + \cdots + 2v^{n-2} + v^{n-1} \tag{2.5.9}$$

(2.5.9)式 - (2.5.8)式得

$$i(Da)_{\overline{n}|} = n - (v + v^2 + \cdots + v^{n-1} + v^n) = n - a_{\overline{n}|}$$

$$\therefore (Da)_{\overline{n}|} = \frac{n - a_{\overline{n}|}}{i} \qquad (2.5.10)$$

$$(Ds)_{\overline{n}|} = (1+i)^n (Da)_{\overline{n}|} = \frac{n(1+i)^n - s_{\overline{n}|}}{i} \qquad (2.5.11)$$

$$(D\ddot{a})_{\overline{n}|} = (1+i)(Da)_{\overline{n}|} = \frac{n - a_{\overline{n}|}}{d} \qquad (2.5.12)$$

$$(D\ddot{s})_{\overline{n}|} = (1+i)(Ds)_{\overline{n}|} = \frac{n(1+i)^n - s_{\overline{n}|}}{d} \qquad (2.5.13)$$

說明：(2.5.11) 式 ~ (2.5.13) 式也可按定義與推導 (2.5.10) 式的方法獲得。依據年金的定義，容易驗證下列各式成立：

$$(Ia)_{\overline{n}|} + (Da)_{\overline{n}|} = (n+1)a_{\overline{n}|} \qquad (2.5.14)$$

$$(I\ddot{a})_{\overline{n}|} + (D\ddot{a})_{\overline{n}|} = (n+1)\ddot{a}_{\overline{n}|} \qquad (2.5.15)$$

$$(Is)_{\overline{n}|} + (Ds)_{\overline{n}|} = (n+1)s_{\overline{n}|} \qquad (2.5.16)$$

$$(I\ddot{s})_{\overline{n}|} + (D\ddot{s})_{\overline{n}|} = (n+1)\ddot{s}_{\overline{n}|} \qquad (2.5.17)$$

例 2.5.2 一項年金在第 1 年年末付款 1，以後每年比上一年增加 1，直至第 n 年；從第 $n+1$ 年起，每年遞減 1，直至最后一年年末付款 1。計算該年金的現值。

解：所求年金可以分解為兩種年金，即 n 年期遞增期末付年金和延期 n 年的 $n-1$ 年期期末付遞減年金，因而所求年金現值為

$$(Ia)_{\overline{n}|} + {}_{n|}(Da)_{\overline{n-1}|} = (Ia)_{\overline{n}|} + v^n (Da)_{\overline{n-1}|}$$

$$= \frac{\ddot{a}_{\overline{n}|} - nv^n}{i} + v^n \cdot \frac{(n-1) - a_{\overline{n-1}|}}{i}$$

$$= \frac{\ddot{a}_{\overline{n}|} - nv^n}{i} + v^n \cdot \frac{(n-1) - (\ddot{a}_{\overline{n}|} - 1)}{i}$$

$$= \ddot{a}_{\overline{n}|} \cdot \frac{1 - v^n}{i} = \ddot{a}_{\overline{n}|} \cdot a_{\overline{n}|}$$

3. 遞增水平永久年金

遞增水平永久年金是指給付額在前 m 期從 1 遞增到 m，並保持每期給付額 m 的水平給付下去的一種永久年金。這種年金又分為期初付與期末付兩種年金，其現值分別記為 $(I_{\overline{m}|}\ddot{a})_{\overline{\infty}|}$、$(I_{\overline{m}|}a)_{\overline{\infty}|}$。

$$(I_{\overline{m}|}\ddot{a})_{\overline{\infty}|} = 1 + 2v + \cdots + mv^{m-1} + mv^m + mv^{m+1} + \cdots$$

$$= (I\ddot{a})_{\overline{m}|} + {}_{m|}\ddot{a}_{\overline{\infty}|} = \frac{\ddot{a}_{\overline{m}|}}{d} \quad (i > 0)$$

$$(I_{\overline{m}|}a)_{\overline{\infty}|} = v + 2v^2 + \cdots + mv^m + mv^{m+1} + mv^{m+2} + \cdots$$

$$= (Ia)_{\overline{m}|} + {}_{m|}a_{\overline{\infty}|} = \frac{\ddot{a}_{\overline{m}|}}{i} \quad (i > 0)$$

還可以考慮更一般的情形：給付額在前 m 期從 1 遞增到 m，並保持每期給付額 m 的水平的 n 期年金。這種年金可分為期初付與期末付兩種年金，其現值分別記為

$(I_{\overline{m}|}\ddot{a})_{\overline{n}|}$、$(I_{\overline{m}|}a)_{\overline{n}|}$。

$$(I_{\overline{m}|}\ddot{a})_{\overline{n}|} = (I\ddot{a})_{\overline{m}|} + {}_m|\ddot{a}_{\overline{n-m}|} = \frac{\ddot{a}_{\overline{m}|} - mv^n}{d}$$

$$(I_{\overline{m}|}a)_{\overline{n}|} = (Ia)_{\overline{m}|} + {}_m|a_{\overline{n-m}|} = \frac{\ddot{a}_{\overline{m}|} - mv^n}{i}$$

請讀者思考：當 $m = n$ 時結果如何？

4. 遞減水平年金

遞減水平年金是指給付額在前 m 期從 m 遞減到 1，並保持每期給付額 1 的水平給付下去的一種永久年金。這種年金又分為期初付與期末付兩種年金，其現值分別記為 $(D_{\overline{m}|}\ddot{a})_{\overline{\infty}|}$、$(D_{\overline{m}|}a)_{\overline{\infty}|}$。

$$(D_{\overline{m}|}\ddot{a})_{\overline{\infty}|} = m + (m-1)v + \cdots + v^{m-1} + v^m + v^{m+1} + \cdots$$
$$= (D\ddot{a})_{\overline{m}|} + {}_m|\ddot{a}_{\overline{\infty}|} = \frac{m - a_{\overline{m}|} + v^m}{d}$$

$$(D_{\overline{m}|}a)_{\overline{\infty}|} = mv + (m-1)v^2 + \cdots + v^m + v^{m+1} + \cdots$$
$$= (Da)_{\overline{m}|} + {}_m|a_{\overline{\infty}|} = \frac{m - a_{\overline{m}|} + v^m}{i}$$

還可以考慮更一般的情形：給付額在前 m 期從 m 遞減到 1，並保持每期給付額 1 的水平的 n 期年金。這種年金可分為期初付與期末付兩種年金，其現值分別記為 $(D_{\overline{m}|}\ddot{a})_{\overline{n}|}$、$(D_{\overline{m}|}a)_{\overline{n}|}$。

$$(D_{\overline{m}|}\ddot{a})_{\overline{n}|} = (D\ddot{a})_{\overline{m}|} + {}_m|\ddot{a}_{\overline{n-m}|} = \frac{m - a_{\overline{m}|} + v^m - v^n}{d}$$

$$(D_{\overline{m}|}a)_{\overline{n}|} = (Da)_{\overline{m}|} + {}_m|a_{\overline{n-m}|} = \frac{m - a_{\overline{m}|} + v^m - v^n}{i}$$

請讀者思考：當 $m = n$ 時結果如何？

（二）每期給付 m 次的變額確定年金

1. 各期內 m 次給付額保持不變

（1）遞增年金：每期給付 m 次，第 1 期內給付總額為 1，每次給付 $\frac{1}{m}$；第 2 期內給付總額為 2，每次給付 $\frac{2}{m}$……第 n 期內給付總額為 n，每次給付 $\frac{n}{m}$ 的 n 期期末付、期初付年金的現值分別記為 $(Ia)_{\overline{n}|}^{(m)}$、$(I\ddot{a})_{\overline{n}|}^{(m)}$，相應的終值分別記為 $(Is)_{\overline{n}|}^{(m)}$、$(I\ddot{s})_{\overline{n}|}^{(m)}$。於是

$$(Ia)_{\overline{n}|}^{(m)} = \frac{1}{m}(v^{\frac{1}{m}} + v^{\frac{2}{m}} + \cdots + v^{\frac{m}{m}}) + \frac{2}{m}(v^{1+\frac{1}{m}} + v^{1+\frac{2}{m}} + \cdots + v^{1+\frac{m}{m}})$$
$$+ \cdots + \frac{n}{m}(v^{n-1+\frac{1}{m}} + v^{n-1+\frac{2}{m}} + \cdots + v^{n-1+\frac{m}{m}}) \qquad (2.5.18)$$
$$= a_{\overline{1}|}^{(m)} + 2va_{\overline{1}|}^{(m)} + 3v^2 a_{\overline{1}|}^{(m)} + \cdots + nv^{n-1} a_{\overline{1}|}^{(m)}$$
$$= a_{\overline{1}|}^{(m)}(1 + 2v + 3v^2 + \cdots + nv^{n-1})$$

$$= a_{\overline{n}|}^{(m)} (I\ddot{a})_{\overline{n}|} = \frac{1-v}{i^{(m)}} \cdot \frac{\ddot{a}_{\overline{n}|} - nv^n}{d} = \frac{\ddot{a}_{\overline{n}|} - nv^n}{i^{(m)}} \qquad (2.5.19)$$

同理可得：

$$(I\ddot{a})_{\overline{n}|}^{(m)} = \frac{1}{m}(1 + v^{\frac{1}{m}} + \cdots + v^{\frac{m-1}{m}}) + \frac{2}{m}(v + v^{1+\frac{1}{m}} + \cdots + v^{1+\frac{m-1}{m}})$$

$$+ \cdots + \frac{n}{m}(v^{n-1} + v^{n-1+\frac{1}{m}} + \cdots + v^{n-1+\frac{m-1}{m}}) \qquad (2.5.20)$$

$$= \ddot{a}_{\overline{n}|}^{(m)} (I\ddot{a})_{\overline{n}|} = \frac{\ddot{a}_{\overline{n}|} - nv^n}{d^{(m)}} \qquad (2.5.21)$$

$$(Is)_{\overline{n}|}^{(m)} = (1+i)^n (Ia)_{\overline{n}|}^{(m)} = \frac{\ddot{s}_{\overline{n}|} - n}{i^{(m)}} \qquad (2.5.22)$$

$$(I\ddot{s})_{\overline{n}|}^{(m)} = (1+i)^n (I\ddot{a})_{\overline{n}|}^{(m)} = \frac{\ddot{s}_{\overline{n}|} - n}{d^{(m)}} \qquad (2.5.23)$$

(2) 遞減年金：每期給付 m 次，第 1 期內給付總額為 n，每次給付 $\frac{n}{m}$；第 2 期內給付總額為 $n-1$，每次給付 $\frac{n-1}{m}$ ……第 n 期內給付總額為 1，每次給付 $\frac{1}{m}$ 的 n 期期末付、期初付年金的現值分別記為 $(Da)_{\overline{n}|}^{(m)}$、$(D\ddot{a})_{\overline{n}|}^{(m)}$，相應的終值分別記為 $(Ds)_{\overline{n}|}^{(m)}$、$(D\ddot{s})_{\overline{n}|}^{(m)}$。可以按遞增年金現值與終值的推導方法進行推導，結果如下：

$$(Da)_{\overline{n}|}^{(m)} = \frac{n - a_{\overline{n}|}}{i^{(m)}} \qquad (2.5.24)$$

$$(D\ddot{a})_{\overline{n}|}^{(m)} = \frac{n - a_{\overline{n}|}}{d^{(m)}} \qquad (2.5.25)$$

$$(Ds)_{\overline{n}|}^{(m)} = \frac{n(1+i)^n - s_{\overline{n}|}}{i^{(m)}} \qquad (2.5.26)$$

$$(D\ddot{s})_{\overline{n}|}^{(m)} = \frac{n(1+i)^n - s_{\overline{n}|}}{d^{(m)}} \qquad (2.5.27)$$

2. 各期內給付額嚴格遞增

(1) 遞增年金：每期給付 m 次，給付 n 期，第 1 次給付 $\frac{1}{m^2}$，第 2 次給付 $\frac{2}{m^2}$，第 3 次給付 $\frac{3}{m^2}$ …… 第 mn 次給付 $\frac{mn}{m^2}$ 的期末付、期初付年金的現值分別記為 $(I^{(m)}a)_{\overline{n}|}^{(m)}$、$(I^{(m)}\ddot{a})_{\overline{n}|}^{(m)}$，相應的終值分別記為 $(I^{(m)}s)_{\overline{n}|}^{(m)}$、$(I^{(m)}\ddot{s})_{\overline{n}|}^{(m)}$。

$$(I^{(m)}a)_{\overline{n}|}^{(m)} = \frac{1}{m^2}v^{\frac{1}{m}} + \frac{2}{m^2}v^{\frac{2}{m}} + \cdots + \frac{mn-1}{m^2}v^{\frac{mn-1}{m}} + \frac{mn}{m^2}v^{\frac{mn}{m}} \qquad (2.5.28)$$

(2.5.28) 式 $\times (1+i)^{\frac{1}{m}}$ 得：

$$(1+i)^{\frac{1}{m}} (I^{(m)}a)_{\overline{n}|}^{(m)} = \frac{1}{m^2} + \frac{2}{m^2}v^{\frac{1}{m}} + \cdots + \frac{mn}{m^2}v^{\frac{mn-1}{m}} \qquad (2.5.29)$$

(2.5.29) 式 − (2.5.28) 式得：

$$[(1+i)^{\frac{1}{m}} - 1](I^{(m)}a)_{\overline{n}|}^{(m)} = \frac{1}{m} \cdot \frac{1}{m}(1 + v^{\frac{1}{m}} + \cdots + v^{\frac{mn-1}{m}}) - \frac{mn}{m^2}v^{\frac{mn}{m}}$$

$$= \frac{1}{m}\ddot{a}_{\overline{n}|}^{(m)} - \frac{n}{m}v^n$$

$$(I^{(m)}a)_{\overline{n}|}^{(m)} = \frac{\ddot{a}_{\overline{n}|}^{(m)} - nv^n}{i^{(m)}} \tag{2.5.30}$$

同理可得：

$$(I^{(m)}\ddot{a})_{\overline{n}|}^{(m)} = \frac{\ddot{a}_{\overline{n}|}^{(m)} - nv^n}{d^{(m)}} \tag{2.5.31}$$

容易得出：

$$(I^{(m)}s)_{\overline{n}|}^{(m)} = (1+i)^n (I^{(m)}a)_{\overline{n}|}^{(m)} = \frac{\ddot{s}_{\overline{n}|}^{(m)} - n}{i^{(m)}} \tag{2.5.32}$$

$$(I^{(m)}\ddot{s})_{\overline{n}|}^{(m)} = (1+i)^n (I^{(m)}\ddot{a})_{\overline{n}|}^{(m)} = \frac{\ddot{s}_{\overline{n}|}^{(m)} - n}{d^{(m)}} \tag{2.5.33}$$

(2) 遞減年金：每期給付 m 次，給付 n 期，第 1 次給付 $\frac{mn}{m^2}$，第 2 次給付 $\frac{mn-1}{m^2}$，第 3 次給付 $\frac{mn-2}{m^2}$……第 mn 次給付 $\frac{1}{m^2}$ 的期末付、期初付年金的現值分別記為 $(D^{(m)}a)_{\overline{n}|}^{(m)}$、$(D^{(m)}\ddot{a})_{\overline{n}|}^{(m)}$，相應的終值分別記為 $(D^{(m)}s)_{\overline{n}|}^{(m)}$、$(D^{(m)}\ddot{s})_{\overline{n}|}^{(m)}$。於是，

$$(D^{(m)}\ddot{a})_{\overline{n}|}^{(m)} = \frac{mn}{m^2} + \frac{mn-1}{m^2}v^{\frac{1}{m}} + \frac{mn-2}{m^2}v^{\frac{2}{m}} + \cdots + \frac{1}{m^2}v^{\frac{mn-1}{m}} \tag{2.5.34}$$

(2.5.34) 式 × $v^{\frac{1}{m}}$ 得：

$$v^{\frac{1}{m}}(D^{(m)}\ddot{a})_{\overline{n}|}^{(m)} = \frac{mn}{m^2}v^{\frac{1}{m}} + \frac{mn-1}{m^2}v^{\frac{2}{m}} + \cdots + \frac{2}{m^2}v^{\frac{mn-1}{m}} + \frac{1}{m^2}v^{\frac{mn}{m}} \tag{2.5.35}$$

(2.5.34) 式 − (2.5.35) 式得：

$$(1 - v^{\frac{1}{m}})(D^{(m)}\ddot{a})_{\overline{n}|}^{(m)} = \frac{mn}{m^2} - \frac{1}{m} \cdot \frac{1}{m}(v^{\frac{1}{m}} + v^{\frac{2}{m}} + \cdots + v^{\frac{mn-1}{m}} + v^{\frac{mn}{m}})$$

$$= \frac{n}{m} - \frac{1}{m}a_{\overline{n}|}^{(m)}$$

$$(D^{(m)}\ddot{a})_{\overline{n}|}^{(m)} = \frac{n - a_{\overline{n}|}^{(m)}}{d^{(m)}} \tag{2.5.36}$$

同理可得：

$$(D^{(m)}a)_{\overline{n}|}^{(m)} = \frac{n - a_{\overline{n}|}^{(m)}}{i^{(m)}} \tag{2.5.37}$$

容易得出：

$$(D^{(m)}\ddot{s})_{\overline{n}|}^{(m)} = (1+i)^n (D^{(m)}\ddot{a})_{\overline{n}|}^{(m)} = \frac{n(1+i)^n - s_{\overline{n}|}^{(m)}}{d^{(m)}} \tag{2.5.38}$$

$$(D^{(m)}s)_{\overline{n}|}^{(m)} = (1+i)^n (D^{(m)}a)_{\overline{n}|}^{(m)} = \frac{n(1+i)^n - s_{\overline{n}|}^{(m)}}{i^{(m)}} \tag{2.5.39}$$

3. 各期內給付額階梯式變動

設每期給付 m 次、每 r 次給付作為一個片段；第 $1,2,3,\cdots,nq-1,nq$ 個片段中的各次給付分別為 $\frac{1}{mq},\frac{2}{mq},\frac{3}{mq},\cdots,\frac{nq-1}{mq},\frac{nq}{mq}$，且各片段內給付額保持不變，給付 n 期的期末付、期初付遞增年金的現值分別記為 $(I^{(q)}a)_{\overline{n}|}^{(m)}$、$(I^{(q)}\ddot{a})_{\overline{n}|}^{(m)}$，相應的終值分別記為 $(I^{(q)}s)_{\overline{n}|}^{(m)}$、$(I^{(q)}\ddot{s})_{\overline{n}|}^{(m)}$。這裡 $m=qr$，其中 q,r 均為整數，每期給付 q 個片段或遞增 q 次，共給付 nq 個片段。

若第 $1,2,3,\cdots,nq-1,nq$ 個片段中的各次給付分別為 $\frac{nq}{mq},\frac{nq-1}{mq},\frac{nq-2}{mq},\cdots,\frac{2}{mq},\frac{1}{mq}$，且各片段內給付額保持不變，給付 n 期的期末付、期初付遞減年金的現值分別記為 $(D^{(q)}a)_{\overline{n}|}^{(m)}$、$(D^{(q)}\ddot{a})_{\overline{n}|}^{(m)}$，相應的終值分別記為 $(D^{(q)}s)_{\overline{n}|}^{(m)}$、$(D^{(q)}\ddot{s})_{\overline{n}|}^{(m)}$。

上述期末付年金給付時點與各次給付的金額如表 2-5-1 所示，將給付時點依次前移一個 $\frac{1}{m}$ 期就得到了期初付年金的給付情況。下面主要以期末付年金為例進行研究，顯然，每一片段就是一個每期給付 m 次的等額年金，給付 $\frac{1}{q}$ 期，且延付的期數分別為 $\frac{0}{q},\frac{1}{q},\frac{2}{q},\cdots,\frac{nq-1}{q}$。

表 2-5-1　各期內給付額階梯式變動的期末付年金給付情況表

年金支付時點	遞增年金給付額	遞減年金給付額
$\frac{1}{m},\frac{2}{m},\cdots,\frac{r}{m}$	$\frac{1}{mq}$	$\frac{nq}{mq}$
$\frac{r+1}{m},\frac{r+2}{m},\cdots,\frac{2r}{m}$	$\frac{2}{mq}$	$\frac{nq-1}{mq}$
$\frac{2r+1}{m},\frac{2r+2}{m},\cdots,\frac{3r}{m}$	$\frac{3}{mq}$	$\frac{nq-2}{mq}$
……	……	……
$\frac{(q-1)r+1}{m},\frac{(q-1)r+2}{m},\cdots,\frac{qr}{m}$	$\frac{q}{mq}$	$\frac{(n-1)q+1}{mq}$
$\frac{qr+1}{m},\frac{qr+2}{m},\cdots,\frac{(q+1)r}{m}$	$\frac{q+1}{mq}$	$\frac{(n-1)q}{mq}$
……	……	……
$\frac{(nq-1)r+1}{m},\frac{(nq-1)r+2}{m},\cdots,\frac{nqr}{m}$	$\frac{nq}{mq}$	$\frac{1}{mq}$

（1）递增年金

$$\begin{aligned}(I^{(q)}a)_{\overline{n}|}^{(m)} &= \frac{1}{q}a_{\overline{\frac{1}{q}}|}^{(m)} + \frac{2}{q}{}_{\frac{1}{q}|}a_{\overline{\frac{1}{q}}|}^{(m)} + \frac{3}{q}{}_{\frac{2}{q}|}a_{\overline{\frac{1}{q}}|}^{(m)} + \cdots + \frac{nq}{q}{}_{\frac{nq-1}{q}|}a_{\overline{\frac{1}{q}}|}^{(m)} \\ &= a_{\overline{\frac{1}{q}}|}^{(m)}\left(\frac{1}{q} + \frac{2}{q}v^{\frac{1}{q}} + \frac{3}{q}v^{\frac{2}{q}} + \cdots + \frac{nq}{q}v^{\frac{nq-1}{q}}\right) \\ &= a_{\overline{\frac{1}{q}}|}^{(m)}q\left(\frac{1}{q^2} + \frac{2}{q^2}v^{\frac{1}{q}} + \frac{3}{q^2}v^{\frac{2}{q}} + \cdots + \frac{nq}{q^2}v^{\frac{nq-1}{q}}\right) \\ &= a_{\overline{\frac{1}{q}}|}^{(m)}q(I^{(q)}\ddot{a})_{\overline{n}|}^{(q)} = \frac{1-v^{\frac{1}{q}}}{i^{(m)}} \cdot q \cdot \frac{\ddot{a}_{\overline{n}|}^{(q)} - nv^n}{d^{(q)}} \\ &= \frac{\ddot{a}_{\overline{n}|}^{(q)} - nv^n}{i^{(m)}} \end{aligned} \tag{2.5.40}$$

同理可得：

$$(I^{(q)}\ddot{a})_{\overline{n}|}^{(m)} = = \frac{\ddot{a}_{\overline{n}|}^{(q)} - nv^n}{d^{(m)}} \tag{2.5.41}$$

容易得出：

$$(I^{(q)}s)_{\overline{n}|}^{(m)} = (1+i)^n(I^{(q)}a)_{\overline{n}|}^{(m)} = \frac{\ddot{s}_{\overline{n}|}^{(q)} - n}{i^{(m)}} \tag{2.5.42}$$

$$(I^{(q)}\ddot{s})_{\overline{n}|}^{(m)} = (1+i)^n(I^{(q)}\ddot{a})_{\overline{n}|}^{(m)} = \frac{\ddot{s}_{\overline{n}|}^{(q)} - n}{d^{(m)}} \tag{2.5.43}$$

（2）递减年金

$$\begin{aligned}(D^{(q)}a)_{\overline{n}|}^{(m)} &= \frac{nq}{q}a_{\overline{\frac{1}{q}}|}^{(m)} + \frac{nq-1}{q}{}_{\frac{1}{q}|}a_{\overline{\frac{1}{q}}|}^{(m)} + \frac{nq-2}{q}{}_{\frac{2}{q}|}a_{\overline{\frac{1}{q}}|}^{(m)} + \cdots + \frac{1}{q}{}_{\frac{nq-1}{q}|}a_{\overline{\frac{1}{q}}|}^{(m)} \\ &= a_{\overline{\frac{1}{q}}|}^{(m)}\left(\frac{nq}{q} + \frac{nq-1}{q}v^{\frac{1}{q}} + \frac{nq-2}{q}v^{\frac{2}{q}} + \cdots + \frac{1}{q}v^{\frac{nq-1}{q}}\right) \\ &= a_{\overline{\frac{1}{q}}|}^{(m)}q\left(\frac{nq}{q^2} + \frac{nq-1}{q^2}v^{\frac{1}{q}} + \frac{nq-2}{q^2}v^{\frac{2}{q}} + \cdots + \frac{1}{q^2}v^{\frac{nq-1}{q}}\right) \\ &= a_{\overline{\frac{1}{q}}|}^{(m)}q(D^{(q)}\ddot{a})_{\overline{n}|}^{(q)} = \frac{1-v^{\frac{1}{q}}}{i^{(m)}} \cdot q \cdot \frac{n - a_{\overline{n}|}^{(q)}}{d^{(q)}} \\ &= \frac{n - a_{\overline{n}|}^{(q)}}{i^{(m)}} \end{aligned} \tag{2.5.44}$$

同理可得：

$$(D^{(q)}\ddot{a})_{\overline{n}|}^{(m)} = \frac{n - a_{\overline{n}|}^{(q)}}{d^{(m)}} \tag{2.5.45}$$

容易得出：

$$(D^{(q)}s)_{\overline{n}|}^{(m)} = (1+i)^n(D^{(q)}a)_{\overline{n}|}^{(m)} = \frac{n(1+i)^n - s_{\overline{n}|}^{(q)}}{i^{(m)}} \tag{2.5.46}$$

$$(D^{(q)}\ddot{s})_{\overline{n}|}^{(m)} = (1+i)^n(D^{(q)}\ddot{a})_{\overline{n}|}^{(m)} = \frac{n(1+i)^n - s_{\overline{n}|}^{(q)}}{d^{(m)}} \tag{2.5.47}$$

請讀者思考：每期給付一次與每期給付多次的變額確定年金的計算公式能否歸結為每期給付額階梯式變動的變額年金的計算公式？

(三) 連續給付的變額確定年金

在時刻 t 每期給付總額為 t，連續給付 n 期的遞增年金的現值記為 $(\bar{I}\bar{a})_{\overline{n}|}$，則由「微元法」思想可得

$$(\bar{I}\bar{a})_{\overline{n}|} = \int_0^n t v^t \mathrm{d}t \tag{2.5.48}$$

$$= \int_0^n t \mathrm{d}(\frac{v^t}{\ln v}) = -\frac{v^t}{\delta} t \Big|_0^n + \frac{1}{\delta} \int_0^n v^t \mathrm{d}t = \frac{\bar{a}_{\overline{n}|} - nv^n}{\delta} \tag{2.5.49}$$

(2.5.49) 式也可按下面方法推導出來：

$$(\bar{I}\bar{a})_{\overline{n}|} = \lim_{m \to +\infty} (I^{(m)} a)_{\overline{n}|}^{(m)} = \lim_{m \to +\infty} \frac{\ddot{a}_{\overline{n}|}^{(m)} - v^n}{i^{(m)}} = \frac{\bar{a}_{\overline{n}|} - nv^n}{\delta}$$

同樣地，

$$(\bar{I}\bar{a})_{\overline{n}|} = \lim_{m \to +\infty} (I^{(m)} \ddot{a})_{\overline{n}|}^{(m)} = \frac{\bar{a}_{\overline{n}|} - nv^n}{\delta}$$

$$(\bar{D}\bar{a})_{\overline{n}|} = \lim_{m \to +\infty} (D^{(m)} a)_{\overline{n}|}^{(m)} = \lim_{m \to +\infty} (D^{(m)} \ddot{a})_{\overline{n}|}^{(m)} = \frac{n - \bar{a}_{\overline{n}|}}{\delta} \tag{2.3.50}$$

與 (2.5.48) 式類似，如果在時刻 t 每期給付總額為 $f(t)$ 或以年率 $f(t)$ 進行給付，連續給付 n 期的年金的現值可以表示為 $\int_0^n f(t) v^t \mathrm{d}t$。如果利息力 δ 為常數，那麼年金現值就可表示為 $\int_0^n f(t) \mathrm{e}^{-\delta t} \mathrm{d}t$。更一般地，年金的現值表達式為 $\int_a^b f(t) a^{-1}(t) \mathrm{d}t$，其中 $a^{-1}(t) = \exp(-\int_0^t \delta_s \mathrm{d}s)$。

(四) 每 k 期給付一次的變額確定年金

1. 遞增年金

第 1 個 k 期末給付 1，第 2 個 k 期末給付 2……第 $\frac{n}{k}$ 個 k 期末給付 $\frac{n}{k}$ 的 n 期遞增年金的現值記為 $(kIa)_{\overline{n}|}$；若是期初付年金的現值，則記為 $(kI\ddot{a})_{\overline{n}|}$。其中 n 為 k 的整數倍。

$$(kIa)_{\overline{n}|} = v^k + 2v^{2k} + \cdots + (\frac{n}{k} - 1) v^{(\frac{n}{k}-1)k} + \frac{n}{k} \cdot v^{\frac{n}{k} \cdot k} \tag{2.5.51}$$

(2.5.51) 式 $\times (1+i)^k$ 得：

$$(1+i)^k (kIa)_{\overline{n}|} = 1 + 2v^k + 3v^{2k} + \cdots + \frac{n}{k} \cdot v^{(\frac{n}{k}-1)k} \tag{2.5.52}$$

(2.5.52) 式 $-$ (2.5.51) 式得：

$$[(1+i)^k - 1](kIa)_{\overline{n}|} = 1 + v^k + v^{2k} + \cdots + v^{(\frac{n}{k}-1)k} - \frac{n}{k} v^n$$

$$= (k\ddot{a})_{\overline{n}|} - \frac{n}{k}v^n = \frac{a_{\overline{n}|}}{a_{\overline{k}|}} - \frac{n}{k}v^n$$

因此

$$(kIa)_{\overline{n}|} = \frac{\frac{a_{\overline{n}|}}{a_{\overline{k}|}} - \frac{n}{k}v^n}{(1+i)^k - 1} = \frac{\frac{a_{\overline{n}|}}{a_{\overline{k}|}} - \frac{n}{k}v^n}{is_{\overline{k}|}} \qquad (2.5.53)$$

$$= \frac{\frac{\ddot{a}_{\overline{n}|}}{\ddot{a}_{\overline{k}|}} - \frac{n}{k}v^n}{is_{\overline{k}|}} \qquad (2.5.54)$$

顯然,當 $k = 1$ 時,(2.5.54) 式就成為(2.5.3) 式。
對於期初付年金而言,我們有

$$(kI\ddot{a})_{\overline{n}|} = 1 + 2v^k + 3v^{2k} + \cdots + \frac{n}{k} \cdot v^{(\frac{n}{k}-1)k} \qquad (2.5.55)$$

(2.5.55) 式 × v^k 得:

$$v^k(kI\ddot{a})_{\overline{n}|} = v^k + 2v^{2k} + \cdots + (\frac{n}{k}-1)v^{(\frac{n}{k}-1)k} + \frac{n}{k} \cdot v^{\frac{n}{k}\cdot k} \qquad (2.5.56)$$

(2.5.55) 式 - (2.5.56) 式得:

$$(1-v^k)(kI\ddot{a})_{\overline{n}|} = 1 + v^k + v^{2k} + \cdots + v^{(\frac{n}{k}-1)k} - \frac{n}{k}v^n$$

$$= (k\ddot{a})_{\overline{n}|} - \frac{n}{k}v^n = \frac{a_{\overline{n}|}}{a_{\overline{k}|}} - \frac{n}{k}v^n$$

$$\therefore (kI\ddot{a})_{\overline{n}|} = \frac{\frac{a_{\overline{n}|}}{a_{\overline{k}|}} - \frac{n}{k}v^n}{ia_{\overline{k}|}} \qquad (2.5.57)$$

$$= \frac{\frac{\ddot{a}_{\overline{n}|}}{\ddot{a}_{\overline{k}|}} - \frac{n}{k}v^n}{ia_{\overline{k}|}} \qquad (2.5.58)$$

顯然,當 $k = 1$ 時,(2.5.58) 式就成為(2.5.6) 式。

2. 遞減年金

第 1 個 k 期末給付 $\frac{n}{k}$,第 2 個 k 期末給付 $\frac{n}{k} - 1$ ⋯⋯ 第 $\frac{n}{k}$ 個 k 期末給付 1 的 n 期遞減年金的現值記為 $(kDa)_{\overline{n}|}$;若是期初付年金的現值,則記為 $(kD\ddot{a})_{\overline{n}|}$。其中 n 為 k 的整數倍。於是

$$(kDa)_{\overline{n}|} = \frac{n}{k}v^k + (\frac{n}{k}-1)v^{2k} + \cdots + 2v^{(\frac{n}{k}-1)k} + v^{\frac{n}{k}\cdot k} \qquad (2.5.59)$$

(2.5.59) 式 × $(1+i)^k$ 得:

$$(1+i)^k(kDa)_{\overline{n}|} = \frac{n}{k} + (\frac{n}{k}-1)v^k + \cdots + v^{(\frac{n}{k}-1)k} \qquad (2.5.60)$$

(2.5.60) 式 - (2.5.59) 式得:

$$[(1+i)^k - 1](kDa)_{\overline{n}|} = \frac{n}{k} - (ka)_{\overline{n}|} = \frac{n}{k} - \frac{a_{\overline{n}|}}{s_{\overline{k}|}} = \frac{n}{k} - \frac{\ddot{a}_{\overline{n}|}}{\ddot{s}_{\overline{k}|}}$$

$$\therefore (kDa)_{\overline{n}|} = \frac{\frac{n}{k} - \frac{a_{\overline{n}|}}{s_{\overline{k}|}}}{is_{\overline{k}|}} \quad (2.5.61)$$

$$= \frac{\frac{n}{k} - \frac{\ddot{a}_{\overline{n}|}}{\ddot{s}_{\overline{k}|}}}{is_{\overline{k}|}} \quad (2.5.62)$$

同理可得：

$$(kD\ddot{a})_{\overline{n}|} = \frac{\frac{n}{k} - \frac{a_{\overline{n}|}}{s_{\overline{k}|}}}{ia_{\overline{k}|}} \quad (2.5.63)$$

$$= \frac{\frac{n}{k} - \frac{\ddot{a}_{\overline{n}|}}{\ddot{s}_{\overline{n}|}}}{ia_{\overline{k}|}} \quad (2.5.64)$$

例 2.5.3 有一項永久年金，在第 3 年年末給付 1，第 6 年年末給付 2，第 9 年年末給付 3……已知年利率為 5%，試求該年金的現值。

解：設該永久年金的現值為 A，於是由定義有

$$A = v^3 + 2v^6 + 3v^9 + 4v^{12} + \cdots$$

兩邊同乘以 v^3 得：

$$v^3 A = v^6 + 2v^9 + 3v^{12} + \cdots$$

第一式減去第二式得：

$$(1 - v^3)A = v^3 + v^6 + v^9 + \cdots = \frac{v^3}{1 - v^3}$$

$$A = \frac{v^3}{(1 - v^3)^2} = \frac{(1+i)^3}{[(1+i)^3 - 1]^2} = \frac{1.05^3}{(1.05^3 - 1)^2} \approx 46.59$$

二、給付額按等比數列變化的變額確定年金

(一) 期末付年金

設第 1 期末給付 1，第 2 期末給付 $1 + r$，第 3 期末給付 $(1 + r)^2$……第 n 期末給付 $(1 + r)^{n-1}$ 的年金的現值與終值分別為 $(Ga)_{\overline{n}|}$、$(Gs)_{\overline{n}|}$。依定義得

$$(Ga)_{\overline{n}|} = v + (1+r)v^2 + \cdots + (1+r)^{n-1}v^n \quad (2.5.65)$$

當 $r = i$ 時，

$$(Ga)_{\overline{n}|} = nv = \frac{n}{1+i}$$

當 $r \neq i$ 時，

$$(Ga)_{\overline{n}|} = v \cdot \frac{1 - [(1+r)v]^n}{1 - (1+r)v} = \frac{1 - \left(\frac{1+r}{1+i}\right)^n}{i - r} \quad (2.5.66)$$

顯然,當 $r < i$ 時,$\lim_{n \to +\infty} (Ga)_{\overline{n}|} = \dfrac{1}{i-r}$,否則 $\lim_{n \to +\infty} (Ga)_{\overline{n}|}$ 不存在。

下面可以推導出年金終值的計算公式:

當 $r \neq i$ 時,

$$(Gs)_{\overline{n}|} = (1+i)^n (Ga)_{\overline{n}|} = \dfrac{(1+i)^n - (1+r)^n}{i-r}$$

當 $r = i$ 時,

$$(Gs)_{\overline{n}|} = n(1+i)^{n-1} \tag{2.5.67}$$

(二) 期初付年金

設第 1 期期初給付 1,第 2 期期初給付 $1+r$,第 3 期期初給付 $(1+r)^2$……第 n 期期初給付 $(1+r)^{n-1}$ 的年金的現值與終值分別為 $(G\ddot{a})_{\overline{n}|}$、$(G\ddot{s})_{\overline{n}|}$。按照與期末付年金的現值與終值相同的處理方法,可以得出如下公式:

當 $r = i$ 時,

$$(G\ddot{a})_{\overline{n}|} = n \tag{2.5.68}$$

$$(G\ddot{s})_{\overline{n}|} = n(1+i)^n \tag{2.5.69}$$

當 $r \neq i$ 時,

$$(G\ddot{a})_{\overline{n}|} = (1+i) \dfrac{1 - \left(\dfrac{1+r}{1+i}\right)^n}{i-r} \tag{2.5.70}$$

$$(G\ddot{s})_{\overline{n}|} = (1+i) \dfrac{(1+i)^n - (1+r)^n}{i-r} \tag{2.5.71}$$

例 2.5.4 一項年金提供 20 筆年末付款,一年以後的第一次付款為 1,000 元,付款額每一年比上一年增加 5%,年利率為 6%。求此項年金的現值。

解:所求年金的現值為

$$1,000(Ga)_{\overline{20}|} = 1,000 \dfrac{1 - \left(\dfrac{1+5\%}{1+6\%}\right)^{20}}{6\% - 5\%} \approx 17,268.92(元)$$

例 2.5.5 一項年金每半年初支付一次,一共支付 5 年。第一次付款為 1,000 元,以後每一次付款為前一次的 95%。如果每個季度結轉一次利息,年名義利率為 10%,試計算該項年金的現值。

解:以一季為一期,則每期的實際利率為 $10\%/4 = 2.5\%$,記 $v = \dfrac{1}{1+2.5\%}$,因此所求年金現值為

$$1,000 + 1,000 \times 95\% v^2 + \cdots + 1,000(95\%)^9 v^{18}$$

$$= 1,000 \cdot \dfrac{1 - (95\% v^2)^{10}}{1 - 95\% v^2} \approx 6,625.94(元)$$

例 2.5.6 一項 10 年期年金,按以下時間表付款:每年 1 月 1 日付款 100 元;每年 4 月 1 日付款 200 元;每年 7 月 1 日付款 300 元;每年 10 月 1 日付款 400 元。試證明此

項年金在頭年 1 月 1 日第一次付款時的現值為$1,600\ddot{a}_{\overline{10}|}(I^{(4)}\ddot{a})^{(4)}_{\overline{1}|}$。

證明：設此項年金的現值為 A，將每年的 4 次付款折現到年初的現值為 B，則
$$A = B\ddot{a}_{\overline{10}|}$$

上式中，
$$B = 100 + 200v^{\frac{1}{4}} + 300v^{\frac{2}{4}} + 400v^{\frac{3}{4}} = 1,600\left(\frac{1}{4^2} + \frac{2}{4^2}v^{\frac{1}{4}} + \frac{3}{4^2}v^{\frac{2}{4}} + \frac{4}{4^2}v^{\frac{3}{4}}\right)$$
$$= 1,600(I^{(4)}\ddot{a})^{(4)}_{\overline{1}|}$$

因此 $A = 1,600\ddot{a}_{\overline{10}|}(I^{(4)}\ddot{a})^{(4)}_{\overline{1}|}$，證畢。

若 $i = 5\%$，則現值為 7,913.01 元。

例 2.5.7 已知某種 20 年期年金，每月末給付 1 次，每季中各月給付相等金額，第 1 季每次給付 1,000 元，第 2 季每次給付 2,000 元，第 3 季每次給付 3,000 元，如此繼續下去。已知年利率為 6%，求該年金的現值與終值。

解：以一年為一期，本例題屬於各期內給付額階梯式變動的遞增年金。這裡 $n = 20, m = 12, q = 4, r = 3$，即以一個季度作為一個給付片段。以 48,000 元作為一個單位，即第 1 季、第 2 季、第 3 季⋯⋯第 80 季的各季中分別給付 $\frac{1}{48}$ 個單位、$\frac{2}{48}$ 個單位、$\frac{3}{48}$ 個單位⋯⋯$\frac{80}{48}$ 個單位。因此，所求年金的現值為：

$$48,000(I^{(4)}a)^{(12)}_{\overline{20}|} = 48,000 \times \frac{\ddot{a}^{(4)}_{\overline{20}|} - 20v^{20}}{i^{(12)}}$$
$$\approx 4,651,880.650,15 \approx 4,651,880.65(元)$$

所求年金的終值為：
$$4,651,880.651,05 \times 1.06^{20} \approx 14,919,211.45(元)$$

請讀者思考：如何在 Excel 上利用年金現值與終值的定義驗證例 2.5.7 的計算結果？提示：在輸入給付額時，可利用 Excel 中的函數 INT( )。

第六節　本金償還保險

投資人或投保人在銀行、保險公司等金融機構定期存入相等的金額以便在一定時期后獲得一定數額款項的合同，稱為本金償還保險或資本曠回保單，也稱儲蓄保險。投資人定期存入的相等金額稱為「保險費」，而到期獲得的金額稱為「保險金」，存入的最長期限稱為「保險期」。下面，我們研究保險費和責任準備金的計算。

一、保險費的計算

為了簡便起見，不考慮銀行、保險公司等經辦機構的經辦費用和利潤，這樣計算出的保險費就是所謂的純保險費。

設保險金為1,保險期為 n 年,年繳 m 次保險費,並設保險費的年額為 $P_{\overline{n}|}^{(m)}$,在到期日,由收支平衡原則可得:

$$P_{\overline{n}|}^{(m)} \ddot{s}_{\overline{n}|}^{(m)} = 1$$

即

$$P_{\overline{n}|}^{(m)} = \frac{1}{\ddot{s}_{\overline{n}|}^{(m)}} \tag{2.6.1}$$

每 $\frac{1}{m}$ 年初繳納的保險費為:

$$\frac{P_{\overline{n}|}^{(m)}}{m} = \frac{1}{m\ddot{s}_{\overline{n}|}^{(m)}}$$

若在投保日(或契約日),則由收支平衡原則可得:

$$P_{\overline{n}|}^{(m)} \ddot{a}_{\overline{n}|}^{(m)} = v^n$$

由此可得:

$$P_{\overline{n}|}^{(m)} = \frac{v^n}{\ddot{a}_{\overline{n}|}^{(m)}} \tag{2.6.2}$$

顯然,(2.6.2)式與(2.6.1)式表現形式不一樣但實質相同。(2.6.2)式中的分子 v^n 可以視為 n 年後支付保險金1在投保日的現值,又稱為躉繳純保險費,可以採用符號 $a_{\overline{n}|}(= v^n)$ 表示,於是

$$P_{\overline{n}|}^{(m)} = \frac{a_{\overline{n}|}}{\ddot{a}_{\overline{n}|}^{(m)}} \tag{2.6.3}$$

特別地,當 $m = 1$ 或 $m \to +\infty$ 時,(2.6.3)式可分別變為:

$$P_{\overline{n}|} = \frac{1}{\ddot{s}_{\overline{n}|}} = \frac{v^n}{\ddot{a}_{\overline{n}|}} \tag{2.6.4}$$

$$\overline{P}_{\overline{n}|} = \frac{1}{\overline{s}_{\overline{n}|}} = \frac{v^n}{\overline{a}_{\overline{n}|}} \tag{2.6.5}$$

由(2.1.14)式即 $1 = d\ddot{a}_{\overline{n}|} + v^n$ 得

$$a_{\overline{n}|} = v^n = 1 - d\ddot{a}_{\overline{n}|}$$

將其代入(2.6.4)式可得

$$P_{\overline{n}|} = \frac{1}{\ddot{a}_{\overline{n}|}} - d \tag{2.6.6}$$

或者

$$\frac{1}{\ddot{a}_{\overline{n}|}} = P_{\overline{n}|} + d \tag{2.6.7}$$

由 $a_{\overline{n}|} = 1 - d^{(m)}\ddot{a}_{\overline{n}|}^{(m)}$, $a_{\overline{n}|} = 1 - \delta\overline{a}_{\overline{n}|}$ 分別可得:

$$P_{\overline{n}|}^{(m)} = \frac{1}{\ddot{a}_{\overline{n}|}^{(m)}} - d^{(m)} \tag{2.6.8}$$

$$\overline{P}_{\overline{n}|} = \frac{1}{\overline{a}_{\overline{n}|}} - \delta \tag{2.6.9}$$

二、責任準備金的計算

(一) 年繳保費一次的責任準備金

對於年繳保費一次的情形，第 t 年末已繳納的保險費的累積值記為 $_tV_{\overline{n}|}$，稱為第 t 年年末的責任準備金，其中 $0 \leq t \leq n$。責任準備金實際上就是為支付給投資人或投保人而做的資金準備。因此

$$_tV_{\overline{n}|} = P_{\overline{n}|} \ddot{s}_{\overline{t}|} = \frac{\ddot{s}_{\overline{t}|}}{\ddot{s}_{\overline{n}|}} \tag{2.6.10}$$

責任準備金有兩種計算方法，一是未來法，二是過去法。前者從未來的角度考慮所需要的資金準備，即未來支付保險金的現值減去未來保險費收入的現值；后者從過去的角度考慮所需要的資金準備，即過去已收保險費的終值減去過去已支付保險金的終值。在計算某一時點責任準備金時，若在該時點有保險費收入，則該收入記入未來而不是記入過去；若有保險金支付，則期末付年金的支付算在過去，期初付年金的支付算在未來，(2.6.10) 式實際上是用過去法計算的責任準備金。因此，下面考慮用未來法計算責任準備金：

$$_tV_{\overline{n}|} = v^{n-t} - P_{\overline{n}|} \ddot{a}_{\overline{n-t}|} \tag{2.6.11}$$

$$= \frac{v^{n-t} \ddot{s}_{\overline{n}|} - \ddot{a}_{\overline{n-t}|}}{\ddot{s}_{\overline{n}|}} = \frac{v^{n-t} \frac{(1+i)^n - 1}{d} - \frac{1 - v^{n-t}}{d}}{\ddot{s}_{\overline{n}|}} = \frac{\ddot{s}_{\overline{t}|}}{\ddot{s}_{\overline{n}|}}$$

上面的推導表明用未來法與用過去法計算的責任準備金相等，過去法相對簡便一些，因為過去沒有保險金支付。

對 (2.6.10) 式變形可得責任準備金的不同表現形式：

$$_tV_{\overline{n}|} = v^{n-t} - P_{\overline{n}|} \ddot{a}_{\overline{n-t}|} = (1 - d\ddot{a}_{\overline{n-t}|}) - P_{\overline{n}|} \ddot{a}_{\overline{n-t}|}$$

$$= 1 - (P_{\overline{n}|} + d) \ddot{a}_{\overline{n-t}|} = 1 - \frac{\ddot{a}_{\overline{n-t}|}}{\ddot{a}_{\overline{n}|}} \tag{2.6.12}$$

(二) 年繳保費 m 次的責任準備金

設年繳保險費 m 次在第 n 年末支付保險金 1 的本金償還保險在第 t 年末的責任準備金為 $_tV_{\overline{n}|}^{(m)}$，

根據過去法可得：

$$_tV_{\overline{n}|}^{(m)} = P_{\overline{n}|}^{(m)} \ddot{s}_{\overline{t}|}^{(m)} = \frac{\ddot{s}_{\overline{t}|}^{(m)}}{\ddot{s}_{\overline{n}|}^{(m)}} \tag{2.6.13}$$

根據未來法可得：

$$_tV_{\overline{n}|}^{(m)} = v^{n-t} - P_{\overline{n}|}^{(m)} \ddot{a}_{\overline{n-t}|}^{(m)} \tag{2.6.14}$$

$$= [1 - d^{(m)} \ddot{a}_{\overline{n-t}|}^{(m)}] - P_{\overline{n}|}^{(m)} \ddot{a}_{\overline{n-t}|}^{(m)} = 1 - [P_{\overline{n}|}^{(m)} + d^{(m)}] \ddot{a}_{\overline{n-t}|}^{(m)}$$

$$= 1 - \frac{\ddot{a}_{\overline{n-t}|}^{(m)}}{\ddot{a}_{\overline{n}|}^{(m)}} = \frac{\ddot{a}_{\overline{n}|}^{(m)} - \ddot{a}_{\overline{n-t}|}^{(m)}}{\ddot{a}_{\overline{n}|}^{(m)}} = \frac{v^{n-t} \ddot{a}_{\overline{t}|}^{(m)}}{\ddot{a}_{\overline{n}|}^{(m)}} = \frac{\ddot{s}_{\overline{t}|}^{(m)}}{\ddot{s}_{\overline{n}|}^{(m)}} \tag{2.6.15}$$

上面的推導表明，用未來法計算的責任準備金的結果與用過去法計算的結果一

致,且過去法相對簡便一些。

順便說一句,當 $m \to +\infty$ 時,上面的年繳保費 m 次的責任準備金就變成了連續繳費的責任準備金。其計算公式如下:

$$_t\overline{V_{\overline{n|}}} = \frac{\overline{s}_{\overline{t|}}}{\overline{s}_{\overline{n|}}} = 1 - \frac{\overline{a}_{\overline{n-t|}}}{\overline{a}_{\overline{n|}}} = v^{n-t} - \overline{P}_{\overline{n|}}\overline{a}_{\overline{n-t|}} \tag{2.6.16}$$

三、年金保險

這裡的年金保險指的是先繳納一定年數的保險費,后開始在一定期限內定期領取一定金額的保險。該保險與領取人的生死無關,其運作原理類似於通常的保險,故稱為年金保險。

假設年繳費一次,繳納 m 年,繳費期結束就開始年金領取期,每年初可領取 A 元的保險金,領取 n 年;同時,假設該年金保險的保費繳納期與保險金支付期的年利率都為 i,該保險的年繳保險費為 P 元,第 t 年末的責任準備金為 $_tV$。以第 m 年年末作為觀察點,依據收支平衡原則可得

$$P\ddot{s}_{\overline{m|}} = A\ddot{a}_{\overline{n|}}$$

解得

$$P = \frac{A\ddot{a}_{\overline{n|}}}{\ddot{s}_{\overline{m|}}} \tag{2.6.17}$$

$$= \frac{v^m A\ddot{a}_{\overline{n|}}}{\ddot{a}_{\overline{m|}}} = \frac{A_{m|}\ddot{a}_{\overline{n|}}}{\ddot{a}_{\overline{m|}}} \tag{2.6.18}$$

(2.6.18) 式是以 0 點(即現在時刻)為觀察點,依收支平衡原則而得的結果。

當 $0 \leq t \leq m$ 時,

$$_tV = P\ddot{s}_{\overline{t|}} = A\ddot{a}_{\overline{n|}}\frac{\ddot{s}_{\overline{t|}}}{\ddot{s}_{\overline{m|}}} \tag{2.6.19}$$

$$= A\ddot{a}_{\overline{n|}}v^{m-t} - P\ddot{a}_{\overline{m-t|}} \tag{2.6.20}$$

注意:規定 $\ddot{s}_{\overline{0|}} = 0$。(2.6.19) 式、(2.6.20) 式分別是過去法與未來法計算的結果,可證明二者相等。留給讀者證明。

當 $m < t \leq m + n$ 時,

$$_tV = P\ddot{s}_{\overline{m|}}(1+i)^{t-m} - A\ddot{s}_{\overline{t-m|}}$$

$$= A\ddot{a}_{\overline{n|}}(1+i)^{t-m} - A\ddot{s}_{\overline{t-m|}} \tag{2.6.21}$$

$$= A\ddot{a}_{\overline{m+n-t|}} \tag{2.6.22}$$

(2.6.21) 式、(2.6.22) 式分別是過去法與未來法計算的結果。同樣可證明二者相等。

例 2.6.1 設本金償還保險在第 t 年末(t 為 $\frac{1}{m}$ 的整數倍)的責任準備金為 $_tV_{\overline{n|}}^{(m)}$,第 $t + \frac{1}{m}$ 年末的責任準備金為 $_{t+\frac{1}{m}}V_{\overline{n|}}^{(m)}$,試證明二者的關係為

$$\left(_tV_{\overline{n|}}^{(m)} + \frac{P_{\overline{n|}}^{(m)}}{m}\right)(1+i)^{\frac{1}{m}} = {_{t+\frac{1}{m}}V_{\overline{n|}}^{(m)}} \tag{2.6.23}$$

證明：由(2.6.13)式得

$$\left({}_tV_{\overline{n|}}^{(m)} + \frac{P_{\overline{n|}}^{(m)}}{m}\right)(1+i)^{\frac{1}{m}} = \left(P_{\overline{n|}}^{(m)}\ddot{s}_{\overline{t|}}^{(m)} + \frac{P_{\overline{n|}}^{(m)}}{m}\right)(1+i)^{\frac{1}{m}}$$

$$= P_{\overline{n|}}^{(m)}\left(\ddot{s}_{\overline{t|}}^{(m)} + \frac{1}{m}\right)(1+i)^{\frac{1}{m}} = P_{\overline{n|}}^{(m)}\ddot{s}_{\overline{t+\frac{1}{m}|}}^{(m)} = {}_{t+\frac{1}{m}}V_{\overline{n|}}^{(m)}$$

因此，所證等式成立。

順便說一句，等式(2.6.23)反應了相鄰兩次繳費責任準備金之間的關係。第 t 年年末責任準備金加上在該時刻收到的下一個 $\frac{1}{m}$ 年保險費 $\frac{P_{\overline{n|}}^{(m)}}{m}$ 後，在年利率 i 的作用下，經過 $\frac{1}{m}$ 年的累積，就得到第 $t+\frac{1}{m}$ 年年末的責任準備金。

例 2.6.2 某契約規定，甲從 10 年後開始的 15 年間每季初可領取 6,000 元。為此，甲必須在今後 10 年間每月初存入等額款項。假設年利率 $i = 5\%$，每月初應存入多少元？

解：設每月初應存入 P 元，由收支平衡原則得

$$12P\ddot{a}_{\overline{10|}}^{(12)} = 6,000 \times 4\ddot{a}_{\overline{15|}}^{(4)}v^{10}$$

解得 $\quad P = 2,000 \dfrac{\ddot{a}_{\overline{15|}}^{(4)}v^{10}}{\ddot{a}_{\overline{10|}}^{(12)}} \approx 1,657.18(元)$

四、有附加費用條件下的本金償還保險

假設對一個給付額為 1 並採用年繳一次保費的 n 年期的本金償還保險，計算營業保險費時，需要考慮到與每次保費的支付相關的年均衡附加費用 e 以及初始的附加費用 H。注意這裡的 e 和 H 也可以用營業保險費或純保險費的一定比例來量度。每年初繳納的營業保險費為 $P_{\overline{n|}}^*$，第 t 年年末的責任準備金為 ${}_tV_{\overline{n|}}^*$。於是有

$$P_{\overline{n|}}^* \ddot{a}_{\overline{n|}} = v^n + H + e\ddot{a}_{\overline{n|}}$$

所以 $\quad P_{\overline{n|}}^* = \dfrac{v^n + H + e\ddot{a}_{\overline{n|}}}{\ddot{a}_{\overline{n|}}} = P_{\overline{n|}} + \dfrac{H}{\ddot{a}_{\overline{n|}}} + e \quad\quad\quad (2.6.24)$

用未來法可得責任準備金：

$$_tV_{\overline{n|}}^* = v^{n-t} + e\ddot{a}_{\overline{n-t|}} - P_{\overline{n|}}^* \ddot{a}_{\overline{n-t|}} = v^{n-t} + e\ddot{a}_{\overline{n-t|}} - \left(P_{\overline{n|}} + \frac{H}{\ddot{a}_{\overline{n|}}} + e\right)\ddot{a}_{\overline{n-t|}}$$

$$= (v^{n-t} - P_{\overline{n|}} \ddot{a}_{\overline{n-t|}}) + H\left(1 - \frac{\ddot{a}_{\overline{n-t|}}}{\ddot{a}_{\overline{n|}}}\right) - H$$

$$= (1+H)\,_tV_{\overline{n|}} - H \quad\quad\quad (2.6.25)$$

${}_tV_{\overline{n|}}^*$ 叫做 Zillmer 準備金，它是以德國精算師 August Zillmer(1831—1892 年)的名字命名的。注意 ${}_0V_{\overline{n|}}^* = -H$，這是由於假定在時刻 0 的準備金是在費用 H 已經發生之後而在第一筆保險費收到之前的資金準備，負數表示已經發生了初始費用。Zillmer 準備金的作用在於精確地考慮了初始費用，並在保單續期逐步收回初始費用。

$_tV^*_{\overline{n}|}$ 還可由過去法求出，其結果與未來法得出的結果相同。

$$_tV^*_{\overline{n}|} = P^*_{\overline{n}|}\ddot{s}_{\overline{t}|} - H(1+i)^t - e\ddot{s}_{\overline{t}|} \qquad (2.6.26)$$

例 2.6.3 某本金償還保單，保險金為 10,000 元，期限為 15 年，採用年繳一次均衡保險費方法，保險費在期初繳納，年利率為 8%。發生的附加費用如下：

（1）初始費用為 100 元，同時加上第 1 次年繳保險費的 10%；

（2）續期附加費用為每次保險費的 4%。

求該保險的年繳保險費。

解：設 P^* 為每年初繳納的保險費。在支付各項附加費用後，剩餘的保險費用於投資積存，以便在保單到期時能支付保險金 10,000 元。於是，我們有如下等式

$$[(1-10\%)P^* - 100](1+8\%)^{15} + \sum_{t=1}^{14}(1-4\%)P^*(1+8\%)^{15-t} = 10,000$$

即

$$0.9P^*(1+8\%)^{15} + 0.96P^*\ddot{s}_{\overline{14}|} = 10,000 + 100(1+8\%)^{15}$$

$$0.96P^*\ddot{s}_{\overline{15}|} - 0.06P^*(1.08)^{15} = 10,000 + 100(1.08)^{15}$$

解得

$$P^* = \frac{10,000 + 100 \times 1.08^{15}}{0.96\ddot{s}_{\overline{15}|} - 0.06 \times 1.08^{15}} \approx 368.99(元)$$

本章小結

1. 內容概要

本章的年金為與契約人的生死無關的確定年金，它可以分為兩大類，一類是等額年金，另一類是變額年金。就內容結構體系而言，依據每期年金給付頻率可劃分為多期給付一次的年金、每期給付一次的年金、每期給付多次的年金、每期連續給付的年金，其中每期給付一次的年金為最基本的年金。本章主要內容是求年金的現值與終值。無論什麼性質的年金，其現值與終值的計算都可依據其定義來計算，即年金的現值就是各次給付的現值之和、年金的終值就是各次給付的終值之和。

對於等額年金，其年金現值的分子為 $(1-v^n)$，終值的分子為 $[(1+i)^n-1]$。分母分不同情形取不同的值。其取值規律如下：每期給付一次時，期初付年金對應實際貼現率，期末付年金對應實際利率；每期給付多次時，則分別對應於相應的名義貼現率與名義利率；多期給付一次時，期初付年金對應於多期的實際貼現率，期末付年金對應於多期的實際利率；連續給付的年金則對應於利息力 δ。

對於變額年金，公式概括起來比較複雜。本書主要研究年金的現值公式，因為現值乘以累積因子 $(1+i)^n$ 就可得到相應年金的終值。遞增年金的現值的分子為 $(\ddot{a}_{\overline{n}|} - nv^n)$，遞減年金的現值的分子為 $(n - a_{\overline{n}|})$。分母取值則這樣選擇：每期給付一次時，期初期末付年金分別取實際貼現率與實際利率；每期給付多次且給付額呈階梯變化時，期初期末付年金分別取相應的名義貼現率與名義利率。若每期給付多次且給付額呈直線變化時，則遞增年金的現值的分子為 $(\ddot{a}^{(m)}_{\overline{n}|} - nv^n)$，期初付與期末付年金的現值

的分母分別為相應的名義貼現率、名義利率。

　　本章還介紹了本金償還保險，探討了有關保險費、責任準備金的概念與計算。責任準備金可用過去法與未來法來計算，其結果相同。同時，本章還介紹了在附加費用條件下有關保險費等項目的計算。不難發現，本金償還保險與普通保險在原理上一致。

2. 重要公式

(1) $a_{\overline{n}|} = \dfrac{1-v^n}{i}$　　$s_{\overline{n}|} = \dfrac{(1+i)^n-1}{i}$　　$\dfrac{1}{a_{\overline{n}|}} = i + \dfrac{1}{s_{\overline{n}|}}$

(2) $\ddot{a}_{\overline{n}|} = \dfrac{1-v^n}{d}$　　$\ddot{s}_{\overline{n}|} = \dfrac{(1+i)^n-1}{d}$　　$\dfrac{1}{\ddot{a}_{\overline{n}|}} = d + \dfrac{1}{\ddot{s}_{\overline{n}|}}$

(3) $a_{\overline{n}|}^{(m)} = \dfrac{1-v^n}{i^{(m)}}$　　$s_{\overline{n}|}^{(m)} = \dfrac{(1+i)^n-1}{i^{(m)}}$　　$\dfrac{1}{a_{\overline{n}|}^{(m)}} = i^{(m)} + \dfrac{1}{s_{\overline{n}|}^{(m)}}$

(4) $\ddot{a}_{\overline{n}|}^{(m)} = \dfrac{1-v^n}{d^{(m)}}$　　$\ddot{s}_{\overline{n}|}^{(m)} = \dfrac{(1+i)^n-1}{d^{(m)}}$　　$\dfrac{1}{\ddot{a}_{\overline{n}|}^{(m)}} = d^{(m)} + \dfrac{1}{\ddot{s}_{\overline{n}|}^{(m)}}$

(5) $\bar{a}_{\overline{n}|} = \dfrac{1-v^n}{\delta}$　　$\bar{s}_{\overline{n}|} = \dfrac{(1+i)^n-1}{\delta}$　　$\dfrac{1}{\bar{a}_{\overline{n}|}} = \delta + \dfrac{1}{\bar{s}_{\overline{n}|}}$

(6) $(ka)_{\overline{n}|} = \dfrac{1-v^n}{(1+i)^k-1} = \dfrac{a_{\overline{n}|}}{s_{\overline{k}|}} = \dfrac{\ddot{a}_{\overline{n}|}}{\ddot{s}_{\overline{k}|}}$　　$(ks)_{\overline{n}|} = \dfrac{(1+i)^n-1}{(1+i)^k-1} = \dfrac{s_{\overline{n}|}}{s_{\overline{k}|}} = \dfrac{\ddot{s}_{\overline{n}|}}{\ddot{s}_{\overline{k}|}}$

(7) $(k\ddot{a})_{\overline{n}|} = \dfrac{1-v^n}{1-v^k} = \dfrac{a_{\overline{n}|}}{a_{\overline{k}|}} = \dfrac{\ddot{a}_{\overline{n}|}}{\ddot{a}_{\overline{k}|}}$　　$(k\ddot{s})_{\overline{n}|} = \dfrac{(1+i)^n-1}{1-v^k} = \dfrac{s_{\overline{n}|}}{a_{\overline{k}|}} = \dfrac{\ddot{s}_{\overline{n}|}}{\ddot{a}_{\overline{k}|}}$

(8) $(Ia)_{\overline{n}|} = \dfrac{\ddot{a}_{\overline{n}|} - nv^n}{i}$　　$(Is)_{\overline{n}|} = \dfrac{\ddot{s}_{\overline{n}|} - n}{i}$

　　$(Da)_{\overline{n}|} = \dfrac{n - a_{\overline{n}|}}{i}$　　$(Ds)_{\overline{n}|} = \dfrac{n(1+i)^n - s_{\overline{n}|}}{i}$

(9) $(I\ddot{a})_{\overline{n}|} = \dfrac{\ddot{a}_{\overline{n}|} - nv^n}{d}$　　$(I\ddot{s})_{\overline{n}|} = \dfrac{\ddot{s}_{\overline{n}|} - n}{d}$

　　$(D\ddot{a})_{\overline{n}|} = \dfrac{n - a_{\overline{n}|}}{d}$　　$(D\ddot{s})_{\overline{n}|} = \dfrac{n(1+i)^n - s_{\overline{n}|}}{d}$

(10) $(Ia)_{\overline{n}|}^{(m)} = \dfrac{\ddot{a}_{\overline{n}|} - nv^n}{i^{(m)}}$　　$(Is)_{\overline{n}|}^{(m)} = \dfrac{\ddot{s}_{\overline{n}|} - n}{i^{(m)}}$

　　$(Da)_{\overline{n}|}^{(m)} = \dfrac{n - a_{\overline{n}|}}{i^{(m)}}$　　$(Ds)_{\overline{n}|}^{(m)} = \dfrac{n(1+i)^n - s_{\overline{n}|}}{i^{(m)}}$

(11) $(I\ddot{a})_{\overline{n}|}^{(m)} = \dfrac{\ddot{a}_{\overline{n}|} - nv^n}{d^{(m)}}$　　$(I\ddot{s})_{\overline{n}|}^{(m)} = \dfrac{\ddot{s}_{\overline{n}|} - n}{d^{(m)}}$

　　$(D\ddot{a})_{\overline{n}|}^{(m)} = \dfrac{n - a_{\overline{n}|}}{d^{(m)}}$　　$(D\ddot{s})_{\overline{n}|}^{(m)} = \dfrac{n(1+i)^n - s_{\overline{n}|}}{d^{(m)}}$

(12) $(I^{(m)}a)_{\overline{n}|}^{(m)} = \dfrac{\ddot{a}_{\overline{n}|}^{(m)} - nv^n}{i^{(m)}}$　　$(I^{(m)}\ddot{a})_{\overline{n}|}^{(m)} = \dfrac{\ddot{a}_{\overline{n}|}^{(m)} - nv^n}{d^{(m)}}$

$$(\bar{I}a)_{\overline{n}|} = \frac{\bar{a}_{\overline{n}|} - nv^n}{\delta} \qquad (D^{(m)}a)^{(m)}_{\overline{n}|} = \frac{n - a^{(m)}_{\overline{n}|}}{i^{(m)}}$$

$$(D^{(m)}\ddot{a})_{\overline{n}|} = \frac{n - a^{(m)}_{\overline{n}|}}{d^{(m)}} \qquad (\bar{D}\bar{a})_{\overline{n}|} = \frac{n - \bar{a}_{\overline{n}|}}{\delta}$$

$$(13)\ (I^{(q)}a)^{(m)}_{\overline{n}|} = \frac{\ddot{a}^{(q)}_{\overline{n}|} - nv^n}{i^{(m)}} \qquad (I^{(q)}\ddot{a})^{(m)}_{\overline{n}|} = \frac{\ddot{a}^{(q)}_{\overline{n}|} - nv^n}{d^{(m)}}$$

$$(D^{(q)}a)_{\overline{n}|} = \frac{n - a^{(q)}_{\overline{n}|}}{i^{(m)}} \qquad (D^{(q)}\ddot{a})_{\overline{n}|} = \frac{n - a^{(q)}_{\overline{n}|}}{d^{(m)}}$$

習題 2

2-1 某人月初購買了一處住宅，價值30萬元，首付款為 A 元，餘下的部分每月月末付款3,000元，共付10年，每年計息12次，年名義利率為6.21%，求首付款 A。

2-2 一臺電腦價值15,000元，某人想以每月計息一次、13.2%的年利率分期付款來購買該電腦。若他在4年內每月月末償還400元，首付款應是多少？

2-3 某人以9%的年利率貸款10萬元，10年內償還完畢。最初5年間每年償還額是最后5年間每年償還額的2倍，求各年償還額。

2-4 已知 $a_{\overline{m}|} = x, a_{\overline{n}|} = y, a_{\overline{m+n}|} = z$，求 i。

2-5 已知 $\dfrac{a_{\overline{7}|}}{a_{\overline{11}|}} = \dfrac{a_{\overline{3}|} + s_{\overline{x}|}}{a_{\overline{y}|} + s_{\overline{z}|}}$，試確定 x、y、z 的值。

2-6 某人將在20年後退休，他打算從現在開始每年年初向某基金存入4,000元。如果基金年收益率為6%，計算他在退休時可以積存多少退休金。

2-7 某35歲的工人打算在未來25年內每年年初存入1,500元以建立退休基金，計劃從60歲開始每年年初領取一次款項，領取15年。他每次可以領取多少？假設前25年的年實際利率為6%，此后15年的年實際利率為5%。

2-8 某人將一筆遺產（每年年末可領取的永久年金）捐贈給了 A、B、C、D 四家慈善機構。在前 n 年，每次領取的款項由 A、B、C 三家平均分享，n 年以後，剩餘部分均由 D 領取。試證明：當 $(1+i)^n = 4$ 時，A、B、C、D 四家在該遺產中享有的現值相等。

2-9 已知年利率為7%，為了在10年後得到10萬元，每年年初應存入多少元？如果存入款項4年後，年利率下降到6%，那麼以後每年年初應存入多少元？

2-10 某10年期年金在時刻 t 以年率 $1 + 0.4t$ 萬元進行支付，已知利息 $\delta_t = \dfrac{2t}{1+t^2}$，求該年金的現值與終值。

2-11 求每10年年額減半的30年期每年給付一次的期初付年金的現值與終值，其中年實際利率為5.5%，最初10年的年額為1萬元。

2-12 現有一項即期年金，每年年末支付一次，每次支付1萬元，期限為30年。

最初10年間,每年利率為5%;在第2個10年間,每年利率為4.5%;在第3個10年間,每年利率為4%。求該年金的購買價格。

2-13 已知 $\ddot{a}_{\overline{31|}} = 18,292.033, \ddot{s}_{\overline{29|}} = 55,084.938$,求該期末付永久年金的現值。

2-14 已知 $\ddot{a}_{\overline{m|}} = x, s_{\overline{n|}} = y$,證明:$a_{\overline{m+n|}} = \dfrac{vx + y}{1 + iy}$。

2-15 每年年末付款1萬元的10年期年金,前6年年利率為 $i = 0.04$,后4年年計息4次的年名義利率為 $i^{(4)} = 0.04$,計算該年金的現值。

2-16 某人購房貸款10萬元,其每月最大還款能力為1,500元,貸款年名義利率為9.6%,每年計息12次。求正常還款次數和最后一次正常還款時所余零頭。如果將正常還款后所余零頭提前作為首付款來處理,那麼首付款是多少?

2-17 一筆1,000萬元的貸款,從第5年年末起,每年償還100萬元,直到還清為止。假設貸款年利率為4.5%,求最后一次償還的時間與金額,其中最后一次償還額設為大於正常償還額。

2-18 已知 $\delta_t = \dfrac{1}{20-t}, t \geq 0$,試求 $s_{\overline{10|}}$。

2-19 試確定一筆每年年末投入10,000元、為期20年的年金業務的終值。假設前12年每年的實際利率為7%,后8年每年的實際利率為6%。

2-20 試確定一項每年投資10,000元、為期20年的期末付年金的終值。假定前12年投資按實際利率7%計算,后8年投資按實際利率6%計算。

2-21 證明:$s_{\overline{n|}} \ddot{a}_{\overline{n|}} > n^2$,其中 $i > 0, n \geq 2$。

2-22 某10年期的確定年金在前4年每年初可領取20,000元;后6年的每月初可領取2,000元。已知前4年年實際利率為4%,后6年年計息4次的年名義利率為6%,求該年金的現值。

2-23 已知 $3a^{(2)}_{\overline{n|}} = 2a^{(2)}_{\overline{2n|}} = 45 s^{(2)}_{\overline{1|}}$,求 i。

2-24 一項10年期年金,前5年每季末給付1,000元,后5年每季末付款2,000元,如果年實際利率為5%,試求購買該年金的價格。

2-25 已知某種年金年支付額為12,000元,分期於每月月末進行一次等額給付,給付期為10年。

(1) 若年實際利率為6%,求該年金的現值。

(2) 若年計息4次的年名義利率為6%,求該年金的現值。

2-26 若每季末存入1,000元,年實際利率為多少時才能在第5年年末累積到25,000元?

2-27 已知 n 使 $\overline{a}_{\overline{n|}} = n - 2$ 成立,$\delta = 0.05$,求 $\int_0^n \overline{a}_{\overline{t|}} dt$。

2-28 求利息力 δ 的值,使 $\overline{s}_{\overline{20|}} = 3 \overline{s}_{\overline{10|}}$。

2-29 證明:$a^{(m)}_{\overline{n|}} < a_{\overline{n|}} < \overline{a}_{\overline{n|}} < \ddot{a}^{(m)}_{\overline{n|}} < \ddot{a}_{\overline{n|}}$,其中 $m > 1$。

2 – 30 一項年金提供20筆年末付款,一年以後的第一次付款為1,200元,以後每年付款額比上一年多5%,已知年實際利率為7%,求該年金的現值。

2 – 31 證明:(1) $(I\ddot{a})_{\overline{n+1}|} = (Ia)_{\overline{n}|} + \ddot{a}_{\overline{n+1}|}$;(2) $(I\ddot{a})_{\overline{n}|} < (\ddot{a}_{\overline{n}|})^2$。

2 – 32 已知 $a_{\overline{20}|} = 11.196$, $(Ia)_{\overline{20}|} = 95.360$,求利率 i。

2 – 33 一項年金按下列形式給付:第5年年末付10,第6年年末付9,如此每年減少1直到無錢可付。證明其現值為 $\dfrac{10 - a_{\overline{14}|} + a_{\overline{4}|}(1 - 10i)}{i}$。

2 – 34 現有兩項永久年金,第一項年金在每年年末付款 p,第二項年金付款則按照 q、$2q$、$3q$……這樣增加,試確定利率以使這兩項現值之差為:① 0;② 最大。

2 – 35 已知 $\bar{a}_{\overline{n}|} = a$, $\bar{a}_{\overline{2n}|} = b$,求 $(\overline{Ia})_{\overline{n}|}$。

2 – 36 一項20年期年金在時刻 t 以年率 $1 + t^2$ 連續付款,且 $\delta_t = \dfrac{2}{1 + t}$,求該年金的現值。

2 – 37 已知 $i^{(4)} = 0.04$,計算 $(Da)_{\overline{68}|}$。

2 – 38 有兩項永久年金,其支付情況如下:A 年金第1個兩年每年年末支付1,第2個兩年每年年末支付2,第3個兩年每年年末支付3……B 年金第1個三年每年年末支付 k,第2個三年每年年末支付 $2k$,第3個三年每年年末支付 $3k$……已知兩項年金的現值相等,求 k。

2 – 39 計算:① $\sum_{t=1}^{n}(Ia)_{\overline{t}|}$;② $\sum_{t=1}^{n}(Da)_{\overline{t}|}$。

2 – 40 用 Excel 程序做出 $a_{\overline{n}|}$、$\ddot{a}_{\overline{n}|}$、$s_{\overline{n}|}$、$\ddot{s}_{\overline{n}|}$、$a_{\overline{n}|}^{(m)}$、$\ddot{a}_{\overline{n}|}^{(m)}$、$s_{\overline{n}|}^{(m)}$、$\ddot{s}_{\overline{n}|}^{(m)}$、$\bar{a}_{\overline{n}|}$、$\bar{s}_{\overline{n}|}$、$(Ia)_{\overline{n}|}$、$(Da)_{\overline{n}|}$、$(I\ddot{a})_{\overline{n}|}$、$(D\ddot{a})_{\overline{n}|}$、$(Ia)_{\overline{n}|}^{(m)}$、$(Da)_{\overline{n}|}^{(m)}$、$(I^{(m)}a)_{\overline{n}|}^{(m)}$、$(D^{(m)}a)_{\overline{n}|}^{(m)}$、$(I^{(q)}a)_{\overline{n}|}^{(m)}$、$(I^{(q)}\ddot{a})_{\overline{n}|}^{(m)}$、$(D^{(q)}a)_{\overline{n}|}^{(m)}$、$(D^{(q)}\ddot{a})_{\overline{n}|}^{(m)}$ 等函數值表。

第三章 投資收益分析

人們在銀行存款,在保險公司購買年金保險,在證券市場上購買國債、股票等,均是為了獲得一定的回報,除非是贈送性支出,否則應該是有支出就有收回、有付出就有回報。這樣的支出與收回,或先借入再償還等,它們在時間、金額上不一致,往往會產生一定的收益與虧損。本章主要通過現金流(流入、流出)的分析,計算出某項資金運動的收益狀況。評價一個投資項目的收益水平,或者比較不同投資項目的收益水平,通常採用計算收益率和計算淨現值的方法。在其他條件相同時,投資者應選擇收益率高或淨現值大的項目投資。

第一節 投資收益分析的基本方法

一、收益率法

(一) 收益率

收益率就是使未來資金流入現值與資金流出現值相等時的利率,也可定義為使投資支出現值與投資收回現值相等的利率。在金融、保險實務中,收益率又稱為內涵收益率。注意,這裡的收益率只表示一組特定的現金流的投資回報,而不是利潤率。例如,期初投資 100 元,期末收回 110 元,則投資收益率為 10%。

(二) 判斷標準

當投資項目收益率大於或等於投資者所要求的收益率時,該項目是可行的;否則,該項目是不可行的。

假設某投資者在時刻 $0, 1, 2, \cdots, n$ 有資金流出(或者稱為投資)$O_0, O_1, \cdots, O_n$,資金流入(或投資收回)$I_0, I_1, \cdots, I_n$,其中 $O_t \geq 0, I_t \geq 0, t = 1, 2, \cdots, n$。令 $C_t = O_t - I_t$ 表示在時刻 t 的投資支出(負數則表示收回)。

在金融保險業務中,一般習慣於從投資人投資收回的角度來進行資金淨流入分析。從投資人的角度來考察,在某時刻 t 的資金流入與流出之差,稱為在時刻 t 的資金淨流入,記為 R_t。顯然,$R_t = I_t - O_t = -C_t$。於是,在 n 期內,各時刻資金淨流入的現值之和簡稱為資金淨流入現值,記為 $NPV(i)$。

$$NPV(i) = \sum_{t=0}^{n} v^t R_t \tag{3.1.1}$$

當以連續方式在時刻 t 單位時期內提供資金淨流入 R_t 時,

$$NPV(i) = \int_0^n v^t R_t \, dt$$

於是收益率就是如下關於 i 的方程的根

$$NPV(i) = 0 \tag{3.1.2}$$

或

$$\sum_{t=0}^{n} v^t R_t = 0 \tag{3.1.3}$$

這實際上表明,收益率就是使資金淨流入現值為 0 的利率。收益率常被作為一項指標去度量某項特定業務受歡迎或不受歡迎的程度。從貸方的觀點看,收益率越高越受歡迎;從借方的觀點看,收益率越低越受歡迎。通常認為收益率應當為正,但實際情況未必如此。若收益率為 0,則意味著投資者(貸方)從投資中未獲得回報。若收益率為負,則表明投資者(貸方)在此項業務中虧了本。因此,我們假設負收益率滿足 $-1 \leq i < 0$,因為對於 $i < -1$,即 $1 + i < 0$ 情形,很難找到合理的實際例子。

例 3.1.1 考慮一個 20 年期的投資項目,投資者在第一年年初投入 30,000 元,第 2 年年初投入 20,000 元,第 3 年年初投入 10,000 元,以后每年之初承擔 2,000 元的維持費。這一項目預期從第 3 年末開始,每年年末提供投資回報,從 3,000 元開始,以后每一年比上一年增加 1,000 元,試求該項目的投資收益率。

解:該項目的資金流入流出情況見表 3-1-1。設該項目投資收益率為 i,則它是下述方程的根:

$$-10,000(D\ddot{a})_{\overline{3}|} + 1,000v^2(Ia)_{\overline{17}|} + 20,000v^{20} = 0$$

或

$$-10(D\ddot{a})_{\overline{3}|} + v^2(Ia)_{\overline{17}|} + 20v^{20} = 0 \tag{3.1.4}$$

反覆運用線性插值法可計算出方程 (3.1.4) 的解為:

$$i \approx 8.535,852\%$$

如果投資者要求的收益率不超過 8.535,852%,那麼該項目是可行的,否則便不可行。從表 3-1-1 還可以看出,在收益率為 8.535,852% 的條件下的資金淨流入累積值變動情況,累積值為負數,其絕對值由小變大,然后再由大變小,直到為 0。

表 3-1-1　　　　　　　投資項目資金流入流出表　　　　　單位:元

年末	投入	收回	淨流入	淨流入累積值
0	30,000	0	-30,000	-30,000.00
1	20,000	0	-20,000	-52,560.76
2	10,000	0	-10,000	-67,047.26
3	2,000	3,000	1,000	-71,770.32
4	2,000	4,000	2,000	-75,896.53
5	2,000	5,000	3,000	-79,374.94
6	2,000	6,000	4,000	-82,150.27
7	2,000	7,000	5,000	-84,162.50
8	2,000	8,000	6,000	-85,346.48
9	2,000	9,000	7,000	-85,631.53
10	2,000	10,000	8,000	-84,940.91
11	2,000	11,000	9,000	-83,191.34
12	2,000	12,000	10,000	-80,292.43
13	2,000	13,000	11,000	-76,146.08
14	2,000	14,000	12,000	-70,645.79
15	2,000	15,000	13,000	-63,676.01
16	2,000	16,000	14,000	-55,111.30
17	2,000	17,000	15,000	-44,815.52
18	2,000	18,000	16,000	-32,640.91
19	2,000	19,000	17,000	-18,427.09
20	0	20,000	20,000	0.00

例 3.1.2　已知某項投資業務現在投入 18,000 元,第 2 年年末可收回 12,000 元,第 4 年年末可收回 10,000 元,求該投資業務的收益率。

解:由題意知,資金淨流入為:

$$R_0 = -18,000 \quad R_2 = 12,000 \quad R_4 = 10,000$$

因此,收益率 i 滿足方程

$$10,000v^4 + 12,000v^2 - 18,000 = 0$$

即

$$5v^4 + 6v^2 - 9 = 0$$

$$\because v^2 > 0$$

$$\therefore v^2 = \frac{-3 + 3\sqrt{6}}{5}$$

因此,$v = \sqrt{\dfrac{-3 + 3\sqrt{6}}{5}}$

由此可得:$i \approx 7.23\%$。

例 3.1.3　某投資者在第一年年初向某基金投入 12,000 元,在第 2 年年初收回

投入的本金12,000元，並從基金中借出10,000元，第2年年末償還12,000元，結清了債務，求該投資業務的收益率。

解：該投資業務的收益率 i 滿足方程
$$-12,000v^2 + 22,000v - 12,000 = 0$$
即 $\qquad 6v^2 - 11v + 6 = 0$
由於 $\qquad (-11)^2 - 4 \times 6 \times 6 = -23 < 0$

因此，關於 v 的方程 $-12,000v^2 + 22,000v - 12,000 = 0$ 無實根，從而關於 i 的方程也無實根。這表明問題所涉及的收益率不存在。

二、淨現值法

在一定利率水平下，資金淨流入現值為 $NPV(i) = \sum_{t=0}^{n} v^t R_t$，那麼可以根據投資項目資金淨流入現值的大小，對投資項目進行比較與選擇。方法之一：對於兩個不同的投資項目，優先選擇淨現值大的項目。方法之二：若已知投資者所要求的收益率，則以此收益率作為利率計算出的淨流入現值大於或等於0，該投資項目才可行，否則便不可行。

用收益率法與淨現值法對同一投資項目的判斷結果應當相同。

現在，我們可以計算出在不同利率水平下，例3.1.1所反應的投資項目的資金淨流入的現值表，見表3-1-2。該表反應了淨現值 $NPV(i)$ 是利率 i 的減函數，即利率越高，淨現值越小；利率越低，淨現值越大。但其他資金淨流入現值未必是利率的減函數，如多重收益率問題出現時。從該表不難看出，收益率為8.535,852%。由收益率法計算顯示，當投資者所要求的收益率不超過8.535,852%時，該項目可行。而此時，淨現值大於或等於0，因而根據淨現值法，該項目仍然可行，反之亦然。

表3-1-2 　　　　　　　投資項目資金淨流入現值表　　　　　　　單位：元

i	6%	7%	8%	8.535,852%	9%	10%	11%
$NPV(i)$	19,559.64	10,940.49	3,534.76	0	-2,842.70	-8,346.55	-13,106.33

三、收益率唯一性條件

我們知道，收益率就是方程(3.1.3)即 $\sum_{t=0}^{n} R_t v^t = 0$ 的根。這是一個關於 v 的 n 次方程，由代數基本定理可知，它有 n 個根，包括實根、虛根；k 重根計 k 個根。由於 $v = \frac{1}{1+i}$，因而 i 可能為正數、0、負數，也可能為虛根，甚至為無窮大。收益率為正數時，比較正常，符合投資者的願望，而收益率為負數且 $-1 \leq i < 0$ 也有其合理性，當 $i < -1$ 時不太合理。在不少情況下，合理的收益率不止一個，這時會給我們對投資項目的抉

擇帶來困難。

(一) 收益率不唯一的實例

例 3.1.4 考慮這樣一筆投資業務，要求現在投資 10,000 元，在第 2 年年末再投入 11,872 元，以換取在第一年年末得到 21,800 元，試求該業務的投資收益率。

解：∵ 資金淨流入為

$$R_0 = -10,000 \quad R_1 = 21,800 \quad R_2 = -11,872$$

∴ $-10,000 + 21,800v - 11,872v^2 = 0$

∴ $(1+i)^2 - 2.18(1+i) + 1.1872 = 0$

解得

$$1 + i = 1.06 \quad 或 \quad 1 + i = 1.12$$

∴ $i = 0.06 = 6\%$ 或 $i = 0.12 = 12\%$

這兩個收益率都符合實際情況，因而似乎都是正確的。要對這種投資行為進行評價十分困難。現在我們先計算資金淨流入現值表，見表 3-1-3，然后再進行分析。這裡資金淨流入現值為 $NPV(i) = -10,000 + 21,800v - 11,872v^2$。

表 3-1-3　　　　　　　投資項目資金淨流入現值表　　　　　　　單位：元

i	3%	4%	5%	6%	7%	8%	9%	10%	11%	12%	13%	14%
$NPV(i)$	-25.45	-14.79	-6.35	0	4.37	6.86	7.58	6.61	4.06	0	-5.48	-12.31

從表 3-1-3 可以看出，該投資項目資金淨流入現值隨著利率的增加，先遞增后遞減，具體而言，先由負數上升為正數，然后再下降成負數，因而使淨現值為 0 的利率有兩個取值，故有兩個收益率。當投資者要求 8% 的收益率時，$NPV(i)$ 為正，該項目可行；但當投資者要求 4% 的收益率時，$NPV(i)$ 為負數，該項目又不可行。這實際上造成了邏輯上的混亂，根源在於多重收益率的出現，使項目選擇的判斷標準或者說收益率分析法失效。但是在不少情況下，收益率是唯一的。下面介紹收益率唯一性定理。

(二) 收益率唯一性定理

1. **定理 3.1.1**（Descartes 符號法則）

若實系數 n 次方程

$$f(x) = a_n x^n + a_{n-1} x^{n-1} + \cdots + a_1 x + a_0 = 0 \quad (a_0 \neq 0, a_n \neq 0)$$

的系數數列 $\{a_n, a_{n-1}, \cdots, a_1, a_0\}$ 的變號次數為 p（系數為 0 除外），則方程 $f(x) = 0$ 的正根個數（一個 k 重根按 k 個根計算）等於 p 或者比 p 小一個正偶數。

特別地，當 $p = 0$ 時，方程無正根。當 $p = 1$ 時，方程有且僅有一個正根。

該定理僅對 $p = 0$ 或 1 的情形做出了確切的回答。

現在來回顧前面所舉實例以驗證 Descartes 符號法則。在例 3.1.2 中，$p = 1$，根據符號法則，應有關於 v 的正根一個，因而應有 i 的正根一個（$i > -1$。今后利用符號法則來判斷時，都將正根擴大到 $i > -1$ 的範圍），實際上該方程的確有一個正根。在例 3.1.3 中，$p = 2$，那麼關於 v 的正根應有 2 個或者 0 個，實際為 0 個，因而沒有關於 i 的正根，

實際上連實根都沒有。在例3.1.4中,$p = 2$,那麼關於v的正根應有2個或者0個,實際為2個,因而有兩個關於i的正根。符號法則實際上也給了我們關於可能存在的多重收益率的重數的上限。收益率的最大重數等於資金淨流入改變符號的次數。因而,收益率的實際重數可能明顯小於最大重數。

2. **定理**3.1.2(收益率唯一性定理)

若資金淨流入只改變過一次符號,則收益率($i > -1$)是唯一的。

在例3.1.1中,通過表3-1-1不難發現,該項投資資金淨流入只改變過一次符號,由收益率唯一性定理可知該項投資的收益率是唯一的,由於8.535,852%是其收益率,因而它是該項投資的唯一收益率。在例3.1.2中,也存在唯一的收益率7.23%。下面的例子,將表明資金淨流入改變了三次符號,卻只存在唯一的收益率。若按符號法則,應有3個或1個正根,實際上僅有1個正根。

例3.1.5 某5年期投資項目第1年年初投入10萬元,以後每年年初投入5萬元;每年年末可獲得的回報為10萬元、11萬元、2萬元、1萬元、8萬元。求該項目的投資收益率。

解:首先,做出資金流入流出表,如表3-1-4所示。

表3-1-4　　　　　投資項目資金流入流出表　　　　　單位:萬元

年末	投入	收回	淨流入
0	10	0	-10
1	5	10	5
2	5	11	6
3	5	2	-3
4	5	1	-4
5	0	8	8

其次,設每年投資收益率為i,則i滿足方程

$$-10 + 5v + 6v^2 - 3v^3 - 4v^4 + 8v^5 = 0$$

令　　$NPV(i) = -10 + 5v + 6v^2 - 3v^3 - 4v^4 + 8v^5$

由於　$\lim_{i \to -\infty} NPV(i) = -10 \quad \lim_{i \to +\infty} NPV(i) = -10$

$\lim_{i \to -1^-} NPV(i) = -\infty \quad \lim_{i \to -1^+} NPV(i) = +\infty$

由Excel程序計算,$NPV(i)$在$(-\infty, -1)$上為減函數,在$(-1, +\infty)$上也為減函數,因而存在唯一實根。反覆利用線性插值法可得$i \approx 7.525,2\%$。

3. 唯一性更寬鬆的條件

定理3.1.3:設B_t為在時刻t的未動用投資余額,即投資與收回後而形成的累積額,其中$t = 0,1,2,\cdots,n$。顯然有

$$B_0 = C_0 \tag{3.1.5}$$

$$B_t = B_{t-1}(1 + i) + C_t \quad (t = 1,2,\cdots,n) \tag{3.1.6}$$

若滿足條件:

(1) $B_t > 0$,其中 $t = 0, 1, 2, \cdots, n-1$;

(2) 存在 i ($i > -1$) 滿足方程 $\sum_{t=0}^{n} v^t R_t = 0$ 則收益率 i 是唯一的。

證明:$\because R_t = -C_t$

$\therefore$ (3.1.3) 式可變為

$$B_n = C_0(1+i)^n + C_1(1+i)^{n-1} + \cdots + C_{n-1}(1+i) + C_n = 0 \quad (3.1.7)$$

$\because i > -1$

$\therefore 1 + i > 0$

$\therefore C_0 = B_0 > 0$

$B_0(1+i) + C_1 = B_1 > 0$

$B_1(1+i) + C_2 = B_2 > 0$

……

$B_{n-2}(1+i) + C_{n-1} = B_{n-1} > 0$

$B_{n-1}(1+i) + C_n = B_n = 0$

$\therefore C_n < 0$,而 $C_0 > 0, C_1, C_2, \cdots, C_{n-1}$ 的符號不能確定。

下面證明唯一性。假設存在另一個收益率 j 滿足定理 3.1.3 的條件,那麼 $j > i$ 或者 $-1 < j < i$。不妨假設 $j > i$,因為 $-1 < j < i$ 可以類似證明。於是,$1 + j > 1 + i > 0$。

對於收益率 j,設投資收回後形成的累積額為 $\tilde{B}_t$,那麼

$\tilde{B}_0 = C_0 = B_0$

$\tilde{B}_1 = \tilde{B}_0(1+j) + C_1 > B_0(1+i) + C_1 = B_1$

$\tilde{B}_2 = \tilde{B}_1(1+j) + C_2 > B_1(1+i) + C_2 = B_2$

……

$\tilde{B}_{n-1} = \tilde{B}_{n-2}(1+j) + C_{n-1} > B_{n-2}(1+i) + C_{n-1} = B_{n-1}$

$\tilde{B}_n = \tilde{B}_{n-1}(1+j) + C_n > B_{n-1}(1+i) + C_n = B_n = 0$

然而,由於 j 為收益率,因此,應有 $\tilde{B}_n = 0$,這出現了矛盾,即 j 不可能大於 i,也不可能小於 i。因而,收益率 i 是唯一的。

由此可見,假設在整個投資期內投資與收回後形成的累積額始終為正,則收益率是唯一的。現在,我們可以驗證,例 3.1.5 所反應的投資收益率是唯一的。由於 7.525,2% 是該投資的收益率,且在 $i = 7.525,2\%$ 的情況下,$B_0 = 10, B_1 \approx 5.75, B_2 \approx 0.19, B_3 \approx 3.20, B_4 \approx 7.44, B_5 = 0$。同時,也驗證了 $C_0 = 10 > 0, C_5 = -8 < 0$,而 C_1、C_2、C_3、C_4 有正有負。

然而,即使在某一時點投資收回的累積額為負,也可能其收益率是唯一的,即定理 3.1.3 中的條件是充分而不必要的條件。例如,在例 3.1.5 中將第 2 年的投入由 5 萬元減少到 4 萬元,重複例 3.1.5 的求解過程得到收益率為 11.524,0%,且是唯一的。在 $i = 11.524,0\%$ 時,$B_0 = 10, B_1 \approx 6.15, B_2 \approx -0.14, B_3 \approx 2.85, B_4 \approx 7.17, B_5 = 0$。

現在可以考慮連續支付的未動用投資餘額。設 B_t 為在時刻 t 的未動用投資餘額 ($0 \leq t \leq n$)，並設在時刻 t 以每期 C_t 的比率連續地「增加」投入（C_t 為正時，真正增加投資，否則為減少投資），這樣就有 (3.1.7) 式左邊的推廣形式：

$$B_n = B_0(1+i)^n + \int_0^n C_t(1+i)^{n-t}\mathrm{d}t \tag{3.1.8}$$

(3.1.8) 式告訴我們：在第 n 期末的未動用投資餘額，等於開始時的餘額在第 n 期末的累積值，再加所有中途「新增」投入在第 n 期末的累積值。注意：在微小區間 $[t, t+\Delta t]$ 上新增投入約為 $C_t \Delta_t$，它們在第 n 期末的累積值為 $C_t(1+i)^{n-t}\Delta t$。

如果利息力連續變化，那麼可以得到一個比 (3.1.8) 式更為一般的公式：

$$B_n = B_0 e^{\int_0^n \delta_s \mathrm{d}s} + \int_0^n C_t e^{\int_t^n \delta_s \mathrm{d}s}\mathrm{d}t \tag{3.1.9}$$

因而

$$B_t = B_0 e^{\int_0^t \delta_s \mathrm{d}s} + \int_0^t C_r e^{\int_r^t \delta_s \mathrm{d}s}\mathrm{d}r \tag{3.1.10}$$

兩邊對 t 求導數，得：

$$\frac{\mathrm{d}}{\mathrm{d}t}B_t = B_0 e^{\int_0^t \delta_s \mathrm{d}s}\delta_t + C_t + \int_0^t \delta_t C_r e^{\int_r^t \delta_s \mathrm{d}s}\mathrm{d}r = \delta_t B_t + C_t \tag{3.1.11}$$

微分方程 (3.1.11) 左邊表示在時刻 t 未動用投資餘額的變化率，它實質上就是在時刻 t 時單位時期內未動用投資餘額的變化大小，右邊表示此時的變化率歸因於兩個因素：一是基金餘額 B_t 在利息強度 δ_t 作用下在時刻 t 的單位時期內產生的利息 $\delta_t B_t$；二是在時刻 t 的單位時期內「新增」投資 C_t。在 (3.11.1) 式的求導過程中，運用了含參積分的求導公式。

第二節　幣值加權收益率及其計算

如果投資時只有一次本金投入，那麼計算其收益率就非常簡單，如期初投資 1,000 元，期末收回 1,200 元，則投資收益率為 20%。但是，如果在一個投資活動中，本金是不斷變化的，或者說是不斷投入或撤出的，那麼應如何計算其投資收益率呢？有兩種方法可以考慮：一是近似法，二是精確法。

一、近似法

首先，計算出某期的平均本金餘額。
其次，計算出投資收益率：

$$投資收益率 = \frac{利息收入}{平均本金餘額} \tag{3.2.1}$$

利息收入容易計算出來，關鍵就在於計算出平均本金餘額。初始投資為 A_0，隨后不斷有本金投入，也不斷有本金撤出，到期末時，累積值已達到 A_1。由於期末的累積值

A_1 中已包含了期末的本金餘額和當期產生的利息 I，因此，期末的本金餘額為 $A_1 - I$。假設本金在當期的變化是均勻的，那麼當期的平均本金餘額為 $\dfrac{A_0 + A_1 - I}{2}$，因此當期的投資收益率為

$$i \approx \dfrac{I}{\dfrac{A_0 + A_1 - I}{2}}$$

即
$$i \approx \dfrac{2I}{A_0 + A_1 - I} \tag{3.2.2}$$

方程(3.2.2)又被稱為 Hardy 公式。

設某項投資在時刻 $t(0 < t < 1)$ 的累積值為 $A(t)$，顯然 $A_0 = A(0), A_1 = A(1)$，假設利息力為常數 δ，於是，在時點 t 與 $t + \Delta t$ 間產生利息 $A(t)\delta\Delta t$，從而一年間產生利息

$$I = \int_0^1 A(t)\delta \mathrm{d}t$$

假設 $A(t)$ 在一年間由 A_0 沿著直線變動至 A_1，即
$$A(t) = A_0 + (A_1 - A_0)t$$

因而有 $\quad I = \delta \dfrac{A_0 + A_1}{2}$

即 $\quad \delta = \dfrac{2I}{A_0 + A_1} \tag{3.2.3}$

由於 $\quad i = \mathrm{e}^\delta - 1 \approx \delta\left(1 + \dfrac{\delta}{2}\right) \approx \delta\left(1 - \dfrac{\delta}{2}\right)^{-1} \tag{3.2.4}$

將(3.2.3)式代入(3.2.4)式可得：

$$i \approx \dfrac{2I}{A_0 + A_1} \cdot \dfrac{1}{1 - \dfrac{I}{A_0 + A_1}} = \dfrac{2I}{A_0 + A_1 - I}$$

從而，我們從另外一個角度證明了公式(3.2.2)成立。

假設各月末的資產累積值為 $A(0)(=A_0), A\left(\dfrac{1}{12}\right), A\left(\dfrac{2}{12}\right), \cdots, A\left(\dfrac{11}{12}\right), A(1)(=A_1)$，並且各月間的資產累積值沿著直線變動，於是

$$A(t) = A\left(\dfrac{k}{n}\right)\left(\dfrac{k+1}{12} - t\right) \cdot 12 + A\left(\dfrac{k+1}{12}\right) \cdot \left(t - \dfrac{k}{12}\right) \cdot 12$$

這裡，$\dfrac{k}{12} \leq t < \dfrac{k+1}{12}, k = 0, 1, 2, \cdots, 11$。

$$I = \sum_{k=0}^{11} \int_{\frac{k}{12}}^{\frac{k+1}{12}} A(t)\delta \mathrm{d}t = \sum_{k=0}^{11} \delta \dfrac{A\left(\dfrac{k}{12}\right) + A\left(\dfrac{k+1}{12}\right)}{2} \cdot \dfrac{1}{12}$$

$$= \delta \dfrac{\dfrac{1}{2}A(0) + A\left(\dfrac{1}{12}\right) + A\left(\dfrac{2}{12}\right) + \cdots + A\left(\dfrac{11}{12}\right) + \dfrac{1}{2}A(1)}{12}$$

記上式右邊的第 2 個因子(即平均資產)為 $\bar{A}$,於是

$$\delta = \frac{I}{\bar{A}}$$

將其代入(3.2.4)式可得:

$$i \approx \frac{I}{\bar{A}} \cdot \frac{1}{1 - \frac{I}{2\bar{A}}} = \frac{I}{\bar{A} - \frac{I}{2}} \tag{3.2.5}$$

二、精確法

假設本金為 A_0,在時刻 t「新增」投資為 C_t(C_t 可以大於 0,表示投資真實增加;C_t 也可以小於 0,表示投資減少),這些投資在期末形成的累積值為 A_1,於是

$$A_0(1+i) + \sum_t C_t(1+i)^{1-t} = A_1 \tag{3.2.6}$$

解這個方程可以得到準確的收益率 i。

從該式可以看出,收益率 i 不僅與 A_0、A_1 有關,而且與「新增」投資額 C_t 有關,即與投入的幣值大小有關,故稱為幣值加權收益率或金額加權收益率。

由於 $(1+i)^{1-t} \approx 1 + i(1-t)$,這樣(3.2.6)式可變為

$$A_0(1+i) + \sum_t C_t[1 + i(1-t)] \approx A_1 \tag{3.2.7}$$

(3.2.6)式與(3.2.7)式的一個區別在於前者用複利表示,後者用單利表示,當利率 i 與 $(1-t)$ 比較小時,可以用單利形式近似地替代複利形式。

從(3.2.7)式可解得

$$i \approx \frac{A_1 - (A_0 + \sum_t C_t)}{A_0 + \sum_t C_t(1-t)} = \frac{I}{A_0 + \sum_t C_t(1-t)} \tag{3.2.8}$$

(3.2.8)式所反應的收益率可以看成是運用公式(3.2.1)式而得到的結果。(3.2.8)式的分子 $A_1 - (A_0 + \sum_t C_t)$ 就是期末終值或累積值與期初投入及期內「新增」的本金之差,因而就是該期產生的利息。(3.2.8)式的分母 $A_0 + \sum_t C_t(1-t)$ 可以視為平均本金餘額,相當於在整個投資活動中,用本金 $A_0 + \sum_t C_t(1-t)$ 投資了一期,即相當於在一期內本金不變化。因為,期初投資的 A_0 到期末時,剛好經歷一期;在時刻 t「新增」投資 C_t 到期末時,還要經歷 $(1-t)$ 期,這相當於資金 $C_t(1-t)$ 經歷了一期。如在第 $\frac{1}{2}$ 年時投資 800 元,即 800 元到年末時,還要經歷 $\frac{1}{2}$ 年,這相當於 $800 \times \frac{1}{2}$ 元,即 400 元投資 1 年,在第 $\frac{2}{3}$ 年時投資 600 元,相當於在年初投資了 $600(1 - \frac{2}{3}) = 200$ 元投資一年。顯然,$A_0 + \sum_t C_t(1-t)$ 並不能看成是以本金產生利息的時間長度為

權數計算的加權平均本金余額。

為了簡化(3.2.8)式的計算,假設本金的投入與抽回在一期內是均勻變化的,即平均說來,可以假定「新增」本金 C 發生在時刻 $t = \frac{1}{2}$。這樣,(3.2.8)式變為

$$i \approx \frac{I}{A_0 + 0.5C} = \frac{I}{A_0 + 0.5(A_1 - A_0 - I)} = \frac{2I}{A_0 + A_1 - I}$$

這實際上從另外一個角度驗證了 Hardy 公式的正確性。Hardy 公式在實際中被廣泛用來計算賺得的利率。例如,一些保險管理人員用它來計算保險公司投資資產的收益率。它計算方便,僅包含了 A_0、A_1 和 I,而且這些數據很容易得到。然而,如果不能保證「新增」本金 C 發生在時刻 $t = \frac{1}{2}$,那麼就應使用更為精確(但仍為近似)的公式(3.2.8)。

在某些情形下,可以建立比(3.2.2)式更精確的(3.2.8)式的簡化形式。例如,假設我們知道「新增」本金 C 平均發生在時刻 $k(0 \leq k \leq 1)$,於是由(3.2.8)式可以得到

$$i \approx \frac{I}{A_0 + C(1-k)} = \frac{I}{A_0 + (1-k)(A_1 - A_0 - I)}$$
$$= \frac{I}{kA_0 + (1-k)A_1 - (1-k)I} \tag{3.2.9}$$

上式中,$k = \sum_t \left(\frac{C_t}{C}\right) t$。特別地,當 $k = \frac{1}{2}$ 時,(3.2.9)式就成為(3.2.2)式。

例 3.2.1 假設某基金在年初有資金 1,000 萬元,4 月初投入了 300 萬元,7 月末抽回 120 萬元,9 月末再投入 200 萬元,到年末時基金累積值已達到 1,470 萬元。求該基金在當年的收益率。

解:(1)近似法:

$$i \approx \frac{I}{A_0 + \sum_t C_t(1-t)}$$
$$= \frac{1,470 - (1,000 + 300 - 120 + 200)}{1,000 + 300 \times (1 - \frac{3}{12}) - 120 \times (1 - \frac{7}{12}) + 200 \times (1 - \frac{9}{12})}$$
$$= \frac{90}{1,225} \approx 7.35\%$$

本題的投資活動可以看成是在年初平均投入了 1,225 萬元,在一年內產生了 90 萬元利息,故收益率約為 7.35%。

也可以由 Hardy 公式計算,事實上

$$i \approx \frac{2I}{A_0 + A_1 - I} = \frac{2 \times 90}{1,000 + (1,470 - 90)} \approx 7.56\%$$

還可以先算出平均「新增」投資時間 k,然後再用(3.2.9)式計算收益率。

$$\therefore k = \sum_t \frac{C_t}{C} \cdot t = \frac{300}{380} \times \frac{3}{12} - \frac{120}{380} \times \frac{7}{12} + \frac{200}{380} \times \frac{9}{12} \approx 0.407,895$$

$$\therefore i \approx \frac{I}{kA_0 + (1-k)A_1 - (1-k)I}$$

$$= \frac{90}{1,000 \times 0.407,895 + (1 - 0.408,895) \times 1,470 - (1 - 0.407,895) \times 90}$$

$$\approx 7.35\%$$

（2）精確法：

$$1,000(1+i) + 300(1+i)^{\frac{3}{4}} - 120(1+i)^{\frac{5}{12}} + 200(1+i)^{\frac{1}{4}} = 1,470$$

解得　　$i \approx 7.36\%$

由此可見，由(3.2.9)計算出的收益率的精確度高於由Hardy公式計算出的收益率。用(3.2.9)式與(3.2.8)式計算的結果一樣，因為它們實質一樣。

第三節　時間加權收益率及其計算

一、時間加權收益率

在上節我們已知道，投資基金的幣值加權收益率受本金增減變化的影響，而本金增減變化往往由加入基金的投資者個人決定，投資基金的經理人根本無權做出增減本金的決定，因而幣值加權收益率對衡量單個投資者的貨幣收益大小是有效的，但不能衡量基金經理人的經營業績。為了有效地量度基金經理人業績，必須消除本金增減變化對收益率的影響。這種消除了本金增減變化影響，只反應隨著時間變化而變化的收益率，叫做時間加權收益率。它可以衡量經理人的經營業績，從而準確地反應基金本身的增值特性，即僅僅考慮時間因素，而不考慮幣值大小因素。

假設有一種投資基金，有許多投資者都投資於該項基金。一年下來，必定會有的賺錢，有的虧本，因為投資收益率是不斷變化的，或者說價格是不斷變化的，那些低吸高拋者肯定會賺錢，高吸低拋者肯定會虧本。

例3.3.1　假設某基金為A、B、C三個投資者所共有，基金經理人都將其投資於一種股票，期初每股股票價格為8元，期中上升到10元，期末下降到9元。在期初A、B、C都購買了1,000股，B在期中又購買了500股，C在期中賣出了200股，A在期中沒有任何交易。試分析A、B、C三個投資者的幣值加權收益率及整個基金的時間加權收益率。

解：設A、B、C三個投資者及整個基金的幣值加權收益率分別為i_A、i_B、i_C及i，均以期末為觀察點。A在期初投入8,000元，期末可收回9,000元；B在期初投入8,000元，期中再投入5,000元，期末可收回13,500元；C在期初投入8,000元，期中抽回投

資 2,000 元,期末可收回 7,200 元;基金在期初有 24,000 元投資,期中獲得 3,000 元投資,期末基金累積值為 29,700 元。於是可列出四個等值方程:

A：$8,000(1 + i_A) = 9,000$,解得 $i_A = 12.5\%$

B：$8,000(1 + i_B) + 5,000(1 + i_B)^{0.5} = 13,500$,解得 $i_B \approx 4.78\%$

C：$8,000(1 + i_C) - 2,000(1 + i_C)^{0.5} = 7,200$,解得 $i_C \approx 17.05\%$

基金：$24,000(1 + i) + 3,000(1 + i)^{0.5} = 29,700$,解得 $i \approx 10.60\%$。

從上面的計算容易看出,投資者 A 在期中沒有做任何交易,收益率為 12.5%;投資者 B 在期中股票價格高時購買了 500 股,因此收益率下降到 4.78%;投資者 C 在期中股票價格高時賣出了 200 股,導致收益率上升到 17.05%;而整個基金因為投資者 B 在期中股票價格高時購買了 500 股而使收益率下降到 10.60%,當然 C 的投資也起了拉升作用,因此幣值加權收益率不能反應基金增值的特性。造成幣值加權收益率差異的主要原因是「新增」投資不同。下面消除「新增」投資的影響,即僅考慮期初 1 個單位投入到期末時所獲得的收益率。設 A、B、C 及基金的收益率分別為 $\tilde{i}_A$、$\tilde{i}_B$、$\tilde{i}_C$ 及 $\tilde{i}$,即為各自的時間加權收益率。

對於 A 來講,顯然收益率為 $\tilde{i}_A = 12.5\%$;

對於 B 來講,前半期收益率為 $\frac{10,000}{8,000} - 1 = 25\%$,

后半期收益率為 $\frac{13,500}{10,000 + 5,000} - 1 = -10\%$,

因此,全期收益率為 $\tilde{i}_B = (1 + 25\%) \times (1 - 10\%) - 1 = 12.5\%$;

對於 C 來講,前半期收益率為 $\frac{10,000}{8,000} - 1 = 25\%$,

后半期收益率為 $\frac{7,200}{10,000 - 2,000} - 1 = -10\%$,

因此,全期收益率為 $\tilde{i}_C = (1 + 25\%) \times (1 - 10\%) - 1 = 12.5\%$;

對於整個基金來講,前半期收益率為 $\frac{30,000}{24,000} - 1 = 25\%$,

后半期收益率為 $\frac{29,700}{30,000 + 3,000} - 1 = -10\%$,

因此,全期收益率為 $\tilde{i} = (1 + 25\%) \times (1 - 10\%) - 1 = 12.5\%$。

在本例中,無論各個時點的投資額如何變化,全期收益率均為 12.5%。這實際上是由股票價格決定的,即前半期收益率為 25%(同期股票價格上漲了 25%),后半期收益率為 -10%(同期股票價格下跌了 10%),因此,全期收益率為 12.5%。這可用來反應經理人的經營業績,反應其投資決策的正確性。

二、時間加權收益率的計算公式

將 1 期分為 n 個時段,在每個時段中途沒有增減投資,即以「新增」投資發生時點作為界點來劃分,「新增」投資發生在時段之初,並假設 j_k 為第 k 段收益率($k = 1$,

$2,\cdots,n$),於是時間加權收益率為

$$i = (1+j_1)(1+j_2)\cdots(1+j_n) - 1 \tag{3.3.1}$$

上式中 $$j_k = \frac{B_k}{B_{k-1} + C_{k-1}} - 1 \tag{3.3.2}$$

這裡 B_k 為第 k 段末的(投資)基金餘額。注意 B_{k-1} 不包含第 k 段初(即第 $k-1$ 段末)「新增」投資 C_{k-1},或者說第 $k-1$ 段末的基金餘額 B_{k-1} 加上 k 段初「新增」投資 C_{k-1} 作為第 k 段初投入的「本金」,以便在第 k 段末獲得累積值 B_k,故 (3.3.2) 式成立。

例 3.3.2 某投資帳戶資金餘額及「新增」投資見表 3-3-1,試計算該投資帳戶在當年的收益率。

表 3-3-1　　　　某投資帳戶資金餘額及「新增」投資表　　　　單位:元

日期	1月1日	5月1日	12月1日	12月31日
資金餘額	100,000	115,000	72,000	100,000
「新增」投資		-51,000	39,000	

解:由於 $A_0 = 100,000$ 及 $A_1 = 100,000$,於是,該帳戶在當年產生的利息為:

$$I = 100,000 - (100,000 - 51,000 + 39,000) = 12,000(元)$$

該投資帳戶幣值加權收益率為:

$$i \approx \frac{I}{A_0 + \sum_t C_t(1-t)}$$

$$= \frac{12,000}{100,000 - 51,000(1-\frac{4}{12}) + 39,000(1-\frac{11}{12})} \approx 17.33\%$$

也可以由下列等值方程求出精確度更高的收益率:

$$100,000(1+i) - 51,000(1+i)^{\frac{2}{3}} + 39,000(1+i)^{\frac{1}{12}} = 100,000$$

解之得:

$$i \approx 17.16\%$$

下面求該投資帳戶的時間加權收益率。設在時段1月1日到5月1日、5月1日到12月1日、12月1日到12月31日的收益率分別為 j_1、j_2 和 j_3,於是有

$$j_1 = \frac{115,000}{100,000} - 1 = 15\%$$

$$j_2 = \frac{72,000}{115,000 - 51,000} - 1 = \frac{72,000}{64,000} - 1 = 12.5\%$$

$$j_3 = \frac{100,000}{72,000 + 39,000} - 1 = \frac{100,000}{111,000} - 1 \approx -9.91\%$$

因此所求時間加權收益率為:

$$i = (1+j_1)(1+j_2)(1+j_3) - 1$$

$$= \frac{115,000}{100,000} \times \frac{72,000}{64,000} \times \frac{100,000}{111,000} - 1 \approx 16.55\%$$

從該例的計算不難發現,時間加權收益率顯著小於幣值加權收益率。其主要原因是在收益率較低的第二段抽回了投資,這是使幣值加權收益率比時間加權收益率大的因素;但在負收益率的第三段又增加了投資,這是減少幣值加權收益率的因素,但影響不大。這一是因為第三段新增投資比第二段所減少的投資規模小,二是因為到年末投資所經歷的時間更短。總之,幣值加權收益率反應了投資者實際得到的貨幣收益的大小,而時間加權收益率消除了投資本金變化的影響,只反應投資帳戶所固有的特性。

第四節　　違約風險對收益率的影響

由於大多數投資項目都是有風險的,而且投資項目不同,風險大小也不相同。一般地,風險越大,收益率越高;風險越小,收益率越低。當投資收益率一定時,投資者將選擇風險小的項目。換言之,當風險一定時,投資者往往選擇收益率高的項目。也就是說,投資者在進行投資決策時,必須考慮風險因素,在同等條件下,選擇較高的收益率或風險較小的投資項目。

設在時刻 $1, 2, \cdots, n$ 獲得給付 $R_1, R_2, \cdots, R_n$ 的概率分別為 $p_1, p_2, \cdots, p_n$, 那麼獲得給付的現值的數學期望值為

$$EPV = \sum_{t=1}^{n} R_t v^t p_t \qquad (3.4.1)$$

上式中, i 是包含了違約風險等因素在內的適當利率。

特別地,當每期的違約概率為 q 時,履約概率為 $p = 1 - q$, 第 t 次付款的履約概率為

$$p_t = p^t \qquad (3.4.2)$$

於是 (3.4.1) 式變為

$$EPV = \sum_{t=1}^{n} R_t v^t p^t = \sum_{t=1}^{n} R_t (vp)^t \qquad (3.4.3)$$

例 3.4.1　假設有 A、B、C 三種債券,由於債券 A 不存在違約風險,按面值 1 000 元出售,票息率為 8%, 期限為 1 年;債券 B 存在違約風險,仍然按面值 1,000 元出售,但票息率按 9% 計算,這高出的 1% 是對投資者遭遇違約風險的一種補償;債券 C 也存在違約風險,票息率仍為 8%, 但售價比面值 1,000 元低了 60 元,這 60 元也是對投資者遭遇違約風險的一種補償。但是,容易知道,如果違約風險過大,那麼提高票息率或降低售價都不具有優勢。現在計算:提高票息率 1%, 投資者能容忍多大違約風險?降低售價 60 元,投資者又能忍受多大違約風險?

解: 設債券 B、C 的違約概率分別為 q_B, q_C, 其履約概率分別為 p_B, p_C。於是 $p_B =$

$1-q_B, p_C = 1-q_C$，並設它們在年末的收回額分別為 X_B、X_C。令 X_{BA} 表示本應投資於債券 B 而實際上投資於 A 在年末所獲得的收回額(實際投入 1,000 元)，X_{CA} 表示本應投資於債券 C 而實際上投資於 A 在年末所獲得的收回額(實際投入 940 元)。下面分別考慮違約后無任何返還和違約后有一定返還兩種情況。

1. 違約后無任何返還

顯然，$P[X_B = 1,000(1+9\%)] = p_B \quad P(X_B = 0) = q_B$
$P[X_C = 1,000(1+8\%)] = p_C \quad P(X_C = 0) = q_C$

注意：投資者購買債券 B 投入了 1,000 元，購買到的債券面值為 1,000 元；而購買債券 C 實際投入了 940 元，購買到的債券面值為 1,000 元；由此可得

$E(X_B) = 1,000(1+9\%)p_B \quad E(X_C) = 1,000(1+8\%)p_C$
$E(X_{BA}) = 1,000(1+8\%) \quad E(X_{CA}) = 940(1+8\%)$

(1) 投資者選擇 B 而不選擇 A，即提高票息率 1% 能忍受的違約風險 q_B 的條件是：

$$E(X_B) > E(X_{BA})$$

即 $1,000(1+9\%)p_B > 1,000(1+8\%)$

∴ $p_B > 99.08\%$ 或 $q_B \le 0.92\%$

因此，當違約概率不超過 0.92% 時，投資者願意選擇購買債券 B，而不選擇債券 A。應當注意的是：本情況下投資者實際投資 1,000 元，然後觀察在哪種條件下平均能獲得更大的終值。

(2) 投資者選擇 C 而不選擇 A，即降價 60 元時投資者能忍受的違約風險 q_C 的條件是：

$$E(X_C) > E(X_{CA})$$

即 $1,000(1+8\%)p_C > 940(1+8\%)$

∴ $p_C > 94\%$ 或 $q_C \le 6\%$

因此，當違約概率不超過 6% 時，投資者寧可選擇債券 C 而不選擇 A。應當注意的是，投資者實際投資 940 元。

從上面的計算不難發現，降價 60 元時投資者能容忍比提高票息率 1 個百分點時更大的違約風險。

(3) 對於債券 B 和 C，應如何做出選擇，即選擇 B 而不選擇 C 的條件應是什麼？

對於債券 C 投入 940 元，可購買到面值為 1,000 元、票息率為 8% 的債券；按比例投入 1,000 元，可購買到面值為 $1,000 \times \dfrac{1,000}{940}$ 元、票息率為 8% 的債券。因此選擇 B 而不選擇 C 的條件應是 $E(X_B) > (X_{BC})$，這裡 X_{BC} 表示本應投資於債券 B 而實際上投資於債券 C 在年末所獲得的收回額，即

$$1,000(1+9\%)p_B > 1,000 \times \dfrac{1,000}{940}(1+8\%)p_C$$

$$\dfrac{p_B}{p_C} > \dfrac{100}{94} \times \dfrac{1+8\%}{1+9\%} \approx 1.054,1$$

這表明，只要債券 B 的履約概率超過債券 C 的履約概率的 1.054,1 倍，就可以選擇 B；否則，應該選擇債券 C。注意：本情況下的實際投資本金為 1,000 元。

2. 假設違約後可以返還本金的 80%

(1) 投資者選擇 B 而不選擇 A 的條件是：

$\because P[X_B = 1,000(1+9\%)] = p_B \quad P(X_B = 1,000 \times 80\%) = q_B$

$\therefore E(X_B) = 1,000(1+9\%)p_B + 1,000 \times 80\% q_B$

$E(X_{BA}) = 1,000(1+8\%)$

$\because E(X_B) > E(X_{BA})$

$\therefore 1,000(1+9\%)p_B + 1,000 \times 80\% q_B > 1,000(1+8\%)$

$\therefore p_B > 96.55\%$，於是 $q_B \leq 3.45\%$。

(2) 選擇 C 而不選擇 A 的條件是：

$1,000(1+8\%)p_C + 940 \times 80\% q_C > 940(1+8\%)$

$p_C > 80.24\%$，於是 $q_C \leq 19.76\%$。

(3) 選擇 B 而不選擇 C 的條件應是：

$1,000(1+9\%)p_B + 1,000 \times 80\% q_B > 1,000 \times \dfrac{1,000}{940}(1+8\%)p_C + 1,000 \times 80\% q_C$

$\therefore \dfrac{p_B}{p_C} > 1.203,2$

只要債券 B 的履約概率超過債券 C 的履約概率的 1.203,2 倍，就可以選擇債券 B；否則，選擇債券 C。

從上面的分析可以看出，當違約後有一定返還時，投資者能容忍的違約概率增大。顯然，違約後返還越多，投資者能容忍的違約概率也就越大。

例 3.4.2 假定市場的無風險利率為 5%，債券 A 的面值為 1,000 元，期限為 1 年，違約概率為 2%；假設違約發生時，無任何返還。發行人按面值發售債券，那麼該債券的票息率至少應為多少？如果投資者要求購買該債券的期望收益率為 8%即無無風險利率所產生的收益，並且違約時僅收回面值的 80%，那麼票息率至少應為多少？

解：(1) 假設違約發生時，無任何返還，並設在此條件下的債券票息率為 i，於是

$1,000(1+i)(1-2\%) \geq 1,000(1+5\%)$

$\therefore i \geq 7.14\%$

(2) 設在違約時僅收回面值的 80%條件下的債券票息率為 $\tilde{i}$，因此

$1,000(1+\tilde{i})(1-2\%) + 1,000 \times 80\% \times 2\% \geq 1,000(1+8\%)$

$\therefore \tilde{i} \geq 8.57\%$。

例 3.4.3 已知無風險 10 年期債券的通行收益率為 6%的年實際利率，一種面值為 1,000 元的附年度息票的 10 年期債券按票息率 6%發行。

(1) 如果每年的違約概率為 0.8%，且投資者需要 8%的收益率以補償違約風險，求投資者願意支付的價格。

(2）求此項業務中的利率風險上溢（這裡,利率的風險上溢指的是超過無風險利率的那部分,一般說來,投資風險越大,風險上溢越高）。

解：

（1）倘若此債券無風險,它顯然將按面值出售,即價格為1,000元。在每年0.8%的違約概率下,運用公式（3.4.3）,債券的實際價格為

$$EPV = \sum_{t=1}^{n} R_t (vp)^t$$
$$= \sum_{t=1}^{10} 60 \left(\frac{1-0.8\%}{1+8\%}\right)^t + 1,000 \left(\frac{1-0.8\%}{1+8\%}\right)^{10} \approx 814.70（元）$$

（2）設債券的收益率為i,則i滿足下列價值方程

$$814.70 = 60 a_{\overline{10}|i} + 1\,000(1+i)^{-10}$$

用線性插值法解得,$i \approx 8.87\%$。

利率的風險上溢為$8.87\% - 6\% = 2.87\%$。值得注意的是,風險上溢近似等於兩種利率8%與6%之差,再加上違約概率0.8%。

例3.4.4 一種面值為1,000元、票息率為8%的債券以940元出售,某投資者獲得了11%的收益率。假設該投資者購買了1,000種這類債券的組合,試用正態分佈去確定整個組合中置信度為95%的違約概率及收益率的置信區間。

解： 設每種債券的違約概率為q,則履約概率為$p = 1 - q$。由題意知,該債券年末連本帶息的收入為$1,000(1+8\%) = 1,080$元,因而

$$940 = p \frac{1,080}{1+11\%}$$

解得

$$p \approx 0.966,111,從而 q \approx 0.033,889$$

故違約概率的標準差為：

$$\sigma_q = \sqrt{\frac{pq}{n}} = \sqrt{\frac{0.033,889 \times 0.966,111}{1,000}} \approx 0.005,722$$

由於總體服從正態分佈,所以有$\mu_q = q \approx 0.033,889$,從而所求的置信度為95%的違約概率的置信區間為

$$\mu_q \pm 1.96 \sigma_q \approx 0.033,889 \pm 1.96 \times 0.005,722,或為(0.022,7, 0.045,1)$$

由$940 = p \frac{1,080}{1+i}$得：

$$i = \frac{1,080 p}{940} - 1 = \frac{7 - 54q}{47}$$

將q取$0.022,7$、$0.045,1$分別代入上式,可得i的值為12.29%和9.71%。

因此,違約概率的95%置信區間為$(0.022,7, 0.045,1)$,當其轉化成收益率時,可得收益率的95%置信區間為$(9.71\%, 12.29\%)$。

第五節　再投資收益率

通常,我們不考慮在一定期間內投資收益的再投資問題,即默認再投資收益率與原投資收益率相等,即按原來的收益率自動再投資。然而,實際情況未必如此。很可能的情形是原投資產生的利息以新的收益率進行再投資。如果再投資收益率達不到原先那樣高的收益率,那麼在考慮了再投資後的總體收益率將低於原先所宣稱的收益率。若再投資收益率高於原先的收益率,則總體收益率將高於原先所宣稱的收益率。

一、不同投資期限收益率的比較

對於投資期限不同的兩種債券,不能根據收益率大小直接進行比較,必須考慮投資期較短的債券從其到期至投資期較長債券投資期結束時這段時間的再投資收益率的大小問題,即將不同投資期限投資收益率的比較轉化為相同期限投資收益率的比較。如果投入相同的本金,就看哪一個在較長投資期期滿時的終值大。

例3.5.1　假設債券A的期限是6年,年收益率為10%;債券B的期限是10年,年收益率為8%;它們都按相同的面值出售,不考慮風險因素,都在到期時一次性還本付息。應選擇哪種債券?

分析:如果僅從收益率角度來看,似乎就應選擇債券A,但是債券A涉及再投資問題;如果後期或再投資收益率太低,那麼平均收益率就很可能低於8%,這樣就不能選擇債券A,而應選擇債券B。因此,必須考慮債券A的再投資收益率。

解:設債券A在6年投資期期滿后接下來的4年間的再投資年收益率為i,設債券A、B的購買價格均為P元,以第10年年末作為觀察點,於是選擇債券A的條件是:

$$P(1+10\%)^6(1+i)^4 \geqslant P(1+8\%)^{10}$$

解得

$$i \geqslant 5.07\%$$

因此,只要債券A在6年投資期期滿后接下來的4年間的年再投資收益率超過5.07%時,就可選擇A,否則就應當選擇債券B。注意:這裡的5.07%是一個四捨五入的近似數,精確度更高的結果是5.067,974,735%。

二、利息的再投資問題

每期產生的利息按另一個利率進行再投資,這樣的問題是客觀存在的。如債券的票息收入在進行再投資時,很可能獲得的收益率就不同於債券的票息率。在這些問題中,我們除了考慮投資的現值、終值外,還需要考慮再投資收益率、平均收益率等問題。

例3.5.2　現在投資1,投資n期,年利率為i,其中產生的利息以每期利率j進行再投資,試求該投資在投資期滿時所獲得的累積值及每期平均收益率。

解：現在投資 1，投資 n 期，那麼每期末可獲得當年利息 i，並在第 n 期末收回投入的本金 1。所有的利息收入形成一個每期給付 i 的 n 期期末付年金。由於該年金按每期利率 j 計算，因而該年金終值為 $is_{\overline{n}|j}$，於是所求的累積值為 $1 + is_{\overline{n}|j}$，記為 AV，即 $AV = 1 + is_{\overline{n}|j}$。

假設該項投資每期平均收益率為 $\bar{i}$，於是以第 n 期期末作為觀察點，可得如下等值方程

$$(1 + \bar{i})^n = 1 + is_{\overline{n}|j}$$
$$\therefore \bar{i} = \sqrt[n]{1 + is_{\overline{n}|j}} - 1 \qquad (3.5.1)$$

當 $j > i$ 時，

一方面

$$\because 1 + is_{\overline{n}|j} < 1 + js_{\overline{n}|j}$$
$$\therefore (1 + \bar{i})^n < (1 + j)^n$$
$$\therefore \bar{i} < j$$

另一方面

$$\because s_{\overline{n}|j} > s_{\overline{n}|i} \quad \therefore 1 + is_{\overline{n}|j} > 1 + is_{\overline{n}|i}$$
$$\therefore (1 + \bar{i})^n > (1 + i)^n$$
$$\therefore \bar{i} > i$$

因此，$i < \bar{i} < j$。

同理可證，當 $j < i$ 時，$j < \bar{i} < i$；當 $j = i$ 時，顯然 $\bar{i} = i = j$。

上面的結論可以表述為：當再投資收益率不同於原收益率時，平均收益率將介於這兩個收益率之間。換言之，若再投資收益率比原投資收益率高，則平均收益率將提高；若再投資收益率比原投資收益率低，則平均收益率將降低；當再投資收益率等於原收益率時，平均收益率不變。這實際上表明再投資收益率對提高平均收益率具有重要意義。

例如，假設 $i = 5\%$，$j = 7\%$，$n = 10$，則 $AV \approx 1.690\,822$，$\bar{i} \approx 5.39\%$；當 $i = 5\%$，$j = 4\%$，$n = 10$ 時，$AV \approx 1.600\,305$，$\bar{i} \approx 4.81\%$。

例 3.5.3 考慮一項投資活動：投資 n 期，每期末投資 1，按每期利率 i 產生利息，利息以每期利率 j 進行再投資。試求該投資在投資期滿時所獲得的累積值及每期平均收益率。

解：設該投資在投資期滿時所獲得的累積值及每期平均收益率分別為 AV 及 $\bar{i}$。若投入 1，則在以後每期末可收回當期利息 i，並在第 n 期末收回本金 1。由於本題中的每期末都投資 1，因此在第 2 期期末可獲得利息收入 i，第 3 期期末可獲得利息收入 $2i$，第 4 期期末可獲得利息收入 $3i$……在第 n 期期末獲得利息 $(n - 1)i$，並同時收回所投入的本金 n。由於本金初次產生的利息按每期利率 j 進行再投資，因而從第 2 期期末到第 n 期期末間獲得的利息終值為 $i(Is)_{\overline{n-1}|j}$，因此有

$$AV = n + i(Is)_{\overline{n-1}|j}$$

$$= n + i \cdot \frac{\ddot{s}_{\overline{n-1}|j} - (n-1)}{j} = n + i \cdot \frac{s_{\overline{n}|j} - n}{j} \qquad (3.5.2)$$

順便提一句,如果每期期初投資1,那麼在 n 期期末的終值為

$$n + i(Is)_{\overline{n}|j} = n + i \cdot \frac{s_{\overline{n+1}|j} - (n+1)}{j} \qquad (3.5.3)$$

由於 n 期期末付年金在每期平均收益 $\bar{i}$ 作用下在第 n 期期末的終值為 $s_{\overline{n}|\bar{i}}$,以第 n 期期末作為觀察點,因而可建立等值方程:

$$s_{\overline{n}|\bar{i}} = n + i \cdot \frac{s_{\overline{n}|j} - n}{j} \qquad (3.5.4)$$

運用公式(2.1.44)的 Newton-Raphson 迭代法,可以求出平均收益率。

當 $j = i$ 時,顯然 $\bar{i} = i = j$;

當 $j > i$ 時,

一方面

$$\because n + i \cdot \frac{s_{\overline{n}|j} - n}{j} < n + j \cdot \frac{s_{\overline{n}|j} - n}{j}$$

$$\therefore s_{\overline{n}|\bar{i}} < s_{\overline{n}|j}$$

$$\therefore \bar{i} < j$$

另一方面

$$\because (Is)_{\overline{n-1}|j} > (Is)_{\overline{n-1}|i}$$

$$\therefore n + i(Is)_{\overline{n-1}|j} > n + i(Is)_{\overline{n-1}|i}$$

即

$$s_{\overline{n}|\bar{i}} > s_{\overline{n}|i}$$

$$\therefore \bar{i} > j$$

因此, $i < \bar{i} < j$。

同理可證,當 $j < i$ 時, $j < \bar{i} < i$。

上面的結論反應了這樣一個事實:若再投資收益率高於原收益率,則平均收益率將高於原收益率;若再投資收益率低於原收益率,則平均收益率將低於原收益率;若再投資收益率等於原收益率,則平均收益率就是原收益率,且平均收益率以原收益率和再投資收益率為界。這實際上表明再投資收益率對提高平均收益率具有重要意義。

例如,假設 $i = 5\%$, $j = 7\%$, $n = 10$,則 $AV \approx 12.726,034$, $\bar{i} \approx 5.25\%$;假設 $i = 5\%$, $j = 4\%$, $n = 10$,則 $AV \approx 12.507,634$, $\bar{i} \approx 4.88\%$。

例 3.5.4 在 10 年內,每年年初投資 10,000 元,年實際利率為 7%,而其利息按 6% 的實際利率再投資。

(1) 試確定第 10 年年末基金的累積值。

(2) 如果產生 8% 的實際利率,求投資者應付的購買價格。

解:

(1) 本問題屬於期初付年金再投資問題。它在第 10 年年末的累積值為:

$$10,000\left[n+i(Is)_{\overline{n}|j}\right]=10,000\left[n+i\cdot\frac{s_{\overline{n+1}|j}-(n+1)}{j}\right]$$

$$=10,000\left[10+7\%\cdot\frac{s_{\overline{11}|6\%}-11}{6\%}\right]\approx$$

$$146,335.83(元)$$

正如預期那樣，它介於 $10,000\ddot{s}_{\overline{10}|6\%}\approx139,716.43(元)$ 與 $10,000\ddot{s}_{\overline{10}|7\%}\approx147,835.99(元)$ 之間。

(2) 在產生8%的實際收益率條件下的購買價格為：

$$146,335.83\times1.08^{-10}\approx67,781.80(元)$$

例3.5.5　在例2.1.5中，假設返回給貸款人的款項可按6%的年利率進行再投資，而不是原來的5%年貸款利率，試比較三種貸款償還安排的收益率。

解：

(1) 一次性還本付息法

設貸款人的年收益率為i，於是

$$100,000(1+i)^{10}=100,000(1+5\%)^{10}$$

解得

$$i=5\%$$

在此種情況下，再投資風險根本不會產生，因為借款人在貸款到期前不返還任何款項。

(2) 平時還息到期還本法

設貸款人的年收益率為j，於是

$$100,000+100,000\times5\%s_{\overline{10}|6\%}=100,000(1+j)^{10}$$

解得

$$j\approx5.19\%$$

這一答案大於情形(1)的答案，因為6%的再投資收益率在起作用。

(3) 每年年末均勻償還法

由於所有付款構成了一個期末付年金，它在第10年年末的累積值為

$$\left(\frac{100,000}{a_{\overline{10}|5\%}}\right)s_{\overline{10}|6\%}\approx170,697.324,7$$

設貸款人的年收益率為k，於是有

$$100,000(1+k)^{10}\approx170,697.324,7$$

解得

$$k\approx5.49\%$$

此收益率高於情形(2)的收益率，因為按情形(3)的償還安排，其償還速度比情形(2)更快，這就增大了再投資收益率對總體收益率的影響。

當再投資收益率低於原貸款利率時，結論剛好相反。

第六節　收益分配方法

考慮一個投資基金為若干個投資者所共同擁有，如一項養老基金，其中每個基金參加者都有自己的帳戶；但此項基金又是混合的，每個帳戶並不擁有自己獨立的資產，而是屬於整個基金中佔有一定比例的一份。那麼在每個年度末應如何分配投資收益？這種情況下，有兩種方法可供選擇：一是投資組合法；二是投資年度法。

一、投資組合法

所謂投資組合法，就是先計算出一個基於基金所得的平均收益率，然後按此收益率並根據每個帳戶所占比例或規模大小與投資時間長短分配基金收益的一種方法。這種方法操作簡便，不論投資金額在哪個年度投入，都將獲得相同的收益率，在收益率變動平穩時期運用起來相當有效。但在投資收益率波動較大，如市場收益率上升時期，不僅不利於吸引新投資加入，而且還易誘發舊有投資脫逃，因為此時基金平均收益率必然低於市場收益率。然而，在市場收益率下降時期，投資組合法對投資者更有吸引力，因為投資者實際獲得的收益率將高於市場收益率。

例 3.6.1　某投資基金由甲、乙、丙三人共同所有。甲年初在基金中擁有 20,000 元，年中再投入 10,000 元；乙年初在基金中擁有 30,000 元；丙年初在基金中擁有 10,000 元，年中再投入了 20,000 元。假設上半年收益率為 20%，下半年收益率為 10%。利用投資組合法計算甲、乙、丙三人各自應分得的投資收益。

解：首先，計算出投資基金在年末的累積值：

$$[(20{,}000+30{,}000+10{,}000)(1+20\%)+(10{,}000+20{,}000)](1+10\%)$$
$$=112{,}200(元)$$

其次，可計算出基金投入的「本金」為：

$$(20{,}000+30{,}000+10{,}000)+(10{,}000+20{,}000)=90{,}000(元)$$

因此，該投資基金所產生的收益為：

$$112{,}200-90{,}000=22{,}200(元)$$

以 10,000 元投資半年為一個最小投資單位，於是甲擁有 $2\times2+1=5$ 個單位，乙擁有 $2\times3=6$ 個單位，丙擁有 $2+1\times2=4$ 個單位。

因此，甲應分得的投資收益為：

$$\frac{5}{5+6+4}\times22{,}200=7{,}400(元)$$

乙應分得的投資收益為：

$$\frac{6}{5+6+4}\times22{,}200=8{,}880(元)$$

丙應分得的投資收益為：

$$\frac{4}{5+6+4} \times 22,200 = 5,920(元)$$

二、投資年度法

所謂投資年度法,指的是在一定時期之內依據資金投入時期、當前時期來分配基金收益,一定時期后再按組合利率來分配基金收益的一種方法。在實踐中,投資年度法比投資組合法要複雜一些。然而,諸如銀行、保險公司等金融機構,都感到有必要在利率上升時期用投資年度法來吸引新的儲蓄及鼓勵舊有資金繼續投資。相應地,當利率處於下降時期情況正相反,這時投資組合法就比投資年度法更有吸引力。當利率波動頻繁時,二者孰優孰劣就難以一目了然。在實際中,投資年度法的通常做法是:按最初投入所在時期以及所經歷時期所規定的一個二維利率表格來度量收益大小。為簡便起見,假設所有時間均按日曆年度來計算,而且所有資金投入和抽回均發生在1月1日。

設 y 是投資日曆年,而 m 是應用投資年度法的年數。設該投資在第 t 年分配的收益率為 i_t^y,其中,$t=1,2,\cdots,m$,實際上它反應了在日曆年 $y+t-1$ 年的投資年度收益率。當 $t>m$ 時,將運用投資組合法,且在日曆年 y 年分配的組合收益率為 i^y,它僅隨日曆年而變化。如表3-6-1所示,它反應了投資收益率隨投資年度與經歷年度變化的情況。

表3-6-1　　　　　　　　投資收益率表　　　　　　　　單位:%

投資日曆年 y	投資年度收益率					投資組合收益率	日曆年度
	i_1^y	i_2^y	i_3^y	i_4^y	i_5^y	i^{y+5}	$y+5$
1995	7.50	7.60	7.65	7.75	7.80	7.65	2000
1996	7.75	7.75	7.90	8.00	8.00	7.85	2001
1997	8.00	8.20	8.25	8.45	8.50	**8.10**	2002
1998	8.50	8.55	8.60	8.65	**8.65**	8.15	2003
1999	8.55	8.60	8.70	**8.80**	8.90	8.30	2004
2000	8.65	8.75	**8.85**	8.95	9.10	8.75	2005
2001	8.90	**8.95**	9.00	9.20	9.20		
2002	**9.50**	9.50	9.40	9.80			
2003	9.50	9.30	9.20				
2004	9.00	9.10					
2005	8.50						

該表選擇期為5年,即任何一筆投資在開始的5年內採用投資年度收益率,5年後採用投資組合收益率。投資年度收益率由兩個變量即投資開始所在的日曆年與已經歷的年數來決定,組合收益率僅考慮分配收益時所經歷的年份,而不考慮這筆投資究竟是在何年度投入的。從收益率表可以看出,1995年投入一筆金額,那麼在當年(1995年)的收益率為7.50%,第2年(1996年)的收益率為7.60%,第3年(1997年)

的收益率為 7.65%，第 4 年（1998 年）的收益率為 7.75%，第 5 年（1999 年）的收益率為 7.80%；2000 年採用投資組合收益率 7.65%，2001 年採用投資組合收益率 7.85%，2002 年採用投資組合收益率 8.10%，等等。1996 年、1997 年的投資在 2002 年仍採用 8.10% 的投資組合收益率。而 1998 年、1999 年、2000 年、2001 年和 2002 年的投資在 2002 年則分別採用 8.65%、8.80%、8.85%、8.95% 和 9.50% 的投資年度收益率。

設 C 為 y 年初的投資額在 $y+k$ 年初或 $y+k-1$ 年末的累積值為

$$\begin{cases} C(1+i_1^y)(1+i_2^y)\cdots(1+i_k^y) & k \leq m \\ C(1+i_1^y)(1+i_2^y)\cdots(1+i_m^y)(1+i^{y+m})\cdots(1+i^{y+k-1}) & k > m \end{cases}$$

例 3.6.2 已知條件同例 3.6.1，用投資年度法計算甲、乙、丙三人各自應分得的投資收益。

解：運用投資年度法，可以分別計算出各自實際獲得的收益：

甲應分得的投資收益為：

$$[20,000(1+20\%)+10,000](1+10\%)-(20,000+10,000)=7,400(元)$$

乙應分得的投資收益為：

$$30,000(1+20\%)(1+10\%)-30,000=9,600(元)$$

丙應分得的投資收益為：

$$[10,000(1+20\%)+20,000](1+10\%)-30,000=5,200(元)$$

例 3.6.3 某投資者在 1995 年年初投資了 50,000 元，按表 3-6-1 所示的收益率表計算該投資者在 2003—2005 年 3 年間所獲得的投資收益。

解：該投資在 2002 年年末的累積值為：

$$50,000\{[(1+7.5\%)(1+7.6\%)(1+7.65\%)(1+7.75\%)(1+7.80\%)]$$
$$(1+7.65\%)(1+7.85\%)(1+8.10\%)\} \approx 90,761.30(元)$$

該投資在 2005 年年末的累積值為：

$$50,000\{[(1+7.5\%)(1+7.6\%)(1+7.65\%)(1+7.75\%)$$
$$(1+7.80\%)](1+7.65\%)(1+7.85\%)(1+8.10\%)$$
$$(1+8.15\%)(1+8.30\%)(1+8.75\%)\} \approx 115,607.21(元)$$

因此，該投資者在 2003—2005 年 3 年間所獲得的投資收益約為：

$$115,607.21-90,761.30 \approx 24,845.91(元)$$

第七節　　一般借貸模型

本章第一節已經顯示，在存在多重收益率的情況下，要對某些金融計算結果做出合理的解釋及對不同金融業務進行比較將會遇到某些困難。在實踐中，人們曾提出各種方法以迴避多種收益率所帶來的問題。

一種方法是將未來資金輸出流按某一規定利率折現，然后僅基於未來的資金輸入流來完成其余計算。這裡所規定的利率就是投資者能安全地得到的利率。事實上，投資者是為未來的資金輸出流「預先設立基金」，它等於按規定利率計算的未來資金輸出流的現值，使之與未來資金輸入流的現值相等時所計算的收益率將是唯一的。這一問題留給有興趣的讀者作為習題去探討。

下面將花較多的筆墨去探討另一種方法。在第一節中，我們曾經指出，如果在整個投資期間投資累積額始終為正，那麼收益率將唯一。可以推廣這一結果，並定義一個純投資項目，對此項目所有 $B_t \geq 0 (t = 0, 1, 2, \cdots, n)$。一個純投資項目，就是在整個投資期間投資者始終有錢投入。從借款人的角度來看，可以定義一個純借貸項目，此項目中所有 $B_t \leq 0 (t = 0, 1, 2, \cdots, n)$。它的含義是在整個投資期間，投資者始終欠基金的錢。如果在整個投資期間，投資余額有時為正、有時為負，就可能產生多重收益率問題，這樣的項目稱為混合項目。在這樣的項目中，投資者有時是借款人，有時以貸款人身分出現。

對於一般模型，有這樣的前提：投資者在投資期間處於貸款人地位時的利率不同於他處於借款人地位時的利率。當投資者處於貸款人地位（即 $B_t \geq 0$）時，可接受利率稱為項目投資利率，記為 r。當投資者處於借款人地位（即 $B_t \leq 0$）時，可接受利率稱為項目借貸利率，記為 g。一般地，$r > g$，因為對於一個精明的投資者來講，作為貸款人時的可接受利率會比作為借款人時的可接受利率要大，但后面的數學推導並不需要這樣的假設。

假設初始基金余額為：

$$B_0 = C_0 \tag{3.7.1}$$

並利用如下遞推公式得到各期期末基金余額：

$$B_t = B_{t-1}(1 + r) + C_t, 若 B_{t-1} \geq 0 時 \tag{3.7.2}$$

$$B_t = B_{t-1}(1 + g) + C_t, 若 B_{t-1} < 0 時 \tag{3.7.3}$$

上式中，$t = 0, 1, 2, \cdots, n$。最終基金余額可表述為：

$$B_n = \sum_{s=0}^{n} C_s (1 + r)^{m_s} (1 + g)^{n - m_s - s} \tag{3.7.4}$$

上式中，m_s 為整數，含義為從時刻 s 到時刻 n 中使用利率 r 的時期總數，使用利率 g 的期數則為 $n - m_s - s$，且 $n \geq m_0 \geq m_1 \geq m_2 \geq \cdots \geq m_n \geq 0$。

當 $r = g = i$ 時，(3.7.1) 式 ~ (3.7.4) 式就演化為(3.1.5) 式 ~ (3.1.7) 式，收益率就是使 $B_n = 0$ 的利率。若 $r \neq g$，則收益率概念仍可使用，只不過不是一個單獨的數，而是 r 與 g 之間的一個函數關係。換言之，對於一個給定的 g，可找到一個與之對應的 r，使得 $B_n = 0$，這樣的 r 與 g 可稱為此項業務的一對收益率。對於存在收益率的業務而言，通常有無窮多對 r 與 g，且可找到二者間的一個函數關係。

考慮淨現值公式(3.1.1)，$R_t = -C_t$，因此，資金淨流入現值大於 0 對應於 B_n 為負數，反之亦然。從投資者的角度來看，投資者喜歡 B_n 為負數這一事實。

例 3.7.1 某投資者立即投資 16,000 元，第 2 年年末再投資 100,000 元，以換取

在第 1 年年末收取 100,000 元。

(1) 若 $r = g$,求收益率。

(2) 若 r 與 g 是收益率對,將 r 表示為 g 的函數。

(3) 若 $r = 60\%$,$g = 30\%$,投資者應拒絕還是接受該項業務?

(4) 若 $g = 40\%$,重新考慮問題(3)。

解:

(1) 設 $r = g = i$,以第 2 年年末作為觀察點,於是等值方程為

$$16,000(1+i)^2 + 100,000 = 100,000(1+i)$$

解得

$$i = 25\% \text{ 或 } i = 400\%$$

顯然,本例題所表明的業務具有多重收益率。

(2) 由於投資餘額在第 1 年年初為正,第 1 年年末(即第 2 年年初)為負,故第 1 年使用利率 r,第 2 年使用利率 g,於是有

$$B_0 = 16,000$$
$$B_1 = 16,000(1+r) - 100,000$$
$$B_2 = [16,000(1+r) - 100,000](1+g) + 100,000 = 0$$

由此可得

$$r = 5.25 - \frac{6.25}{1+g}$$

注意,當 $r = g$ 時,出現了多重收益率問題;當 $r > g$ 時,體現正常關係;而當 $r < g$ 時,r 仍為 g 的增函數。

(3) ∵ $r = 60\%$,$g = 30\%$,$B_0 = C_0 = 16,000$

∴ $B_1 = B_0(1+r) + C_1 = 16,000(1+60\%) - 100,000 = -74,400$

$B_2 = B_1(1+g) + C_2 = -74,400(1+30\%) + 100,000 = 3,280$

因為 $B_2 > 0$,所以投資者應拒絕該項投資業務。

(4) 重複上面的方法,B_0 與 B_1 不變,新的最終餘額為

$$B_2 = -74,400(1+40\%) + 100,000 = -4,160$$

因為 $B_2 < 0$,所以投資者應接受該項投資業務。

問題(4)與問題(3)的唯一差別就是借款的可接受利率 g。如果投資者願意支付借貸的最大利率為 30%,那麼此項業務將被拒絕;若投資者願意支付 40% 的借款利率,則此項業務將被接受。

例 3.7.2 一個 10 年期投資項目的頭 5 年的資金淨投入如表 3-7-1 所示。若 $r = 15\%$,$g = 10\%$,求 B_5。

表 3-7-1　　　　　　　某資金淨投入表　　　　　　　單位:元

t	0	1	2	3	4	5
C_t	1,000	2,000	-4,000	3,000	-4,000	5,000

解：$\because r = 15\%$，$g = 10\%$，且 $B_0 = C_0 = 1,000$

$\therefore B_1 = B_0(1+r) + C_1 = 1,000(1+15\%) + 2,000 = 3,150$

$B_2 = B_1(1+r) + C_2 = 3,150(1+15\%) - 4,000 = -377.50$

$B_3 = B_2(1+g) + C_3 = -377.50(1+10\%) + 3,000 = 2,584.75$

$B_4 = B_3(1+r) + C_4 = 2,584.75(1+15\%) - 4,000 \approx -1,027.54$

$B_5 = B_4(1+g) + C_5 = -1,027.54(1+10\%) + 5,000 \approx 3,869.71$

因此，所求的 B_5 約為 3,869.71 元。

本章小結

1. 內容概要

本章主要研究了收益率的有關概念及其基本計算。

收益率就是使未來資金流入現值與資金流出現值相等時的利率。一個投資項目是否可行，有兩種判斷方法：一是收益率法；二是淨現值法。前者指的是當投資項目收益率大於或等於投資者所要求的收益率時，該項目是可行的；否則，該項目是不可行的。后者則指應優先選擇淨現值大的項目，或者在投資者所要求的收益率條件下資金的淨流入現值大於或等於 0 時，該項目可行，否則便不可行。當收益率不唯一時，上面的判斷方法失效。收益率唯一性定理告訴我們：若資金淨流入只改變過一次符號，則收益率（$i > -1$）是唯一的。

收益率又可分為幣值加權收益率與時間加權收益率。前者受資金淨投入金額大小影響，后者則消除了它的影響，反應投資隨時間變化的增值特性。幣值加權收益率可用近似法與精確法計算。前者用利息收入與平均本金餘額之比率作為投資收益率，后者所指的收益率則滿足由期初投入的本金以及期內不同時點新增投資在期末所形成的累積值等於已知值所構成的方程。而時間加權收益率的計算原理是：期內的新增投資點將其分為若干時段，期初 1 單位本金依次經歷各個時段，到期末時所產生的利息就是時間加權收益率。

如果債券存在違約風險，那麼債券發行人必須通過提高票息率或降低出售價格給投資者以一定的補償；違約風險越大，補償越多，反之越少；違約后果越嚴重，要求補償的也越多，反之則越少。

再投資有兩種情形：一是期限短的項目的再投資；二是利息的再投資。前者只有在考慮投資期較短的債券從其到期至投資期較長債券投資期結束這段時間的再投資收益率大小之后，才能比較不同期限投資收益率的大小。后者則是指每期產生的利息將進行再投資。再投資收益率對整個投資的平均收益率有重要影響，再投資收益率越高，則平均收益率也越高；反之，則越低。

投資收益分配有兩種方法可供選擇：一是投資組合法；二是投資年度法。前者按平均收益率分配投資收益，它在利率下降時期對投資者有吸引力；后者分配投資收益

時,在一定選擇期內,收益率的選擇不僅要考慮資金投入的年度,而且還要考慮當前所在年度,它在利率上升時期對投資者有吸引力,但在選擇期過后,僅考慮當前所在年度,即選擇組合利率。

投資者在投資期間很可能的情形是:有時處於貸款人的地位,有時又處於借款人的地位。由於不同地位適用不同利率,必須根據上一期期末投資基金余額的符號,選擇合適的利率,加上本期末的新增投資,從而得到本期末的基金余額。從投資者的角度來看,投資者喜歡為負數這一事實。

2. 重要公式

(1) Hardy 公式

$$i \approx \frac{2I}{A_0 + A_1 - I}$$

(2) $i \approx \dfrac{I}{A_0 + \sum_t C_t(1-t)}$

(3) $i = (1+j_1)(1+j_2)\cdots(1+j_n) - 1$

其中,j_k 為第 k 段收益率,$k = 1, 2, \cdots, n$。

習題3

3-1　某5年期投資項目第1年年初需要投資14萬元,第2年年初、第3年年初分別需再投資2萬元、1萬元;第1年年末、第2年年末、第3年年末、第4年年末、第5年年末可以分別得到6萬元、5萬元、3萬元、2萬元、4萬元的回報。

(1) 若投資者要求6%的收益率,該項目是否可行?

(2) 若投資者要求8%的收益率,該項目是否可行?

(3) 求該投資項目的收益率。

3-2　某投資者簽訂契約時投資7萬元,第2年年末再投資1萬元;這樣,他在第1年年末、第3年年末將分別得到4萬元和5萬元。

(1) 試用 Descartes 符號法則確定可能收益率的最大個數。

(2) 實際上是否存在唯一收益率?若存在,則求其值。若不存在,請說明理由。

3-3　某投資者在第1年年初向某基金投入 10,000 元,在第2年年初收回 10,000 元,並從基金中借出 6,000 元,第2年年末償還 7,000 元,結清了債務,求該投資業務的收益率。

3-4　某投資者現在向某基金投入 10,000 元,在第1年年末收回投入的本金,並從基金中借出 21,600 元,第2年年末償還 11,663 元,結清了債務,求該投資業務的收益率。

3-5　證明:如果 C_0 與 C_n 同號,就不能保證收益率的唯一性。

3-6　某投資帳戶資金余額及「新增」投資見表3-習題3-1,試計算該投資帳

戶在當年的幣值加權收益率(分別用精確法和兩種近似法)和時間加權收益率。

表3－習題3－1　　　某投資帳戶資金餘額及「新增」投資表　　　　　單位:元

日期	1月1日	5月1日	10月1日	12月31日
資金餘額	11,000	12,000	7,900	10,000
「新增」投資		-4,800	2,900	

3-7　假定市場的無風險利率為6%,債券A的面值為1,000元,期限為1年,違約概率為2.5%;假設違約發生時,無任何返還。發行人按面值發售債券,那麼該債券的票息率至少應為多少?如果投資者要求購買該債券的期望收益率為7%的無風險利率所產生的收益,並且違約時僅收回面值的70%,那麼票息率至少應為多少?

3-8　假設債券A的期限是3年,年收益率為7%;債券B的期限是5年,年收益率為5%,都按相同的面值出售,不考慮風險因素,都在到期時一次性還本付息,應選擇哪種債券?

3-9　一筆100,000元10年期貸款,如果年實際利率為5%,比較如下三種還款方式中哪種方式收益率最高。

(1) 在第10年年末一次性償還所有本息。

(2) 每年年末支付當年利息,第10年年末再償還本金,利息部分按年4%的收益率進行再投資。

(3) 10年內,每年年末均等償還,剛好在第10年年末還清貸款。假設返回給貸款人的款項可按4%的年利率進行再投資。

3-10　一筆10,000元的貸款在20年內以每年年末付款1,000元來償還,如果每次還款立即以7%的年實際利率再投資,試確定20年間貸款者獲得的年實際利率。

3-11　某基金要求每年年初存入相等金額,以便在第10年年末累積到10,000元,如果存款的實際利率為8%,其利息只能以4%的年實際利率再投資,試證明每年年初需存入的金額為$\dfrac{10,000}{2s_{\overline{11}|0.04}-12}$元。

3-12　一項投資基金在時刻0投入本金1,在以後的n年中,新的儲蓄在時刻t以年率$(1+t)$連續存入。在時刻t的利息力為$\delta_t=(1+t)^{-1}$,求該基金在第n年年末的累積值。

3-13　某借款人在年初需要現款800元,他可從如下兩種途徑滿足需要:

(1) 承諾在年末歸還900元;

(2) 年初借1,000元,年末歸還1,120元。

如果該年度內可接受利率為10%,那麼應選擇哪一種?

3-14　用某人壽保單的保險金建立一筆基金,年末計息。受益人可以在今後10年內每年年末從基金中提取款項,當基金的最低保障年利率為3%時,每年年末將提取1,000元。然而,該基金在前4年提供4%的年利率,後6年提供5%的年利率。在第

t 年年末的實際提取額為 $W_t = \dfrac{F_t}{\ddot{a}_{\overline{11-t}|0.03}}$，其中 $t \geq 1$，F_t 為基金（包括利息）在提款前的金額。試計算 W_{10}，並運用 Excel 計算出 F_t，W_t，這裡 $t = 0, 1, 2, \cdots, 10$。

3 - 15　某人借款 10,000 元，年利率為 5%，分 30 年還清，后 20 年每年年末還款是前 10 年每年年末還款的 2 倍，第 10 年年末該借款人再一次性還款 11,500 元結清債務，求貸款人的年收益率。

3 - 16　某投資者在 5 年內每年年初向某基金存入 1,000 元，該基金的年實際利率為 5%，基金所得到的利息的再投資收益率只有 4% 的年實際利率。證明在第 10 年年末的累積值為 $1,250(s_{\overline{11}|0.04} - s_{\overline{6}|0.04} - 1)$ 元。

3 - 17　在 10 年期內每年年初投資 1,000 元，此項投資的年利率為 6%，而其利息可按 5% 的年實際利率再投資。

（1）試確定第 10 年年末基金的累積值。

（2）如果要產生 7% 的年實際收益率，求投資者應付的購買價格。試用 Excel 解答上述問題。

（3）當再投資收益率提高到 8% 時，其余條件不變，上述問題（1）與（2）的結果又如何？

3 - 18　對於滿足 $1 \leq t \leq 5, 0 \leq y \leq 10$ 的整數 t 與 y，$1 + i_t^y = (1.08 + 0.005t)^{1+0.01y}$。如果在 $y = 5$ 這一年開始時投資 1,000 元並持續 3 年，試求等價的年實際利率。

3 - 19　一個 10 年期投資項目在前 5 年的資金淨投入情況如表 3 - 習題 3 - 2 所示，如果 $r = 15\%$，$g = 12\%$，求 B_5。

表 3 - 習題 3 - 2　　　　　　資金淨投入表　　　　　　單位：元

t	0	1	2	3	4	5
C_t	2,000	4,000	-7,000	6,000	-8,000	5,000

3 - 20　某投資者現在投資 100 元，並在第 2 年年末再投資 132 元，以換取在第 1 年年末獲得 230 元的回報，容易計算出這筆投資業務的收益率等於 10% 或 20%。但這位投資者對收益率究竟是 10% 還是 20% 感到困惑。為了消除這一困惑，他決定將第 2 年年末的投入按照一個年利率為 12% 來「預設基金」。

（1）計算在這些條件下該業務的收益率。

（2）（1）中的收益率是否唯一？

（3）試確定項目的投資利率為 $r = 15\%$ 的項目借貸利率。

（4）若 $r = 40\%$，$g = 30\%$，則投資者應接受還是拒絕這筆業務？

第四章 債務償還方法

　　貸款,亦稱放款,指的是商業銀行以債權人身分,把資金按約定的利率借出去並約定將來清償本利的一種授信業務。它是現代信用經濟的產物,是商業銀行的最重要的資產業務之一。當前,在住房商品化、轎車私有化的過程中,商業銀行提供的信用支持必不可少,商業銀行普遍推出了分期付款業務,來擴大消費者的即期消費能力,開拓自己的業務領域,增加自己的利潤收入。發放貸款,對於商業銀行來說,存在著到期難以完全收回本息的風險;對於消費者來講,由於存在著償還能力的變化,往往需要改變還款方式,最常見的情形就是縮短或延長還款期限。

　　債務償還的方法一般有三種:一是滿期償還法,它指的是借款人在貸款期滿時一次性償還貸款本息;二是分期償還法,它指的是貸款期內,每隔一段時間分期償還貸款本息;三是償債基金法,它指的是借款人每期末償還貸款利息,同時每期末另存一筆款項建立一個基金,其目的是在貸款滿期時能償還貸款本金,從而結清債務。

　　根據各次還款數額是否相等,貸款償還法可以分為等額償還法和變額償還法。等額償還法又可分為等額本利分期償還法和等額償債基金法;在變額償還法中,將主要考慮等額本金償還法。滿期償還法比較簡單、操作方便。假設貸款本金為 L_0,貸款 n 期,每期的貸款利率為 i,到期時只需一次性償還本息 $L_0(1+i)^n$ 便可還清全部債務。但是由於一次性還款數額相對巨大,實踐中更多地採用分期償還法。因此,本章主要研究分期償還法與償債基金法。

第一節　分期償還法

　　分期償還法依每期償還數額是否相等,可以分為等額分期償還法和變額分期償還法。在分期償還法中,每期還款額中,先償還當期貸款利息,剩餘部分才用於償還貸款本金。換言之,在分期償還法中,必須明確下列三個問題:① 每期償還的金額是多

少；②每期償還額中，利息與本金各占多少；③未償還的本金余額(或稱殘余本金)是多少。

一、等額分期償還法

等額分期償還法指的是每期償還相等的金額，由於償還的金額中包含本金和利息，故又稱為等額本利償還法或等額本息償還法。顯然，隨著時間的推移，未償還的本金數額在減少，因而在前期償還額中利息佔有較大的份額，而在后期償還額中，本金佔有較大的份額。

在等額分期償還法中，主要考慮每期償還一次、每期償還 m 次、每 k 期償還一次、連續償還等方法。

(一) 每期償還一次

1. 償還的基本過程

一般以一年或一月為一期，設每期貸款利率為 i，貸款本金為 L_0，貸款 n 期，並假設每期末償還的金額為 R，以貸款時點或 0 點作為觀察點，依收支平衡原則有

$$Ra_{\overline{n}|} = L_0 \tag{4.1.1}$$

因此

$$R = \frac{L_0}{a_{\overline{n}|}} \tag{4.1.2}$$

令第 k 期末還款后即刻的殘余本金即貸款余額或尚未償還的本金或此刻結清債務的償還額為 L_k，令 I_k 表示第 k 期期末償還額中的利息部分，P_k 為第 k 期期末償還額中的本金部分，這裡 $k = 1, 2, 3, \cdots, n$。

顯然有如下關係：

$$I_k = iL_{k-1} \tag{4.1.3}$$

$$P_k + I_k = R \tag{4.1.4}$$

$$L_k = L_{k-1} - P_k \tag{4.1.5}$$

具體而言，第 1 期期末應償還的利息為

$$I_1 = iL_0 = iRa_{\overline{n}|} = R(1 - v^n)$$

第 1 期期末可償還的本金為

$$P_1 = R - I_1 = R - R(1 - v^n) = Rv^n$$

第 1 期期末還款后的殘余本金為

$$L_1 = L_0 - P_1 = Ra_{\overline{n}|} - Rv^n = R(v + v^2 + \cdots + v^{n-1} + v^n) - Rv^n$$
$$= R(v + v^2 + \cdots + v^{n-1}) = Ra_{\overline{n-1}|}$$

第 2 期期末應償還的利息為

$$I_2 = iL_1 = iRa_{\overline{n-1}|} = R(1 - v^{n-1})$$

第 2 期期末可償還的本金為

$$P_2 = R - I_2 = R - R(1 - v^{n-1}) = Rv^{n-1}$$

第 2 期期末還款后的殘余本金為

$$L_2 = L_1 - P_2 = Ra_{\overline{n-1}|} - Rv^{n-1} = Ra_{\overline{n-2}|}$$
……

第 k 期期末應償還的利息為
$$I_k = R(1 - v^{n-k+1}) \qquad (4.1.6)$$
第 k 期期末可償還的本金為
$$P_k = Rv^{n-k+1} \qquad (4.1.7)$$
第 k 期期末還款后的殘余本金為
$$L_k = Ra_{\overline{n-k}|} \qquad (4.1.8)$$
……

第 n 期期末應償還的利息為
$$I_n = R(1 - v)$$
第 n 期期末可償還的本金為
$$P_n = Rv$$
第 n 期期末還款后的殘余本金為
$$L_n = Ra_{\overline{0}|} = 0$$
（這裡規定 $a_{\overline{0}|} = 0$）

於是，可將上面的償還過程用一張表格即等額本利分期償還表來反應，見表4－1－1。

表4－1－1　　　　　　等額本利分期償還表

償還時點 k	每期償還額	償還額中利息部分 I_k	償還額中本金部分 P_k	殘餘本金 L_k
0				$Ra_{\overline{n}|}(=L_0)$
1	R	$R(1-v^n)$	Rv^n	$Ra_{\overline{n-1}|}$
2	R	$R(1-v^{n-1})$	Rv^{n-1}	$Ra_{\overline{n-2}|}$
…	R	…	…	…
k	R	$R(1-v^{n-k+1})$	Rv^{n-k+1}	$Ra_{\overline{n-k}|}$
…	…	…	…	…
n	R	$R(1-v)$	Rv	0

當 i、L_0、n 已知時，可以做出等額本利分期償還表。分期償還表有兩種製作方法，一是間接法，二是直接法。

運用（4.1.1）式或（4.1.2）式計算出每期還款額 R，然后逐一計算出表4－1－1中各欄目的值，或者運用（4.1.6）式、（4.1.7）式和（4.1.8）式所做出的分期償還表，簡稱為間接法。間接法對單獨計算某期末還款額中本金與利息各為多少，還款后殘余本金是多少等問題比較有效；若用於做出分期償還表，則顯得比較複雜，因為后一步計算不能運用上一步的計算結果。

在實踐中，直接運用表4－1－1的推導過程就可做出分期償還表，在此不妨稱之

為直接法。直接法實際上反應在運用(4.1.3)式、(4.1.4)式和(4.1.5)式時,具體可表述為:第一,在0點的殘余本金欄中直接填上L_0;第二,在每期償還額中直接填上上面所計算出的結果R;第三,用上一期末的殘余本金乘以每期貸款利率i,就得到本期末償還額中利息部分的值;第四,用每期償還額R減去償還額中的利息部分就得到該期末可償還的本金部分的值;第五,用上一期末的殘余本金減去本期可償還的本金部分就得到本期末在償還了當期款項R后的殘余本金。這種方法能相當方便地運用於Excel程序之中,從而輕松地做出分期償還表。

顯然,直接法與間接法沒有本質上的差別。

從表4-1-1還可以看出,各時點可償還的本金之和為
$$R(v^n + v^{n-1} + \cdots + v) = Ra_{\overline{n}|} = L_0$$

這也就是初始貸款本金。同時,也不難發現,每期償還額中的利息部分逐期遞減,可償還的本金部分則逐期遞增,因而殘余本金部分將加速減少。

一般地,在時刻$k+t$(k為非負整數,$0 \le t < 1$)的貸款余額或殘余本金為
$$L_{k+t} = L_k(1+i)^t = Ra_{\overline{n-k}|}(1+i)^t \tag{4.1.9}$$

2. 殘余本金的過去法與未來法表達式

L_k表示第k次還款后還殘存的本金余額或貸款余額,可以用過去法與未來法求得,分別記為L_k^r和L_k^p。

(1) 所謂過去法,指的是原始貸款在第k期末的累積值,減少過去已還款在第k期末的累積值或終值,顯然已還款項構成一個k期期末付年金。於是有
$$L_k^r = L_0(1+i)^k - Rs_{\overline{k}|} \tag{4.1.10}$$

(2) 所謂未來法,指的是未來需要償還的款項的現值,若以第k期末作為觀察點,則未償還的款項構成一個$(n-k)$期期末付年金。於是有
$$L_k^p = Ra_{\overline{n-k}|} \tag{4.1.11}$$

容易證明
$$L_k^r = L_k^p \tag{4.1.12}$$

事實上
$$\begin{aligned}L_k^r &= L_0(1+i)^k - Rs_{\overline{k}|} = Ra_{\overline{n}|}(1+i)^k - Rs_{\overline{k}|}\\&= R\frac{(1+i)^k - v^{n-k}}{i} - R\frac{(1+i)^k - 1}{i} = R\frac{1-v^{n-k}}{i} = Ra_{\overline{n-k}|} = L_k^p\end{aligned}$$

因此,今后為了簡便起見,對於L_k一般不特意區分為L_k^r和L_k^p。

例4.1.1 一筆100,000元貸款,期限為5年,年實際利率為8%,每年末等額償還貸款,試構造分期償還表。

解:設每年等額償還R元,

$\because L_0 = 100,000$ 且 $i = 8\%$

$\therefore R = \dfrac{L_0}{a_{\overline{5}|}} = \dfrac{100,000}{3.992,710,04} \approx 25,045.645,456,684 \approx 25,045.65(元)$

據此做出分期償還表如表4－1－2所示。

表4－1－2　　　　　　　　　　　分期償還表　　　　　　　　　　　單位:元

年末	每年償還額	償還額中利息部分	償還額中本金部分	殘餘本金
0				100,000
1	25,045.65	8,000.00	17,045.65	82,954.35
2	25,045.65	6,636.35	18,409.30	64,545.06
3	25,045.65	5,163.60	19,882.04	44,663.02
4	25,045.65	3,573.04	21,472.60	23,190.41
5	25,045.65	1,855.23	23,190.41	0.00

註:由於在計算過程中的四捨五入,可能形成較大的誤差。建議在中間運算過程中,盡可能保留較多小數位,以避免誤差累積;本表是用 Excel 程序根據(4.1.3)式、(4.1.4)式以及(4.1.5)式計算的,並在最后統一保留兩位小數,因而上一期殘余本金與本期可償還本金之差不完全等於本期末的殘余本金,不過最多相差 0.01。但這已是誤差最小的結果了。同時還約定,比如每年還款額 ≈ 25,045.645,456,684 元 ≈ 25,045.65 元,前一保留小數位較多的數據將參與后續的運算,后一保留小數較少的數作為最終結果,以避免誤差累積,這類問題以后不再贅述。

例 4.1.2　一筆 10,000 元的貸款擬用這樣的方式償還:每季末償還 1,000 元,一直支付到最后一次較小付款以還清貸款為止。如果每年結轉 4 次的年名義利率為 8%,試確定第 5 次還款中本金與利息各為多少。

解:以一季為一期,則每期的實際利率為 $i = 8\%/4 = 2\%$,本題屬於每期償還一次的問題。第 4 次還款后的殘余本金為:

$$L_4^r = L_0(1+i)^4 - Rs_{\overline{4}|} = 10,000(1+2\%)^4 - 1,000s_{\overline{4}|2\%} \approx 6,702.713,6(元)$$

在第 5 次還款中的利息部分為:

$$I_5 = iL_4^r = 2\% \times 6,702.713,6 \approx 134.05(元)$$

在第 5 次還款中可償還的本金為:

$$P_5 = R - I_5 \approx 1,000 - 134.05 = 865.95(元)$$

注意:本題不一定要找出較小的最后付款的時期與金額,因為過去法並不涉及這些問題。不過還是可以考慮未來法,甚至可以做出分期償還表,以加深對問題的理解。

另解:同樣以一季為一期,則每期的實際利率為 $i = 8\%/4 = 2\%$;設正常還款(即每期末償還 1,000 元)n 次,並在第 n 期末追加一次非正常還款 x 元($0 < x < 1,000$)。

首先,從下列方程中求解出:

$$1,000a_{\overline{m}|2\%} = 10,000$$

$$\therefore \frac{1-(1+2\%)^{-m}}{2\%} = 10$$

$$\therefore m = \frac{\ln 0.8}{\ln 1.02} \approx 11.27$$

其次,取 $n = [m] = 11$,於是有

$$1,000a_{\overline{11}|2\%} + xv^{11} = 10,000$$

解得
$$x \approx 265.03(元)$$

實際上,第 11 期期末還款總額為 1,265.03 元,因而從嚴格意義上看,本例題不屬於等額本利償還法的範疇。下面順便做出分期償還表 4-1-3,以觀察各期期末本金、利息的演變過程。

表 4-1-3　　　　　　　　　分期償還表　　　　　　　　　單位:元

期末	每期償還額	償還額中利息部分	償還額中本金部分	殘餘本金
0				10,000
1	1,000	200	800	9,200
2	1,000	184	816	8,384
3	1,000	167.68	832.32	7,551.68
4	1,000	151.03	848.97	6,702.71
5	1,000	134.05	865.95	5,836.77
6	1,000	116.74	883.26	4,953.50
7	1,000	99.07	900.93	4,052.57
8	1,000	81.05	918.95	3,133.62
9	1,000	62.67	937.33	2,196.30
10	1,000	43.93	956.07	1,240.22
11	1,265.03	24.80	1,240.23	0.00

例 4.1.3　一筆款項以每年實際利率 i 進行投資,以便在未來 n 年間每年年末可領取款項 1。在第 1 年基金確實實現了利率 i,並在年末付款 1。但在第 2 年中,基金年利率變為 j,其中 $j > i$。試在以下兩種假設下分別求出第 2 年至第 n 年間的每年年末應獲得款項的修正值。

(1) 假設利率在經過第 2 年後再次回覆到 i。

(2) 假設從第 2 年起的整個投資期間利率均保持 j 的水平。

解:初始投資為 $L_0 = a_{\overline{n}|i}$,在第 1 年年末帳戶上余額為 $L_1 = a_{\overline{n-1}|i}$。

(1) 假設利率在經過第 2 年後再次回覆到 i,並設第 2 年至第 n 年間的每年年末應獲得款項的修正值為 X,於是第 2 年年末應獲得款項中的利息部分為
$$I_2 = jL_1 = ja_{\overline{n-1}|}$$
第 2 年年末應獲得款項中的本金部分為
$$P_2 = X - I_2 = X - ja_{\overline{n-1}|}$$
在第 2 年年末付款 X 后,帳戶上的余額為
$$L_2 = L_1 - P_2 = a_{\overline{n-1}|i} - (X - ja_{\overline{n-1}|i}) = (1+j)a_{\overline{n-1}|i} - X$$
由於 L_2 必須滿足第 3 年至第 n 年間的每年年末應獲得款項 X,因此,以第 2 年年

末為觀察點,年利率為 i,於是有

$$(1+j)a_{\overline{n-1}|i} - X = Xa_{\overline{n-2}|i}$$

即 $(1 + a_{\overline{n-2}|i})X = (1+j)a_{\overline{n-1}|i}$

$\therefore 1 + a_{\overline{n-2}|i} = \ddot{a}_{\overline{n-1}|i} = (1+i)a_{\overline{n-1}|i}$

$\therefore X = \dfrac{1+j}{1+i}$

(2) 假設從第 2 年起的整個投資期間利率均保持 j 的水平,並設第 2 年至第 n 年間的每年年末應獲得款項的修正值為 Y,且在第 1 年年末帳戶上的餘額為 $L_1 = a_{\overline{n-1}|i}$,以第 1 年年末為觀察點,於是有

$$a_{\overline{n-1}|i} = Ya_{\overline{n-1}|j}$$

$\therefore Y = \dfrac{a_{\overline{n-1}|i}}{a_{\overline{n-1}|j}}$

請讀者思考:本例題是否可做出分期還款表?

例 4.1.4 已知某住房貸款 200,000 元,貸款 10 年,每月等額還款,每年計息 12 次的年名義利率為 6.21%,試計算在 80 次還款后的貸款餘額。

解:以一月為一期,則每期實際利率為 $i = 6.21\%/12 = 0.517,5\%$,設每月還款額為 R 元,於是

$$R = \frac{200,000}{a_{\overline{120}|i}} \approx 2,241.560,083(元)$$

下面分別用過去法與未來法計算貸款餘額。

由過去法得:

$$\begin{aligned}L_{80}^r &= 200,000(1+i)^{80} - Rs_{\overline{80}|i} \\ &= 200,000 \times 1.577,590,23 - 2,241.560,083 \times 101.065,655,8 \\ &\approx 80,802.83(元)\end{aligned}$$

由未來法得:

$$L_{80}^p = Ra_{\overline{40}|} = 2,241.560,083 \times 36.047,587,87 \approx 80,802.83(元)$$

這再一次驗證了用過去法與未來法計算的結果相同。順便提一句,如果中間過程中的數據不保留足夠多的小數位數,二者間可能會形成一個較小的誤差。

例 4.1.5 A 向 B 借款 100,000 元,計劃在未來 10 年內每季末等額還款,利率為季度轉換 6%。在第 4 年年末,B 將收取未來付款的權利轉讓給 C,轉讓價產生的季度轉換為 8% 的收益率,試求由 B 和 C 收取的利息的總量。

解:對於 A 來講,每季實際利率為 $6\%/4 = 1.5\%$,因而每季末應償還:

$$\frac{100,000}{a_{\overline{40}|1.5\%}} \approx 3,342.710,17 \approx 3,342.71(元)$$

對於 C 來講,每季實際利率為 $8\%/4 = 2\%$,因此 C 應付出的價格為:

$$3,342.710,17 a_{\overline{24}|2\%} \approx 63,223.77(元)$$

A 在最后 6 年內付出的款項總額為:

$3,342.71 \times 24 = 80,225.04(元)$

因此,C 收到的利息總量為:

$80,225.04 - 63,223.77 = 17,001.27(元)$

在第 4 年年末,在 B 的原始分期償還表上的未償還的貸款餘額為:

$3,342.710.17 a_{\overline{24}|1.5\%} \approx 66,955.84(元)$

A 在前 4 年的付款總額為:

$3,342.71 \times 16 = 53,483.36(元)$

其中 A 所償還的本金為:

$100,000 - 66,955.84 = 33,044.16(元)$

這樣,B 應收到的利息為:

$53,483.36 - 33,044.16 = 20,439.20(元)$

注意,A 在貸款期間付出的利息為 $3,342.71 \times 40 - 100,000 = 33,708.40$ 元。它不等於 C 和 B 所得的利息總量 37,440.47 元,原因在於 B 在第 4 年年末轉讓債權時已遭受了損失,其大小為未償還的貸款餘額與出售給 C 的價格之差,即為 $66,955.84 - 63,223.77 = 3,732.07$ 元,其根本原因是債權轉讓時利率發生了改變。若利率下降,則需補上債權轉讓時所獲得的盈餘。如果將這筆損失從 B 收到的利息中扣除,那麼 B 在這筆業務中實際獲得的淨收入為 $20,439.20 - 3,732.07 = 16,707.13$ 元。這樣,系統就平衡了,即 A 付出的利息等於 B 和 C 所獲得的利息之和,即 $33,708.40 = 16,707.13 + 17,001.27$。

(二) 每期償還 m 次

設貸款本金為 L_0,貸款 n 期,每期結轉利息 m 次的名義利率為 $i^{(m)}$,每期償還 m 次,每 $\frac{1}{m}$ 期末償還的金額為 $\frac{R}{m}$,即每期償還總額為 R。假設在第 k 次還款後,殘餘本金或貸款餘額為 $L_{\frac{k}{m}}$。以貸款時點或 0 點作為觀察點,依收支平衡原則有

$$Ra_{\overline{n}|}^{(m)} = L_0 \qquad (4.1.13)$$

$$R = \frac{L_0}{a_{\overline{n}|}^{(m)}} \qquad (4.1.14)$$

每次償還的金額為

$$\frac{R}{m} = \frac{L_0}{m a_{\overline{n}|}^{(m)}}$$

下面將展示貸款償還過程中本金與利息負擔的變化。每次的償還額中,先支付當期利息後再衝減本金,直到貸款償還期結束時殘餘本金為 0。

1. 償還的基本過程

因為 $\frac{1}{m}$ 期的實際利率為 $\frac{i^{(m)}}{m}$,所以第 1 次還款中應負擔的利息為

$$\frac{i^{(m)}}{m} \cdot L_0 = \frac{i^{(m)}}{m} \cdot R a_{\overline{n}|}^{(m)} = \frac{R}{m}(1 - v^n)$$

第 1 次還款中可償還的本金為

$$\frac{R}{m} - \frac{R}{m}(1 - v^n) = \frac{R}{m}v^n$$

第 1 次還款后即在時點 $\frac{1}{m}$ 的殘余本金為

$$L_{\frac{1}{m}} = L_0 - \frac{R}{m}v^n = Ra_{\overline{n}|}^{(m)} - \frac{R}{m}v^n = \frac{R}{m}(v^{\frac{1}{m}} + v^{\frac{2}{m}} + \cdots + v^{\frac{mn-1}{m}} + v^{\frac{mn}{m}}) - \frac{R}{m}v^n$$

$$= \frac{R}{m}(v^{\frac{1}{m}} + v^{\frac{2}{m}} + \cdots + v^{\frac{mn-1}{m}}) = Ra_{\overline{n-\frac{1}{m}}|}^{(m)}$$

第 2 次還款中應負擔的利息為

$$\frac{i^{(m)}}{m} \cdot L_{\frac{1}{m}} = \frac{i^{(m)}}{m} \cdot Ra_{\overline{n-\frac{1}{m}}|}^{(m)} = \frac{R}{m}(1 - v^{n-\frac{1}{m}})$$

第 2 次還款中可償還的本金為

$$\frac{R}{m} - \frac{R}{m}(1 - v^{n-\frac{1}{m}}) = \frac{R}{m}v^{n-\frac{1}{m}}$$

第 2 次還款后即在時點 $\frac{2}{m}$ 的殘余本金為

$$L_{\frac{2}{m}} = L_{\frac{1}{m}} - \frac{R}{m}v^{n-\frac{1}{m}} = Ra_{\overline{n-\frac{1}{m}}|}^{(m)} - \frac{R}{m}v^{n-\frac{1}{m}} = Ra_{\overline{n-\frac{2}{m}}|}^{(m)}$$

……

同理可得，第 k 次還款中應負擔的利息為

$$\frac{R}{m}(1 - v^{n-\frac{k-1}{m}})$$

第 k 次還款中可償還的本金為

$$\frac{R}{m}v^{n-\frac{k-1}{m}}$$

第 k 次還款后即在時點 $\frac{k}{m}$ 的殘余本金為

$$L_{\frac{k}{m}} = Ra_{\overline{n-\frac{k}{m}}|}^{(m)} \tag{4.1.15}$$

……

第 mn 次還款后即在時點 $\frac{mn}{m}$ 的殘余本金為 $L_n = L_{\frac{mn}{m}} = Ra_{\overline{0}|}^{(m)}$，而 $L_n = 0$，因此可規定 $a_{\overline{0}|}^{(m)} = 0$，這樣就可以無障礙地使用公式（4.1.15）。

現將上面的推導結果歸納成表 4 - 1 - 4。從表 4 - 1 - 4 中，容易驗證各次償還額中的本金部分之和為 $Ra_{\overline{n}|}^{(m)}$，即為貸款本金。

將表 4 - 1 - 4 與表 4 - 1 - 1 的製作過程進行比較，不難發現二者的實質是一樣的。因為在表 4 - 1 - 4 中，若以 $\frac{1}{m}$ 期為新的一期，則每新期的實際利率為 $\frac{i^{(m)}}{m}$，每新期末償還 $\frac{R}{m}$，貸款償還期限為 mn 個新期，這樣就將每期償還 m 次的債務償還問題轉化

為每期償還一次的問題。表 4-1-4 也可以用表 4-1-1 的方法做出。

表 4-1-4　　　　　等額本利分期償還表（每期償還 m 次）

償還時點 $\dfrac{k}{m}$	每期償還額	償還額中利息部分	償還額中本金部分	殘餘本金 $L_{\frac{k}{m}}$
0				$Ra_{\overline{n}|}^{(m)}$ $(=L_0)$
$\dfrac{1}{m}$	$\dfrac{R}{m}$	$\dfrac{R}{m}(1-v^n)$	$\dfrac{R}{m}v^n$	$Ra_{\overline{n-\frac{1}{m}}|}^{(m)}$
$\dfrac{2}{m}$	$\dfrac{R}{m}$	$\dfrac{R}{m}(1-v^{n-\frac{1}{m}})$	$\dfrac{R}{m}v^{n-\frac{1}{m}}$	$Ra_{\overline{n-\frac{2}{m}}|}^{(m)}$
…	…	…	…	…
$\dfrac{k}{m}$	$\dfrac{R}{m}$	$\dfrac{R}{m}(1-v^{n-\frac{k-1}{m}})$	$\dfrac{R}{m}v^{n-\frac{k-1}{m}}$	$Ra_{\overline{n-\frac{k}{m}}|}^{(m)}$
…	…	…	…	…
$\dfrac{mn}{m}$	$\dfrac{R}{m}$	$\dfrac{R}{m}(1-v^{\frac{1}{m}})$	$\dfrac{R}{m}v^{\frac{1}{m}}$	0

例 4.1.6　某人貸款 100,000 元，每年結轉利息 2 次的年名義利率為 8%，4 年間每半年末均等償還，試做出分期償還表。

解法 1：以一年為一期，則每期的實際利率為 $\left(1+\dfrac{8\%}{2}\right)^2-1=8.16\%$。本例題屬於每期還款 2 次的債務償還問題。設每期償還額為 R 元，於是

$$Ra_{\overline{4}|8.16\%}^{(2)}=100,000$$

解得

$$R\approx 29,705.566.4\approx 29,705.57(元)$$

因此，每次還款額為 $\dfrac{R}{2}\approx 14,852.78(元)$。

由於每 1/2 期的實際利率為 8%/2 = 4%，因此，在第 1 次還款額中利息部分為

$$100,000\times 4\%=4,000(元)$$

可償還本金為

$$14,852.78-4,000=10,852.78(元)$$

在第 1 次還款後殘餘本金為

$$100,000-10,852.78=89,147.22(元)$$

重複上面方法，可以做出分期償還表，見表 4-1-5。

表4-1-5　　　　　　　　　　　　分期償還表　　　　　　　　單位:元

償還時點	每次償還額	償還額中利息部分	償還額中本金部分	殘餘本金
0				100,000
1(0.5年末)	14,852.78	4,000.00	10,852.78	89,147.22
2(1.0年末)	14,852.78	3,565.89	11,286.89	77,860.32
3(1.5年末)	14,852.78	3,114.41	11,738.37	66,121.95
4(2.0年末)	14,852.78	2,644.88	12,207.91	53,914.05
5(2.5年末)	14,852.78	2,156.56	12,696.22	41,217.83
6(3.0年末)	14,852.78	1,648.71	13,204.07	28,013.76
7(3.5年末)	14,852.78	1,120.55	13,732.23	14,281.52
8(4.0年末)	14,852.78	571.26	14,281.52	0.00

解法2：以半年為一期，則每期實際利率為$8\%/2 = 4\%$，設每期末償還額為$\tilde{R}$元，於是

$$\tilde{R}a_{\overline{8}|4\%} = 100,000$$

解得

$$\tilde{R} \approx 14,852.78(元)$$

然后重複解法1的過程，也可以得到分期償還表，見表4-1-5。

例4.1.7　某人貸款100,000元，每年的實際利率為8%，4年間每半年末均等償還，試做出分期償還表。

解：以半年為一期，設每期的實際利率為i，則

$$(1+i)^2 = 1 + 8\%$$

解得

$$i = 0.039,230,485\cdots\cdots$$

設每期末償還R元，於是有

$$Ra_{\overline{8}|i} = 100,000$$

解得

$$R \approx 14,805.62(元)$$

這樣就容易做出分期償還表，見表4-1-6。

表4-1-6　　　　　　　　　　　　分期償還表　　　　　　　　單位:元

償還時點	每次償還額	償還額中利息部分	償還額中本金部分	殘餘本金
0				100,000
1	14,805.62	3,923.05	10,882.58	89,117.42
2	14,805.62	3,496.12	11,309.50	77,807.92

表4-1-6(續)

償還時點	每次償還額	償還額中利息部分	償還額中本金部分	殘餘本金
3	14,805.62	3,052.44	11,753.18	66,054.74
4	14,805.62	2,591.36	12,214.26	53,840.47
5	14,805.62	2,112.19	12,693.44	41,147.04
6	14,805.62	1,614.22	13,191.41	27,955.63
7	14,805.62	1,096.71	13,708.91	14,246.72
8	14,805.62	558.91	14,246.72	0.00

2. 殘餘本金的過去法與未來法表達式

(1) 過去法:以第k次還款時點$\frac{k}{m}$作為觀察點,此時的殘餘本金或貸款餘額$L^r_{\frac{k}{m}}$可由原始貸款的累積值與已還款項構成的年金的累積值或終值之差求得。

$$L^r_{\frac{k}{m}} = L_0(1+i)^{\frac{k}{m}} - R s^{(m)}_{\frac{k}{m}|} \qquad (4.1.16)$$

(2) 未來法:在時點$\frac{k}{m}$以后尚未償還的貸款構成的年金現值記為$L^p_{\frac{k}{m}}$。

$$L^p_{\frac{k}{m}} = R a^{(m)}_{n-\frac{k}{m}|} \qquad (4.1.17)$$

顯然

$$L^r_{\frac{k}{m}} = L^p_{\frac{k}{m}} \qquad (4.1.18)$$

事實上

$$L^r_{\frac{k}{m}} = L_0(1+i)^{\frac{k}{m}} - R s^{(m)}_{\frac{k}{m}|} = R a^{(m)}_{n|}(1+i)^{\frac{k}{m}} - R s^{(m)}_{\frac{k}{m}|}$$

$$= R \frac{1-v^n}{i^{(m)}}(1+i)^{\frac{k}{m}} - R \frac{(1+i)^{\frac{k}{m}}-1}{i^{(m)}} - R \frac{(1+i)^{\frac{k}{m}}-1}{i^{(m)}}$$

$$= R \frac{1-v^{n-\frac{k}{m}}}{i^{(m)}} = R a^{(m)}_{n-\frac{k}{m}|} = L^p_{\frac{k}{m}}$$

順便提一句,若以$\frac{1}{m}$期為新的一期,則每新期的實際利率為$\frac{i^{(m)}}{m}$,且每新期末償還$\frac{R}{m}$,從而可用每期償還一次情形下的過去法與未來法來表示的殘餘本金公式計算,即

$$L^r_{\frac{k}{m}} = L_0\left[1+\frac{i^{(m)}}{m}\right]^k - \frac{R}{m} s_{k|\frac{i^{(m)}}{m}} \qquad (4.1.19)$$

$$L^p_{\frac{k}{m}} = \frac{R}{m} a_{mn-k|\frac{i^{(m)}}{m}} \qquad (4.1.20)$$

容易驗證(4.1.19)式與(4.1.16)式實質是一樣的,(4.1.20)式與(4.1.17)式

的實質也一樣,今后我們一般不特意去區分過去法與未來法表達式。

(三) 每 k 期償還一次

設貸款本金為 L_0,貸款 n 期,每期利率 i,每 k 期末償還 R,其中 n 為 k 的整數倍。顯然,貸款的各次償還構成了一個每 k 期末給付一次的年金。

$$\frac{R}{s_{\overline{k}|}} a_{\overline{n}|} = L_0 \tag{4.1.21}$$

$$\therefore R = L_0 \frac{s_{\overline{k}|}}{a_{\overline{n}|}} \tag{4.1.22}$$

在第 1 次即第 k 期期末的還款中的利息部分為

$$L_0 [(1+i)^k - 1] = \frac{R}{s_{\overline{k}|}} a_{\overline{n}|} [(1+i)^k - 1] = R(1 - v^n)$$

還款中的本金部分為

$$R - R(1 - v^n) = Rv^n$$

因此,第 1 次還款后殘余的本金為

$$L_k = L_0 - Rv^n = \frac{R}{s_{\overline{k}|}} a_{\overline{n-k}|}$$

同理,在第 2 次即第 $2k$ 期期末的還款中的利息部分為

$$L_k [(1+i)^k - 1] = \frac{R}{s_{\overline{k}|}} a_{\overline{n-k}|} [(1+i)^k - 1] = R(1 - v^{n-k})$$

還款中的本金部分為

$$R - R(1 - v^{n-k}) = Rv^{n-k}$$

因此,第 2 次還款后殘余的本金為

$$L_{2k} = L_k - Rv^{n-k} = \frac{R}{s_{\overline{k}|}} a_{\overline{n-2k}|}$$

……

在第 t 次,即第 tk 期期末的還款中的利息部分為

$$R[1 - v^{n-(t-1)k}]$$

還款中的本金部分為

$$Rv^{n-(t-1)k}$$

因此,第 t 次還款后殘余本金為

$$L_{tk} = \frac{R}{s_{\overline{k}|}} a_{\overline{n-tk}|}$$

……

顯然,第 n 期期末即最后一次還款后的余額為 0。

將上面的結果整理成一張貸款償還表,見表 4 – 1 – 7。在表 4 – 1 – 7 中,也可以以 k 期作為新的一期,於是每新期的實際利率為 $j = (1+i)^k - 1$,這樣本例題就成為每新期末償還一次,償還期為 $\frac{n}{k}$ 個新期的債務償還問題。

也可以考慮任意一時點 s 的貸款余額或殘餘本金 L_s，這裡 $s = tk + u$，其中 $t = 0$, $1, 2, \cdots, \frac{n}{k}$，$0 \leq u < k$，且 u 為非負整數，於是

$$L_s = L_{tk}(1 + i)^u \tag{4.1.23}$$

同樣可以考慮用未來法與過去法去求尚未償還的貸款余額。

表 4 - 1 - 7　　　　等額本利分期償還表（每 k 期償還一次）

償還時點 tk	償還總額	償還額中利息部分	償還額中本金部分	殘餘本金 L_{tk}
0				$\dfrac{R}{s_{\overline{k}|}} a_{\overline{n}|}\ (= L_0)$
k	R	$R(1 - v^n)$	Rv^n	$\dfrac{R}{s_{\overline{k}|}} a_{\overline{n-k}|}$
$2k$	R	$R(1 - v^{n-k})$	Rv^{n-k}	$\dfrac{R}{s_{\overline{k}|}} a_{\overline{n-2k}|}$
$\cdots$	$\cdots$	$\cdots$	$\cdots$	$\cdots$
tk	R	$R(1 - v^{n-(t-1)k})$	$Rv^{n-(t-1)k}$	$\dfrac{R}{s_{\overline{k}|}} a_{\overline{n-tk}|}$
$\cdots$	$\cdots$	$\cdots$	$\cdots$	$\cdots$
$\frac{n}{k} \cdot k$	R	$R(1 - v^k)$	Rv^k	0

例 4.1.8　已知某人貸款 50,000 元，貸款 3 年，每月結轉一次利息的年名義利率為 12%，每季末等額償還一次，試做出分期償還表。

解：由題意知，每月的實際利率為 12%/12 = 1%，以每月為一期，則本例題屬於每 3 期末償還一次的貸款問題，其中 $i = 1\%$。設每季末需償還 R 元，於是由收支平衡原則有

$$R \frac{a_{\overline{36}|1\%}}{s_{\overline{3}|1\%}} = 50,000$$

$$\therefore R \approx 5,032.134.008 \approx 5,032.13(元)$$

第 1 次還款中的利息部分為：

$$50,000[(1 + 1\%)^3 - 1] = 1,515.05(元)$$

可償還的本金部分為：

$$5,032.13 - 1,515.05 = 3,517.08(元)$$

第 1 次還款后殘余本金為：

$$50,000 - 3,517.08 = 46,482.92(元)$$

重複上面的方法，就可以做出分期償還表，見表 4 - 1 - 8。

注意，在表 4 - 1 - 8 中，以每月為一期，因而還款時點在第 3 月月末、第 6 月月末……第 36 月月末，現在也可算出其余月末的殘余本金。

第 1 月月末的殘余本金為：

$$50,000(1 + 1\%) = 50,500(元)$$

第 2 月月末的殘余本金為：

$$50,500(1 + 1\%) = 51,005(元)$$

第 3 月月末(還款后)的殘余本金為：

$$51,005(1 + 1\%) - 5,032.14 = 46,482.92(元)$$

第 4 月月末的殘余本金為：

$$46,482.92(1 + 1\%) \approx 46,947.75(元)$$

表 4 - 1 - 8　　　　　等額本利分期償還表(每 3 期償還一次)　　　　　單位:元

償還時點	每次償還額	償還額中利息部分	償還額中本金部分	殘餘本金
0				50,000
3	5,032.13	1,515.05	3,517.08	46,482.92
6	5,032.13	1,408.48	3,623.66	42,859.26
9	5,032.13	1,298.68	3,733.46	39,125.81
12	5,032.13	1,185.55	3,846.58	35,279.22
15	5,032.13	1,069.00	3,963.14	31,316.08
18	5,032.13	948.91	4,083.23	27,232.86
21	5,032.13	825.18	4,206.95	23,025.91
24	5,032.13	697.71	4,334.43	18,691.48
27	5,032.13	566.37	4,465.76	14,225.72
30	5,032.13	431.05	4,601.08	9,624.64
33	5,032.13	291.64	4,740.50	4,884.14
36	5,032.13	147.99	4,884.14	0.00

重複上面的過程,就可得到更詳細的分期償還表,相當於在表 4 - 1 - 8 中插入在非 3 的倍數時點的還款情況。容易看出,殘余本金由時點 0 的 50,000 元波動性地下降到時點 36 的 0 元。

讀者也容易想到,若以每季為一期,則每期的實際利率為 3.030,1%,於是本例題就屬於每期償還一次的情形,從而也可以做出分期償還表。

(四) 每期連續償還

從理論上講,貸款可以連續償還,並由此可以做出連續償還的分期表,但實際應用並不廣泛。

假設貸款本金為 L_0,貸款 n 期,利息力為 δ。設每期連續償還的金額為 R,於是由收支平衡原則可得

$$R\overline{a}_{\overline{n}|} = L_0 \tag{4.1.24}$$

即
$$R = \frac{L_0}{\overline{a}_{\overline{n}|}} \tag{4.1.25}$$

在時刻 $t(0 \leq t \leq n)$ 的貸款余額或殘余本金為

$$L_t^r = L_0(1+i)^t - R s_{\overline{t}|} \quad (4.1.26)$$

$$L_t^p = R \bar{a}_{\overline{n-t}|} \quad (4.1.27)$$

不難證明

$$L_t^r = L_t^p \triangleq L_t \quad (4.1.28)$$

同樣可以將每一期償還額 R 分解為兩個部分：一部分償還當期利息，記為 $\bar{I}_t$；另一部分用於償還本金，記為 $\bar{P}_t$。因此，

$$\bar{I}_t = \delta L_t \quad (4.1.29)$$

$$\bar{P}_t = R - \bar{I}_t = R - \delta L_t \quad (4.1.30)$$

(4.1.29) 式、(4.1.30) 式分別表示該項貸款從時刻 t 起的未來一期內應償還的利息與可償還的本金，也可以看成是瞬間利息率與瞬間本金償還率。

由於

$$\frac{\mathrm{d}}{\mathrm{d}t}L_t = \frac{\mathrm{d}}{\mathrm{d}t}(R\bar{a}_{\overline{n-t}|}) = R\frac{\mathrm{d}}{\mathrm{d}t}\left(\frac{1-v^{n-t}}{\delta}\right) = -Rv^{n-t}$$

$$= -R(1-\delta\bar{a}_{\overline{n-t}|}) = -(R-\delta L_t) = -\bar{P}_t$$

即

$$\frac{\mathrm{d}}{\mathrm{d}t}L_t = -\bar{P}_t \quad (4.1.31)$$

(4.1.31) 式表明了未償還貸款余額的瞬時減少率等於本金的償還率。

一般地，假設貸款償還在時刻 t 以每期 R_t 的比率連續地支付，於是有

$$L_0 = \int_0^n v^s R_s \mathrm{d}s \quad (4.1.32)$$

同樣地，可以給出殘余本金的過去法與未來法的表達式：

$$L_t^r = L_0(1+i)^t - \int_0^t R_s(1+i)^{t-s}\mathrm{d}s \quad (4.1.33)$$

$$L_t^p = \int_t^n v^{s-t} R_s \mathrm{d}s \quad (4.1.34)$$

當然，還可以考慮變利息力情形，留給有興趣的讀者自己思考。

例 4.1.9 證明：$\int_0^n v^t \bar{a}_{\overline{n-t}|} \mathrm{d}t = \int_0^n v'^t \bar{a}_{\overline{n-t}|} \mathrm{d}t$

上式中未加撇號的是基於利息力 δ 計算的結果，而加撇號的是基於利息力 δ' 計算的結果。

證明：$\because \int_0^n v^t \bar{a}'_{\overline{n-t}|}\mathrm{d}t = \int_0^n v^t \left(\int_0^{n-t} v'^r \mathrm{d}r\right) \mathrm{d}t = \int_0^n \mathrm{d}t \int_0^{n-t} v^t v'^r \mathrm{d}r$

$$= \int_0^n \mathrm{d}r \int_0^{n-r} v^t v'^r \mathrm{d}t = \int_0^n v'^r \left(\int_0^{n-r} v^t \mathrm{d}t\right)\mathrm{d}r = \int_0^n v'^t \bar{a}_{\overline{n-t}|}\mathrm{d}t$$

$$\therefore \int_0^n v^t \bar{a}'_{\overline{n-t}|}\mathrm{d}t = \int_0^n v'^t \bar{a}_{\overline{n-t}|}\mathrm{d}t$$

二、變額分期償還法

變額分期償還法指的是借款人各次還款數額不完全相等的一種還款方法。設貸

款本金為 L_0，第 t 期末償還 R_t，其中 $t = 1, 2, \cdots, n$，每期實際利率為 i，依收支平衡原則有：

$$L_0 = \sum_{t=1}^{n} v^t R_t \qquad (4.1.35)$$

在每一次還款中，同樣是先償還該期的利息，然后才衝減本金。在變額分期償還法中，將討論還款額按等差數列變化、等比數列變化以及任意變化的分期償還過程。

(一) 還款額按等差數列變化

各次還款額可以構成遞增的等差數列，遞減的等差數列。

例 4.1.10 某人從銀行獲得了一筆 8 年期的貸款，年利率為 6%，第 1 年末還款 10,000 元，以后每一年末比上一年末還款額減少 1,000 元，試做出分期還款表。

解：設貸款的本金為 L_0，由於還款額構成一個期末付年金，該年金可以分解為一個從 8,000 元遞減到 1,000 元的 8 年期標準遞減年金與一個金額為 2,000 元的 8 年期等額期末付年金，依貸款還款現值就是貸款本金這一原理可得

$$L_0 = 1{,}000(Da)_{\overline{8}|} + 2{,}000 a_{\overline{8}|} \approx 42{,}256.36(元)$$

第 1 年年末還款中的利息部分為：

$$42{,}256.36 \times 6\% \approx 2{,}535.38(元)$$

第 1 年年末還款中可償還本金的數額為：

$$10{,}000 - 2{,}535.38 = 7{,}464.62(元)$$

第 1 年還款后殘余本金為：

$$42{,}256.36 - 7{,}464.62 = 34{,}791.74(元)$$

然后重複上面的過程，就可以做出變額分期償還表，見表 4-1-9。

表 4-1-9　　　　　變額分期償還表　　　　　單位：元

償還時點	每次償還額	償還額中利息部分	償還額中本金部分	殘餘本金
0				42,256.36
1	10,000	2,535.38	7,464.62	34,791.74
2	9,000	2,087.50	6,912.50	27,879.25
3	8,000	1,672.75	6,327.25	21,552.00
4	7,000	1,293.12	5,706.88	15,845.12
5	6,000	950.71	5,049.29	10,795.83
6	5,000	647.75	4,352.25	6,443.58
7	4,000	386.61	3,613.39	2,830.19
8	3,000	169.81	2,830.19	0.00

例 4.1.11 某人貸款 100,000 元，期限為 10 年，貸款年利率為 8%，每年還款中包含相同的本金，因而該償還法又被稱為等額本金償還法。試做出分期償還表。

解：∵ 每年還款中包含相同的本金

∴ 每年償還額中可償還的本金為

$$\frac{100,000}{10} = 10,000(元)$$

第 1 年年末還款中的利息部分為：

$$100,000 \times 8\% = 8,000(元)$$

因而，第 1 年年末應償還的金額為：

$$10,000 + 8,000 = 18,000(元)$$

第 1 年年末還款后的殘餘本金為：

$$100,000 - 10,000 = 90,000(元)$$

重複上面的步驟，可以做出變額分期償還表，見表 4－1－10。從表 4－1－10 可知，每年還款中的本金相同，因而殘餘本金逐年以 10,000 元的幅度遞減，直至為 0；所負擔利息也以等差數列的形式減少，還款額逐年遞減。

表 4－1－10　　　　　　　　變額分期償還表　　　　　　　　單位：元

償還時點	每次償還額	償還額中利息部分	償還額中本金部分	殘餘本金
0				100,000
1	18,000	8,000	10,000	90,000
2	17,200	7,200	10,000	80,000
3	16,400	6,400	10,000	70,000
4	15,600	5,600	10,000	60,000
5	14,800	4,800	10,000	50,000
6	14,000	4,000	10,000	40,000
7	13,200	3,200	10,000	30,000
8	12,400	2,400	10,000	20,000
9	11,600	1,600	10,000	10,000
10	10,800	800	10,000	0

請讀者思考：對於例 4.1.11，使用等額本利還款法做出分期還款表；同時，分析兩種還款法下利息總額的差異，並做出評價。

例 4.1.12　已知一筆 100,000 元的貸款，期限 10 年，年利率為 7%，每年年末還款，從第 2 年起，每一年比上一年多還 3,000 元，試做出分期償還表。

解：設第 1 年年末還款 x 元，則第 2 年年末、第 3 年年末 …… 第 10 年年末分別還款 $(x + 3,000)$ 元、$(x + 3,000 \times 2)$ 元 ……$(x + 3,000 \times 9)$ 元，依收支平衡原則可得如下等值方程：

$$xa_{\overline{10|}} + 3,000v(Ia)_{\overline{9|}} = 100,000 \quad (v = \frac{1}{1 + 7\%})$$

解得

$x \approx 2,399.537,16 \approx 2,399.54(元)$

第 1 年年末還款中的利息部分為：

$100,000 \times 7\% = 7,000(元)$

第 1 年年末應償還本金為：

$2,399.54 - 7,000 = -4,600.46(元)$

第 1 年年末還款后的殘余本金為：

$100,000 - (-4,600.46) = 104,600.46(元)$

這實際上表明第 1 年的償還額根本不夠償還第 1 年的利息，從而引起本金增加，相當於追加了 4,600.46 元的貸款。

重複上面的步驟，可以做出變額分期償還表，見表 4 - 1 - 11。從表中還可以看出：①第 2 年的償還額仍不夠償還當年利息，從而再追加了貸款 1,922.05 元；②殘余本金先增后減，利息負擔也呈現出這種趨勢。

表 4 - 1 - 11　　　　　　　變額分期償還表　　　　　　　單位：元

償還時點	每次償還額	償還額中利息部分	償還額中本金部分	殘餘本金
0				100,000
1	2,399.54	7,000.00	-4,600.46	104,600.46
2	5,399.54	7,322.03	-1,922.50	106,522.96
3	8,399.54	7,456.61	942.93	105,580.03
4	11,399.54	7,390.60	4,008.94	101,571.09
5	14,399.54	7,109.98	7,289.56	94,281.53
6	17,399.54	6,599.71	10,799.83	83,481.70
7	20,399.54	5,843.72	14,555.82	68,925.88
8	23,399.54	4,824.81	18,574.73	50,351.16
9	26,399.54	3,524.58	22,874.96	27,476.20
10	29,399.54	1,923.33	27,476.20	0.00

（二）還款額按等比數列變化

例 4.1.13　一筆貸款 100,000 元，期限為 10 年，年利率為 7%，每年年末還款，從第 2 年起，每一年比上一年多還 20%。試做出分期償還表。

解：設第 1 年年末還款 x 元，則第 2 年年末、第 3 年年末 …… 第 10 年年末分別還款 $(1 + 20\%)x$ 元、$(1 + 20\%)^2 x$ 元 …… $(1 + 20\%)^9 x$ 元。由於各次還款構成一個給付額按等比數列變化的年金，且還款現值就是貸款本金，由公式 (2.5.51) 得

$$100,000 = x \frac{1 - \left(\frac{1 + 20\%}{1 + 7\%}\right)^{10}}{7\% - 20\%}$$

解得

$$x \approx 6,053.367,905 \approx 6,053.37(元)$$

第1年年末還款中的利息部分為：

$$100,000 \times 7\% = 7,000(元)$$

第1年年末應償還本金為：

$$6,053.37 - 7,000 = -946.63(元)$$

第1年年末還款后的殘余本金為：

$$100,000 - (-946.63) = 100,946.63(元)$$

這實際上表明第1年的償還額根本不夠償還第1年的利息，從而引起本金增加，相當於追加了946.63元的貸款。

第2年年末的還款額為：

$$6,053.367,905(1 + 20\%) \approx 7,264.04(元)$$

然后，重複上面的步驟，就可以做出變額分期償還表，見表4-1-12。

表4-1-12　　　　　　　　變額分期償還表　　　　　　　　單位:元

償還時點	每次償還額	償還額中利息部分	償還額中本金部分	殘餘本金
0				100,000
1	6,053.37	7,000.00	-946.63	100,946.63
2	7,264.04	7,066.26	197.78	100,748.85
3	8,716.85	7,052.42	1,664.43	99,084.42
4	10,460.22	6,935.91	3,524.31	95,560.11
5	12,552.26	6,689.21	5,863.06	89,697.06
6	15,062.72	6,278.79	8,783.92	80,913.14
7	18,075.26	5,663.92	12,411.34	68,501.80
8	21,690.31	4,795.13	16,895.19	51,606.61
9	26,028.37	3,612.46	22,415.91	29,190.70
10	31,234.05	2,043.35	29,190.70	0.00

(三) 還款額任意變化

例4.1.14 已知某5年期的貸款，年利率為8%，計劃5年間各年末分別償還6,000元、4,000元、8,000元、5,000元、7,000元，貸款總額及各年還款中本金和利息各為多少元？

解：記 $v = \dfrac{1}{1 + 8\%}$，於是貸款總額為：

$$L_0 = 6,000v + 4,000v^2 + 8,000v^3 + 5,000v^4 + 7,000v^5$$
$$\approx 23,774.800,408 \approx 23,774.80(元)$$

在第1年年末的還款中利息部分為：

$23,774.800,408 \times 8\% \approx 1,901.98(元)$

第 1 年年末可償還的本金為：

$6,000 - 1,901.98 = 4,098.02(元)$

第 1 年年末殘余本金為：

$23,774.80 - 4,098.02 = 19,676.78(元)$

重複上面的步驟，可以將每年年末償還額分解為利息和本金兩個部分，並做出分期償還表，見表 4 - 1 - 13。

表 4 - 1 - 13　　　　　　　變額分期償還表　　　　　　　單位：元

償還時點	每次償還額	償還額中利息部分	償還額中本金部分	殘餘本金
0				23,774.80
1	6,000	1,901.98	4,098.02	19,676.78
2	4,000	1,574.14	2,425.86	17,250.93
3	8,000	1,380.07	6,619.93	10,631.00
4	5,000	850.48	4,149.52	6,481.48
5	7,000	518.52	6,481.48	0.00

第二節　償債基金法

借款人償還一筆貸款，可以不用分期償還法而用償債基金法，其含義是借款人每期末償還貸款的當期利息，從而確保貸款(本金)金額始終不變；同時應貸款人要求每期末另存一筆款項建立一個基金，稱之為償債基金，其目的是在貸款滿期時剛好償還貸款本金，從而結清債務。簡言之，償債基金法就是平時付息、到期還本的方法。雖然償債基金名義上屬於借款人所有，但由貸款人掌握，因而償債基金的累積過程本質上也就是貸款的償還過程，因此研究貸款本金與償債基金累積值之差可以量度借款人尚未償還的數額，我們將其稱為貸款淨額。某一時點的貸款淨額就是在該時點結清債務所必須花費的代價。

由於在償債基金法中每期償還的利息是固定的，而每期末存入基金的金額可以相等也可以不相等，因而可以分為等額償債基金法和變額償債基金法。

一、等額償債基金法

在向償債基金存入款項時，可以每期一次、每期 m 次、每 k 期一次，甚至在理論上還可以連續存入。

(一) 每期存入一次

設貸款本金為 L_0，貸款每期實際利率為 i，貸款期限為 n 期。設償債基金每期利率

為 j，借款人每期末向償債基金存入 D。在實踐中，j 通常小於或等於 i。借款人倘若能以高於貸款利率的利率進行累積，那將是很不尋常的，故此假設在數學上並不是必要的。於是，就償債基金而言

$$L_0 = Ds_{\overline{n}|j} \tag{4.2.1}$$

$$\therefore D = \frac{L_0}{s_{\overline{n}|j}} \tag{4.2.2}$$

借款人每期末應償還的利息為 $I = iL_0$，即表明每期償還的利息相同。因此，在償債基金法中，借款人每期末支付的金額為

$$P = I + D = iL_0 + \frac{L_0}{s_{\overline{n}|j}} = L_0(i + \frac{1}{s_{\overline{n}|j}}) \tag{4.2.3}$$

$$\therefore \frac{1}{a_{\overline{n}|j}} = j + \frac{1}{s_{\overline{n}|j}}$$

$$\therefore i + \frac{1}{s_{\overline{n}|j}} = \frac{1}{a_{\overline{n}|j}} + (i - j) = \frac{1 + (i - j)a_{\overline{n}|j}}{a_{\overline{n}|j}}$$

$$\therefore P = \frac{L_0}{\dfrac{a_{\overline{n}|j}}{1 + (i - j)a_{\overline{n}|j}}} \tag{4.2.4}$$

定義

$$a_{\overline{n}|i\&j} = \frac{a_{\overline{n}|j}}{1 + (i - j)a_{\overline{n}|j}} \tag{4.2.5}$$

顯然

$$\frac{1}{a_{\overline{n}|i\&j}} = i + \frac{1}{s_{\overline{n}|j}} \tag{4.2.6}$$

這樣，在償債基金法中，借款人每期末支付的金額為

$$P = \frac{L_0}{a_{\overline{n}|i\&j}} \tag{4.2.7}$$

(4.2.7) 式與 (4.1.2) 式在形式上相近。

在 (4.2.7) 式中，令 $P = 1$，則有 $L_0 = a_{\overline{n}|i\&j}$。於是，可以這樣理解符號 $a_{\overline{n}|i\&j}$ 的含義：按償債基金方式每期末支付 1（一部分按利率 i 支付當期利息，另一部分按利率 j 建立償債基金）可以獲得的貸款本金或獲得償還額的現值。因而，$a_{\overline{n}|i\&j}$ 可以被視為一項 n 期期末付年金的現值。按比例地，若現在貸款金額 1，則在未來 n 期內每期期末需償還 $\dfrac{1}{a_{\overline{n}|i\&j}}$。這筆貸款也可這樣償還：每期期末償還當期的貸款利息 i，另外，每期期末向一償債基金存入 $\dfrac{1}{s_{\overline{n}|j}}$，該基金在第 n 期期末的累積值剛好達到 1，從而償還貸款本金 1，實際上貸款人每期期末需支付 $i + \dfrac{1}{s_{\overline{n}|j}}$，故 (4.2.6) 式成立。

第 k 期期末償債基金的累積值或余額為 $Ds_{\overline{k}|j}$，因此，第 k 期期末貸款淨額或者說

還必須準備的資金為

$$L_k = L_0 - Ds_{\overline{k}|j} \qquad (4.2.8)$$

$$= L_0\left(1 - \frac{s_{\overline{k}|j}}{s_{\overline{n}|j}}\right) \qquad (4.2.9)$$

$$= L_0\left(\frac{s_{\overline{n}|j} - s_{\overline{k}|j}}{s_{\overline{n}|j}}\right) = L_0\frac{(1+j)^n - (1+j)^k}{(1+j)^n - 1}$$

$$= L_0 \cdot \frac{1 - \tilde{v}^{n-k}}{1 - \tilde{v}^n} \qquad \left(\tilde{v} = \frac{1}{1+j}\right)$$

$$= \frac{L_0}{a_{\overline{n}|j}} a_{\overline{n-k}|j} \qquad (4.2.10)$$

(4.2.10) 式表明，償債基金法中第 k 期期末貸款淨額與按貸款利率 j 的分期償還法中貸款餘額或殘餘本金相等。

作為償債基金法中的借款人，一方面要支付當期的貸款利息，另一方面又可從償債基金中獲得利息收入，因而借款人第 k 期的實際利息負擔為

$$NI_k = iL_0 - jDs_{\overline{k-1}|j} = iL_0 - jL_0\frac{s_{\overline{k-1}|j}}{s_{\overline{n}|j}} = L_0\left(i - j\frac{s_{\overline{k-1}|j}}{s_{\overline{n}|j}}\right) \qquad (4.2.11)$$

現在定義第 k 期的淨本金 NP_k 為第 k 期期末償債基金累積值與第 k 期期初償債基金累積值之差，即

$$NP_k = Ds_{\overline{k}|j} - Ds_{\overline{k-1}|j} = D(1 + js_{\overline{k-1}|j}) = D(1+j)^{k-1} \qquad (4.2.12)$$

$$= \frac{L_0}{s_{\overline{n}|j}}(1+j)^{k-1} = \frac{L_0}{a_{\overline{n}|j}}\tilde{v}^{n-k+1} \qquad (4.2.13)$$

(4.2.13) 式與按貸款利率 j 的分期償還法的第 k 期期末的償還額中的可償還本金一樣。

特別地，當 $j = i$ 時，

$$I + D = L_0\left(i + \frac{1}{s_{\overline{n}|j}}\right) = L_0\left(i + \frac{1}{s_{\overline{n}|i}}\right) = \frac{L_0}{a_{\overline{n}|i}} = R$$

這表明當償債基金利率等於貸款利率時，借款人每期支付的總額等於分期償還法中每期支付的金額，因而兩種方法等價。下面繼續考慮在此特例下的實際利息負擔。借款人第 k 期的實際利息負擔為

$$iL_0 - iDs_{\overline{k-1}|i} = iL_0 - iL_0\frac{s_{\overline{k-1}|i}}{s_{\overline{n}|i}} = iL_0 \cdot \frac{(1+i)^n - (1+i)^{k-1}}{(1+i)^n - 1}$$

$$= iL_0 \cdot \frac{1 - v^{n-k+1}}{1 - v^n} = iL_0 \cdot \frac{a_{\overline{n-k+1}|}}{a_{\overline{n}|}} = iRa_{\overline{n-k+1}|}$$

這與分期償還法中的借款人在第 k 期負擔的利息相等。

同理可得，貸款淨額為

$$L_k = L_0 - Ds_{\overline{k}|i} = L_0\left(1 - \frac{s_{\overline{k}|i}}{s_{\overline{n}|i}}\right) = Ra_{\overline{n-k}|}$$

這與分期償還法中第 k 期期末殘餘本金或貸款淨額相等。

例 4.2.1 一筆 100,000 元的貸款,期限為 5 年,貸款年利率為 8%,於每年年末償還利息;同時建立償債基金,償債基金的年利率為 7%。試構造償債基金表。

解:每年年末向償債基金儲蓄額為:

$$D = \frac{L_0}{s_{\overline{5}|7\%}} \approx \frac{100,000}{5.75,073,901} \approx 17,389.069,444,14 \approx 17,389.07(元)$$

每年年末支付貸款利息為:

$$100,000 \times 8\% = 8,000(元)$$

每年年末支付總額為:

$$17,389.07 + 8,000 = 25,389.07(元)$$

下面將做出償債基金表。

方法一:通過計算 $Ds_{\overline{k}|j}$ 的值來得出各年末償債基金餘額,並乘以償債基金利率 j,得到下一期償債基金所得利息;運用公式(4.2.8)可得貸款淨額,從而完成償債基金表,見表4-2-1。這種方法對僅單獨算出某一年或某一期的償債基金餘額、所得利息、貸款淨額比較適用。

表4-2-1　　　　　　　等額償債基金表　　　　　　　單位:元

年末	支付總額	支付當年利息	向償債基金儲蓄	償債基金所得利息	償債基金餘額	貸款淨額
0					0	100,000
1	25,389.07	8,000	17,389.07	0	17,389.07	82,610.93
2	25,389.07	8,000	17,389.07	1,217.23	35,995.37	64,004.63
3	25,389.07	8,000	17,389.07	2,519.68	55,904.12	44,095.88
4	25,389.07	8,000	17,389.07	3,913.29	77,206.48	22,793.52
5	25,389.07	8,000	17,389.07	5,404.45	100,000	0

方法二:第一,在 0 年(期)末所在行的償債基金餘額欄上填上 0,貸款淨額中填上貸款本金,本例題為 100,000 元,把這兩個數據作為初始數據;第二,其餘年(期)末的支付金額、支付當年(期)利息、向償債基金儲蓄欄分別填上上面所計算出的數據,本例分別為 25,389.07 元、8,000 元、17,389.07 元;第三,用上一年(期)末償債基金餘額乘以其利率,本例為 7%,得到本年(期)末的償債基金所得利息;第四,用上一年(期)末償債基金餘額加上本年(期)所得利息,再加本年(期)末向基金儲蓄的金額就得到本年(期)末償債基金餘額;第五,用貸款本金,本例為 100,000 元,減去償債基金餘額,就得到貸款淨額。這樣,就做出了償債基金表。在 Excel 上使用這種方法將更輕鬆快速。

例 4.2.2 一筆 100,000 元的貸款,期限為 5 年,貸款年利率為 8%,於每年年末償還利息;同時建立償債基金,償債基金的實際利率為 8%。試構造償債基金表。

解:每年年末向償債基金儲蓄額為:

$$D = \frac{L_0}{s_{\overline{5}|8\%}} = \frac{10,000}{5.866,600,96} \approx 17,045.645,457 \approx 17,045.65(元)$$

每年年末支付貸款利息為:

$$100,000 \times 8\% = 8,000(元)$$

每年年末支付總額為:

$$17,045.65 + 8,000 = 25,045.65(元)$$

據此做出償債基金表,見表4-2-2,並可比較分期償還表4-1-2。

表4-2-2　　　　　　　　等額償債基金表　　　　　　　　單位:元

年末	支付總額	支付當年利息	向償債基金儲蓄	償債基金所得利息	償債基金餘額	貸款淨額
0					0	100,000
1	25,045.65	8,000	17,045.65	0.00	17,045.65	82,954.35
2	25,045.65	8,000	17,045.65	1,363.65	35,454.94	64,545.06
3	25,045.65	8,000	17,045.65	2,836.40	55,336.98	44,663.02
4	25,045.65	8,000	17,045.65	4,426.96	76,809.59	23,190.41
5	25,045.65	8,000	17,045.65	6,144.77	100,000	0

例4.2.3　一筆100,000元貸款,期限為5年,貸款年利率為8%,於每年年末償還利息;同時建立償債基金,償債基金的實際利率為9%。試構造償債基金表。

解:每年年末向償債基金儲蓄額為:

$$D = \frac{L_0}{s_{\overline{5}|9\%}} = \frac{100,000}{5.984,710,61} \approx 16,709.245,695,67 \approx 16,709.25(元)$$

每年年末支付貸款利息為:

$$10,000 \times 8\% = 8,000(元)$$

每年年末支付總額為:

$$16,709.25 + 8,000 = 24,709.25(元)$$

據此做出償債基金表,見表4-2-3。

表4-2-3　　　　　　　　等額償債基金表　　　　　　　　單位:元

年末	支付總額	支付當年利息	向償債基金儲蓄	償債基金所得利息	償債基金余額	貸款淨額
0					0	100,000
1	24,709.25	8,000	16,709.25	0	16,709.25	83,290.75
2	24,709.25	8,000	16,709.25	1,503.83	34,922.32	65,077.68
3	24,709.25	8,000	16,709.25	3,143.01	54,774.58	45,225.42
4	24,709.25	8,000	16,709.25	4,929.71	76,413.54	23,586.46
5	24,709.25	8,000	16,709.25	6,877.22	100,000	0

從例4.2.1、例4.2.2、例4.2.3可以看出,當貸款利率一定且其他條件不變時,意味著每年支付的貸款利息一定;當償債基金利率提高時,每年年末向基金儲蓄的款項下降,從而每年的支付總額也下降。進一步思考後不難發現,當償債基金利率一定且其他條件不變時,每年年末向基金儲蓄的款項也一定;當貸款利率提高時,每年年末支付的貸款利息將增加,從而支付總額也將上升。

下面進一步思考例4.2.1、例4.2.2、例4.2.3與分期償還法中的貸款利率的等價性問題,即考慮以它們每年年末實際支付的款項所能獲得的貸款本金與期限分別相當於分期償還法中的多少利率。

就例4.2.1而言,問題變為貸款100,000元,期限為5年,每年年末需償還25,389.07元(更精確一些為25,389.069,444,14元),按分期償還法,那麼這筆貸款的年利率為多少?利用Newton-Raphson迭代公式計算,其年利率約為8.52%。

就例4.2.2而言,顯見其相當於分期償還法的年利率為8%。

就例4.2.3而言,問題變為貸款100,000元,期限為5年,每年年末需償還24,709.25元(更精確一些為24,709.245,695,67元),按分期償還法,那麼這筆貸款的年利率為多少?利用Newton-Raphson迭代公式計算,其年利率約為7.49%。

對於例4.2.1,讀者可能會對8.52%的答案感到奇怪,因為也許會預期答案應介於7%與8%之間。一般說來,如果將分期償還法中等價利率記為$\tilde{i}$,那麼

$$\tilde{i} \approx i + \frac{1}{2}(i-j) \qquad (4.2.14)$$

運用這一公式,應得到一個等價利率$8\% + \frac{1}{2}(8\% - 7\%) = 8.5\%$,它很接近於真實答案8.52%;同理,對例4.2.2實現了準確估計;對例4.2.3而言,估計結果為$8\% + \frac{1}{2}(8\% - 9\%) = 7.5\%$,與7.49%的真實答案也非常接近。

(4.2.14)式可以這樣理解:

(1) 當$j < i$時,$\tilde{i} > i$。即當償債基金利率低於貸款利率時,要求分期償還法中的等價利率大於貸款利率。因為借款人不僅要為所借的每1元錢支付i元利息,而且還要投資於償債基金,其中就有利息損失$(i-j)$元;由於借款1元在償債基金中的平均餘額為1/2元,因而貸款1元在償債基金中平均損失利息$\frac{1}{2}(i-j)$元,於是貸款1元應承擔的利息為$i + \frac{1}{2}(i-j)$。

(2) 當$j > i$時,$\tilde{i} < i$。因為借款人不僅要為所借的每1元錢支付i元利息,而且還要投資於償債基金,其中就有利息盈餘$(j-i)$元;由於借款1元,在償債基金中的平均餘額為1/2元,因而貸款1元,在償債基金中平均盈餘利息$\frac{1}{2}(j-i)$元,於是貸款1元應承擔的利息為$i - \frac{1}{2}(j-i)$,即為$i + \frac{1}{2}(i-j)$。

綜上所述，償債基金利率對實際貸款利率(或分期償還法的等價利率)有很大的影響。當償債基金利率高於貸款利率時，等價利率低於貸款利率；當償債基金利率低於貸款利率時，等價利率將高於貸款利率；當償債基金利率等於貸款利率時，等價利率也等於貸款利率。

(二) 每期存入 m 次

例 4.2.4 某借款人所借的 20,000 元貸款中，每年年末必須按 5% 的年利率支付利息。該借款人每半年末向一償債基金儲蓄，以便在第 5 年年末剛好能還清貸款。已知償債基金的年利率為 4%，試求每半年末應儲蓄的金額，並做出償債基金表。

解: 以一年為一期，則本例題屬於每期向償債基金儲蓄多次的問題。設借款人每期向償債基金儲蓄 x 元，則每 1/2 期末儲蓄 $x/2$ 元，於是有

$$xs^{(2)}_{\overline{5}|4\%} = 20\,000$$

解得

$$x = \frac{20,000}{s^{(2)}_{\overline{5}|4\%}} \approx 3,656.337,395 \approx 3,656.34(元)$$

因此，每次儲蓄額為：

$x/2 = 1,828.17(元)$

由於每期期末借款人需支付利息：

$20,000 \times 5\% = 1,000(元)$

於是，借款人每期期末支付：

$1,828.17 + 1,000 = 2,828.17(元)$

並且，每 1/2 期末支付 1,828.17 元；償債基金每 1/2 期的實際利率為：

$(1 + 4\%)^{\frac{1}{2}} - 1 \approx 0.019,803,90$

第 1/2 期末支付貸款利息 0 元，向基金儲蓄 1,828.17 元，獲得儲蓄利息 0 元，償債基金餘額為 1,828.17 元，貸款淨額為：

$20,000 - 1,828.17 = 18,171.83(元)$

第 1 期期末支付貸款利息 1,000 元，向基金儲蓄 1,828.17 元，獲得儲蓄利息為：

$1,828.17 \times 0.019,803,90 \approx 36.20(元)$

償債基金餘額為 3,692.54 元，貸款淨額為：

$20,000 - 3,692.54 = 16,307.46(元)$

重複上面的步驟，可得到償債基金表，見表 4-2-4。

表 4-2-4　　　　等額償債基金表(每期儲蓄 2 次)

期末	支付總額	支付當年利息	向償債基金儲蓄	償債基金所得利息	償債基金餘額	貸款淨額
0					0	20,000.00
1/2	1,828.17	0	1,828.17	0	1,828.17	18,171.83
2/2	2,828.17	1,000	1,828.17	36.20	3,692.54	16,307.46

表 4－2－4(續)

期末	支付總額	支付當年利息	向償債基金儲蓄	償債基金所得利息	償債基金餘額	貸款淨額
3/2	1,828.17	0	1,828.17	73.13	5,593.84	14,406.16
4/2	2,828.17	1,000	1,828.17	110.78	7,532.79	12,467.21
5/2	1,828.17	0	1,828.17	149.18	9,510.13	10,489.87
6/2	2,828.17	1,000	1,828.17	188.34	11,526.64	8,473.36
7/2	1,828.17	0	1,828.17	228.27	13,583.08	6,416.92
8/2	2,828.17	1,000	1,828.17	269.00	15,680.25	4,319.75
9/2	1,828.17	0	1,828.17	310.53	17,818.95	2,181.05
10/2	2,828.17	1,000	1,828.17	352.88	20,000.00	0.00

(三) 每 k 期償還一次

例 4.2.5 一筆 20,000 元的貸款,期限 3 年,年實際利率為 7%,借款人每年年末償還當年利息,並約定每半年末向償債基金儲蓄一次,該償債基金每年結轉 4 次的年名義利率為 6%。試構造償債基金表。

解:因為償債基金每年結轉 4 次的年名義利率為 6%,所以該基金每季實際利率為 6%/4 = 1.5%。於是,以一季為一期,那麼本例題屬於每 2 期末向償債基金儲蓄一次,每 4 期末支付一次貸款利息,貸款共 12 期的償債基金還款問題。

設每 2 期末向償債基金儲蓄 x 元,於是

$$\frac{x}{s_{\overline{2}|1.5\%}} s_{\overline{12}|1.5\%} = 20,000$$

解得

$$x \approx 3,090.203,714.12 \approx 3,090.20(元)$$

每 4 期末支付當年貸款利息為:

$$20,000 \times 7\% = 1,400(元)$$

單數期末不必向償債基金儲蓄。因此,單數期末支付總額為 0 元,偶數(非 4 的倍數)期末支付總額為 3,090.20 元,4 的倍數期末支付總額為 4,490.20 元。在 0 點償債基金餘額為 0,且每期利率為 1.5%,並按此利率進行累積,從而逐期算出償債基金餘額。用貸款本金 20,000 元減去基金餘額就得到了貸款淨額,從而做出償債基金表,見表 4－2－5。

表 4－2－5　　　　等額償債基金表(每 2 期儲蓄一次)　　　　單位:元

期末	支付總額	支付貸款利息	向償債基金儲蓄	償債基金所得利息	償債基金餘額	貸款淨額
0					0	20,000
1	0	0	0	0	0	20,000

表 4-2-5(續)

期末	支付總額	支付貸款利息	向償債基金儲蓄	償債基金所得利息	償債基金餘額	貸款淨額
2	3,090.20	0	3,090.20	0	3,090.20	16,909.80
3	0	0	0	46.35	3,136.56	16,863.44
4	4,490.20	1,400	3,090.20	47.05	6,273.81	13,726.19
5	0	0	0	94.11	6,367.92	13,632.08
6	3,090.20	0	3,090.20	95.52	9,553.64	10,446.36
7	0	0	0	143.30	9,696.94	10,303.06
8	4,490.20	1,400	3,090.20	145.45	12,932.60	7,067.40
9	0	0	0	193.99	13,126.59	6,873.41
10	3,090.20	0	3,090.20	196.90	16,413.69	3,586.31
11	0	0	0	246.21	16,659.90	3,340.10
12	4,490.20	1,400	3,090.20	249.90	20,000	0

二、變額償債基金法

所謂變額償債基金法指的是借款人每次存入償債基金的金額不完全相等的一種貸款償還方法。研究此方法可以探討基金累積額與貸款淨額等指標演變過程。

設原始貸款本金為 L_0，利率為 i，貸款 n 期，則每期末需支付當期的貸款利息 iL_0。設償債基金利率為 j，借款人在第 t 期末的支付總額為 R_t，於是第 t 期末向償債基金儲蓄的金額為 $R_t - iL_0$（其中 $t = 1, 2, \cdots, n$）。由於償債基金在第 n 期末剛好全部償還貸款本金，因此

$$L_0 = \sum_{t=1}^{n} (R_t - iL_0)(1 + j)^{n-t} \qquad (4.2.15)$$

$$= \sum_{t=1}^{n} R_t (1 + j)^{n-t} - iL_0 s_{\overline{n}|j}$$

解得

$$L_0 = \frac{\sum_{t=1}^{n} R_t(1+j)^{n-t}}{1 + i s_{\overline{n}|j}} = \frac{\sum_{t=1}^{n} R_t \tilde{v}^t}{\tilde{v}^n + i a_{\overline{n}|j}} = \frac{\sum_{t=1}^{n} \tilde{v}^t R_t}{1 + (i-j) a_{\overline{n}|j}} \qquad (4.2.16)$$

上式中，$\tilde{v} = \dfrac{1}{1+j}$，且 $\tilde{v}^n = 1 - j a_{\overline{n}|j}$。特別地，當 $j = i$ 時，$L_0 = \sum_{t=1}^{n} v^t R_t$，即貸款本金等於未來還款現值之和。

值得注意的是，前面實際上已假設向償債基金的儲蓄額 $R_t - iL_0$ 為正。如果為負，那麼意味著這一期的付款連貸款利息都不夠支付，這相當於從償債基金中抽回款項，其討論見例 4.2.8。

例 4.2.6 某借款人在 10 年內以每年年末付款的形式來償還一筆年利率為 7% 的貸款,第 1 年年末付款 2,000 元,第 2 年年末付款 1,900 元,如此下去直至第 10 年年末付款 1,100 元。設償債基金每年的實際利率為 6%,求這筆貸款的金額,並做出償債基金表。

解: 設這筆貸款金額為 L_0 元,由公式(4.2.16)可得

$$L_0 = \frac{\sum_{t=1}^{n} \tilde{v} R_t}{1+(i-j)a_{\overline{n}|j}} = \frac{1,000 a_{\overline{10}|6\%} + 100(Da)_{\overline{10}|6\%}}{1+(7\%-6\%)a_{\overline{10}|6\%}}$$
$$\approx 10,953.737,361 \approx 10,953.74(元)$$

根據償債基金表的製作方法,可以做出表 4-2-6。只不過,這裡各年末支付總額已知,由貸款本金 10,953.74 元可計算出每年末應支付的貸款利息,從而可以計算出每年向償債基金儲蓄的金額。

表 4-2-6 　　　　　　　　變額償債基金表　　　　　　　　單位:元

年末	支付總額	支付當年利息	向償債基金儲蓄	償債基金所得利息	償債基金餘額	貸款淨額
0					0	10,953.74
1	2,000	766.76	1,233.24	0	1,233.24	9,720.50
2	1,900	766.76	1,133.24	73.99	2,440.47	8,513.27
3	1,800	766.76	1,033.24	146.43	3,620.14	7,333.60
4	1,700	766.76	933.24	217.21	4,770.58	6,183.15
5	1,600	766.76	833.24	286.24	5,890.06	5,063.68
6	1,500	766.76	733.24	353.40	6,976.70	3,977.04
7	1,400	766.76	633.24	418.60	8,028.54	2,925.20
8	1,300	766.76	533.24	481.71	9,043.49	1,910.25
9	1,200	766.76	433.24	542.61	10,019.34	934.40
10	1,100	766.76	333.24	601.16	10,953.74	0.00

例 4.2.7 有一筆年實際利率為 8% 的 4 年期的貸款,借款人用償債基金法進行償還,各年末支付總額分別為 2,000 元、3,000 元、4,000 元和 5,000 元,且償債基金的年利率為 7%。試計算該貸款的本金為多少。

解: 設貸款本金為 L_0 元,於是每年年末支付的貸款利息為 $8\% L_0$ 元,借款人在 4 年間各年末向償債基金儲蓄的金額分別為 $(2,000-8\% L_0)$ 元、$(3,000-8\% L_0)$ 元、$(4,000-8\% L_0)$ 元、$(5,000-8\% L_0)$ 元,因此

$$L_0 = (2,000-8\% L_0)(1+7\%)^3 + (3,000-8\% L_0)(1+7\%)^2$$
$$+ (4,000-8\% L_0)(1+7\%) + (5,000-8\% L_0)$$

解得

$$L_0 = \frac{2,000(1+7\%)^3 + 3,000(1+7\%)^2 + 4,000(1+7\%) + 5,000}{1 + 8\% + 8\%(1+7\%) + 8\%(1+7\%)^2 + 8\%(1+7\%)^3}$$
$$\approx 11,190.11(元)$$

例 4.2.8 假設有一筆為期 5 年、年利率為 8% 的貸款,用償債基金法償還,償債基金的年利率為 6%,其各年年末還款計劃分別為 1,000 元、1,000 元、5,000 元、8,000 元和 7,000 元。試求出貸款總額,並做出償債基金表。

解:設原始貸款為 L_0 元,每年年末應支付的貸款利息為 $8\%L_0$ 元,於是各年年末向償債基金儲蓄的金額分別為 $(1,000 - 8\%L_0)$ 元、$(1,000 - 8\%L_0)$ 元、$(5,000 - 8\%L_0)$ 元、$(8,000 - 8\%L_0)$ 元、$(7,000 - 8\%L_0)$ 元,因此

$$L_0 = (1,000 - 8\%L_0)(1+6\%)^4 + (1,000 - 8\%L_0)(1+6\%)^3$$
$$+ (5,000 - 8\%L_0)(1+6\%)^2 + (8,000 - 8\%L_0)(1+6\%) + (7,000 - 8\%L_0)$$

解得

$$L_0 = \frac{1,000(1+6\%)^4 + 1,000(1+6\%)^3 + 5,000(1+6\%)^2 + 8,000(1+6\%) + 7,000}{1 + 8\% + 8\%(1+6\%) + 8\%(1+6\%)^2 + 8\%(1+6\%)^3 + 8\%(1+6\%)^4}$$
$$= \frac{23,551.492,960}{1.450,967,44} \approx 16,231.58(元)$$

每年年末應支付的貸款利息為

$$8\%L_0 = 8\% \times 16,231.58 \approx 1,298.53(元)$$

這意味著第 1 年、第 2 年的還款不夠支付當年貸款利息。比如,第 1 年年末的 1,000 元還款可以寫成如下形式:1,000 = 1,298.53 + (-298.53)。根據償債基金法的原理及上面的計算過程可知,用 1,298.53 元去償還了貸款利息(年利率為 8%),另外向償債基金儲蓄了 -298.53 元(年利率為 6%)。換言之,借款人可按 6% 的利率借錢,去支付年利率為 8% 的貸款,這是不合理的。何況,償債基金的初始餘額為 0,借款無從談起。為了避免這種現象出現,可將 298.53 元視同向貸款人貸款,因而利率按 8% 計算,而不是按 6% 計算,這種將 298.53 元轉化為貸款本金的過程,稱為基金負儲蓄的本金化,此時向償債基金儲蓄 0 元。同樣,第 2 年也需要基金負儲蓄的本金化。

假設經過基金負儲蓄的本金化處理后,貸款的本金變為 $\tilde{L}_0$ 元,第 2 年年末的貸款餘額為

$$L_2^r = (1+8\%)^2\tilde{L}_0 - 1,000 s_{\overline{2}|8\%} = 1.166,4\tilde{L}_0 - 2,080$$

以第 2 年年末的貸款餘額 L_2^r 為起點,運用償債基金法進行分析。由於第 3、4、5 年年末向償債基金儲蓄 $(5,000 - 8\%L_2^r)$ 元、$(8,000 - 8\%L_2^r)$ 元、$(7,000 - 8\%L_2^r)$ 元,這些儲蓄在第 5 年年末形成的累積值剛好能達到 L_2^r。因此,

$$(5,000 - 8\%L_2^r)(1+6\%)^2 + (8,000 - 8\%L_2^r)(1+6\%) + (7,000 - 8\%L_2^r)$$
$$= L_2^r$$

解得

$$L_2^r = \frac{5,000(1+6\%)^2 + 8,000(1+6\%) + 7,000}{1 + 8\% + 8\%(1+6\%) + 8\%(1+6\%)^2}$$

$$\approx 16,815.335,765 \approx 16,815.34(元)$$

由於

$$1.166,4\tilde{L}_0 - 2,080 \approx 16,815.335,765$$

解得

$$\tilde{L}_0 \approx 16,199.704,874 \approx 16,199.70(元)$$

顯然調整后的貸款本金 $\tilde{L}_0$ 略小於 L_0。

下面從第2年年末開始，按普通方法做出償債基金表，並補上前2年數據，從而得出表4-2-7。

表4-2-7　　　　　　　　變額償債基金表　　　　　　　　單位：元

年末	支付總額	支付當年利息	向償債基金儲蓄	償債基金所得利息	償債基金餘額	貸款淨額
0					0	16,199.70
1	1,000	1,000	0	0	0	16,495.68
2	1,000	1,000	0	0	0	16,815.34
3	5,000	1,345.23	3,654.77	0	3,654.77	13,160.56
4	8,000	1,345.23	6,654.77	219.29	10,528.83	6,286.50
5	7,000	1,345.23	5,654.77	631.73	16,815.34	0.00

第三節　級差利率

一、級差利率的概念

在實際應用中經常會遇到這樣一個問題：在考慮一筆貸款的分期償還時，將貸款余額分割為若幹部分，而不同部分按不同的利率計息。比如，一家銀行可能這樣開價：對未償還貸款余額在10,000元以內的按7%計息，超過10,000元而不足50,000元的部分按6%計息，超過50,000元的按5%計息。這種將貸款項目的未償還本金余額劃分為若幹個區間，對不同區間的未償還本金採用不同的利率就是所謂級差利率。

本節將研究一個兩級級差利率問題的解法，這種方法可以推廣到多級級差利率情形。

二、級差利率的應用

假設貸款本金為 L_0，貸款 n 期，每期末償還 R，區間分界線為 $L'(0 < L' < L_0)$，未償還本金余額為 $L_k(k=0,1,2,\cdots,n)$，顯然 L_k 的變化範圍是從 L_0 逐期下降至0。將 L_k 中未超過 L' 的部分按利率 i 計息，而超過 L' 的部分按利率 j 計息（一般地，$i > j$），用等額分期償還法還款。下面來探討每期應該償還的金額。

(一) 確定何時開始未償還本金不超過 L'

注意 L_k 是 k 的減函數,因此必然會從某期開始未償還本金不超過 L'。假設第 t 期期末未償還本金余額 L_t 首次不超過 L',即 t 為滿足

$$L_t \leq L' \tag{4.3.1}$$

的最小正整數。也就是說,在時刻 0 到第 $t-1$ 期期末,貸款余額超過 L',因而適用兩種利率:分界線下的用利率 i,而線上的部分適用利率 j;從第 t 期期末到第 n 期期末,貸款余額均不超過 L',適用利率 i。

(二) 用未來法與過去法分別計算 L_t

$$L_t^p = Ra_{\overline{n-t}|i} \tag{4.3.2}$$

$$L_t^r = [(L_0 - L')(1+j)^t + (L' + iL's_{\overline{t}|j})] - Rs_{\overline{t}|j} \tag{4.3.3}$$

在 (4.3.2) 式中,t 期以后,貸款本金余額均小於 L',故每期還款 R 按 i 計息。在 (4.3.3) 式中方括號部分為貸款本金 L_0 的第 t 期期末的累積值。其中,將貸款本金分為 $(L_0 - L')$ 和 L' 兩個部分,前者按利率 j 進行累積,故累積值為 $(L_0 - L')(1+j)^t$;后者由於每期期末 L' 按利率 i 產生利息 iL',且為超過分界線 L' 的部分,故按利率 j 進行累積,於是其累積值為 $(L' + iL's_{\overline{t}|j})$。而在前 t 期內,各期期初貸款本金余額均超過 L',故每期還款 R 按 j 計息。

由 $L_t = L_t^r = L_t^p$ 得

$$Ra_{\overline{n-t}|i} = [(L_0 - L')(1+j)^t + (L' + iL's_{\overline{t}|j})] - Rs_{\overline{t}|j}$$

$$\therefore R = \frac{(L_0 - L')(1+j)^t + (L' + iL's_{\overline{t}|j})}{a_{\overline{n-t}|i} + s_{\overline{t}|j}} \tag{4.3.4}$$

將 (4.3.4) 式代入 (4.3.2) 式,再代入 (4.3.1) 式得

$$\frac{(L_0 - L')(1+j)^t + (L' + iL's_{\overline{t}|j})}{a_{\overline{n-t}|i} + s_{\overline{t}|j}} \cdot a_{\overline{n-t}|i} \leq L' \tag{4.3.5}$$

即

$$(L_0 - L')(1+j)^t a_{\overline{n-t}|i} + (L' + iL's_{\overline{t}|j})a_{\overline{n-t}|i} \leq L'a_{\overline{n-t}|i} + L's_{\overline{t}|j}$$

亦即

$$(L_0 - L')(1+j)^t a_{\overline{n-t}|i} \leq L's_{\overline{t}|j}(1 - ia_{\overline{n-t}|i}) \tag{4.3.6}$$

$$(L_0 - L')(1+j)^t a_{\overline{n-t}|i} \leq L's_{\overline{t}|j}v^{n-t}$$

即

$$(L_0 - L')s_{\overline{n-t}|j} \leq L'a_{\overline{t}|j} \tag{4.3.7}$$

或

$$\frac{L_0 - L'}{L'} \leq \frac{a_{\overline{t}|j}}{s_{\overline{n-t}|i}} \tag{4.3.8}$$

利用 (4.3.8) 式或 (4.3.7) 式,經過試算,就可得到使之成立的最小正整數 t。

記 $f(t) = \dfrac{a_{\overline{t}|j}}{s_{\overline{n-t}|i}}$,容易證明 $f(t)$ 為 t 的增函數。事實上

$$f(t) - f(t-1) = \frac{a_{\overline{t}|j}}{s_{\overline{n-t}|i}} - \frac{a_{\overline{t-1}|j}}{s_{\overline{n-t+1}|i}} = \frac{a_{\overline{t}|j}s_{\overline{n-t+1}|i} - a_{\overline{t-1}|j}s_{\overline{n-t}|i}}{s_{\overline{n-t}|i}s_{\overline{n-t+1}|i}}$$

$$\because a_{\overline{t}|j} > a_{\overline{t-1}|j} > 0, \text{且 } s_{\overline{n-t+1}|i} > s_{\overline{n-t}|i} > 0$$

$$\therefore a_{\overline{t}|j}s_{\overline{n-t+1}|i} > a_{\overline{t-1}|j}s_{\overline{n-t}|i}$$

$$\therefore a_{\overline{t}|j}s_{\overline{n-t+1}|i} - a_{\overline{t-1}|j}s_{\overline{n-t}|i} > 0$$

$$\therefore f(t) - f(t-1) > 0 \quad \text{即 } f(t) > f(t-1) \quad (\text{其中 } 1 < t < n)$$

由於當 $t \to n_-$ 時，$f(t) \to +\infty$，當 $t \to 0_+$ 時，$f(t) \to 0$，因而滿足(4.3.8)式的最小正整數 t 是存在的。

請讀者思考：若級差利率分為3級，探討其解決辦法，從而回答本節開始時所提出的問題。

例4.3.1 有一筆100,000元的貸款，在10年內每年年末等額分期償還，貸款利率為級差利率；對於不超過60,000元的未償還貸款本金餘額按7%計息，對於超過60,000元的未償還貸款本金餘額按6%計息。試求借款人每年年末應償還多少，並做出分期償還表。

解：$\because L_0 = 100,000$，$L' = 60,000$，$i = 7\%$，$j = 6\%$，$n = 10$

$\therefore$ 將其代入(4.3.8)可得

$$\frac{a_{\overline{t}|6\%}}{s_{\overline{10-t}|7\%}} \geq \frac{2}{3} \tag{4.3.9}$$

記

$$f(t) = \frac{a_{\overline{t}|6\%}}{s_{\overline{10-t}|7\%}}$$

利用 Excel 程序，容易得到 $f(4) \approx 0.484,407$，$f(5) \approx 0.732,491$，且 $f(t)$ 隨著 t 增大而增大，因此滿足不等式(4.3.9)的最小整數為5，故取 $t = 5$，即從第5年年末起貸款餘額低於60,000元。

將已知條件及 $t = 5$ 代入(4.3.4)式可得每年年末應償還的貸款：

$$R = \frac{(L_0 - L')(1+j)^t + (L' + iL's_{\overline{t}|j})}{a_{\overline{n-t}|i} + s_{\overline{t}|j}}$$

$$= \frac{(10,000 - 6,000)(1+6\%)^5 + (60,000 + 7\% \times 60,000s_{\overline{5}|6\%})}{a_{\overline{10-5}|7\%} + s_{\overline{5}|6\%}}$$

$$\approx 14,090.656,431 \approx 14,090.66(元)$$

下面製作分期償還表，見表4-3-1。該表的製作步驟是：第一步，在每年償還額中填上14,090.66元(即 $R = 14,090.66$)；第二步，在0點的殘餘本金欄內填上貸款本金100,000元(即 $L_0 = 100\,000$)；第三步，填充第1年到第5(即 $t = 5$)年年末的償還額中利息部分欄。這一欄的利息這樣計算：利息 $= iL' +$ (上一年末殘餘本金 $- L'$) $\times j = 60,000 \times 7\% +$ (上一年末殘餘本金 $- 60,000$) $\times 6\%$。如第1年年末還款中的利息部分為 $60,000 \times 7\% + (100,000 - 60,000) \times 6\% = 6,600$ 元。從第6年年末起，償還的利息按公式「利息 $=$ 上一年末殘餘本金 $\times 7\%$」計算，因為這裡上一年末的殘餘

本金已低於貸款分級線 60,000 元,如第 6 年年末還款中的利息部分為 57,774.47 × 7% ≈ 4,044.21 元。第四步,用每年償還額減去償還額中利息部分的差作為可償還本金。第五步,用上一年末的殘余本金減去本年末可償還的本金作為本年末殘余本金的值。

表 4 - 3 - 1　　　　　級差利率條件下的等額分期償還表　　　　　單位:元

年末	每年償還額	償還額中利息部分	償還額中本金部分	殘餘本金
0				100,000
1	14,090.66	6,600.00	7,490.66	92,509.34
2	14,090.66	6,150.56	7,940.10	84,569.25
3	14,090.66	5,674.15	8,416.50	76,152.75
4	14,090.66	5,169.16	8,921.49	67,231.25
5	14,090.66	4,633.88	9,456.78	57,774.47
6	14,090.66	4,044.21	10,046.44	47,728.03
7	14,090.66	3,340.96	10,749.69	36,978.34
8	14,090.66	2,588.48	11,502.17	25,476.16
9	14,090.66	1,783.33	12,307.33	13,168.84
10	14,090.66	921.82	13,168.84	0.00

例 4.3.2　證明公式(4.3.3)成立。

證明:由(4.3.1)式知,t 為滿足不等式 $L_t \leq L'$ 中的最小正整數。換言之,$L_0, L_1, L_2, \cdots, L_{t-1}$ 均大於 L',其中超過 L' 部分的 $(L_k - L')$ 按年利率 j 累積($k = 0, 1, 2, \cdots, t-1$),而作為基礎的 L' 部分則按年利率 i 累積。下面用過去法計算貸款餘額,具體推導過程如下:

$$L_1 = (L_0 - L')(1 + j) + L'(1 + i) - R$$
$$= [(L_0 - L')(1 + j)^1 + iL's_{\overline{1}|j} + L'] - Rs_{\overline{1}|j}$$
$$L_2 = (L_1 - L')(1 + j) + L'(1 + i) - R$$
$$= [(L_0 - L')(1 + j)^2 + iL's_{\overline{1}|j}(1 + j) + iL' + L'] - R[s_{\overline{1}|j}(1 + j) + 1]$$
$$= [(L_0 - L')(1 + j)^2 + iL's_{\overline{2}|j} + L'] - Rs_{\overline{2}|j}$$
$$L_3 = (L_2 - L')(1 + j) + L'(1 + i) - R$$
$$= [(L_0 - L')(1 + j)^3 + iL's_{\overline{2}|j}(1 + j) + iL' + L'] - R[s_{\overline{2}|j}(1 + j) + 1]$$
$$= [(L_0 - L')(1 + j)^3 + iL's_{\overline{3}|j} + L'] - Rs_{\overline{3}|j}$$

……

$$L_t = (L_{t-1} - L')(1 + j) + L'(1 + i) - R$$
$$= [(L_0 - L')(1 + j)^t + iL's_{\overline{t-1}|j}(1 + j) + iL' + L'] - R[s_{\overline{t-1}|j}(1 + j) + 1]$$

$$= [(L_0 - L')(1+j)^t + iL's_{\overline{t}|j} + L'] - Rs_{\overline{t}|j}$$

注意：上述推導過程中，運用了遞推公式

$$s_{\overline{k+1}|j} = \ddot{s}_{\overline{k}|j} + 1 = s_{\overline{k}|j}(1+j) + 1 \text{ 且 } s_{\overline{1}|j} = 1 \text{。}$$

請讀者思考：本教材中還可歸納出哪些遞推公式？

本章小結

1. 內容概要

本章主要研究了貸款的償還方法，並重點研究了分期償還法與償債基金法。根據各次償還額是否相等，可以分為等額償還法和變額償還法。在分期償還法中，每次還款額先用於償還當期利息，剩餘部分才衝減本金。在償債基金法中，平時償還貸款利息，同時逐期建立償債基金，其目的是在貸款到期時能夠償還本金。償債基金法中每期支付額先用於償還當期利息，剩餘部分才存入償債基金。當支付額不足以償還當期利息時，需進行基金負儲蓄的本金化操作。當償債基金利率等於貸款利率時，償債基金法實際上就是分期償還法。等額分期償還法、等額償債基金法、等額本金償還法是三種重要的償還方法。利用 Excel 程序能快速地構造出分期償還表與償債基金表，這在實際生活中有重要應用。從這些表中，很容易知道在任何時點只需償還殘餘本金或貸款淨額，就可結清全部債務。

2. 重要公式

(1) $R = \dfrac{L_0}{a_{\overline{n}|}}$ $\quad I_k = iL_{k-1} \quad P_k = R - I_k \quad L_k = L_{k-1} - P_k$

$\quad I_k = R(1 - v^{n-k+1}) \quad\quad P_k = Rv^{n-k+1}$

$\quad L_k = Ra_{\overline{n-k}|} = L_0(1+i)^k - Rs_{\overline{k}|}$

(2) $D = \dfrac{L_0}{s_{\overline{n}|j}} \quad\quad I = iL_0$

$\quad P = I + D = \dfrac{L_0}{a_{\overline{n}|i\&j}}$

$\quad L_k = L_0 - Ds_{\overline{k}|j}$

$\quad a_{\overline{n}|i\&j} = \dfrac{a_{\overline{n}|j}}{1 + (i-j)a_{\overline{n}|j}}$

(3) $L_0 = \dfrac{\sum_{t=1}^{n} \tilde{v}^t R_t}{1 + (i-j)a_{\overline{n}|j}}$

習題 4

4-1 一筆 10,000 元的貸款在 5 年內以每季末付款方式來償還,年利率為 8%,每季度結轉一次利息,求第 3 年年末的未償還貸款餘額。

4-2 某人從銀行貸款 20,000 元,年利率為 7%,採用分期還款,每年年末償還 2,000 元,不足 2,000 元的剩餘部分將在最後一次正常還款後的下一年年末償還。計算:

(1) 第 12 次還款後的貸款餘額;

(2) 正常還款的次數;

(3) 最後一次的還款額。

4-3 一筆貸款以每季末付款 1,600 元方式來償還,其利率為季度轉換後的年名義利率 6.8%,如果在第 2 年年末的貸款餘額為 15,000 元,求該貸款的本金數額。

4-4 有一筆 21,000 元的貸款,在 12 年內以每年年末付款一次方式來償還,已知利率 i 滿足 $(1+i)^4 = 2$,試分別確定第 4 次、第 8 次還款後的貸款餘額。

4-5 一項貸款為 1,原計劃在 25 年內每年年末等額償還。如果在第 6 次到第 10 次的償還額中,每次增加還款額 K,則可以比原計劃提前 5 年還清貸款。試證明:

$$K = \frac{a_{\overline{20}|} - a_{\overline{15}|}}{a_{\overline{25}|} a_{\overline{5}|}}。$$

4-6 某貸款採用等額分期償還法償還,$L_t、L_{t+1}、L_{t+2}、L_{t+3}$ 為 4 個連續時期末的貸款餘額,試證明:

(1) $(L_t - L_{t+1})(L_{t+2} - L_{t+3}) = (L_{t+1} - L_{t+2})^2$;

(2) $L_t + L_{t+3} < L_{t+1} + L_{t+2}$。

4-7 一筆 30 年期的貸款,每年年末等額分期償還一次,貸款的年利率為 7%,哪一次還款額中利息部分與本金部分最接近?哪一次二者相差最大?

4-8 某人以 10% 的年利率借款 2,000 元,以年末付款方式來償還。第 1 次還款為 400 元,以後每一次比上一次多償還 4%,在最後一次正常還款後的下一年年末有一次較小的最後還款。求:

(1) 第 3 年年末的未償還借款餘額;

(2) 第 3 次償還額中的本金部分。

4-9 某人以按揭方式購買住房,貸款總額為 20 萬元,年計息 12 次的年名義利率為 5.04%,貸款 20 年,每月末等額償還;從第 4 年初起,貸款利率上升為年計算 12 次的年名義利率 5.31%。用 Excel 程序做出實際的分期償還表,並求每次還款額的增長量。第 10 年年末的償還額中利息部分與本金部分各為多少?第 10 年年末的那次還款後還需一次性償還多少元就可以結清全部債務?

4-10 某人以按揭方式購買住房,貸款總額為 20 萬元,年計息 12 次的年名義利

率為5.52%,貸款20年,每月末等額償還。用Excel程序做出分期償還表,並求每月末需償還的金額。第10年年末的償還額中利息部分與本金部分各為多少?第10年年末的那次還款后還需一次性償還多少元方可結清全部債務?

4－11　一筆貸款以年利率4%分期方式償還,貸款30年,每年年末償還貸款一次。等額本利償還法的償還額在第k次首次超過等額本金償還法的償還額,試求k。

4－12　某人貸款20萬元,貸款20年,年計息12次的年名義利率為5.52%,採用等額本金還款法每月末還款一次。用Excel程序做出分期償還表,並求第10年年末還款額及其償還額中利息部分與本金部分各為多少?第10年年末的那次還款后還需一次性償還多少元可結清全部債務?

4－13　一筆50,000元貸款,期限為6年,貸款年利率為7.5%,於每年年末償還利息;同時建立償債基金,償債基金的年實際利率為6.5%。求第3年年末貸款淨額。

4－14　有一筆10,000元的10年期貸款,貸款年利率為6%,需在每年年末支付當年利息,借款人每年年初向一年利率為5%的償債基金等額儲蓄。求每次向償債基金的儲蓄額。

4－15　一筆貸款100,000元的貸款,貸款20年,貸款年利率為6%;按償債基金法還款,償債基金的年利率為5%;已知借款人每一年年末比上一年年末多付款300元,試求第一次付款金額。

4－16　某借款人從銀行貸款,期限為4年,年利率為12%,採用償債基金法還款,償債基金的年利率為8%。借款人每年年末可支付的款項分別為100元、100元、1,000元和1,000元。試求該借款人可以借款的數額。

4－17　某借款人所借的50,000元貸款中,每年年末必須按6.5%的年利率支付利息。該借款人每半年末向一償債基金儲蓄,以便在第6年年末剛好能還清貸款。已知償債基金的年利率為4.5%,試做出償債基金表。

4－18　某人貸款20萬元,貸款20年,年計息12次的年名義利率為5.52%,採用等額償債基金法每月末付款一次,假設償債基金的月利率為0.45%,用Excel程序做出償債基金表。

(1) 每月末付款總額為多少?其中有多少用於支付貸款利息?向基金存入的數額為多少?

(2) 第10年年末的那次付款后還需一次性償還多少元即可結清全部債務?

4－19　有一筆200,000元的貸款,在10年內每年年末等額分期償還,貸款利率為級差利率:對於不超過140,000元的未償還貸款本金餘額按6%計息,對於超過140,000元的未償還貸款本金餘額按5%計息。借款人每年年末應償還多少?第5年還款中利息和本金各為多少?

4－20　有一筆100,000元的貸款,在12年內每年年末等額分期償還,貸款利率為級差利率:對於不超過40,000元的未償還貸款本金餘額按7%計息,對於超過40,000元的未償還貸款本金餘額按5%計息,借款人每年年末應償還多少?第3年還款后貸款餘額為多少?第幾年年末開始貸款餘額低於60,000元?

第五章 證券的價值分析

本章主要介紹了債券、股票的定價原理及有關收益率的分析。債券、股票的理論價格實際上就是在一定收益率條件下未來獲得回報的現值,實際價格則要受市場利率、回報大小與方式、可贖回條款、發行人信譽、稅收政策、供求關係、證券種類、政府監管等多種因素的影響。

第一節 債券的定價原理

債券是投資者向政府、公司或金融機構提供資金的債權債務合同,該債券載明了發行者在指定日期支付利息,並在到期日償還本金的承諾。按照利息支付方式的不同,債券可分為零息債券和附息債券。前者的特點是以低於面值的貼現方式發行,到期按面值償還,差額就是投資者獲得的利息收入;后者又稱為固定利率債券或直接債券,特點就是事先確定票息率,然后每半年或每一年按票面金額計算並支付一次利息。由於附息債券是最普通的一種,因而本章主要研究附息債券。

影響債券價格的因素很多,如市場利率、發行人信譽、債券的特定條款、稅收等因素。本章我們將主要考慮根據市場利率或收益率來確定債券價格。換言之,債券的理論價格就是債券未來利息收入與到期償還值的現值之和,或者說現在支付的價格就是未來回報的現值的總和。

為了簡便起見,先進行如下假定:

(1) 債券發行者在規定日期肯定償還債務,先不考慮不能按期還款的可能;

(2) 債券有固定的到期日,先不考慮無固定到期日的債券;

(3) 債券價格是指在某票息支付日剛剛支付票息后的價格,先不考慮相鄰兩個票息支付日之間的某個日期的債券價格。

基本符號含義:

P—— 債券的理論價格；
i—— 投資者所要求的收益率或市場利率；
F—— 債券的面值；
C—— 債券的償還值或贖回值，通常 $C = F$；
r—— 債券的票息率；
Fr—— 每期的票息收入；
g—— 債券的修正票息率。它是債券的票息收入 Fr 與償還值 C 的比率，即

$$g = \frac{Fr}{C} \tag{5.1.1}$$

或

$$Fr = Cg \tag{5.1.2}$$

特別地，當 $C = F$ 時，$g = r$。
n—— 截止於償還日，票息支付的次數；
K—— 贖回值或償還值按收益率計算的現值，即

$$K = Cv^n \tag{5.1.3}$$

G—— 債券的基價，即以此額度按投資收益率進行投資，每期產生的利息收入將等於債券的票息收入，即

$$Gi = Fr = Cg \tag{5.1.4}$$

或

$$G = \frac{Fr}{i} \tag{5.1.5}$$

t_1—— 票息所得稅率，即對投資者所獲得的利息進行徵稅的一種所得稅率。

在債券的發行條款中，F、C、r、g、n 都是已知的，債券到期前都是不變的。P 隨著 i 變化而反向變化，債券收益率隨金融市場上同類債券現行利率上下波動。因此，波動的市場利率將導致債券的價格波動。

一、債券價格的計算公式

(一) 債券價格的基本公式

以債券票息支付期為一期，由於債券在未來 n 期內，每期末可收回當期票息 Fr，到期時還可贖回 C，因此債券的理論價格就是未來收回的現值之和，即

$$P = Fra_{\overline{n}|} + Cv^n = Fra_{\overline{n}|} + K \tag{5.1.6}$$

$$\therefore \frac{\mathrm{d}}{\mathrm{d}i}P = -\left(\sum_{t=1}^{n} Frtv^{t+1} + Cnv^{n+1}\right) < 0$$

$$\frac{\mathrm{d}^2}{\mathrm{d}i^2}P = \sum_{t=1}^{n} Frt(t+1)v^{t+2} + Cn(n+1)v^{n+2} > 0$$

一階導數小於 0，意味著債券價格 P 是市場利率 i 的減函數，即市場利率越高，債券的價格越低；反之，則反是。

二階導數大於0,意味著債券價格 P 是市場利率的下凸函數,即:當市場利率下降時,債券價格將加速上升;當市場利率上升時,債券價格將減速下降。

(二) 債券價格的溢價公式

由基本公式(5.1.6)可得

$$\begin{aligned} P &= Fra_{\overline{n}|} + Cv^n = Fra_{\overline{n}|} + C(1 - ia_{\overline{n}|}) \\ &= C + (Fr - Ci)a_{\overline{n}|} = C + (Cg - Ci)a_{\overline{n}|} \quad [\text{由公式}(5.1.2)\text{得}] \\ &= C[1 + (g - i)a_{\overline{n}|}] \end{aligned} \quad (5.1.7)$$

若債券的購買價格高於贖回值,即 $P > C$,則稱該債券為溢價發行,稱其差額 $(P - C)$ 為溢價額;若 $P < C$,則稱該債券為折價發行,稱其差額 $(C - P)$ 為折價額。

由(5.1.7)式不難發現,當溢價發行時,$g > i$,

$$\text{溢價額} = P - C = (Fr - Ci)a_{\overline{n}|} = C(g - i)a_{\overline{n}|}$$

當折價發行時,$g < i$,

$$\text{折價額} = C - P = (Ci - Fr)a_{\overline{n}|} = C(i - g)a_{\overline{n}|}$$

溢價和折價名稱不同,但實質一樣,只不過折價為負的溢價。債券的價格取決於各期票息現值與贖回值現值的多少。由於債券買價經常低於或高於贖回值,因而投資者在購買時就有利潤(折價)或虧損(溢價)。該利潤或虧損在計算到期收益率時已經反應在債券收益率中。在這種情況下,票息額不能完全看成是投資者的利息收入,而應將每期的票息分解成當期利息收入與本金調整兩個部分。用這種方法將債券價格從購買日的買價連續地調整到贖回日的贖回值,這些調整後的債券價值就稱為債券的帳面值。帳面值提供了一系列合理而平滑的債券價格,很多投資公司和養老基金在財務報表中都將其用來反應債券資產的價值。

設從購買日起第 t 期期末的帳面值為 B_t,第 t 期票息中的利息部分為 I_t,本金調整部分為 P_t,每期等額票息為 Fr,這樣,購買價 $P = B_0$,贖回值 $C = B_n$。

為簡便起見,不妨考慮 $C = 1$ 的情形,對於一般情形,只需乘以因子 C,便可得所需結果。當 $C = 1$ 時,票息為 g,買價為 $P = 1 + p$ (p 可正可負,為正時代表溢價,為負時代表折價)。

在第 1 期,期初帳面值為:

$$B_0 = P = 1 + p = 1 + (g - i)a_{\overline{n}|}$$

第 1 期的利息收入為:

$$I_1 = iB_0 = i[1 + (g - i)a_{\overline{n}|}]$$

本金調整部分為:

$$P_1 = g - I_1 = g - i[1 + (g - i)a_{\overline{n}|}] = (g - i)(1 - ia_{\overline{n}|}) = (g - i)v^n$$

$$\therefore B_1 = B_0 - P_1 = 1 + (g - i)a_{\overline{n}|} - (g - i)v^n = 1 + (g - i)a_{\overline{n-1}|}$$

第 2 期的利息收入、本金調整額、期末帳面值分別為:

$$I_2 = iB_1 = i[1 + (g - i)a_{\overline{n-1}|}]$$

$$P_2 = g - I_2 = (g - i)v^{n-1}$$

$$\therefore B_2 = B_1 - P_2 = 1 + (g-i)a_{\overline{n-1}|} - (g-i)v^{n-1} = 1 + (g-i)a_{\overline{n-2}|}$$
......

第 n 期的利息收入、本金調整額、期末帳面值分別為：

$$I_n = iB_{n-1} = i[1 + (g-i)a_{\overline{1}|}]$$
$$P_n = g - I_n = (g-i)v$$
$$\therefore B_n = 1$$

當債券溢價發行時，每期票息收入為 g 並不完全表現為利息的虧損，實際上只有一部分為利息收入，另一部分是對本金的調整或者是對溢價購買債券的補償。折價發行情形的票息收入，一部分表現為利息收入，另一部分表現為對折價購買債券獲得的收益的扣除或扣減。

溢價購買的債券，帳面值將逐期調低，該過程叫溢價攤銷，這時的本金調整額稱為溢價攤銷額。折價購買的債券，帳面值將逐期調高，該過程叫折價累積，這時的本金調整額稱為折價調整額。

下面以表 5-1-1 來概括各期末帳面值變動情況。該表又稱為債券分期償還表，它顯示了每次票息中賺得的利息和本金調整部分，以及在每次票息支付之後的帳面值。帳面值表完全可以被視為分期還款表，只是債券發行人為借款人，債券購買者為貸款人而已。

表 5-1-1　　　　　　　　　債券價格帳面值表

期次	票息	利息收入	本金調整	帳面值
0				$1 + p = 1 + (g-i)a_{\overline{n}|}$
1	g	$i[1+(g-i)a_{\overline{n}|}]$	$(g-i)v^n$	$1+(g-i)a_{\overline{n-1}|}$
2	g	$i[1+(g-i)a_{\overline{n-1}|}]$	$(g-i)v^{n-1}$	$1+(g-i)a_{\overline{n-2}|}$
...	...	...	...	...
t	g	$i[1+(g-i)a_{\overline{n-t+1}|}]$	$(g-i)v^{n-t+1}$	$1+(g-i)a_{\overline{n-t}|}$
...	...	...	...	...
n	g	$i[1+(g-i)a_{\overline{1}|}]$	$(g-i)v$	1
合計	ng	$ng - p$	$(g-i)a_{\overline{n}|} = p$	

另一種對帳面值調整的方法，叫直線法。雖然它同上述按複利方式計算的結果不一致，但應用方便。在直線法中，各年本金調整額為常數，即 $P_t = \dfrac{C-P}{n}$，其中 $t = 1,2,\cdots,n$。因而，所獲得的利息收入也為常數，即 $I_t = Fr - P_t$，其中 $t = 1,2,\cdots,n$。

(三) 債券的基價公式

債券的基價就是投資者為了獲得與票息收入相等的週期性收益所必須投資的金額，即 $G = \dfrac{Fr}{i}$，或 $Fr = Gi$。因此，由債券的基本公式可得：

$$P = Fra_{\overline{n}|} + K = Gia_{\overline{n}|} + Cv^n$$
$$= G(1 - v^n) + Cv^n = G + (C - G)v^n \tag{5.1.8}$$

我們稱(5.1.8)式為債券的基價公式。該公式表明，投資者投資 G 元，每期就可獲得當期利息收入 Gi 元，或者說票息收入 Fr 元，到期還有 G 元的本金或償還值。除此之外，投資者實際獲得了 C 元的贖回值，即多獲得了 $(C - G)$ 元的贖回值，其現值為 $(C - G)v^n$ 元，因而投資者應支付的價格比 G 元多 $(C - G)v^n$ 元。

(四) 債券的 Makeham 公式

由於 $Fr = Cg$，由債券價格的基本公式可得

$$P = Fra_{\overline{n}|} + K = Cg\frac{1-v^n}{i} + Cv^n$$
$$= Cv^n + \frac{g}{i}(C - Cv^n) = K + \frac{g}{i}(C - K) \tag{5.1.9}$$

由於 K 是債券贖回值的現值，所以 $\frac{g}{i}(C - K)$ 應是未來票息收入的現值，因為債券的價格是償還值的現值與票息收入之和。如果 $g = i$，那麼票息收入的現值為 $(C - K)$，從而債券的價格就是償還值 C。

例 5.1.1 設債券的面值為 1,000 元，年票息率為 6%，期限為 10 年，到期按面值贖回，投資者所要求的年收益率為 8%。試確定債券的價格，並做出帳面值表。

解：由題意知，$F = C = 1,000, r = g = 6\%, i = 8\%, n = 10$

∵ $g < i$

∴ 該債券屬折價發行。

下面用債券價格的基本公式、溢價公式、基價公式和 Makeham 公式分別求出債券的價格。

(1) 基本公式

∵ $K = Cv^n = 1,000(1 + 8\%)^{-10} \approx 463.193,488$

∴ $P = Fra_{\overline{n}|} + Cv^n = 1,000 \times 6\% a_{\overline{10}|8\%} + 1,000(1 + 8\%)^{-10}$

$\approx 60 \times 6.710,081 + 463.193,488 \approx 865.80(元)$

(2) 溢價公式

$P = C[1 + (g - i)a_{\overline{n}|}] = 1,000[1 + (6\% - 8\%)a_{\overline{10}|8\%}]$

$\approx 1,000(1 - 2\% \times 6.710,081) \approx 865.80(元)$

(3) 基價公式

∵ $G = \frac{Fr}{i} = \frac{1,000 \times 6\%}{8\%} = 750$

∴ $P = G + (C - G)v^n = 750 + (1,000 - 750)(1 + 8\%)^{-10}$

$\approx 750 + 250 \times 0.463,193 \approx 865.80(元)$

(4) Makeham 公式

$$P = K + \frac{g}{i}(C - K)$$

$$\approx 463.193,488 + \frac{6\%}{8\%}(1,000 - 463.193\,488) \approx 865.80(元)$$

做帳面值表的步驟：第一，在0年年末(即現在時點)帳面值欄填上債券的價格865.80元；第二，在第1～10年的各年末填上各年所得票息$1,000 \times 6\% = 60$元；第三，利息收入欄內填上本年利息收入，其中本年利息收入 = 上年末帳面值 × 投資者所要求的收益率(8%)；第四，由本年票息減去本年利息收入得到本年本金調整額(調整額為負意味著折價購買，即為負的溢價，本金的調整過程為折價累積過程；調整額為正，意味著溢價購買，本金調整過程為溢攤銷過程)；第五，由上年末帳面值減去本年本金調整額得到本年末帳面值。按上面步驟，可做出債券帳面值表，見表5－1－2。

請讀者思考：能否用分期還款原理來理解債券帳面值表？其餘例題也如此考慮。

表5－1－2　　　　　　　　　債券帳面值表　　　　　　　　單位:元

年末	票息	利息收入	本金調整額	帳面值
0				865.80
1	60	69.26	－9.26	875.06
2	60	70.00	－10.00	885.07
3	60	70.81	－10.81	895.87
4	60	71.67	－11.67	907.54
5	60	72.60	－12.60	920.15
6	60	73.61	－13.61	933.76
7	60	74.70	－14.70	948.46
8	60	75.88	－15.88	964.33
9	60	77.15	－17.15	981.48
10	60	78.52	－18.52	1,000.00

例 5.1.2 設債券的面值為1,000元，年票息率為8%，期限為10年，到期按面值贖回，投資者所要求的年收益率為6%。試確定債券的價格，並做出帳面值表。

解：由題意知，$F = C = 1,000, r = g = 8\%, i = 6\%$

$\because g > i$

$\therefore$ 該債券屬溢價發行。

$\because K = Cv^n = 1,000(1 + 6\%)^{-10} \approx 558.394,777$

$\therefore P = Fra_{\overline{n}|} + Cv^n = 1,000 \times 8\% a_{\overline{10}|6\%} + 1,000(1 + 6\%)^{-10}$

$\approx 80 \times 7.360,087 + 558.394,777 \approx 1,147.20(元)$

可以做出債券帳面值表，見表5－1－3，具體步驟參考例5.1.1。

表 5-1-3　　　　　　　　　債券帳面值表　　　　　　　　單位:元

年末	票息	利息收入	本金調整額	帳面值
0				1,147.20
1	80	68.83	11.17	1,136.03
2	80	68.16	11.84	1,124.20
3	80	67.45	12.55	1,111.65
4	80	66.70	13.30	1,098.35
5	80	65.90	14.10	1,084.25
6	80	65.05	14.95	1,069.30
7	80	64.16	15.84	1,053.46
8	80	63.21	16.79	1,036.67
9	80	62.20	17.80	1,018.87
10	80	61.13	18.87	1,000.00

例 5.1.3　一種面值為 1,000 元的 5 年期債券,附有半年期息票,年轉換 2 次的年票息率為 8%,到期按面值贖回。若購買者的收益率為半年轉換年 7%,希望能用一個利率為半年轉換年 6% 的償債基金來償還所投入本金。求購買價格。

解:以半年為一期,則 $F = C = 1,000, i = 7\%/2 = 3.5\%, g = r = 8\%/2 = 4\%$, $n = 10$,償債基金利率 $j = 6\%/2 = 3\%$。

$\because g > i$

$\therefore$ 該債券屬於溢價發行,且 $P > C$;

本題可理解為:貸款 P 元購買該債券。由於債券每期票息收入為 Cg 元,貸款每期利息為 iP 元,因此,每期可存入償還基金的金額為 $(Cg - iP)$ 元。

由於債券到期可收回 C 元,因此償債基金的終值應為 $(P - C)$ 元,即

$$(Cg - iP)s_{\overline{n}|j} = P - C$$

$$\therefore P = \frac{1 + gs_{\overline{n}|j}}{1 + is_{\overline{n}|j}}C$$

$$= \frac{1 + 4\% s_{\overline{10}|3\%}}{1 + 3.5\% s_{\overline{10}|3\%}} \times 1,000 \approx 1,040.91(元)$$

二、稅收條件下的債券價格

如果對利息徵收的稅率為 t_1,那麼投資者實際得到的利息為 $Fr(1 - t_1)$,因此可以得到債券價格的如下表達式:

$$P = Fr(1 - t_1)a_{\overline{n}|} + Cv^n = Fr(1 - t_1)a_{\overline{n}|} + K \quad (基本公式) \quad (5.1.10)$$

$$= C + [Fr(1 - t_1) - Ci]a_{\overline{n}|}$$

$$= C\{1 + [g(1 - t_1) - i]a_{\overline{n}|}\} \quad (溢價公式) \quad (5.1.11)$$

$$= G(1 - t_1) + [C - G(1 - t_1)]v^n \quad (基價公式) \quad (5.1.12)$$

$$= K + \frac{g(1-t_1)}{i}(C-K) \qquad (\text{Makeham 公式}) \qquad (5.1.13)$$

如果還要徵收資本增益稅,其稅率為 t_2,那麼它將對債券價格產生影響。所謂資本增益稅,是指當債券或其他資產支付所得稅后的購買價格低於贖回值時在贖回日或出售日對投資者所徵收的一種稅。

當 $i \leq g(1-t_1)$ 時,$P \geq C$,投資者無需交增益稅,或者說 $t_2 = 0$。

當 $i > g(1-t_1)$ 時,$P < C$,投資者需交增益稅。用 $\tilde{P}$ 表示徵收所得稅和增益稅后的債券購買價格,因而在贖回時獲得的資本增益為 $C - \tilde{P}$,增益稅的現值為

$$t_2(C-\tilde{P})v^n = t_2 K \frac{C-\tilde{P}}{C}$$

於是

$$\tilde{P} = K + \frac{g(1-t_1)}{i}(C-K) - t_2 K \frac{C-\tilde{P}}{C} \qquad (5.1.14)$$

解得

$$\tilde{P} = \frac{(1-t_2)K + \frac{g(1-t_1)}{i}(C-K)}{1 - \frac{t_2 K}{C}} \qquad (5.1.15)$$

$$= \frac{iCK(1-t_2) + Cg(1-t_1)(C-K)}{iC - iKt_2} \qquad (5.1.16)$$

$$= \frac{iK(1-t_2) + g(1-t_1)(C-K)}{i(C-t_2 K)} C \qquad (5.1.17)$$

例 5.1.4 設債券的面值為 1,000 元,票息率為每年計息 2 次的年名義利率 6%,期限為 10 年,贖回值為 1,080 元,投資者所要求的收益率為每年計息 2 次的年名義利率 8%,票息所得稅率為 20%。試確定債券的價格,並做出帳面值表。

解:以半年為一期,於是 $n = 20$, $r = 6\%/2 = 3\%$, $i = 8\%/2 = 4\%$,且 $F = 1,000$, $C = 1,080$。因此,由債券的基本公式可得債券的價格

$$P = Fr(1-t_1)a_{\overline{n}|} + K$$
$$= 1,000 \times 3\% (1-20\%) a_{\overline{20}|4\%} + 1,080(1+4\%)^{-20}$$
$$\approx 24 \times 13.590,326 + 492.897,902 \approx 819.07(\text{元})$$

也可由 (5.1.11) 式、(5.1.12) 式、(5.1.13) 式得到上面結果。當然,還可以由無稅收條件下的 (5.1.6) 式、(5.1.7) 式、(5.1.8) 式、(5.1.9) 式計算而得,只不過票息率應替換為稅后票息率:$3\%(1-20\%) = 2.4\%$。於是所得稅后的票息為:

$$Fr(1-t_1) = 1,000 \times 3\%(1-20\%) = 24(\text{元})$$

相應的帳面值表見表 5-1-4。

表 5-1-4　　　　　債券帳面值表(所得稅后)　　　　　單位:元

時點	票息	利息收入	本金調整額	帳面值
0				819.07
1	24	32.76	-8.76	827.83
2	24	33.11	-9.11	836.94
3	24	33.48	-9.48	846.42
4	24	33.86	-9.86	856.28
5	24	34.25	-10.25	866.53
6	24	34.66	-10.66	877.19
7	24	35.09	-11.09	888.28
8	24	35.53	-11.53	899.81
9	24	35.99	-11.99	911.80
10	24	36.47	-12.47	924.27
11	24	36.97	-12.97	937.24
12	24	37.49	-13.49	950.73
13	24	38.03	-14.03	964.76
14	24	38.59	-14.59	979.35
15	24	39.17	-15.17	994.53
16	24	39.78	-15.78	1,010.31
17	24	40.41	-16.41	1,026.72
18	24	41.07	-17.07	1,043.79
19	24	41.75	-17.75	1,061.54
20	24	42.46	-18.46	1,080.00

例 5.1.5　在例 5.1.4 中,設投資者還需繳納資本增益稅,稅率為 $t_2 = 25\%$。債券的價格為多少元?

解法 1:由題意知:

$$g = \frac{Fr}{C} \approx 0.027,778$$

$$K = Cv^n = 1,080(1 + 4\%)^{-20} \approx 492.897,902$$

使用公式(5.1.17)可得:

$$\bar{P} = \frac{iK(1-t_2) + g(1-t_1)(C-K)}{i(C-t_2K)}C$$

$$= \frac{4\% \times 492.897,902 + 0.027,778(1-20\%)(1,080-492.897,902)}{4\%(1,080-25\% \times 492.897,902)}$$

$$\approx 785.46(元)$$

解法 2:∵ $g = \frac{Fr}{C} \approx 0.027,778, i = 8\%/2 = 4\%$,即 $i > g > g(1-t_1)$

∴ 該債券屬於折價發行,投資者應繳納資本增益稅。設繳納增益稅后的價格為 $\tilde{P}$ 元,則繳納的增益稅的現值為 $t_2(C - \tilde{P})v^n$ 元。

由於每年年末要繳納利息所得稅 Frt_1 元,因此在債券發行時點運用收支平衡原則可得:

$$\tilde{P} = Fra_{\overline{n}|} + Cv^n - Frt_1 a_{\overline{n}|} - t_2(C - \tilde{P})v^n$$

$$\therefore \tilde{P} = 1,000 \times 3\% a_{\overline{n}|} + 1,080v^n - 1,000 \times 3\% \times 20\% a_{\overline{n}|} - 25\%(1,080 - \tilde{P})v^n$$

$$\therefore \tilde{P} = \frac{24a_{\overline{n}|} + 730v^n}{1 - 25\%v^n} = \frac{600 + 210v^{20}}{1 - 25\%v^{20}} \approx 785.46(元)$$

三、票息支付日之間的債券估價

前面所講的某票息支付時點或支付日的價格或帳面值剛好是在票息支付之后即時的金額,此外,還需要考慮票息支付日之間的債券價格與帳面值。

設 B_t、B_{t+1} 是兩個相鄰票息支付日債券的價格或帳面值,Fr 為票息金額,第 $t+1$ 期所得利息為 $I_{t+1} = iB_t$,本金調整額為 $P_{t+1} = Fr - I_{t+1} = Fr - iB_t$,因此

$$B_{t+1} = B_t - P_{t+1} = B_t - (Fr - iB_t) = B_t(1 + i) - Fr \qquad (5.1.18)$$

現在的問題是:如何由 B_t、B_{t+1} 來估計在時刻 $t+k$ 的債券價格或帳面值 B_{t+k}?其中 $0 < k < 1$。解決這一問題的關鍵在於:在債券的原持有者與新持有者之間合理分割第 $t+1$ 期的票息 Fr。因為新持有者將在期末獲得該期的整個票息,因而購買價格應包括從時刻 t 到時刻 $t+k$ 這段時間的票息,這部分票息記為 Fr_k,它應由債券的新持有者補償給債券的原持有者。顯然,$Fr_0 = 0$,$Fr_1 = Fr$。

債券在時刻 $t+k$ 出售的價格(忽略費用支出),稱為債券的平價,即為債券轉手時的實際交易價格,並記為 B_{t+k}^f;扣除應計票息后的價格稱為債券的淨價,實際上就是帳面值,記為 $B_{t+k}^m(0 < k < 1)$。顯然有

$$B_{t+k}^f = B_{t+k}^m + Fr_k \qquad (5.1.19)$$

或

$$B_{t+k}^m = B_{t+k}^f - Fr_k \qquad (5.1.20)$$

這表明債券價格體現在平價上,是在帳面值的基礎上加上應計票息而得的結果。有三種計算方法:

(一) 理論法

用複利的方法可以準確計算債券的價格。

平價:

$$B_{t+k}^f = B_t(1 + i)^k \qquad (5.1.21)$$

應計票息按複利方式分割利息:

$$Fr_k = Fr \frac{(1+i)^k - 1}{(1+i)^1 - 1} = Fr \frac{(1+i)^k - 1}{i} \qquad (5.1.22)$$

因此,帳面值為:

$$B_{t+k}^m = B_t(1+i)^k - Fr\frac{(1+i)^k - 1}{i} \tag{5.1.23}$$

(二) 實務法

對於不超過 1 期的累積值可用單利近似地計算。

平價：
$$B_{t+k}^f = B_t(1+ik) \tag{5.1.24}$$

應計票息：
$$Fr_k = Frk \tag{5.1.25}$$

因此，帳面值為：
$$B_{t+k}^m = B_t(1+ik) - Frk \tag{5.1.26}$$
$$= B_t(1+ik) - [B_t(1+i) - B_{t+1}]k \quad [由(5.1.18) 式得]$$
$$= (1-k)B_t + kB_{t+1} \tag{5.1.27}$$

(三) 混合法

混合法是上述兩種方法的混合，又稱為半理論法。

平價：
$$B_{t+k}^f = B_t(1+t)^k \tag{5.1.21}$$

應計票息：
$$Fr_k = Frk \tag{5.1.25}$$

因此，帳面值為：
$$B_{t+k}^m = B_t(1+i)^k - Frk \tag{5.1.28}$$

本質上，這種方法的帳面值是按複利計算的，而應計票息則是按單利計算的。該法有一個明顯的失效之處：當 $i = g$ 時，$P = C$，它不存在溢價攤銷，也不存在折價累積，在任何時點的帳面值應相等，而混合法得出的帳面值與 k 有關，從而出現矛盾，此時可以使用理論法或實務法。

最后，順便指出，我們同樣可以考慮兩個票息支付日之間的溢價或折價問題：

溢價 $= B_{t+k}^m - C$，若 $g > i$；

折價 $= C - B_{t+k}^m$，若 $g < i$；

這裡 B_{t+k}^m 可由上述三種方法中的任何一種方法計算而得。

例 5.1.6 設債券的面值為 1,000 元，年票息率為 6%，期限為 10 年，到期按面值償還，投資者所要求的年收益率為 8%，試用理論法、實務法和混合法分別計算購買債券后第 5 個月末的平價、應計票息和帳面值。

解：由題意知，$F = C = 1,000$，$r = g = 6\%$，$i = 8\%$，$n = 10$，由例 5.1.1 知，$B_0 \approx 865.80$。為方便起見，設 $k = \frac{5}{12}$，$t = 0$。

(1) 理論法

$\because B_{t+k}^f = B_t(1+i)^k$

$\therefore B_{5/12}^f = 865.80(1+8\%)^{5/12} \approx 894.01(元)$

$$\because Fr_k = Fr\frac{(1+i)^k - 1}{i}$$

$$\therefore Fr_{5/12} = 1,000 \times 6\% \times \frac{(1+8\%)^{5/12} - 1}{8\%} \approx 24.44(元)$$

因此，帳面值為：

$$B_{5/12}^m = B_{5/12}^f - Fr_{5/12} \approx 894.01 - 24.44 = 869.57(元)$$

(2) 實務法

$$\because B_{t+k}^f = B_t(1 + ki)$$

$$\therefore B_{5/12}^f = 865.80(1 + 8\% \times \frac{5}{12}) \approx 894.66(元)$$

$$\because Fr_k = Frk$$

$$\therefore Fr_{5/12} = 1,000 \times 6\% \times \frac{5}{12} = 25(元)$$

$$\therefore B_{5/12}^m = B_{5/12}^f - Fr_{5/12} \approx 894.66 - 25 = 869.66(元)$$

(3) 混合法

$$\because B_{5/12}^f \approx 894.01, Fr_{5/12} = 25$$

$$\therefore B_{5/12}^m = B_{5/12}^f - Fr_{5/12} \approx 894.01 - 25 = 869.01(元)$$

當然，假定債券在1月1日發行，購買日是6月1日，頭5個月有151天，1年按365天計，則 $k = \frac{151}{365}$，有興趣的讀者可按上面方法重新計算帳面值。

四、債券的收益率

債券的收益率不同於債券的票息率。債券的票息率只能在一定程度上度量投資者在每期可以獲得的利息收入，而不能準確地度量投資者的真實收益率大小，因為債券的購買價格有可能不同於債券的償還值；當購買價格 P 等於債券償還值 C 時，收益率 i 等於修正票息率 g。為此，有必要計算債券的收益率。這裡將討論在已知債券購買價格時如何計算投資者的收益率。

(一) 債券的收益率的估算法

由債券的溢價公式有，

$$P = C + C(g - i)a_{\overline{n}|} \tag{5.1.29}$$

$$\because P 已知 \quad \therefore 記 \frac{P - C}{C} = p$$

於是(5.1.29)式變為

$$(g - i)a_{\overline{n}|} = p$$

或

$$i = g - \frac{p}{a_{\overline{n}|}} \tag{5.1.30}$$

運用公式(2.1.36)

$$\frac{1}{a_{\overline{n}|}} = \frac{1}{n}\left(1 + \frac{n+1}{2}i + \frac{n^2-1}{12}i^2 + \cdots\right)$$

可得

$$i \approx g - \frac{p}{n}\left(1 + \frac{n+1}{2}i\right)$$

解得

$$i \approx \frac{g - \dfrac{p}{n}}{1 + \dfrac{n+1}{2n}p} \tag{5.1.31}$$

解釋公式(5.1.31)：一方面，由於 p 可以看成是單位贖回值在 n 期內本金調整的總額，故每期平均本金調整額為 $\dfrac{p}{n}$；在單位贖回值條件下，每期票息為 g。因此，每期票息中的利息收入為 $g - \dfrac{p}{n}$。另一方面，第 1 期、第 2 期……第 $n-1$ 期、第 n 期期初的帳面值分別為 $1 + \dfrac{n}{n}p, 1 + \dfrac{n-1}{n}p, \cdots, 1 + \dfrac{2}{n}p, 1 + \dfrac{1}{n}p$，因而平均期初帳面值或平均投資額為

$$\frac{1}{n}\left[\left(1 + \frac{n}{n}p\right) + \left(1 + \frac{n-1}{n}p\right) + \cdots + \left(1 + \frac{2}{n}p\right) + \left(1 + \frac{1}{n}p\right)\right] = 1 + \frac{n+1}{2n}p$$

因此，公式(5.1.31)表明收益率就是收回的平均利息金額與平均投資金額之比。這裡，使用了帳面值上升或下降的直線法假設。

公式(5.1.31)還有一個更簡單的形式，被稱為計算收益率的「債券推銷員法」。因為 $\dfrac{n+1}{2n} \approx \dfrac{1}{2}$，所以公式(5.1.31)可化為更簡便的形式：

$$i \approx \frac{g - \dfrac{p}{n}}{1 + \dfrac{1}{2}p} \tag{5.1.32}$$

一般而言，(5.1.32)式的精確度不如(5.1.31)式，但當 n 很大時，二者差距會很小；而且都可以作為收益率的近似值，並可作為迭代法的初值。

(二) 迭代法

由(5.1.30)式有

$$i = g - \frac{pi}{1 - (1+i)^{-n}}$$

由此可得計算收益率的一個簡單迭代公式

$$\hat{i}_{t+1} = g - \frac{p\hat{i}_t}{1 - (1+\hat{i}_t)^{-n}} \tag{5.1.33}$$

上式中，

$$p = \frac{P-C}{C}, \hat{i}_0 = \frac{g - \dfrac{p}{n}}{1 + \dfrac{n+1}{2n}p} \text{ 或 } \frac{g - \dfrac{p}{n}}{1 + \dfrac{1}{2}p}。$$

(5.1.33) 式的收斂速度較慢。下面運用 Newton-Raphson 迭代法尋找一個收斂速度更快的迭代公式。

由(5.1.29) 式可得

$$(g-i)a_{\overline{n}|} - p = 0$$

或

$$(g-i)(1-v^n) - pi = 0$$

令

$$f(i) = (g-i)(1-v^n) - pi = (ga_{\overline{n}|} + v^n - 1 - p)i$$

$$= (ga_{\overline{n}|} + v^n - \frac{P}{C})i$$

$$f'(i) = -(1-v^n) + n(g-i)v^{n+1} - p$$

$$= -(1-v^n) + n(g-i)v^{n+1} - (g-i)a_{\overline{n}|} = -ga_{\overline{n}|} - n(i-g)v^{n+1}$$

由牛頓迭代法,可以得到求方程(5.1.29) 的根的迭代公式

$$\hat{i}_{t+1} = \hat{i}_t - \frac{f(\hat{i}_t)}{f'(\hat{i}_t)} = \hat{i}_t \left[1 + \frac{ga_{\overline{n}|} + v^n - \dfrac{P}{C}}{ga_{\overline{n}|} + n(\hat{i}_t - g)v^{n+1}} \right] \qquad (5.1.34)$$

上式中,$a_{\overline{n}|}, v^n, v^{n+1}$ 按利率 $\hat{i}_t$ 進行計算。

(三) 票息再投資條件下的收益率

設一種債券以價格 P 購買,在 n 期內每期期末可得票息 Fr,債券在第 n 期期末的贖回值為 C,票息以利率 j 再投資。設在再投資條件下的收益率為 $\tilde{i}$,則 $\tilde{i}$ 滿足如下方程:

$$P(1+\tilde{i})^n = Frs_{\overline{n}|j} + C \qquad (5.1.35)$$

即

$$\tilde{i} = \left(\frac{Frs_{\overline{n}|j} + C}{P} \right)^{\frac{1}{n}} - 1 \qquad (5.1.36)$$

(5.1.35) 式是以第 n 期期末作為觀察點,依收支平衡原則而得到的價值等式。

實際應用中最后要考慮的一件事就是費用問題。若在買賣債券時包含了佣金與其他費用,則實際收益率會降低。然而,這個問題容易解決,只需將買入債券時的費用計入債券的買價,將賣出時的費用計入債券的賣價即可。需注意的是,購買時的費用使購買價增加,出售時的費用使出售價降低,債券到期或償還時不再另行收費。

例5.1.7 一張面值1,000元5年期帶有半年轉換年利率7%的票息率的債券以960元出售。求該債券的年收益率。

解:以半年為一期,設每期收益率為 i,則所求的年收益率為 $(1+i)^2 - 1$。由題意

知,$F = C = 1,000, n = 10, r = g = 7\%/2 = 3.5\%, P = 960$,因此

$$p = \frac{P - C}{C} = \frac{960 - 1,000}{1,000} = -0.04$$

運用公式(5.1.31)可得債券的一個近似收益率:

$$i \approx \frac{g - \dfrac{p}{n}}{1 + \dfrac{n+1}{2n}p} = \frac{3.5\% - \dfrac{-0.04}{10}}{1 + \dfrac{11}{20}(-0.04)} \approx 0.039,877$$

運用公式(5.1.32)可得債券的另一個近似收益率:

$$i \approx \frac{g - \dfrac{p}{n}}{1 + \dfrac{1}{2}p} = \frac{3.5\% - \dfrac{-0.04}{10}}{1 + \dfrac{1}{2}(-0.04)} \approx 0.039,796$$

運用公式(5.1.33)可得迭代公式:

$$\hat{i}_{t+1} = 0.035 + \frac{0.04\hat{i}_t}{1 - (1 + \hat{i}_t)^{-10}}$$

進而可得債券收益率的如下迭代結果:

$\hat{i}_0 \approx 0.039,877,300,6$　　$\hat{i}_1 \approx 0.039,928,625,9$　　$\hat{i}_2 \approx 0.039,929,885,7$
$\hat{i}_3 \approx 0.039,929,916,6$　　$\hat{i}_4 \approx 0.039,929,917,3$　　$\hat{i}_5 \approx 0.039,929,917,4$

運用公式(5.1.34)可得迭代公式:

$$\hat{i}_{t+1} = \hat{i}_t \left[1 + \frac{3.5\% a_{\overline{10}|} + v^{10} - 0.96}{3.5\% a_{\overline{10}|} + 10(\hat{i}_t - 3.5\%)v^{11}} \right]$$

上式中,$a_{\overline{10}|}, v^{10}, v^{11}$ 按利率 $\hat{i}_t$ 進行計算,進而可得債券收益率的如下迭代結果:

$\hat{i}_0 \approx 0.039,877,300,6$　　$\hat{i}_1 \approx 0.039,929,903,7$　　$\hat{i}_3 \approx 0.039,929,917,4$

顯然,第二種迭代方法比第一種迭代方法有更快的收斂速度,只需 2 次迭代就可達到 10 位小數的精確度,而第一種方法需要 5 次。

因此,所求債券的收益率為:

$$(1 + i)^2 - 1 \approx (1 + 0.039,929,917,4)^2 - 1 \approx 8.15\%$$

例5.1.8　一張面值 1,000 元 5 年期帶有半年轉換年利率為 7% 的票息率的債券以 960 元出售,票息只能按半年轉換 6% 的年收益率進行再投資。求該債券的年收益率。

解:以半年為一期,設每期收益率為 $\tilde{i}$,則所求的年收益率為 $(1 + \tilde{i})^2 - 1$。由題意知 $F = C = 1,000, n = 10, r = g = 7\%/2 = 3.5\%, P = 960, j = 6\%/2 = 3\%$,因此,以第 10 期期末為觀察點,可建立等值方程:

$$P(1 + \tilde{i})^n = Frs_{\overline{n}|j} + C$$

即

$$960(1 + \tilde{i})^n = 1,000 \times 3.5\% s_{\overline{10}|3\%} + 1,000$$

解得
$$\tilde{i} \approx 0.038,542$$
於是，所求的年收益率為：
$$(1+\tilde{i})^2 - 1 \approx (1+0.038,542)^2 - 1 \approx 7.86\%$$

五、可贖回債券

可贖回債券，亦稱通知償還債券，是指債券的借款人可以選擇在債券到期日之前償還，或者說借款人可提前贖回的債券。最早的贖回日通常在發行日數年之後。從有利於債券發行人的角度考慮，許多債券在發行時附加可贖回條款，因為當市場利率下降並低於債券的票息率時，債券發行人能從市場上以更低的成本籌措資金，此時發行人行使贖回權，否則放棄贖回權，由此導致了債券期限的不確定性，從而給價格與收益率的計算帶來了困難。由於借款人可選擇提前贖回，也可能不行使這種權利，因此，作為投資人，一般應假設借款人會在對自己不利的時機做出選擇，並按此情形計算價格或收益率。

從債券的溢價公式 $P = C[1+(g-i)a_{\overline{n}|}]$ 來看，左邊是理論價格，右邊是未來回報的現值。右邊的回報現值，記為 $PV(n)$，即
$$PV(n) = C[1+(g-i)a_{\overline{n}|}]$$
由於可贖回條款的作用具有不確定性，這個現值越小，對投資者越不利，其最小值就是投資者願意付出的最高價格，即債券價格。下面在如下兩種假設下展開討論：

（一）贖回值在所有贖回日（包括到期日）都相等

這樣分析起來比較簡便。當 $i < g$ 時，假設債券贖回日會盡可能提前，因為 n 越小，$PV(n)$ 越小。鑒於債券是以溢價購買的，投資者最不情願看到的情況是損失發生得最早。在此條件下，贖回日應是最早的贖回日。當 $i > g$ 時，假設債券贖回日盡可能推遲，因為 n 越大，$PV(n)$ 越小。鑒於債券是以折價購買的，投資者最不情願看到的情況是收益來得最晚。在此條件下，贖回日應是最晚的贖回日。

（二）債券在各贖回日贖回值不等

設在第 k 期中間的任何一日的贖回值均為 C_k，$k=1,2,\cdots,n$，最不利於投資者的情形是回報現值 $PV(k) = C_k[1+(g_k-i)a_{\overline{k}|}]$ 最小。具體而言，當 $i < g_k$ 時，在 C_k 一定的條件下，要使 $PV(k)$ 最小，k 應最小；當 $i > g_k$ 時，在 C_k 一定的條件下，要使 $PV(k)$ 最小，k 應最大；這裡 $g_k = \dfrac{Fr}{C_k}$。最后，在所有 $PV(k)$ 中選取最小的值。

例 5.1.9 面值為 1,000 元，票息為每年計息兩次的年名義利率 6% 的債券，在發行后的第 5 年年末開始至第 10 年的各付息日可按 1,100 元贖回，在發行后第 10 年年末到第 15 年的各付息日贖回可按 1,060 元贖回，在第 15 年年末的到期日可按 1,000 元贖回。假設每年計息兩次的年名義利率為：①8%；②5%。求投資者願意支付的最高價格。

解：∵ 以半年為一期，$r = 6\%/2 = 3\%$，$F = 1,000$，且

$$C_k = \begin{cases} 1,100 & (當\ 10 \leq k < 20\ 時) \\ 1,060 & (當\ 20 \leq k < 30\ 時) \\ 1,000 & (當\ k = 30\ 時) \end{cases}$$

$$\therefore 2.727\% \leq g_k = \frac{Fr}{C_k} \leq 3\%$$

(1) $i = 8\%/2 = 4\%$，顯然 $i > g_k$，且 $1,100 > 1,060 > 1,000$，則

$$PV(k) = C_k[1 + (g_k - i)a_{\overline{k}|}]$$
$$= C_k + (C_k g_k - C_k i)a_{\overline{k}|} = C_k + (Fr - C_k i)a_{\overline{k}|}$$

使 $PV(k)$ 最小的 k 可能取 19、29 或 30，其值分別為：

$$PV(19) = 1,100 + (1,000 \times 3\% - 1,100 \times 4\%)a_{\overline{19}|4\%} \approx 916.12(元)$$
$$PV(29) = 1,060 + (1,000 \times 3\% - 1,060 \times 4\%)a_{\overline{29}|4\%} \approx 849.40(元)$$
$$PV(30) = 1,000 + (1,000 \times 3\% - 1,000 \times 4\%)a_{\overline{30}|4\%} \approx 827.08(元)$$

由上面的計算可知，最不利於投資者的贖回日是債券到期日，投資者願意付出的最高價格為 827.08 元。

(2) $i = 5\%/2 = 2.5\%$，顯然 $i > g_k$，且 $1,100 > 1,060 > 1,000$，則

$$PV(k) = C_k[1 + (g_k - i)a_{\overline{k}|}] = C_k + (Fr - C_k i)a_{\overline{k}|}$$

使 $PV(k)$ 最小的 k 可能取 10、20、30，由於

$$PV(10) = 1,100 + (1,000 \times 3\% - 1,100 \times 2.5\%)a_{\overline{10}|2.5\%} \approx 1,121.88(元)$$
$$PV(20) = 1,060 + (1,000 \times 3\% - 1,060 \times 2.5\%)a_{\overline{20}|2.5\%} \approx 1,114.56(元)$$
$$PV(30) = 1,000 + (1,000 \times 3\% - 1,000 \times 2.5\%)a_{\overline{30}|2.5\%} \approx 1,104.65(元)$$

由上面的計算可知，最不利於投資者的贖回日仍然是債券到期日，投資者願意付出的最高價格為 1,104.65 元。

假設在發行後第 10 年到第 15 年的各付息日可按 1,040 元贖回，在其他條件不變的情況下，

$$PV(20) = 1,040 + (1,000 \times 3\% - 1,040 \times 2.5\%)a_{\overline{20}|2.5\%} \approx 1,102.36(元)$$

這樣，最不利於投資者的贖回日就是第 10 年年末，投資者願意付出的最高價格為 1,102.36 元。

六、系列債券

如果一位借款人需要大量資金，可以發行一系列相互錯開償還期而不是同一日到期的債券。這種同一舉債人同時發行的具有不同贖回日的一系列債券，稱為系列債券或分期償還債券。

如果該系列債券中的每一個債券的償還日都已知道，那麼任一債券的價格可由前面的債券價格計算公式計算而得。整個債券的價格無非是各個債券價格之和。如果債券償還日是隨機的，那麼可用「可贖回債券」的分析法來分析債券的價格和收益率，也可以用更有效的 Makeham 公式來分析。

假設系列債券有 m 個不同的贖回日：

第 1 個贖回日債券的購買價格、贖回值、贖回值現值分別記為 $P_{(1)}$、C_1、K_1；

第 2 個贖回日債券的購買價格、贖回值、贖回值現值分別記為 $P_{(2)}$、C_2、K_2；

……

第 m 個贖回日債券的購買價格、贖回值、贖回值現值分別記為 $P_{(m)}$、C_m、K_m。

由 Makeham 公式得：

$$P_{(1)} = K_1 + \frac{g}{i}(C_1 - K_1)$$

$$P_{(2)} = K_2 + \frac{g}{i}(C_2 - K_2)$$

……

$$P_{(m)} = K_m + \frac{g}{i}(C_m - K_m)$$

求和可得：

$$\tilde{P} = \tilde{K} + \frac{g}{i}(\tilde{C} - \tilde{K}) \tag{5.1.37}$$

上式中，$\tilde{P} = \sum_{t=1}^{m} P_{(t)}$，$\tilde{C} = \sum_{t=1}^{m} C_t$，$\tilde{K} = \sum_{t=1}^{m} K_t$。

$\tilde{P}$ 稱為系列債券的價格，$\tilde{C}$ 稱為系列債券的贖回值（為各個成員債券的贖回值之和），$\tilde{K}$ 稱為系列債券的贖回值現值（為各個組成債券的贖回值現值之和）。於是，(5.1.37) 式表明系列債券的價格 $\tilde{P}$ 具有 Makeham 公式形式，由此證明了 Makeham 公式的有用性。

例 5.1.10　有一張面值為 1,000 元、年票息率為 5% 的債券，自發行后第 11 年到第 20 年的每年年末以 106 元分 10 次贖回，投資者的目標收益率為 6.5%。求該債券的價格。

解：本例所涉及的債券可視為系列債券，由 10 種面值為 100 元、年票息率為 5%、不同時點贖回的贖回值為 106 元的債券組成。即 $F = 100$，$C = C_t = 106$，$r = 5\%$，$i = 6.5\%$，因此

$$g = \frac{Fr}{C} = \frac{100 \times 5\%}{106} \approx 0.047,169,81$$

$$\tilde{C} = \sum_{t=1}^{m} C_t = \sum_{t=1}^{m} 106 = 1,060$$

$$\tilde{K} = \sum_{t=1}^{m} K_t = \sum_{t=1}^{m} C_t v^{10+t} = 106 v^{10} a_{\overline{10}|6.5\%} \approx 405.945,76$$

因此，所求債券的價格為：

$$\tilde{P} = \tilde{K} + \frac{g}{i}(\tilde{C} - \tilde{K})$$

$$= 405.945,76 + \frac{0.047,169,81}{6.5\%}(1,060 - 405.945,76) \approx 880.59(元)$$

七、其他債券

這裡我們主要考慮三個方面的問題：一是收益率與票息率的頻率不同；二是票息率不為常數；三是收益率不為常數。

（一）收益率與票息率的頻率不同

1. 每個票息期包含 k 個收益率轉換期

設債券的期限為 n 期，那麼債券每 k 期末支付一次票息 Fr，支付 n 期，因而可得債券價格的基本公式：

$$P = Fr\frac{a_{\overline{n}|}}{s_{\overline{k}|}} + Cv^n \tag{5.1.38}$$

(5.1.38) 式可以化為如下形式：

$$P = C + \left(\frac{Fr}{s_{\overline{k}|}} - Ci\right)a_{\overline{n}|} \tag{5.1.39}$$

$$P = \frac{G}{s_{\overline{k}|}} + \left(C - \frac{G}{s_{\overline{k}|}}\right)v^n \tag{5.1.40}$$

$$P = K + \frac{g}{is_{\overline{k}|}}(C - K) \tag{5.1.41}$$

上述公式推導過程中運用了公式(5.1.4)。

2. 每個收益率期包含 m 個票息期

設債券的期限為 n 期，那麼該債券每 $\frac{1}{m}$ 期期末支付 $\frac{Fr}{m}$，支付 n 期，因而可得債券價格的基本公式：

$$P = Fra^{(m)}_{\overline{n}|} + Cv^n \tag{5.1.42}$$

(5.1.42) 式可以化為如下形式：

$$P = C + (Fr - Ci^{(m)})a^{(m)}_{\overline{n}|} = C[1 + (g - i^{(m)})a^{(m)}_{\overline{n}|}] \tag{5.1.43}$$

$$P = Gs^{(m)}_{\overline{1}|} + (C - Gs^{(m)}_{\overline{1}|})v^n \tag{5.1.44}$$

$$P = K + \frac{g}{i^{(m)}}(C - K) \tag{5.1.45}$$

上述公式推導過程中運用了公式(5.1.4)。

（二）票息率不為常數

若票息率不為常數，則各期票息構成一個變額年金，於是債券未來回報的現值之和就是債券的價格。

例 5.1.11 某企業決定發行一種通貨膨脹調整債券，其面值為 1,000 元，在 10 年內每年年末有年度票息，初始年票息率為 7%，其後每一年的票息比上一年增加 3%。該債券在第 10 年年末贖回值為 1,200 元，求投資者要獲得 9% 的投資年收益率應支付的價格。

解： 第一年年末支付的票息為 $1,000 \times 7\% = 70$ 元，記為 $v = \dfrac{1}{1+9\%}$。債券在各年

年末的票息額構成一個等比數列,其現值為:

$$70v + 70(1+3\%)v^2 + 70(1+3\%)^2v^3 + \cdots + 70(1+3\%)^9v^{10}$$

$$= 70 \cdot \frac{1 - \left(\frac{1+3\%}{1+9\%}\right)^{10}}{9\% - 3\%} \approx 504.368(元)$$

贖回值的現值為:

$$1,200v^{10} = 1,200(1+9\%)^{-10} \approx 506.893(元)$$

故債券的價格為:

$$504.368 + 506.893 \approx 1,011.26(元)$$

(三) 收益率不為常數

若收益率不為常數,則這種變化必須反應在未來票息與贖回值的現值計算上去,於是債券未來回報的現值之和就是債券的價格。

例 5.1.12 有一面值為 1,000 元的 10 年期債券,帶有每年轉換 2 次的年名義利率 8.4% 的息票,贖回值為 1,050 元。如果前 5 年的收益率為每年轉換 2 次的年名義利率 10%,后 5 年的收益率降為年結轉 2 次的年名義利率 9%。求該債券的價格。

解:以半年為一期,每期期末支付的票息為 $1,000 \times \frac{8.4\%}{2} = 42$ 元,前 10 期每期利率為 5%,后 10 期每期利率為 4.5%。因此,票息的現值為:

$$42[a_{\overline{10}|5\%} + (1+5\%)^{-10}a_{\overline{10}|4.5\%}] \approx 528.334(元)$$

贖回值的現值為:

$$1,050(1+5\%)^{-10}(1+4.5\%)^{-10} \approx 415.082(元)$$

故債券的價格為:

$$528.334 + 415.082 \approx 943.42(元)$$

第二節 股票價值分析

一、股票

股票是投資者向公司提供資金的權益合同,是公司的所有權證明,享有剩余索取權。股票可以分為普通股和優先股兩種類型。普通股只能在優先股的要求權得到滿足之后才參與公司利潤和資產的分配,它代表最終的剩余索取權,其股息上不封頂,下不保底。

本章關於股票價格的分析是在簡化的條件下進行的,即假定股票價格只受未來股息收入與評價利率或投資者所要求的收益率的影響。未來股票收入的現值越大,股票價格就越高;反之,則價格越低。評價利率越高,則價格越低;反之則反是。優先股由於風險較普通股小,因此價格與公司經營狀況的關係不如普通股那麼密切。

二、優先股的價值分析

假設每期的股息為 D，投資者所要求的收益率為 i，則優先股的價格為

$$P = Dv + Dv^2 + Dv^3 + \cdots = Da_{\overline{\infty}|} = \frac{D}{i} \tag{5.2.1}$$

(5.2.1) 式表明：優先股的價格與每期股息成正比，與每期收益率成反比。

三、普通股的價值分析

設第 t 期的股息收入為 D_t，i 為投資者所要求的收益率，於是，股票的價格可表示為

$$P = \sum_{t=1}^{+\infty} v^t D_t \tag{5.2.2}$$

(一) 零增長模型

假設股息的增長率為 0，即 $D_t = D_0$，其中 $t = 1,2,3,\cdots,n$，則此時普通股類似於優先股，其價格為

$$P = \frac{D_0}{i} \tag{5.2.3}$$

該模型的應用似乎受到較多限制，畢竟假定對某一種股票永遠支付固定的股利是不合理的。但在特定的情況下，在決定普通股票的價值時，這種模型也是相當有用的，尤其是在決定優先股的內在價值時。因為大多數優先股支付的股利不會因每股收益的變化而發生改變，而且由於優先股沒有固定的生命期，預期支付顯然是能永遠進行下去的。

(二) 常數增長模型

假設 $D_t = D_0(1+r)^t$，其中 $t = 1,2,3,\cdots,n$，此時股票價格為

$$\begin{aligned} P &= \sum_{t=1}^{+\infty} v^t D_t = D_0 \sum_{t=1}^{+\infty} v^t (1+r)^t \\ &= D_0 \frac{v(1+r)}{1-v(1+r)} \quad (\text{假設 } r < i\text{，否則級數發散}) \\ &= \frac{D_0(1+r)}{i-r} = \frac{D_1}{i-r} \end{aligned} \tag{5.2.4}$$

說明：實際股息支付是從第 1 期期末即從 D_1 開始支付的，而不是 D_0。

(三) 三階段增長模型

將股息的增長過程分為三個不同階段：在第一階段、第三階段的增長率分別為常數 r_1 和 r_2，在第二階段股息的增長率則以線性方式從 r_1 變化到 r_2。若 $r_1 < r_2$，則為遞增形式；若 $r_1 > r_2$，則為遞減形式。假設第一階段有 m 期，第一、二階段合計有 n 期，則第二階段的股息增長率由線性插值法求得

$$\tilde{r}_t = r_1 - (r_1 - r_2)\frac{t-m}{n-m} \quad (m \leq t \leq n) \tag{5.2.5}$$

第一階段的股息收入的現值（觀察點在 0 點）為：

$$\tilde{P}_1 = D_0 \sum_{t=1}^{m} v^t (1+r_1)^t$$

$$= D_0(1+r_1) \frac{1-\left(\frac{1+r_1}{1+i}\right)^m}{i-r_1} = D_1 \frac{1-\left(\frac{1+r_1}{1+i}\right)^m}{i-r_1} \tag{5.2.6}$$

第二階段的股息收入的現值(觀察點在0點)為：

$$\tilde{P}_2 = \sum_{t=1}^{n-m} D_m v^{m+t} \prod_{s=1}^{t}(1+\tilde{r}_s) = v^m D_m \sum_{t=1}^{n-m} v^t \prod_{s=1}^{t}(1+\tilde{r}_s) \tag{5.2.7}$$

上式中，$D_m = D_0(1+r_1)^m = D_1(1+r_1)^{m-1}$。

說明：$\tilde{r}_1$ 可以不必和 r_1、r_2 有聯繫。

第三階段的股息收入的現值(觀察點在0點)為：

$$\tilde{P}_3 = v^n D_n \frac{1+r_2}{i-r_2} \tag{5.2.8}$$

因此，股票的理論價格為：

$$P = \tilde{P}_1 + \tilde{P}_2 + \tilde{P}_3 \tag{5.2.9}$$

說明：實際股息支付是從第1期期末即從 D_1 開始支付的，而不是 D_0。

(四) H 模型

由於三階段模型的計算過程比較複雜，為此，Fuller 和 Hsia 在1984年提出了 H 模型，從而簡化了股息的折現過程。該模型假定：初始增長率為 r_1，然後以線性方式遞增或遞減；從第2H期後，股息增長率為常數 r_2，而在H點上的增長率等於 r_1 和 r_2 的平均數。在此假設下股票價格為

$$P = \frac{D_0}{i-r_2}[(1+r_2)+H(r_1-r_2)] \tag{5.2.10}$$

在 P 已知的條件下，容易求得股票的收益率

$$i = r_2 + \frac{D_0}{P}[(1+r_2)+H(r_1-r_2)] \tag{5.2.11}$$

例 5.2.1 某股票當前利潤為每股3元，當年年末每股有1.8元的分紅。假設該企業利潤以每年5%的速度無限增長，且企業一直打算將60%的利潤用於分紅。

(1) 如果投資者要求9%的年實際收益率，求該股票的理論價格。

(2) 如果投資者要求7%的年實際收益率，求該股票的理論價格。

(3) 如果投資者要求6%的年實際收益率，求該股票的理論價格。

解：由題意知，第1年年末每股有股息1.8元，且以每年5%的速度增長，因而股票價格適用於公式(5.2.4)。

(1) 投資者要求收益率為9%時，股票價格為：

$$P = \frac{1.8}{9\%-5\%} = 45(元)$$

因此，理論價格是當前利潤的15倍。

(2) 投資者要求收益率為7%時，股票價格為：

$$P = \frac{1.8}{7\% - 5\%} = 90(元)$$

因此,理論價格是當前利潤的 30 倍。

(3) 投資者要求收益率為 6% 時,股票價格為:

$$P = \frac{1.8}{6\% - 5\%} = 180(元)$$

因此,理論價格是當前利潤的 60 倍。

例 5.2.2 某股票當前利潤為每股 3 元,當年年末每股有 1.8 元的分紅。假設該企業利潤在前 5 年以 6% 的速度增長,在其後的 5 年間年增長率為 3%,以後年增長率變為 0,且企業一直打算將 60% 的利潤作為分紅。如果投資者要求 9% 的年實際收益率,求該股票的理論價格。

解:股票的理論價格就是未來股息收入的現值,現將股票現值的計算分為三個部分,即在各階段上的未來股息收入的現值。

第一段:設前 5 年股息的現值為 $\tilde{P}_1$ 元。由於第一年年末的股息 D_1 為 1.8 元,並按年 6%(即 r_1)的速度增長,在第 5 年年末的股息 D_5 為 $1.8 \times (1 + 6\%)^4$ 元,由 (2.5.51) 式或 (5.2.6) 式得:

$$\tilde{P}_1 = 1.8 \times \frac{1 - \left(\frac{1 + 6\%}{1 + 9\%}\right)^5}{9\% - 6\%} \approx 7.814(元)$$

第二段:設第 2 個 5 年股息的現值為 $\tilde{P}_2$ 元。在第二階段第 1 年年末股息為 D_6 元,且 $\tilde{r}_s = 3\%$(其中,$s = 1, 2, 3, 4, 5$),因此

$$D_6 = D_5(1 + 3\%) = 1.8 \times (1 + 6\%)^4(1 + 3\%)$$
$$D_{10} = D_5(1 + 3\%)^5 = 1.8 \times (1 + 6\%)^4(1 + 3\%)^5$$
$$\prod_{s=1}^{t} (1 + \tilde{r}_s) = (1 + 3\%)^t$$

由 (5.2.7) 式得:

$$\tilde{P}_2 = v^5 D_5 \sum_{t=1}^{5} v^t (1 + 3\%)^t = v^5 D_6 \frac{1 - \left(\frac{1 + 3\%}{1 + 9\%}\right)^5}{9\% - 3\%}$$

$$= 1.8 \times \frac{(1 + 6\%)^4(1 + 3\%)}{(1 + 9\%)^5} \times \frac{1 - \left(\frac{1 + 3\%}{1 + 9\%}\right)^5}{9\% - 3\%} \approx 6.251(元)$$

第三段:從第 11 年起以後每年股息的現值為 $\tilde{P}_3$ 元。在第三階段的第 1 年年末股息 D_{11} 元,且 $r_2 = 0$,因此

$$D_{11} = D_{10}(1 + r_2) = D_{10} = 1.8 \times (1 + 6\%)^4(1 + 3\%)$$

由公式 (5.2.8) 得:

$$\tilde{P}_3 = v^n D_n \frac{1 + r_2}{i - r_2} = v^{10} D_{10} \frac{1 + 0\%}{9\% - 0\%}$$

$$= 1.8 \times \frac{(1+6\%)^4(1+3\%)^5}{9\%(1+9\%)^{10}} \approx 12.364(元)$$

因此，所求股票的理論價格為：

$$P = \tilde{P}_1 + \tilde{P}_1 + \tilde{P}_2 + \tilde{P}_3 \approx 7.814 + 6.251 + 12.364 \approx 26.43(元)$$

注意：第一次股息1.8元是在第一年年末支付，而不是第一年年初支付，否則$\tilde{P}_1$、$\tilde{P}_2$、$\tilde{P}_3$就要多一個因子$(1+5\%)$。

例5.2.3 已知某公司今年股息增長率為6%，且年末可分股息為2元，預計從今年起股息增長率將以線性方式遞減，從第10年起股息年增長率將維持在3.5%的水平。若投資者要求8%的年收益率，試計算該股票在年初的理論價格。

解：$\because D_0 = 2, r_1 = 6\%, r_2 = 3.5\%, H = 5\%, i = 8\%$

$\therefore$ 由公式(5.2.10)可得股票的理論價格：

$$P = \frac{D_0}{i - r_2}[(1 + r_2) + H(r_1 - r_2)]$$

$$= \frac{2}{8 - 3.5\%}[(1 + 3.5\%) + 5(6\% - 3.5\%)] \approx 51.56(元)$$

例5.2.4 出售一項當前並不屬於自己的資產的行為稱為賣空，在清算賣空時，需從市場上購買該資產以償還交易商。某投資者以每股30元的價格賣空A公司股票10,000股，並且在1年後清算時以每股25元的價格購回10,000股A公司股票償還，交易商要求投資者交納交易額的50%作為保證金，且保證金帳戶的年收益率為6%。假設該股票每年每股紅利為2元，試求賣空利潤和賣空收益率。

解： 交易商收取的保證金為：

$$10,000 \times 30 \times 50\% = 150,000(元)$$

賣空利潤為：

$$10,000 \times (30 - 25) + 150,000 \times 6\% - 10,000 \times 2 = 39,000(元)$$

因此，賣空收益率為：

$$\frac{39,000}{150,000} = 26\%$$

本章小結

1. 內容概要

本章主要研究了債券與股票的定價原理及有關收益率的計算。

證券的理論價格實際上就是在一定收益率條件下未來獲得回報的現值，實際價格則要受市場利率、回報大小與方式、可贖回條款、發行人信譽、稅收政策、供求關係、證券種類、政府監管等多種因素的影響。

債券價格有四種形式：基本公式、溢價公式、基價公式、Makeham公式。其中，基本

公式是其他公式的基礎。同時，還研究了稅收條件下的債券價格公式。票息支付日之間的債券估價有理論法、實務法和混合法。債券的收益率既可以用近似公式計算，也可以用迭代法得到精確度較高的近似值。此外，本章還研究了票息再投資對債券收益率的影響。

本章關於股票價格的分析是在簡化的條件下進行的，即假定股票價格只受未來股息收入及評價利率的影響，未來股票收入的現值越大，股票價格就越高；反之，則價格越低。股票價格與評價利率成反比關係。本章具體對優先股、普通股在不同模型假定條件下的價格進行了較為系統的分析。

2. 重要公式

(1) 債券的基本公式：$P = Fra_{\overline{n}|} + Cv^n = Fra_{\overline{n}|} + K$

債券的溢價公式：$P = C[1 + (g-i)a_{\overline{n}|}]$

債券的基價公式：$P = G + (C-G)v^n$

債券的 Makeham 公式：$P = K + \dfrac{g}{i}(C-K)$

(2) 徵收利息所得稅 t_1 后的債券價格公式：

$P = Fr(1-t_1)a_{\overline{n}|} + K$ （基本公式）

$= C\{1 + [g(1-t_1) - i]a_{\overline{n}|}\}$ （溢價公式）

$= G(1-t_1) + [C - G(1-t_1)]v^n$ （基價公式）

$= K + \dfrac{g(1-t_1)}{i}(C-K)$ （Makeham 公式）

(3) 當 $i > g(1-t_1)$ 時，在徵收了增益稅 t_2 后的債券價格公式：

$\tilde{P} = \dfrac{iK(1-t_2) + g(1-t_1)(C-K)}{i(C-t_2K)}C$

(4) 票息支付日之間的債券估價：$B_{t+k}^f = B_{t+k}^m + Fr_k$

(5) 每個票息期包含 k 個收益率轉換期的債券價格公式：

$P = Fr\dfrac{a_{\overline{n}|}}{s_{\overline{k}|}} + Cv^n = C + \left(\dfrac{Fr}{s_{\overline{k}|}} - Ci\right)a_{\overline{n}|}$

$= \dfrac{G}{s_{\overline{k}|}} + \left(C - \dfrac{G}{s_{\overline{k}|}}\right)v^n = K + \dfrac{g}{is_{\overline{k}|}}(C-K)$

(6) 每個收益率期包含 m 個票息期的債券價格公式：

$P = Fra_{\overline{n}|}^{(m)} + Cv^n = C[1 + (g - i^{(m)})a_{\overline{n}|}^{(m)}]$

$= Gs_{\overline{1}|}^{(m)} + (C - Gs_{\overline{1}|}^{(m)})v^n = K + \dfrac{g}{i^{(m)}}(C-K)$

(7) 債券收益率的近似計算公式：

$i \approx \dfrac{g - \dfrac{p}{n}}{1 + \dfrac{n+1}{2n}p} \approx \dfrac{g - \dfrac{p}{n}}{1 + \dfrac{1}{2}p} \quad \left(p = \dfrac{P-C}{C}\right)$

(8) 債券收益率的迭代法計算公式：

$$\hat{i}_{t+1} = g - \frac{p\hat{i}_t}{1-(1+\hat{i}_t)^{-n}},$$

或

$$\hat{i}_{t+1} = \hat{i}_t \left[1 + \frac{ga_{\overline{n}|} + v^n - \frac{P}{C}}{ga_{\overline{n}|} + n(\hat{i}_t - g)v^{n+1}} \right]$$

上式中，$\hat{i}_0 = \dfrac{g-\dfrac{p}{n}}{1+\dfrac{n+1}{2n}p}$ 或 $\dfrac{g-\dfrac{p}{n}}{1+\dfrac{1}{2}p}$

(9) 再投資條件下的收益率的計算公式：

$$\tilde{i} = \left(\frac{Frs_{\overline{n}|j} + C}{P} \right)^{\frac{1}{n}} - 1$$

(10) 股票價格的基本公式：$P = \sum\limits_{t=1}^{+\infty} v^t D_t$

習題 5

5-1 設債券的面值為 1,000 元，年票息率為 6%，期限為 5 年，到期按 1,010 元贖回，投資者所要求的年收益率為 5%。試確定該債券的基價、債券的價格、第 3 年年末的帳面值，並做出帳面值表。

5-2 設債券的面值為 1,000 元，年票息率為 5%，期限為 5 年，到期按 1,010 元贖回，投資者所要求的收益率為 6%。試確定該債券的基價、債券的價格、第 3 年年末的帳面值，並做出帳面值表。

5-3 一種面值為 1,000 元的 5 年期債券，附有半年期息票，年轉換 2 次的年票息率為 6.5%，到期按面值贖回。若購買者要求的收益率為半年轉換年 7%，求購買價格。

5-4 有兩種 1,000 元的債券在相同時期之末按票面償還，購買這兩種債券的收益率均為半年轉換年利率 4%，第一種債券的售價為 1,136.78 元，每半年支付一次票息的年票息率為 5%；第二種債券每半年支付一次票息，有 2.5% 的年票息率。求第二種債券的價格。

5-5 一種 n 年期面值為 1,000 元的債券到期按面值償還，且有半年轉換年票息率為 12%，購買價可產生半年轉換 10% 的年收益率。如果期限加倍，售價將增加 50 元，求此 n 年期債券的購買價格。

5-6 對於 1 單位面值債券，其票息率為收益率的 1.5 倍，溢價為 $p = 0.2$；而另

有一種 1 單位面值的債券的票息率為收益率的 75%；兩種債券的期限相同，都以面值償還。求第二種債券的價格。

5-7　一種 5 年期的零息債券，到期按面值 1,000 元贖回，並且：① 產生 7% 的年實際收益率；② 產生 6% 的年實際收益率。求該債券的價格。

5-8　一項 10 年期累積債券（即到期才償還本息）的面值為 1,000 元、並附有半年轉換 8% 的年票息率，投資者要求得到 10% 的收益率。求該債券的購買價格。

5-9　設債券的面值為 1,000 元，票息率為每年計息 2 次的年名義利率 5%，期限為 10 年，贖回值為 1,060 元，投資者所要求的收益率為每年計息 2 次的年名義利率 6%，票息所得稅率為 20%，試確定債券的價格。如果還要徵收 15% 的增益稅，求該債券的價格。

5-10　一張面值 1,000 元 10 年期帶有半年轉換年利率為 6% 的票息的債券以 940 元出售，求該債券的年收益率。

5-11　一張面值 1,000 元 10 年期帶有半年轉換年利率為 6% 的票息的債券以 940 元出售，票息只能按半年轉換 5% 的年收益率進行再投資。求該債券的年收益率。

5-12　某投資者以 950 元購買了面額為 1,000 元、年票息率為 10% 的 5 年期債券，第 3 年年末以 995 元的價格賣出。試求該投資者獲得的收益率。

5-13　某一組合投資由 50 種債券構成，50 年內每年年末到期一種。已知每種債券的年票息率都為 4%，面值都為 1,000 元，到期都以面值贖回，且購買價格都為 1,080 元。有多少種債券的年實際收益率超過 3.5%（包括 3.5%）？

5-14　用 Excel 設計出計算債券價格、債券收益率的程序。

5-15　面值為 1,000 元的債券，票息率為每年計息 2 次的年名義利率 8%，從第 10 年年末到第 15 年年末均可按面值贖回。若每年計息 2 次的年名義收益率為：① 6%；② 10%。求該債券的價格。

5-16　面值 1,000 元且每年計息兩次的年名義利率為 8% 的債券，在發行後的第 5 年年末開始至第 10 年間的各付息日可按 1,090 元贖回，在發行後第 10 年年末到第 15 年間的各付息日可按 1,040 元贖回，在第 15 年年末的到期日可按 1,000 元贖回。若每年計息兩次的年名義利率為：① 9%；② 6%。求投資者願意支付的最高價格。

5-17　有一張面值為 1,000 元、年票息率為 6% 的債券，自發行後第 11 到第 20 年的每年年末以 105 元分 10 次贖回，投資者的年目標收益率為 7%。求該債券的價格。

5-18　有一種面值為 1,000 元的 10 年期債券，按面值償還，並有每年 8% 的票息，每季度支付一次，購買時產生了每年 6% 的半年轉換的收益率。求購買價格。

5-19　某股票在每年年末進行年度分紅。已知每股利潤在過去的一年為 5 元，假設未來利潤每年增加 7%，利潤中用於分紅的百分比在今後的 5 年內為 0，此後為 50%。已知投資者要求 10% 的年收益率，試求該股票的理論價格。

5-20　一項普通股的購買價為當前利潤的 10 倍，在此後的 6 年間股票不支付紅利，但利潤增加了 60%，在第 6 年年末此股票以 15 倍於利潤的價格出售。求該投資的年收益率。

第六章 利息理論的進一步應用

本章主要研究誠實信貸、抵押貸款、資產折舊、利率水平決定因素、資產負債匹配等問題的應用。

第一節 誠實信貸與抵押貸款

一、誠實信貸

1968 年，美國國會通過了《消費信貸保護法》，其第一章章名就是「借貸忠誠法」。這一法律的基本目的就是要求貸款人公正而準確地公開消費貸款的各項條款，並不試圖控制貸款人的開價金額，而只是要求適度公開。該法律只適用於消費貸款，而不適用於商業貸款。

該法律要求公開兩個關鍵性的金融指標：一是資金籌措費，二是年百分率（簡記為 APR，即 Annual Percentage Rate，或稱為年化率、年化利率、年化收益率）。前者表示貸款期間索要的利息金額，后者表示應付利息的年利率。借款人負擔的籌措費不僅包括貸款利息，而且還包括貸款的初始費用、其他信貸費、服務費、資信報告費、信用保險費用中的某些費用。

年百分率的計算方法採用精算法。精算法的基礎是複利理論，要將每筆還款像分期償還表那樣分為本金和利息。年百分率是按照與還款相同頻率轉換的名義利率來給出的，而不是實際利率。例如，兩項貸款可能都開價為「APR = 10%」，但如果一項是按月度分期付款來償還，而另一項是按季度分期付款來償還，那麼這兩個利率並不是等價的，所以對不同貸款的年百分率不能有效地進行直接比較，除非它們的轉換頻率相同。

誠實信貸分為開放型信貸和封閉型信貸。前者如信用卡，其期限沒有事先規定，

貸款籌措費按要求需按期公開,在一定限度內貸款還款可以隨時進行,年百分率為只對未償還的貸款餘額收取的年名義利率;后者如分期還款,其貸款餘額逐期遞減。

為了研究誠實信貸在標準的貸款交易中的應用,我們首先引入符號:

L——扣除首期付款后的貸款餘額;

E——資金籌措費;

R——分期償還額;

m——每年償還次數;

n——貸款償還的總次數;

i——年百分率;

j——每個償還週期的實際利率

因此

$$R = \frac{L+E}{n} \tag{6.1.1}$$

由於分期還款的現值等於貸款金額,因此

$$Ra_{\overline{n}|j} = L \tag{6.1.2}$$

求出方程(6.1.2)之根 j。於是,年百分率為

$$i = mj \tag{6.1.3}$$

更複雜的貸款可能包含貸款人向借款人的多重付款,稱為在各時刻的預付;借款人的分期付款也可能不是等額的或按同樣頻率支付的。在這種條件下,可通過解如下方程來求 j 的值

$$\sum_{t=1}^{n} \tilde{v}^t R_t = 0 \tag{6.1.4}$$

上式中,$\tilde{v} = \dfrac{1}{1+j}$。

在應用公式(6.1.4)時需要注意:貸款人的所有預付應選取同一符號,而借款人的所有還款則取相反的符號。如果未償還貸款餘額在貸款期內某時刻改變符號,那麼收益率可能不唯一。誠實信貸法認為,多重收益率是由多重預付引起的,解決的方法就是通過等時間法用一次預付取代多重預付,甚至只有一次預付也可能存在多重收益率。

對於封閉型信貸向借款人公開的年百分率,預先假設了貸款將按計劃來償還。然而,許多借款人往往比計劃償還得更快。當一筆貸款被提前償還時,原來資金籌措費中的一部分(稱為未賺得資金籌措費)就歸借款人所有了。這樣,借款人實際承擔的利率與貸款開始時開價的年百分率將會不同。貸款人可能保留全部資金籌措費,借款人在提前償還貸款時可能面臨各種類型的罰金,如多支付一個月的利息。由此可見,提前還清貸款並被處罰金的借款人實際上將承擔超過開價年百分率的利率。

美國曾出現過貸款利率計算的貿易商規則和合眾國規則。前者實質上就是單利,適用於短期貸款,對長期貸款不利;后者將每期還款分割為當期利息和本金償還兩個

部分,還款額先用於支付當期利息,剩餘部分才用於償還本金。多數情況下,合眾國規則等價於精算法。例外情形就是當償還額不足以支付當期利息時,精算法將利息差額部分本金化,而合眾國規則下任何差額都不加到未償還貸款余額上去產生新的利息。

例 6.1.1 一筆 10,000 元的消費貸款在 1 年內以每月償還 950 元償還,求年百分率 (APR)。

解: $\because R = \dfrac{L+E}{n}$

$\therefore E = nR - L = 12 \times 950 - 10,000 = 1,400$

$\because R a_{\overline{n}|j} = L$

$\therefore 950 a_{\overline{12}|j} = 10,000$

$\therefore a_{\overline{12}|j} = 10.526,315,79$

運用 Newton-Raphson 迭代法,

解得

$j \approx 0.020,757,42$

因此,$APR = i = 12j \approx 24.91\%$。

例 6.1.2 一位汽車的購買者要為購車籌款 40,000 元,一位商人提供了兩種選擇方案以在 5 年內通過月度還款來償還這筆款項。方案 A 的 APR 是 8.1%;方案 B 提供一筆 3,000 元的「現金返回」,其 APR 為 11.4%,「現金返回」可用於減少貸款金額。哪一方案對購買者更有吸引力?

解: 選擇方案 A 時,以每月為一期,每期的實際利率為 8.1%/12 = 0.006,75,還款 60 期,每期末(即每月末)還款額為

$$R^A = \dfrac{40,000}{a_{\overline{60}|0.006,75}} \approx 812.97 (元)$$

選擇方案 B 時,以每月為一期,每期的實際利率為 11.4%/12 = 0.009,5,還款 60 期,每期末(即每月末)還款額為

$$R^B = \dfrac{40,000 - 3,000}{a_{\overline{60}|0.009,5}} \approx 811.87 (元)$$

因此,汽車購買者應選擇方案 B,因其付款略少。

說明: 選擇方案 B 時,3,000 元的「現金返回」相當於減少了貸款本金,也相當於 3,000 元按年轉換 12 次的 11.4% 的年名義利率這樣高的利率進行投資。若購買者達不到這個水平,則不如選擇方案 A。

例 6.1.3 某借款人按 9% 的利率借到一筆 10,000 元的款項,為期 12 月。如果借款人在第 3 個月月末償還 2,300 元,第 8 個月月末償還 3,200 元,分別用下列方法求第 12 個月月末應償還的金額:① 實際利率法(複利);② 貿易商規則(單利);③ 合眾國規則。

解: 年初 10,000 元貸款本金價值隨著時間的推移而增加,因為償還而減少。因此,本例所求的第 12 月月末應償還的金額實際上就是貸款余額。

(1)實際利率法(複利)

第 12 月月末應償還的金額為:

$$10,000(1+9\%) - 2,300(1+9\%)^{\frac{12-3}{12}} - 3,200(1+9\%)^{\frac{12-8}{12}}$$

$$= 10,000(1+9\%) - 2,300(1+9\%)^{\frac{3}{4}} - 3,200(1+9\%)^{\frac{1}{3}}$$

$$\approx 5,153.18(元)$$

(2) 貿易商規則(單利)

第 12 月月末應償還的金額為:

$$10,000(1+9\%) - 2,300\left(1+9\% \times \frac{12-3}{12}\right) - 3,200\left(1+9\% \times \frac{12-8}{12}\right)$$

$$= 10,000(1+9\%) - 2,300\left(1+9\% \times \frac{3}{4}\right) - 3,200\left(1+9\% \times \frac{1}{3}\right)$$

$$\approx 5,148.75(元)$$

(3) 合眾國規則

在第 3 月月末,應付利息為:

$$10,000 \times 9\% \times \frac{3}{12} = 225(元)$$

第 3 月月末還款中可用於償還本金的金額為:

$$2,300 - 225 = 2,005(元)$$

這樣,第 3 月月末貸款余額為:

$$10,000 - 2,005 = 7,995(元)$$

在第 8 月月末,應付利息為:

$$7,995 \times 9\% \times \frac{8-3}{12} \approx 299.81(元)$$

第 8 月月末還款中可用於償還本金的金額為:

$$3,200 - 299.81 \approx 2,900.19(元)$$

因此,第 8 月月末貸款余額為:

$$7,995 - 2,900.19 = 5,094.81(元)$$

第 12 月月末的貸款余額為:

$$5,094.81\left(1+9\% \times \frac{12-8}{12}\right) \approx 5,247.65(元)$$

值得注意的是,合眾國規則既不假定9%為實際利率,也不假定為按任何正常頻率轉換的9%的年名義利率,而是分別假設按3個月、5個月和4個月轉換一次的年名義利率9%來計算。這就是合眾國規則的一個不平常的特性:本次還款與上一次還款間的利息實際上是在按單利計算。

二、不動產抵押貸款

不動產抵押貸款是一種特別重要的貸款類型,因為貸款金額通常很大,對多數家庭而言,是最大的單筆債務。不動產抵押貸款的期限也很長,可長達 15 ~ 30 年。

由於不動產抵押貸款需付的總金額通常很大,往往採用月度付款方式。付款日期

通常是每個日曆月的第一天。當抵押貸款的開始日期不是一個日曆月的第一天時，就應將貸款金額按單利從開始之日到該日曆月之末按「實際／實際」法向借款人收取利息。在此期間，不償還本金。正常分期償還貸款期限將從下一個日曆月的第一天開始算起。實務中，這個開始時點不一定為第1日，可以約定為另一日。如要求以20日作為一個償還月度的界點，假設某人6日獲得一筆貸款，計息從7日開始，那麼從第7日到第20日止這14天零頭期間按單利收取利息。正常貸款分期從21日開始到下月第20日為止就為第一個貸款償還月度。

不動產的所有權在法律上確認出售者轉給購買者的那一天稱為交割日，這一天一般也是貸款開始的日期。同時，為了獲得貸款，借款人往往還要支付一些費用，最大的費用就是貸款初始費，它以百分比表示。除此之外，還有資信調查、印花稅、記錄費等費用。

按照誠實信貸法，上述費用中有些必須反應在年百分率的計算中，另一些則不必。這樣，按誠實信貸法開價的年百分率將高於貸款人所宣稱的貸款利率，后一利率被用來決定月度付款和構造分期償還表。

在本節的「誠實信貸」中所採用的符號在這裡仍然有效，其中 $m = 12$，並定義如下符號：

Q—— 在 APR 中反應的交割時的費用；
L^*—— 能反應出 Q 的誠實信貸貸款額；
i'—— 貸款開價的年利率；
j'—— 貸款計息的月利率。

有

$$i' = 12j' \tag{6.1.5}$$
$$L^* = L - Q \tag{6.1.6}$$

於是，貸款的月度還款額為

$$R = \frac{L}{a_{\overline{n}|j'}} \tag{6.1.7}$$

資金籌措費為

$$E = nR - L^* \tag{6.1.8}$$

誠實信貸的月利率，可解下列方程而得

$$Ra_{\overline{n}|j} = L^* \tag{6.1.9}$$

從而，可得誠實信貸的 APR 為

$$i = 12j \tag{6.1.10}$$

第五章中考慮的貸款分期償還表針對的是相對短期的貸款。讀者不難發現，在一些長期的分期還款（比如20年或30年的分期還款）中，早期的一些付款幾乎全是利息，而末期的一些付款幾乎全是本金。許多人發現買房子沒有什麼好處，付了幾年的錢，卻發現不動產抵押的未償還貸款餘額幾乎沒有減少，的確令人灰心喪氣。於是就出現了一種可調利率抵押貸款，它與傳統的固定利率抵押貸款相對立，貸款人在一些限制條件下可將利率調高或調低。

可調利率抵押貸款發展的原因有二。其一,從貸款人角度看,傳統的固定利率抵押貸款的貸款人必須在 15～30 年的長時期內對收取的利率承擔確定的義務。這樣,在利率上升時期,貸款人被鎖定在固定的利率上,因而收益率低於市場利率。而在利率下降時期,借款人卻可以按較低的利率重新籌款以提前償還舊貸款。其二,從借款人的角度看,可調利率抵押貸款是有吸引力的,因為其初始利率和初始月度付款低於固定利率下的利率與月度還款額度。如果市場利率下降,月度付款還可能會更低。當然調整利率抵押貸款有一個很大的風險,那就是當市場利率上升時月度還款額就會增加。固定利率抵押貸款的利率波動風險主要由貸款人承擔;而可調利率抵押貸款的風險大多轉移到借款人頭上。我國目前的住房抵押揭貸款大多屬於可調利率貸款。

在可調利率抵押貸款中,貸款人可以按每 1 年、每 3 年或每 5 年調整一次。可調利率抵押貸款按事先規定的一些標誌進行調整,以避免利率調整的隨意性。大多數可調利率抵押貸款對利率或付款的增加額度有一定的限制。前者設置一個界限值,以限制利率任意一次週期性增加的幅度,或者限制整個貸款期限內增加的總額度,或對兩者均加以限制;後者針對的是償還限額,對月度償還金額的增加給出一個百分比的限制,但可能出現調整後的月度還款額不足以償還當月利息,從而導致未償還貸款餘額的增加,從而喪失對借款人的吸引力。

然而,年百分率的確定是基於原始貸款利率的,這樣,可調利率抵押貸款的年百分率並未在數值上傳遞未來的利率變化趨勢。

例 6.1.4　某人購買了價值 50 萬元的住房,首付 20%,餘款 20 年按揭,以 6.21% 的固定利率計息。為獲得這筆貸款,某人必須在交割時支付 2% 的初始費,另付 2,000 元的其他費用,其中 1.5% 的初始費和其他費用的一半必須反應在 APR 中。假設住房是在 6 月 8 日購買的,試完成交割時的有關計算。

解:首付金額為:

$$500{,}000 \times 20\% = 100{,}000(元)$$

初始貸款金額為:

$$L = 500{,}000 - 100{,}000 = 400{,}000(元)$$

6 月份余下的天數為 23 天,所收取的利息為:

$$400{,}000 \times \frac{6.21\% \times 23}{365} \approx 1{,}565.26(元)$$

這一利息金額必須在 6 月 8 日貸款交易日支付,儘管按利息理論應在 6 月末支付,這顯然對貸款人有利。

由於 $i' = 6.21\%$,故 $j' = 6.21\%/12 = 0.517,5\%$;又由題意知,$n = 240$;因此,貸款的月度償還額為:

$$R = \frac{L}{a_{\overline{n}|j'}} = \frac{400{,}000}{a_{\overline{240}|0.517,5\%}} \approx 2{,}914.39(元)$$

值得注意的是,第 1 次正常償還款是 7 月末而不是 6 月末,實際操作上往往會提前。

必須反應在 APR 中的交割時的費用為：
$$Q = 1.5\% \times 400{,}000 + 2{,}000 \times 50\% = 7{,}000(元)$$
誠實信貸貸款額為：
$$L^* = L - Q = 400{,}000 - 7{,}000 = 393{,}000(元)$$
資金的籌措費等於還款總額減去借貸金額，即
$$E = nR - L^* \approx 240 \times 2{,}914.39 - 393{,}000 \approx 306{,}453.60(元)$$
最後，需計算 APR。由 (6.1.9) 式可得：
$$2{,}914.39 a_{\overline{240}|j} = 393{,}000(元)$$
運用 Newton-Raphson 迭代法，可得 $j \approx 0.005{,}359{,}998$
於是，誠實信貸的 APR 為
$$i = 12j \approx 12 \times 0.005{,}359{,}998 \approx 6.43\%$$
不出所料，APR 大於 6.21%。

例 6.1.5 某人借了一筆 20 萬元 20 年期可調利率抵押貸款。第 1 年的利率為 5.04%，第 2 年的利率為 5.31%，第 3 年的利率為 5.52%。試確定月度還款額的增長情況。

解：第 1 年的月度利率為 5.04%/12 = 0.42%，第 2 年的月度利率為 5.31%/12 = 0.442,5%，第 3 年的月度利率為 5.52%/12 = 0.46%。

因此，第 1 年的月度還款額為：
$$R_1 = \frac{200{,}000}{a_{\overline{240}|0.42\%}} \approx 1{,}324.33(元)$$
第 1 年年末求償貸款餘額為：
$$R_1 a_{\overline{228}|0.42\%} \approx 1{,}324.33 a_{\overline{228}|0.42\%} \approx 194{,}051.12(元)$$
第 2 年的修正月度還款額為：
$$R_2 = \frac{194{,}051.12}{a_{\overline{228}|0.442.5\%}} \approx 1{,}353.17(元)$$
第 2 年年末求償貸款餘額為：
$$R_2 a_{\overline{216}|0.442.5\%} \approx 1{,}353.17 a_{\overline{216}|0.442.5\%} \approx 187{,}971.06(元)$$
第 3 年的修正月度還款額為：
$$R_3 = \frac{187{,}971.06}{a_{\overline{216}|0.46\%}} \approx 1{,}374.86(元)$$
第 2 年比第 1 年的月度還款多 1,353.17 - 1,324.33 = 28.84 元，增長了 2.15%；第 3 年比第 2 年的月度還款多 1,374.86 - 1,353.17 = 21.69 元，增長了 1.60%。

第二節　資產折舊

從償還方法上看，抵押貸款也可採取分期償還法或者償債基金法。由於抵押貸款是一種比較特殊的貸款方式，所以需要單獨考慮。這種特殊性表現在：一是償還期限較長，可長達幾十年；二是有抵押物作為保證，貸款人面臨的風險一般較小。但由於在

分期還款中,尤其當還款期相當長時,最初幾年幾乎都在支付利息,只有很少部分用於償還本金。換言之,本金減少得相當緩慢,而作為抵押物的固定資產,因為折舊而貶值,因而很可能出現抵押物價值低於未償還貸款余額的情況,從而使這種貸款方式同樣處於風險之中。

一、未償還本金余額的變化規律

$$\because L_k = L_k^p = Ra_{\overline{n-k}|} = R\frac{1-v^{n-k}}{i}$$

$$\therefore \frac{\mathrm{d}}{\mathrm{d}k}L_k = R\frac{-v^{n-k}\ln v \cdot (-1)}{i} = -\frac{R\delta}{i}v^{n-k} < 0$$

$$\frac{\mathrm{d}^2}{\mathrm{d}k^2}L_k = -\frac{R\delta}{i}v^{n-k} \cdot (-1)\ln v = -\frac{R\delta^2}{i}v^{n-k} < 0$$

它表明,L_k 為 k 的減函數,而且是上凸的。換言之,貸款余額是遞減的,而且遞減的速度在加快。

二、固定資產價值的變化規律

這裡僅考慮固定資產因為折舊而發生價值降低的變化。

假設 A 為固定資產原值,S 為固定資產殘值(可為正數、0、負數),n 為折舊期數或年數,i 為每期利率或每年利率,D_k 為第 k 期的折舊費用,B_k 為第 k 期期末固定資產的帳面值。顯然有

$$B_0 = A, B_n = S$$
$$D_k = B_{k-1} - B_k \quad 或 \quad B_k = B_{k-1} - D_k,$$

上式中 $k = 1, 2, \cdots, n$。

(一) 快速折舊法 (先快后慢法)

快速折舊法又稱為年數和法,基本原理就是 78 法則。若折舊期為 n 年,則以 $n, n-1, \cdots, 2, 1$ 為權數分攤總折舊費 $(A - S)$。令權數和為 S_n,即

$$S_n = 1 + 2 + \cdots + n = \frac{n(n+1)}{2}$$

於是,各年折舊費用如下:

$$D_1 = \frac{n}{S_n}(A - S)$$

$$D_2 = \frac{n-1}{S_n}(A - S)$$

……

$$D_k = \frac{n-k+1}{S_n}(A - S) \qquad (6.2.1)$$

……

$$D_n = \frac{1}{S_n}(A - S)$$

$$\therefore B_k = A - \sum_{t=1}^{k} D_t = S + \sum_{t=k+1}^{n} D_t$$

$$\because \sum_{t=1}^{n} D_t = A - S \quad \therefore B_k = S + \frac{S_{n-k}}{S_n}(A-S)$$

年數和法的折舊費用逐期遞減,呈現出先快后慢特徵,固定資產的帳面值在前期迅速下降。這種方法適用於汽車、機器設備等。

(二) 勻速折舊法

這種方法又稱為直線折舊法,簡單、實用,在實務中應用極廣。這種方法下每年的折舊費用相同。

$$\because D_t = \frac{A-S}{n} \tag{6.2.2}$$

$$\therefore B_k = A - \sum_{t=1}^{k} D_t = A - \frac{A-S}{n}k = (1 - \frac{k}{n})A + \frac{k}{n} \cdot S$$

該方法適用於資產價值平穩下降的情形。

(三) 慢速折舊法

這種方法又稱為先慢后快法、償債基金法或複利法。該方法下任一時點資產帳面值等於資產原值與償債基金余額之差。

假如每年存入一筆折舊基金或償債基金,其目的在於折舊期滿時償債基金的積存額剛好達到折舊費用總額$(A-S)$。為此,每年需存入$\frac{A-S}{s_{\overline{n}|}}$,從而

$$B_k = A - \frac{A-S}{s_{\overline{n}|}} s_{\overline{k}|}$$

$$D_k = B_{k-1} - B_k = \frac{A-S}{s_{\overline{n}|}}(s_{\overline{k}|} - s_{\overline{k-1}|}) = \frac{A-S}{s_{\overline{n}|}}(1+i)^{k-1} \tag{6.2.3}$$

顯然,D_k是k的增函數,故稱為慢速折舊法。在這種折舊方法下,固定資產的帳面值在前期下降較慢。

該折舊方法對房屋比較適用,對汽車、電腦等就不合理。

(四) 余額遞減法

這種方法又稱為百分比法或複折舊法。該方法的特點是每期折舊費就是該折舊週期期初資產帳面值的固定百分比,如20%。

$$\because D_t = dB_{t-1} \quad \therefore B_t = B_{t-1} - D_t = B_{t-1} - dB_{t-1} = (1-d)B_{t-1}$$

$$\because B_0 = A$$

$$\therefore B_1 = A(1-d)$$

$$B_2 = (1-d)B_1 = A(1-d)^2$$

……

$$B_t = A(1-d)^t$$

……

$$B_n = A(1-d)^n$$

$\because B_n = S \quad \therefore d = 1 - \left(\dfrac{S}{A}\right)^{\frac{1}{n}}$,顯然 S 為正時才有意義。

實際中常用 d' 而不是 d。這裡 d' 是直線折舊法折舊率的若干倍,如 k 倍,即 $d' = \dfrac{k}{n}$。因為直線折舊法的折舊率為 $\dfrac{D_t}{A} = \dfrac{\frac{A-S}{n}}{A} = \dfrac{1}{n}$(假設 $S = 0$)。這樣,折舊表的最後一行就不是按 d' 計算的,而是人為調整的,使其帳面值剛好等於 S。特例:當 $k = 2$ 時的折舊法就稱為雙倍餘額遞減法。

例 6.2.1 一臺設備價值 12,000 元,使用 10 年,10 年後該設備殘值為 1,000 元。分別使用下列折舊方法計算該設備各年折舊額及各年年末帳面值:① 償債基金法,每年利率為 6%;② 直線法;③ 餘額遞減法;④ 年數和法;⑤ 雙倍餘額遞減法。

解:

(1)償債基金法

每年存入償債基金的金額為:

$$\dfrac{A-S}{s_{\overline{n}|}} = \dfrac{12,000 - 1,000}{s_{\overline{10}|}} = 834.55(元)$$

由於 $D_1 = \dfrac{A-S}{s_{\overline{n}|}} = 834.55$ 元,且由公式(6.2.3)可得 $D_k = D_{k-1}(1 + 6\%)$,由此可得各年度折舊額,再用上年末帳面值減去本年度折舊額得到本年末帳面值。各年度折舊額與年末帳面值見表 6-2-1。

表 6-2-1　　　　　　折舊表(償債基金法)　　　　　　單位:元

折舊年份	年度折舊額	年末帳面值
0		12,000
1	834.55	11,165.45
2	884.62	10,280.83
3	937.70	9,343.13
4	993.96	8,349.17
5	1,053.60	7,295.58
6	1,116.81	6,178.77
7	1,183.82	4,994.94
8	1,254.85	3,740.09
9	1,330.14	2,409.95
10	1,409.95	1,000.00

(2)直線法

每年折舊額為:

$$\dfrac{A-S}{n} = \dfrac{12,000 - 1,000}{10} = 1,100(元)$$

再用上年末帳面值減去本年度折舊額得到本年末帳面值。各年度折舊額與年末帳面值見表6－2－2。

表6－2－2　　　　　　　　折舊表(直線法)　　　　　　　　單位:元

折舊年份	年度折舊額	年末帳面值
0		12,000
1	1,100	10,900
2	1,100	9,800
3	1,100	8,700
4	1,100	7,600
5	1,100	6,500
6	1,100	5,400
7	1,100	4,300
8	1,100	3,200
9	1,100	2,100
10	1,100	1,000

（3）余額遞減法

折舊費提取比例為：

$$d = 1 - \left(\frac{S}{A}\right)^{\frac{1}{n}} = 1 - \left(\frac{1,000}{12,000}\right)^{\frac{1}{10}} \approx 0.220,022,86$$

用上年末帳面值乘以提取比例就得到本年度折舊額，再用上年末帳面值減去本年度折舊額得到本年末帳面值。各年度折舊額與年末帳面值見表6－2－3。

表6－2－3　　　　　　　　折舊表(余額遞減法)　　　　　　　　單位:元

折舊年份	年度折舊額	年末帳面值
0		12,000
1	2,640.27	9,359.73
2	2,059.35	7,300.37
3	1,606.25	5,694.12
4	1,252.84	4,441.29
5	977.18	3,464.10
6	762.18	2,701.92
7	594.48	2,107.44
8	463.68	1,643.75
9	361.66	1,282.09
10	282.09	1,000.00

（4）年數和法

總折舊額為：

$$A - S = 12,000 - 1,000 = 11,000(元)$$

將其按權數10,9,…,3,2,1分配於各年，由於權數總和為 $S_n = \frac{n(n+1)}{2} = 55$，

因此,第 1 年的折舊額為 $11,000 \times \dfrac{10}{55} = 2,000$ 元,同理可得其他各年度的折舊額;再用上年末帳面值減去本年度折舊額得到本年末帳面值。各年度折舊額與年末帳面值見表 6 - 2 - 4。

表 6 - 2 - 4　　　　　　　折舊表(年數和法)　　　　　　單位:元

折舊年份	年度折舊額	年末帳面值
0		12,000
1	2,000	10,000
2	1,800	8,200
3	1,600	6,600
4	1,400	5,200
5	1,200	4,000
6	1,000	3,000
7	800	2,200
8	600	1,600
9	400	1,200
10	200	1,000

(5) 雙倍余額遞減法

折舊費用提取比例為:

$$d' = \frac{2}{n} = \frac{2}{10} = 0.2$$

將上一年末的帳面值乘以提取比例就得到了本年度的折舊額,再用上年末帳面值減去本年度折舊額得到本年末帳面值。注意第 10 年的折舊額是人為調整的,它等於第 9 年年末的帳面值減去第 10 年年末的帳面值。各年度折舊額與年末帳面值見表 6 - 2 - 5。

表 6 - 2 - 5　　　　　　折舊表(雙倍余額遞減法)　　　　　單位:元

折舊年份	年度折舊額	年末帳面值
0		12,000
1	2,400.00	9,600.00
2	1,920.00	7,680.00
3	1,536.00	6,144.00
4	1,228.80	4,915.20
5	983.04	3,932.16
6	786.43	3,145.73
7	629.15	2,516.58
8	503.32	2,013.27
9	402.65	1,610.61
10	610.61	1,000.00

三、抵押物價值與殘余本金余額的關係

例6.2.2 某人從銀行貸款5萬元購買了一臺設備,貸款年利率為8%,用該設備做抵押,10年內等額分期還款,假設該設備使用10年,第10年年末的殘值為2,000元。試比較不同折舊方式下抵押物的價值與殘余本金的變化關係。

解:因為折舊,抵押物的價值隨著時間的推移而貶值。在不同折舊方法下,設備的帳面價值不一樣。折舊方法可選擇償債基金法(償債基金年利率為7%)、直線法、年數和法、雙倍余額(遞減)法、余額遞減法;其資產帳面價值或抵押物價值見表6-2-6;除雙倍余額法的后幾年帳面價值較高外,各年末依照上面折舊方法而依次遞減。本例題列舉了四種貸款償還方法:10年間每年年末等額償還、首付10,000元10年間每年年末等額償還、5年間每年年末等額償還、首付10,000元5年間每年年末等額償還。其殘余本金或未償還貸款余額見表6-2-6。我們希望抵押物價值高於殘余本金的價值,這樣抵押貸款就沒有風險。

表6-2-6　　　　　　　**抵押物價值與殘餘本金的關係**　　　　　　　單位:元

	年份	0	1	2	3	4	5	6	7	8	9	10
抵押物價值	償債基金法	50,000	46,526	42,809	38,831	34,575	30,021	25,149	19,935	14,356	8,387	2,000
	直線法	50,000	45,200	40,400	35,600	30,800	26,000	21,200	16,400	11,600	6,800	2,000
	年數和法	50,000	41,273	33,418	26,436	20,327	15,091	10,727	7,236	4,618	2,873	2,000
	雙倍餘額法	50,000	40,000	32,000	25,600	20,480	16,384	13,107	10,486	8,389	6,711	2,000
	餘額遞減法	50,000	36,239	26,265	19,037	13,797	10,000	7,248	5,253	3,807	2,759	2,000
殘餘本金	10年償還	50,000	46,549	42,821	38,795	34,447	29,752	24,680	19,203	13,288	6,900	0
	首1萬10年	40,000	37,239	34,257	31,036	27,558	23,801	19,744	15,363	10,630	5,520	0
	5年償還	50,000	41,477	32,273	22,332	11,595	0	0	0	0	0	0
	首1萬5年	40,000	33,182	25,818	17,865	9,276	0	0	0	0	0	0

就償債基金法而言,帳面價值下降先慢后快,除了第1年年末、第2年年末抵押物價值略低於10年等額還款的殘余本金而顯得抵押不足外,其余年末均有足夠保證,即無抵押不足的風險;但是如果首付10,000元,貸款40,000元,或者將還款期限縮短到5年,或再增加首付款,都將使各年末殘余本金降下來,從而使抵押更加充足。

就直線法而言,帳面價值均勻遞減。除最后一年年末外,第1～9年年末抵押物價值均低於貸款殘余本金價值,從而幾乎各年末貸款都處於風險之中。若首付10,000元,則各年抵押物都是充足的。縮短期限也能達到這一目標。

就年數和法而言,除最后1年外,第1～9年年末帳面價值均低於10年還款的殘余本金價值,從而造成抵押不足。若首付10,000元,仍是10年還款,則情況有所改善,因為第1年年末抵押已充足了。若還款期縮短到5年,則除了第1年年末抵押略顯不足外,其余年末抵押已充足。如果再加上首付10,000元,那麼各年年末都抵押充足了。

就雙倍余額遞減法而言,除最后1年外,第1～9年年末帳面價值均低於10年還款的殘余本金價值,從而造成抵押不足。若首付10,000元,仍是10年還款,則情況有

所改善，因為第9年年末抵押已充足了。若還款期縮短到5年，則除了第1年、第2年末抵押不足外，其余年末抵押已充足。如果再加上首付10,000元，那麼各年年末都抵押充足。

就余額遞減法而言，帳面價值下降呈先快后慢趨勢。除最后1年外，第1～9年年末帳面價值均低於10年還款的殘余本金價值，從而造成抵押不足。即使首付10,000元，情況仍是這樣。如果還款期縮短到5年，那麼第1～4年的各年末抵押將不足，其余各年末則抵押充足。如果再增加10,000元的首付款，那麼各年末的抵押就充足了。

綜上所述，不同折舊方法下，抵押風險大小不一樣。改善的方法就是縮短貸款償還期，並增加首付款。

四、成本分析

在實踐中，選擇固定資產時需要考慮的一個重要問題，就是比較各備選固定資產的投資成本，或者說需要進行成本核算。一項固定資產成本包括：① 利息損失，因為購買固定資產所付貨幣若投資在別處可產生利息；② 折舊費；③ 維持費。

一項固定資產每個週期所耗費的成本稱為固定資產的週期性費用。設 H 為週期性費用，M 為週期維持費，則

$$H = Ai + \frac{A-S}{s_{\overline{n}|j}} + M \tag{6.2.4}$$

上式中，Ai 為固定資產利息損失，$\frac{A-S}{s_{\overline{n}|j}}$ 為週期性的折舊費，M 為週期維持費。

一項資產的投資成本就是該資產永久支付的週期性費用的現值，即以週期性費用為給付額的永久年金的現值，也可視為維持一項永續運轉的恒量資產的費用的現值。令 E 表示投資成本，則

$$E = Ha_{\overline{\infty}|i} = \frac{H}{i} = A + \frac{A-S}{is_{\overline{n}|j}} + \frac{M}{i} \tag{6.2.5}$$

在選擇可投資的資產時，既可比較週期性費用，又可比較投資成本。由於不同固定資產在單位時間內生產的產品數量可能不同，因而在比較週期性費用時，需要除以單位時間內的產量。設1號機器、2號機器在單位時間內生產的產品數量分別為 U_1 件、U_2 件。若等式

$$\frac{A_1 i + \frac{A_1 - S_1}{s_{\overline{n_1}|j}} + M_1}{U_1} = \frac{A_2 i + \frac{A_2 - S_2}{s_{\overline{n_2}|j}} + M_2}{U_2} \tag{6.2.6}$$

成立，則稱機器1與機器2等價。其中下標1、2分別代表1號機器、2號機器相應指標。

在許多情形下，$i = j$，於是（6.2.6）式變為

$$\frac{A_1 i + \frac{A_1 - S_1}{s_{\overline{n_1}|i}} + M_1}{U_1} = \frac{A_2 i + \frac{A_2 - S_2}{s_{\overline{n_2}|i}} + M_2}{U_2}$$

即

$$\frac{\dfrac{A_1}{a_{\overline{n_1}|i}} - \dfrac{S_1}{s_{\overline{n_1}|i}} + M_1}{U_1} = \frac{\dfrac{A_2}{a_{\overline{n_2}|i}} - \dfrac{S_2}{s_{\overline{n_2}|i}} + M_2}{U_2} \qquad (6.2.7)$$

其中，年金下標記號中的利率可以省略掉。這裡，我們暫不考慮通貨膨脹對固定資產價值的影響。

例 6.2.3 1 號機器以 120,000 元出售，年度維持費為 3,000 元，壽命為 25 年，殘值為 2,500 元；2 號機器的年度維修費為 6,000 元，壽命為 20 年，無殘值。假設年實際利率為 6%，2 號機器的生產效率為 1 號機器的生產效率的 2.8 倍，購買者購買這兩種機器無差別，求 2 號機器的價格。

解：由題意知，$U_2 = 2.8U_1$，$A_1 = 120,000$，$M_1 = 3,000$，$S_1 = 2,500$，$n_1 = 25$，$i = 6\%$，$M_2 = 6,000$，$n_2 = 25$，$S_2 = 0$。由公式 (6.2.7) 得

$$\frac{\dfrac{120,000}{a_{\overline{25}|6\%}} - \dfrac{2,500}{s_{\overline{25}|6\%}} + 3,000}{U_1} = \frac{\dfrac{A_2}{a_{\overline{20}|6\%}} - \dfrac{0}{s_{\overline{20}|6\%}} + 6,000}{2.8U_1}$$

解之得

$$A_2 = \left[2.8\left(\frac{120,000}{a_{\overline{25}|6\%}} - \frac{2,500}{s_{\overline{25}|6\%}} + 3,000\right) - 6,000\right]a_{\overline{20}|6\%} \approx 327,541.84（元）$$

例 6.2.4 一家電力公司使用每根價值 100 元的電杆，其壽命為 15 年，如果增加防護措施，使用壽命可延長到 20 年。假設電杆的殘值為 5 元，利率為 5%，兩種電杆的維修費相等，公司值得為每根電杆增加多少元錢的投入？

解：假設公司值得為每根電杆增加投入 x 元，由題意知：$U_2 = U_1$，$A_1 = 100$，$M_1 = M_2$，$S_1 = 5$，$n_1 = 15$，$i = 5\%$，$n_2 = 20$，$S_2 = 5$，$A_2 = 100 + x$。由公式 (6.2.7) 可得

$$\frac{100}{a_{\overline{15}|5\%}} - \frac{5}{s_{\overline{15}|5\%}} + M_1 = \frac{100+x}{a_{\overline{20}|5\%}} - \frac{5}{s_{\overline{20}|5\%}} + M_1$$

即

$$\frac{100}{a_{\overline{15}|5\%}} - \frac{5}{s_{\overline{15}|5\%}} = \frac{100+x}{a_{\overline{20}|5\%}} - \frac{5}{s_{\overline{20}|5\%}}$$

解之得

$$x = 5a_{\overline{20}|5\%}\left[20\left(\frac{1}{a_{\overline{15}|5\%}} - \frac{1}{a_{\overline{15}|5\%}}\right) - \left(\frac{1}{s_{\overline{15}|5\%}} - \frac{1}{s_{\overline{20}|5\%}}\right)\right] \approx 19.06（元）$$

第三節　利率水平的決定因素

經濟學原理告訴我們，利率與其他商品價格一樣，是建立在供求關係之上的。當求過於供時，利率上升；而當供過於求時，利率下降。但實踐中有大量影響利率的因素，主要有：① 潛在「純」利率。多數經濟和金融理論家認為，存在著一個作為基礎的潛在「純」利率，它與經濟的長期再生性增長有關。如果沒有通貨膨脹，這一利率將成

為無風險投資的通行利率。這一利率在長達數十年的期間是相對穩定的。在美國,它通常在2% ~ 3%,我國目前還沒有穩定的潛在「純」利率。② 通貨膨脹。③ 風險和不確定性。在第三章、第五章已經討論過。所面臨的風險主要有市場風險和信用風險,具體而言,面臨給付的不確定性(給付概率)、給付金額的不確定性、給付時間的不確定性三種風險,通知償還債券就兼有金額與時間的風險。④ 投資期限。長期投資與短期投資有不同的利率水平。⑤ 信息對稱性。交易雙方信息越對稱,則市場越有效,利率水平更符合常規。⑥ 法律限制。比如有些利率受政府控制。⑦ 政府政策。政府通過其貨幣政府與財政政策影響利率水平。⑧ 隨機波動。利率隨著時間變化而呈現出隨機波動性。利率隨機波動性將在第七章討論。

一、通貨膨脹

利率與通貨膨脹具有正相關關係,呈同向變化趨勢。一般人認為這種關係存在於當前利率與當前通貨膨脹率之間,但經濟學家則認為應存在於現實利率與預期通貨膨脹率之間。

扣除通貨膨脹率后的利率稱為實際利率,記為 i';而包含了通貨膨脹率在內的市場利率稱為名義利率,記為 i。它們與我們前面所講以每期利息度量次數是否為一次而區分的實際利率與名義利率概念不同。是否包含了通貨膨脹率的名義利率、實際利率,主要運用在現實經濟生活中;在利息理論、精算等學科中,則使用每期度量次數是否一次為前提條件下的這對概念。

記通貨膨脹率為 r,並暫時假定其為常數,於是

$$1 + i = (1 + i')(1 + r) \tag{6.3.1}$$

若 $r > 0$,則 $i > i' > 0$;並解(6.3.1)式得

$$i = i' + r + i'r \tag{6.3.2}$$

由於 $i'r$ 相對於 i' 和 r 而言比較小,故許多人傾向於將其忽略不計,於是

$$i \approx i' + r \tag{6.3.3}$$

(6.3.3) 式也可從(6.3.1) 式解出

$$i' = \frac{i - r}{1 + r} \tag{6.3.4}$$

上面的公式不能精確地反應 i、i' 和 r 之間的關係,但在考慮了通貨膨脹因素的年金計算中,相當有用。

假設在 0 點給付參照金額為 R,其后的年金給付要反應通貨膨脹情況,於是 n 年期期末付年金的現值為

$$R\left[\frac{1+r}{1+i} + \frac{(1+r)^2}{(1+i)^2} + \cdots + \frac{(1+r)^n}{(1+i)^n}\right] = R(1+r)\frac{1 - \left(\frac{1+r}{1+i}\right)^n}{i - r} \tag{6.3.5}$$

運用公式(6.3.1),上述年金的計算就簡化為

$$R\left[\frac{1}{1+i'} + \frac{1}{(1+i')^2} + \cdots + \frac{1}{(1+i')^n}\right] = Ra_{\overline{n}|i'} \tag{6.3.6}$$

(6.3.5)式與(6.3.6)式結果一致,但前者是帶有通貨膨脹率的付款按名義利率計算出的現值,而后者是消除了通貨膨脹影響后的給付按實際利率計算的現值。

這實際上為我們處理通貨膨脹問題提供了更一般的準則:① 若未來付款不受通貨膨脹影響,則按名義利率折現;② 若未來付款按通貨膨脹率來調整,其調整反應在給付額上,則也按名義利率折現;③ 若未來付款按通貨膨脹率來調整,其調整並不反應在給付額上,則按實際利率折現。

上面分析了在考慮通貨膨脹條件下如何計算現值問題,接下來討論有關終值問題的計算。

假設以每期利率 i 投入本金 A,歷時 n 期,其終值為 $A(1+i)^n$,這是名義上的收回金額。如果每期通貨膨脹率為 r,那麼投資期滿時獲得回報的購買力為

$$A\frac{(1+i)^n}{(1+r)^n} = A(1+i')^n$$

因為 $i > i'$,所以 $A(1+i)^n > A(1+i')^n$

在上述的討論中,隱含著 $i > r$ 這一事實。一般說來,這一關係是成立的,特別是對於一個相當長的時期來說更是這樣。

例 6.3.1 某交通事故的肇事者,向受害者的遺屬以年度付款形式支付賠償金。第一筆 10,000 元剛剛付出,還要支付 15 次。未來付款將按 4% 的消費者價格指數進行調整。已知年利率為 6%,求未付賠款的現值。

解:由題意知 $i = 6\%$,$r = 4\%$,$R = 10,000$,$N = 15$。由(6.3.4)式得:

$$i' = \frac{i-r}{1+r} = \frac{6\% - 4\%}{1+4\%} \approx 1.923,076,92\%$$

由(6.3.5)式可得未付賠款的現值:

$$R(1+r) \cdot \frac{1-\left(\frac{1+r}{1+i}\right)^n}{i-r}$$

$$= 10,000(1+4\%)\frac{1-\left(\frac{1+4\%}{1+6\%}\right)^{15}}{6\%-4\%} \approx 129,235.18(元)$$

或者由公式(6.3.6)也可得到未付賠款的現值:

$$Ra_{\overline{n}|i'} = 10,000 a_{\overline{15}|1.923,076,92\%} \approx 129,235.18(元)$$

例 6.3.2 已知我國商品零售價格指數如表 6-3-1 所示。2000 年 1 月 1 日簽發了面額為 100 元、年票息率為 6% 的 10 年期債券,贖回值為 105 元,按面值發行。求:① 該債券每年的實際利率。② 在考慮了物價指數后的實質收益率。

表 6-3-1　我國 2000—2010 年商品零售價格指數(1978 年 = 100)

年份	2000	2001	2002	2003	2004	2005	2006	2007	2008	2009	2010
價格指數	354.4	351.6	347.0	346.7	356.4	359.3	362.9	376.7	398.9	394.1	406.3

解：

（1）該債券的年實際利率 i 滿足：
$$100 = 6a_{\overline{10}|} + 105v^{10}$$

解得
$$i = 6.37\%。$$

（2）各年實質現金流如表 6 – 3 – 2 所示。

表 6 – 3 – 2　　　　2000—2010 年現金流與實質現金流表　　　　單位：元

年份	2000	2001	2002	2003	2004	2005	2006	2007	2008	2009	2010
價格指數	354.4	351.6	347.0	346.7	356.4	359.3	362.9	376.7	398.9	394.1	406.3
現金流	-100	6	6	6	6	6	6	6	6	6	111
實質現金流	-100	6.05	6.13	6.13	5.97	5.92	5.86	5.64	5.33	5.40	96.82

2001 年的現金流與實質現金流這樣計算而得：
$$100 \times 6\% = 6；\quad 6 \div \frac{351.6}{354.4} \approx 6.05$$

2002 年的現金流與實質現金流這樣計算而得：
$$100 \times 6\% = 6；\quad 6 \div \frac{347.0}{354.4} \approx 6.13$$

依此類推下去。設在考慮了物價指數后的實質收益率為 i'，且記 $v = \dfrac{1}{1+i'}$，於是

$$-100 + 6.05v + 6.13v^2 + 6.13v^3 + 5.97v^4 + 5.92v^5$$
$$+ 5.86v^6 + 5.64v^7 + 5.33v^8 + 5.40v^9 + 96.82v^{10} = 0$$

解之得
$$i' \approx 5.15\%$$

設從 2000 年 1 月 1 日到 2010 年 1 月 1 日，平均通貨膨脹率為 $\bar{q}$，於是
$$(1 + \bar{q})^{10} = \frac{406.3}{354.4}$$

即
$$\bar{q} \approx 1.38\%，i' \approx 5.15\% \neq i - \bar{q} = 6.37\% - 1.38\% = 4.99\%$$

二、投資期限

我們知道，期限越長的投資（如債券），其風險也越大，其回報受利率變動的影響也越大，因而衡量投資的利率風險的最傳統方法就是計算債券到期期限，如 10 年期債券的到期期限是 10 年。然而，這一指標比較粗糙。

一個更好的指標出現在等時間法中，它以各次付款額為權數，計算各次付款時間的加權平均數，意味著在該時點可以等價地一次性付出所有應該付出的款項。由等時間法計算出的時間可以解釋為平均到期期限。設 $R_1, R_2, \cdots, R_n$ 為在時刻 $t_1, t_2, \cdots, t_n$ 的

一系列的付款,將等時間法中公式(1.2.3)符號稍做修改可得如下計算公式:

$$\bar{t} = \frac{\sum_{t=1}^{n} tR_t}{\sum_{t=1}^{n} R_t} \tag{6.3.7}$$

例如,有兩種面值為 100 元的 10 年期債券,一種年票息率為 5%,平均到期年限為:

$$\bar{t} = \frac{1 \times 5 + 2 \times 5 + \cdots + 10 \times 5 + 10 \times 100}{5 + 5 + \cdots + 5 + 100} = 8.50(年)$$

另一種年票息率為 10%,平均到期年限為:

$$\bar{t} = \frac{1 \times 10 + 2 \times 10 + \cdots + 10 \times 10 + 10 \times 100}{10 + 10 + \cdots + 10 + 100} = 7.75(年)$$

這表明年票息率為 5% 的債券比年票息率為 10% 的債券有更長的平均到期期限。

另一個更好的指標是持續期限,這一概念是馬考勒(F. R. Macaulay)於 1938 年在考慮貨幣時間價值的基礎上提出的,於是又稱為馬考勒持續期限或久期。債券的持續期限是衡量債券利率風險大小的一個較好指標,但並非最理想的指標。所謂持續期限是指以各次付款額的現值為權數,計算各次付款時間的加權平均數,記為 $\bar{d}$。於是有

$$\bar{d} = \frac{\sum_{t=1}^{n} tv^t R_t}{\sum_{t=1}^{n} v^t R_t} \tag{6.3.8}$$

顯然,它類似於等時間法中的平均到期期限,但它克服了后者不考慮付款額的時間價值或不考慮利率因素的局限性。

$\bar{d}$ 是利率 i 的函數,它具有如下性質:

(1) 當 $i = 0$ 時,$\bar{d} = \bar{t}$。

(2) $\bar{d}$ 是 i 的減函數。

事實上,只需證明 $\bar{d}$ 對 i 的導數小於 0 即可。

$$\frac{\mathrm{d}}{\mathrm{d}i}\bar{d} = \frac{\mathrm{d}}{\mathrm{d}i}\frac{\sum_{t=1}^{n} tv^t R_t}{\sum_{t=1}^{n} v^t R_t} = -v\frac{\left(\sum_{t=1}^{n} v^t R_t\right)\left(\sum_{t=1}^{n} t^2 v^t R_t\right) - \left(\sum_{t=1}^{n} tv^t R_t\right)^2}{\left(\sum_{t=1}^{n} v^t R_t\right)^2}$$

$$= -v\left[\frac{\sum_{t=1}^{n} t^2 v^t R_t}{\sum_{t=1}^{n} v^t R_t} - \left(\frac{\sum_{t=1}^{n} tv^t R_t}{\sum_{t=1}^{n} v^t R_t}\right)^2\right] = -v\sigma^2 \tag{6.3.9}$$

這裡 σ^2 是以 $\bar{d}$ 為均值的某分佈的方差,由於 $-v\sigma^2$ 小於 0,因而 $\bar{d}$ 是 i 的減函數。

為了說明(6.3.9)式,我們引入隨機變量 $T = T(t)$,其分佈律為

$$P(T=t) = \frac{v^t R_t}{\sum_{t=1}^{n} v^t R_t} \qquad (6.3.10)$$

上式中，$R_t > 0$ 且 $t = 1,2,\cdots,n$。因此，T 的數學期望值為：

$$E(T) = \sum_{t=1}^{n} tP(T=t) = \frac{\sum_{t=1}^{n} tv^t R_t}{\sum_{t=1}^{n} v^t R_t} = \bar{d}$$

T 的方差為：

$$\sigma^2 = \text{var}(T) = E(T^2) - [E(T)]^2 = \frac{\sum_{t=1}^{n} t^2 v^t R_t}{\sum_{t=1}^{n} v^t R_t} - \left(\frac{\sum_{t=1}^{n} tv^t R_t}{\sum_{t=1}^{n} v^t R_t}\right)^2$$

於是，(6.3.9) 式得證。

(3) 若只有一次付款，則 $\bar{d}$ 就是該付款發生的時刻。實際上是指從 0 點到該付款發生時刻這段時間。

現在考慮當利率變化時未來系列付款現值的變化率。記未來系列給付的現值為

$$P(i) = \sum_{t=1}^{n} v^t R_t \qquad (6.3.11)$$

於是

$$P'(i) = -\sum_{t=1}^{n} tv^{t+1} R_t \qquad (6.3.12)$$

記未來系列給付的現值的變化率為

$$\bar{v} = -\frac{P'(i)}{P(i)} \qquad (6.3.13)$$

將 (6.3.11) 式、(6.3.12) 式代入 (6.3.13) 式可得

$$\bar{v} = -\frac{P'(i)}{P(i)} = \frac{\sum_{t=1}^{n} tv^{t+1} R_t}{\sum_{t=1}^{n} v^t R_t} = \frac{\bar{d}}{1+i} \qquad (6.3.14)$$

(6.3.14) 式表明單位給付現值對於利率的變化率為持續期限與 $(1+i)$ 之商。單位現值變化率常被稱為修正持續期限。持續期限與修正持續期限是金融分析中的重要解析公式，在考慮再投資風險時很有用，也是即將建立的免疫理論的關鍵要素。

這裡還需要強調的是，上面的分析假定付款 R_t 與利率 i 無關，實際情況並不總是如此的，如抵押貸款中的預付款和通知償還債券中的付款都受利率的影響，因而上述結論就不成立了。

例 6.3.3 假設年實際利率為 6%，求下列投資的持續期限：①10 年期零息債券；②10 年期帶 6% 的年度票息的債券；③10 年期帶 7% 的年度票息的債券；④ 以等額本利償還的 10 年期抵押貸款；⑤ 永續等額分紅的優先股。

解：

(1) 10 年期零息債券：該投資實際上只有一次付款，即第 10 年年末的付款，因此 $\bar{d}=10$，該答案與實際利率無關。

(2) 10 年期帶 6% 的年度票息的債券：假設面值與贖回值均為 1 元，該債券每年年末領取的票息為 0.06 元，到期贖回值為 1 元；代入公式 (6.3.8) 可得

$$\bar{d} = \frac{0.06\sum_{t=1}^{n} tv^t + 10v^{10}}{0.06\sum_{t=1}^{n} v^t + v^{10}} \quad (v = \frac{1}{1+6\%})$$

$$= \frac{0.06(Ia)_{\overline{10}|6\%} + 10v^{10}}{0.06 a_{\overline{10}|6\%} + v^{10}}$$

$$= \frac{0.06 \times 36.963,408 + 10 \times 0.558,395}{0.06 \times 7.360,087 + 0.558,395} \approx 7.80(\text{年})$$

(3) 10 年期帶 7% 的年度票息的債券：假設面值與贖回值均為 1 元，該債券每年年末領取的票息為 0.07 元，到期贖回值為 1 元；代入公式 (6.3.8) 可得

$$\bar{d} = \frac{0.07\sum_{t=1}^{10} tv^t + 10v^{10}}{0.07\sum_{t=1}^{10} v^t + v^{10}} \quad (v = \frac{1}{1+6\%})$$

$$= \frac{0.07(Ia)_{\overline{10}|6\%} + 10v^{10}}{0.07 a_{\overline{10}|6\%} + v^{10}}$$

$$= \frac{0.07 \times 36.963,408 + 10 \times 0.558,395}{0.07 \times 7.360,087 + 0.558,395} \approx 7.61(\text{年})$$

(4) 等額本利償還的 10 年期抵押貸款：假設抵押貸款每年年末償還 1 元，代入公式 (6.3.8) 可得

$$\bar{d} = \frac{\sum_{t=1}^{10} tv^t}{\sum_{t=1}^{10} v^t} = \frac{(Ia)_{\overline{10}|6\%}}{a_{\overline{10}|6\%}} = \frac{36.962,408}{7.360,087} \approx 5.02(\text{年})$$

這個結果與每年償還的數額無關。

由 (3) 和 (4) 可知，10 年期抵押貸款的持續期限比 10 年期債券要短得多。因為在抵押貸款中，每次償還額都償還了部分本金，而債券只有在贖回日才償還本金（這一說法對溢價與折價並非嚴格正確，但其影響不大）。

(5) 永續等額分紅的優先股：

對於每一元股息，由 (6.3.8) 式可得

$$\bar{d} = \frac{(Ia)_{\overline{\infty}|6\%}}{a_{\overline{\infty}|6\%}} \approx 17.67(\text{年})$$

這個結果與紅利水平無關。

從上面的計算可以看出，優先股的持續期大於任何其他投資。因為優先股的支付實際上就是永久年金的支付。

例 6.3.4 已知一個某 n 年期債券，贖回值為 C，修正票息率為 g，求該債券的持續期限。

解：該債券每 n 年年末獲得票息，同時在第 n 年年末獲得贖回值，因此，根據 (6.3.8) 式可得該債券的持續期限為

$$\bar{d} = \frac{\sum_{t=1}^{n} tv^t Cg + nCv^n}{\sum_{t=1}^{n} v^t Cg + Cv^n} = \frac{g(Ia)_{\overline{n}|} + nv^n}{ga_{\overline{n}|} + v^n}$$

$$= \frac{g\frac{\ddot{a}_{\overline{n}|} - nv^n}{i} + n(1 - ia_{\overline{n}|})}{1 + (g-i)a_{\overline{n}|}} = n\left[1 + \frac{\frac{\ddot{a}_{\overline{n}|}}{n} - 1}{1 + (g-i)a_{\overline{n}|}} \cdot \frac{g}{i}\right]$$

三、即期利率與遠期利率

所謂即期利率（Spot Rate），就是目前市場上通行的利率，或者說在當前市場上進行借款所必需的利率。而所謂遠期利率（Forward Rate），則是指從未來某個時點開始借款所必需的利率，也就是未來某個時點上的即期利率。由於遠期利率是發生在未來的、目前尚不可知的利率，實際中遠期利率通常是從即期利率中推導出來的，是一個理論值，它隱含在給定的即期利率中，反應從未來的某一時點到另一個時點的利率水平。

債券有兩種基本類型：有息債券和無息債券。購買政府發行的有息債券，在債券到期後，債券持有人可以從政府得到連本帶利的一次性支付，這種一次性所得收益與本金的比率就是即期利率或到期收益率。購買政府發行的無息債券，投資者可以低於票面價值的價格獲得，債券到期後，債券持有人可按票面價值獲得一次性的支付，這種購入價格的折扣額相對於票面價值的比率則是即期利率。

設 s_t 為 t 年期即期利率，$f_{t-1,t}$ 為時刻 $(t-1)$ 到時刻 t 的遠期利率，顯然 $f_{0,1} = s_1$，且

$$(1 + s_{n-1})^{n-1}(1 + f_{n-1,n}) = (1 + s_n)^n \tag{6.3.15}$$

容易證明

$$(1 + s_n)^n = (1 + f_{0,1})(1 + f_{1,2})\cdots(1 + f_{n-1,n}) \tag{6.3.16}$$

例 6.3.5 假設利率的期限結構：1～4 年的即期利率分別為 5%、10%、15%、20%，求第 1、2、3、4 年的 1 年遠期利率。

解：$\because s_1 = 5\%, s_2 = 10\%, s_3 = 15\%, s_2 = 10\%$

$\therefore$ 第 1、2、3、4 年的 1 年遠期利率為

$$f_{0,1} = s_1 = 5\%$$

$$f_{1,2} = \frac{(1+s_2)^2}{1+s_1} - 1 = \frac{(1.1)^2}{1.05} - 1 \approx 15.24\%$$

$$f_{2,3} = \frac{(1+s_3)^3}{(1+s_2)^2} - 1 = \frac{(1.15)^3}{(1.1)^2} - 1 \approx 25.69\%$$

$$f_{3,4} = \frac{(1+s_4)^4}{(1+s_3)^3} - 1 = \frac{(1.2)^4}{(1.15)^3} - 1 \approx 36.34\%$$

所謂平價收益率 r_t,指的是在 t 年內到期,其票息率也為 r_t。換言之,該債券具有平價。假設分別在 $1, 2, \cdots, n$ 年內到期的零息債券的即期利率期限結構為 $\{s_t \mid t = 1, 2, \cdots, n\}$,$r_n$ 為具有年度票息的 n 年期債券平價收益率,面值為 1,那麼該債券的價格也為 1,於是有

$$(1+s_n)^{-n} + r_n \sum_{k=1}^{n} (1+s_k)^{-k} = 1$$

解之得

$$r_n = \frac{1 - (1+s_n)^{-n}}{\sum_{k=1}^{n} (1+s_k)^{-k}} \tag{6.3.17}$$

例 6.3.6 假設零息債券具有的利率期限結構:1～4 年的即期利率分別為 5%、10%、15%、20%,求在 1、2、3、4 年到期的具有年度票息的債券的平價收益率。

解:本例尋找平價收益率的關鍵點就是對於面值為 100 元的債券的價格也為 100 元,於是有:

對於 1 年期債券,

$$100 = 100(1+r_1)\left(\frac{1}{1.05}\right)$$

解得 $r_1 = 5\%$

對於 2 年期債券,

$$100 = 100 r_2 \left(\frac{1}{1.05}\right) + 100(1+r_2)\left(\frac{1}{1.1}\right)^2$$

解得 $r_2 \approx 9.76\%$

對於 3 年期債券,

$$100 = 100 r_3 \left(\frac{1}{1.05}\right) + 100 r_3 \left(\frac{1}{1.1}\right)^2 + 100(1+r_3)\left(\frac{1}{1.15}\right)^3$$

解得 $r_3 \approx 14.06\%$

對於 4 年期債券,

$$100 = 100 r_4 \left(\frac{1}{1.05}\right) + 100 r_4 \left(\frac{1}{1.1}\right)^2 + 100 r_4 \left(\frac{1}{1.15}\right)^3 + 100(1+r_4)\left(\frac{1}{1.2}\right)^4$$

解得 $r_4 \approx 17.74\%$

第四節　資產與負債的匹配分析

　　諸如銀行、保險公司、養老基金等大多數金融機構，不僅要考慮投資問題，而且還要考慮資產負債的管理問題，需要將二者結合起來進行考察。就商業銀行而言，資產大多以貸款形式出現，負債則主要表現為儲蓄存款。就保險公司而言，資產主要以銀行存款、股票債券、投資基金等形式存在，負債則主要表現為責任準備金、保證金、短期借款等。基金管理公司的資產就是它的各種投資，負債就是對基金投資人承諾的資本贖回與收益。在養老金公司中，資產為養老基金的投資運用，負債為養老金的發放。資產負債管理的基本目標就是資產與負債能夠及時、準確地匹配。資產負債管理的具體過程可概括為對資產與負債進行調整以使之匹配；但負債模式已事先確定，或不易調整，因而資產負債的管理實質上就是對資產的管理。

　　設在時刻 $1,2,\cdots,n$ 形成的資金流入為 $A_1, A_2, \cdots, A_n$，形成的資金流出為 $L_1, L_2, \cdots, L_n$，現在的問題是如何在資金流入與資金流出之間達到平衡或安全均勢；否則，會由於利率變化而帶來不利影響。如某金融機構發行了一種一年期的金融產品（如定期存款、金融債券），其利率固定；該金融機構利用所融通的資金進行投資，無論期限「太長」或「太短」，都會給這家金融機構帶來很大的風險：① 假如投資期「太長」，不妨設投資持續期限為 2 年。如果市場利率上升，原存款或債券的投資者會在年末要求收回資金，該機構不得不出售資產以滿足支付需要，然而出售的資產因市場利率上升而下降，從而蒙受損失。② 假如投資期「太短」，如其持續期限接近於 0，現在金融機構會因利率下降而遭受損失，同時投資期「太短」，利息所得也會很少，很可能在年末不能滿足償還利息的需要，這樣也會造成利息損失。下面介紹兩種消除這種風險的方法：一是免疫法，二是資產負債匹配法。

一、免疫法

(一) 概念

　　所謂免疫法，指的是通過安排資產和負債的結構來減少甚至完全消滅由於利率變動而引起資產貶值風險的一種方法。該方法所使用的原理又稱為「免疫技術」。換言之，金融機構可以利用免疫法來「免除」利率變化所帶來的風險。該法由英國保誠保險公司的首席精算師 Frank M. Redington 於 1952 年在其名為《壽險公司評估原則的回顧》的論文中提出。他認為可以通過使資產的平均期限與負債的平均期限相等或使資產的現金流比負債更分散來「免除」盈餘價值所面臨的利率風險。

　　免疫法的基本思路就是建立一種合理的資產負債結構，使得無論市場收益率如何變化，都能穩定地實現資產保值增值，從而保證未來預定的現金流出的需要。換言之，在給定的預定投資收益率條件下，選擇資產結構，使得無論市場利率在預期收益率附近如何波動，總體盈餘都不會下降。

（二）免疫法的技術

設在時刻 t 的淨收入為 R_t，即

$$R_t = A_t - L_t \tag{6.4.1}$$

當資產的流入現值等於資產流出現值時

$$P(i) = \sum_{t=1}^{n} v^t R_t = 0 \tag{6.4.2}$$

利用 Taylor 級數展開得

$$P(i+\varepsilon) = P(i) + \varepsilon P'(i) + \frac{\varepsilon^2}{2} P''(i+\zeta) \quad (0 < |\zeta| < |\varepsilon|)$$

如果存在 i_0 滿足：

(1) $P'(i_0) = 0$ \hfill (6.4.3)

(2) $P''(i) > 0$ \hfill (6.4.4)

而且，i 取值於 i_0 的某鄰域，那麼 $P(i)$ 在 i_0 處達到極小值，從而達到「免疫」的目的。

說明：條件(1)，即(6.4.3)式可以解釋為淨收入的修正持續期限必須等於 0；條件(1)、(2)得到滿足，意味著市場利率在 i_0 附近的任意一個微小變化，無論利率上升還是下降，都會增加淨流入的現值。

（三）免疫法的應用

由於負債非企業自身所能單獨控制的，因此資產負債管理的實質就是資產管理。免疫法就是著眼於資產結構管理，並使之滿足如下三個條件：

(1) 資產流入現值 = 負債流出現值；這肯定有恰當的資產以匹配負債；還可以更廣泛一些，使資產流入現值不小於負債流出現值。

(2) 資產的修正持續期限 = 負債的修正持續期限；使資產負債結構對利率變化的敏感性相同。

(3) 資產的凸性大於負債的凸性。這樣，利率下降導致資產價值的增長比負債價值的增長更快；反之，則導致較慢的減少，這實際上免除了利率波動導致資產貶值的風險。這裡凸性或凸度由下式定義：

$$\bar{c} = \frac{P''(i)}{P(i)} \tag{6.4.5}$$

例 6.4.1 甲將在年末償還乙 21,600 元的債務，為此建立一項投資基金以實現這一目標。有兩個投資方案可供選擇：① 貨幣市場基金，當前擁有 8% 的利率，而且逐日變化；② 收益率為 8% 的兩年期零息債券。試用免疫法確定選擇方案。假設計算使用 8% 的年實際利率。

解：設投資於貨幣市場基金的金額為 x 元，投資於兩年期零息債券的金額為 y 元。於是

$$P(i) = x + y(1+8\%)^2(1+i)^{-2} - 21,600(1+i)^{-1}$$

即

$$P(i) = x + 1.166,4y(1+i)^{-2} - 21,600(1+i)^{-1}$$

$$P'(i) = -2,332.8y(1+i)^{-3} + 21,600(1+i)^{-2}$$
$$P''(i) = 6,998.4y(1+i)^{-4} - 43,200(1+i)^{-3}$$

由 $P(0.08) = 0, P'(0.08) = 0, P''(0.08) > 0$，並適當化簡得

$$\begin{cases} x + y = 20,000 \\ -2.16y + 21,600 = 0 \\ 6.48y - 43,200 > 0 \end{cases}$$

解得

$$\begin{cases} x = 10,000 \\ y = 10,000 \end{cases}$$

下面驗證該投資計劃對利率風險的免疫性。i 再分別取 7% 和 9%，計算 $P(i)$ 之值。由於 $P(0.08) = 0, P(0.07) \approx 0.873,40 > 0, P(0.09) \approx 0.841,70 > 0$。而且還可以驗證，市場利率無論從小於 8% 的方向還是從大於 8% 的方向變動並遠離 8% 時，$P(i)$ 的值均增大。因此，該投資計劃的確達到了免除利率風險的戰略目標。

例6.4.2 對例6.4.1中的資產，試計算：① 修正持續期限；② 凸性。

解：記資產部分的現值為 $\tilde{P}(i)$，並利用例6.4.1的結論可得

$$\tilde{P}(i) = x + 1,166.4y(1+i)^{-2}$$

即

$$\tilde{P}(i) = 10,000 + 11,664y(1+i)^{-2}$$
$$\tilde{P}'(i) = -23,328(1+i)^{-3}$$
$$\tilde{P}''(i) = 69,984(1+i)^{-4}$$
$$\therefore \tilde{P}(0.08) = 10,000 + 11,664(1+0.08)^{-2} = 20,000$$
$$\tilde{P}'(0.08) = -23,328(1+0.08)^{-3} \approx -18,518.518,5$$
$$\tilde{P}''(0.08) = 69,984(1+0.08)^{-4} \approx 51,440.329,218$$

（1）修正持續期限為：

$$\bar{v} = -\frac{\tilde{P}'(i)}{\tilde{P}(i)} = -\frac{\tilde{P}'(0.08)}{\tilde{P}(0.08)} \approx 0.925,926(年)$$

可另由公式(6.3.14)來求得。首先，貨幣市場基金、兩年期零息債券的持續期限分別為0年和2年，於是它們的修正持續期限分別為 0 與 $\dfrac{2}{1+0.08}$，以投資配置額為權重的這兩個值的加權平均數為：

$$0.5 \times 0 + 0.5 \times \frac{2}{1+0.08} \approx 0.925,926(年)$$

（2）資產的凸性為：

$$\bar{c} = \frac{\tilde{P}''(i)}{\tilde{P}(i)} = \frac{\tilde{P}''(0.08)}{\tilde{P}(0.08)} \approx 2.572,016$$

請讀者思考：例6.4.1中負債的凸性，並與本例結論進行比較。

例6.4.3 有一筆20年期等額本利還款的住房抵押貸款，其利率為月度轉換年

6.12%,試求:① 該還款的修正持續期限;② 該還款的凸性。

解:月利率為 6.12%/12 = 0.005,1,共還款 240 次。為簡便起見,假設每月的還款為單位 1,於是所有還款的現值為

$$P(i) = \sum_{t=1}^{240} v^t = \sum_{t=1}^{240} (1+i)^{-t}$$

由此可得

$$P'(i) = -\sum_{t=1}^{240} t(1+i)^{-t-1} = -\sum_{t=1}^{240} tv^{t+1}$$

$$P''(i) = \sum_{t=1}^{240} t(t+1)(1+i)^{-t-2} = \sum_{t=1}^{240} t(t+1)v^{t+2}$$

(1) 該還款的修正持續期限:

$$\bar{v} = -\frac{P'(i)}{P(i)} = v\frac{(Ia)_{\overline{240|}}}{a_{\overline{240|}}} = \frac{13,363.608,921}{1.005,1 \times 138.241,625} \approx 96.18(年)$$

(2) 運用 Excel 程序可得凸性:

$$P''(0.005,1) = \sum_{t=1}^{240} t(t+1)\left(\frac{1}{1.005,1}\right)^{t+2} \approx 1,902,621.044,326$$

$$\bar{c} = \frac{P''(i)}{P(i)} = \frac{1,902,621.044,326}{138.241,625} \approx 13,763.01$$

例 6.4.4 一家金融機構有一筆在 5 年期內每年年末支付 10,000 元的債務。該機構以收入 $10,000a_{\overline{5|0.1}} = 37,908$ 元來交換承擔這筆債務。該機構僅有的投資選擇期是 1 年期、3 年期及 5 年期的零息債券,收益率均為 10%。該機構按下述假設來建立其投資策略:這筆債務的持續期限是圍繞所提供的投資選擇的持續期限而對稱分割的。因此,投資的款項應一分為三,即對 1 年期、3 年期及 5 年期的零息債券分別投資 12,636 元。試說明這種投資戰略按免疫法理論不是最優的,並建立一種更優的投資戰略。

解:由題意知

$$P(i) = -10,000a_{\overline{5|}i} + 12,636(1.1v + 1.1^3v^3 + 1.1^5v^5)$$

顯然,$P(0.1) = 0$。由此可得:

$$P'(i) = \frac{10,000}{i^2} - 10,000\frac{5i(1+i)^{-6} + (1+i)^{-5}}{i^2}$$

$$-12,636\left[\frac{1.1}{(1+i)^2} + \frac{3 \times 1.1^3}{(1+i)^4} + \frac{5 \times 1.1^5}{(1+i)^6}\right]$$

$$P'(0.1) \approx -6,543.74 < 0$$

故按風險免疫法,該投資策略不是最佳的。

設新的投資策略是:投資於 1 年期、3 年期零息債券的額度分別為 x 元、y 元,則投資於 5 年期債券的額度為 $(37,908 - x - y)$ 元,於是資金淨流入現值為

$$\tilde{P}(i) = -10,000a_{\overline{5|}i} + \frac{1.1x}{1+i} + \frac{1.1^3y}{(1+i)^3} + \frac{1.1^5}{(1+i)^5}(37,908 - x - y)$$

顯然 $\tilde{P}(0.1) = 0$。由此可得:

$$\tilde{P}'(i) = \frac{10,000}{i^2} - 10,000\frac{5i(1+i)^{-6} + (1+i)^{-5}}{i^2}$$
$$- \left[\frac{1.1x}{(1+i)^2} + \frac{3 \times 1.1^3 y}{(1+i)^4} + \frac{5 \times 1.1^5}{(1+i)^6}(37,908 - x - y)\right]$$

令 $\tilde{P}' = 0$,得:

$$2x + y \approx 41,507.058,46$$

即

$$2x + y \approx 41,507 \tag{6.4.6}$$

又因為

$$\tilde{P}''(i) = \frac{-20,000}{i^3} + 20,000\left[\frac{15(1+i)^{-7}}{i} + \frac{5(1+i)^{-6}}{i^2} + \frac{(1+i)^{-3}}{i^3}\right]$$
$$+ \frac{2.2x}{(1+i)^3} + \frac{12 \times 1.1^3 y}{(1+i)^5} + \frac{35 \times 1.1^5}{(1+i)^7}(37,908 - x - y)$$

$$\tilde{P}''(0.1) = 699,152.513,3 - \frac{33x + 23y}{1.21}$$

令 $\tilde{P}''(0.1) > 0$,可得:

$$33x + 23y < 845,974.541 \tag{6.4.7}$$

結合(6.4.6)式、(6.4.7)式解得:

$$x > 8,360.496,836 \quad 或 \quad y < 24,786.006,33$$

若取 $x = 13,223$,則 $y = 15,061$,由此可得 5 年期債券的投資額應為 $37,908 - 13,223 - 15,061 = 9,624$ 元。

說明:此答案不唯一。

例 6.4.5 在例 6.4.4 中,如果也提供收益率為 10% 的 2 年期和 4 年期的零息債券作為投資選擇,證明此時可以建立起絕對匹配策略,並確定在此策略下 37,908 元應如何投資。

解:設應投資於 1、2、3、4、5 年期債券的金額分別為 u_1、u_2、u_3、u_4、u_5,則從投資人的角度考慮,

$$P(i) = 10,000 a_{\overline{5}|} - \frac{1.1 u_1}{1+i} - \frac{1.1^2 u_2}{(1+i)^2} - \frac{1.1^3 u_3}{(1+i)^3} - \frac{1.1^4 u_4}{(1+i)^4} - \frac{1.1^5 u_5}{(1+i)^5}$$

$$P'(i) = -\frac{10,000}{i^2} + 10,000\left[\frac{5}{i(1+i)^6} + \frac{1}{i^2(1+i)^5}\right] + \frac{1.1 u_1}{(1+i)^2} + \frac{2 \times 1.1^2 u_2}{(1+i)^3}$$
$$+ \frac{3 \times 1.1^3 u_3}{(1+i)^4} + \frac{4 \times 1.1^4 u_4}{(1+i)^5} + \frac{5 \times 1.1^5 u_5}{(1+i)^6}$$

$$P''(i) = \frac{20,000}{i^3} - 20,000\left(\frac{15}{i(1+i)^7} + \frac{5}{i^2(1+i)^6} + \frac{1}{i^3(1+i)^5}\right)$$
$$- \frac{2 \times 1.1^1 u_1}{(1+i)^3} - \frac{6 \times 1.1^2 u_2}{(1+i)^4} - \frac{12 \times 1.1^3 u_3}{(1+i)^5} - \frac{20 \times 1.1^4 u_4}{(1+i)^6} - \frac{30 \times 1.1^5 u_5}{(1+i)^7}$$

由 $P(0.1) = 0, P'(0.1) = 0, P''(0.1) > 0$ 得:

$$\begin{cases} u_1 = -30,709.883 + u_3 + 2u_4 + 3u_5 \\ u_2 = 68,617.883 - 2u_3 - 3u_4 - 4u_5 \\ -5u_3 + 3u_4 + 6u_5 < 65,258.964 \end{cases} \quad (6.4.8)$$

於是，可選取

$$\begin{cases} u_1 = 9,091 \\ u_2 = 8,265 \\ u_3 = 7,513 \\ u_4 = 6,830 \\ u_5 = 6,209 \end{cases}$$

因而，本投資可以建立起絕對匹配策略。它們剛好是各年年末償還的 10,000 元債務在第 1 年年末、第 2 年年末、第 3 年年末、第 4 年年末和第 5 年年末的現值。

說明：從(6.4.8)式來看，本問題的答案不唯一。但非上述答案時，需要進行資產調整才能達到絕對匹配狀態，調整后的結果為上述答案。調整過程見后面的「資產負債的匹配」。

例 6.4.6 某金融機構接受了一位顧客 20,000 元的儲蓄，並保證在 2 年內按 10% 的年實際利率支付利息。該顧客在第 1 年年末表示要抽回本利和的一半。該金融機構可以投資於年收益率為 10% 的 1 年期零息債券，也可投資於年收益率為 11% 的 2 年期零息債券。這家機構分析了兩種投資選擇：A. 絕對匹配策略；B. 完全投資於 2 年期債券以接受更高的利率。試求：① 在選擇 A 的條件下這家機構起初的利潤；② 1 年期債券 1 年后的遠期年利率使選擇 B 與選擇 A 等價。

解：(1) 設起初應獲利潤 y 元，購買 1 年期債券的金額為 x 元，購買 2 年期債券的金額為 $(20,000 - x - y)$ 元，於是從投資人的角度考慮

$$P(i) = 10,000 \times 1.1v + 10,000 \times 1.1^2 v^2 - 1.1xv$$
$$\quad - (20,000 - x - y) \times 1.11^2 v^2$$
$$P'(i) = -10,000 \times 1.1v^2 - 20,000 \times 1.1^2 v^3 + 1.1xv^2$$
$$\quad + (20,000 - x - y) \times 1.11^2 \times 2v^3$$
$$P''(i) = 20,000 \times 1.1v^3 + 60,000 \times 1.1^2 v^4 - 2.2xv^3$$
$$\quad - (20,000 - x - y) \times 1.11^2 \times 6v^4$$

由 $P(0.1) = 0, P'(0.1) = 0$ 得

$$\begin{cases} 221x + 12,321y = 4,420,000 \\ 6,271x + 12,321y = 64,920,000 \end{cases}$$

解得

$$x = 10,000, y = 179.37$$

經驗證，

$$P''(0.1) = 70.70 > 0$$

(2) 設所求的遠期年利率為 f,則

$$20,000(1+11\%)^2 = 20,000(1+10\%)(1+f)$$

解得

$$f = 12.01\%$$

二、資產負債的匹配

一般有兩種不考慮隨機因素而解決資產負債匹配的方法:一是絕對匹配法,二是一般匹配法。

(一) 絕對匹配法

絕對匹配法的基本思路是構造一種資產負債的組合,使資金流入與負債流出能精確匹配,這樣金融機構就能應對任何利率風險而得到充分的保護。例如,考慮一項養老基金為一群退休人員以固定方式和固定金額發放養老金。該基金購買了若干高品質非通知償還債券的組合,使每一時期中的資金流入能與流出精確地匹配,這種投資常被稱為專門的債券組合。一旦達到這種狀態就不需要分析與計算了,然而現實中難以達到這種理想狀態。這有三個方面的原因:① 資金流在負債或資產方面常常不是能那麼可靠地預料的。② 如果負債在性質上是長期的,就不大可能找到資產的投資使其與負債精確地匹配而不產生再投資的風險。③ 按照絕對匹配所加的主要限制來構成的基金,其總體收益率可能會低於那種更靈活地構成的基金的收益率,由此掩蓋了絕對匹配的優勢。

比如,在例 6.4.5 中,用 9,091 元、8,265 元、7,513 元、6,830 元和 6,209 元分別購買 1 年期、2 年期、3 年期、4 年期和 5 年期收益率為 10% 的零息債券,那麼在每年年末可以收回 10,000 元,剛好用於每年年末償還 10,000 元的債務。

例 6.4.5 中,也可以現在(即 0 點)用 10,990 元、1,218 元、14,700 元、6,000 元和 5,000 元分別購買 1 年期、2 年期、3 年期、4 年期和 5 年期收益率為 10% 的零息債券,又已知某公司在各年末形成的現金流出流入情況如表 6-4-1 所示。

表 6-4-1　　　　　　　　　資產負債表　　　　　　　　　單位:元

時點	第 1 年年末	第 2 年年末	第 3 年年末	第 4 年年末	第 5 年年末
負債	10,000	10,000	10,000	10,000	10,000
資產	12,089	1,474	19,566	8,785	8,053

顯然,這種方案下未能達到現金流入流出的完全匹配,下面從第 5 年年末開始向前逐年調整(這一要求對本問題並非必要)。

在第 5 年年末:由於資產 < 負債,需要購買一些 5 年期資產,在 0 點的購買量為:

$$\frac{10,000 - 8,053}{(1+10\%)^5} \approx 1,209(元)$$

這樣,調整后 5 年期債券的購買量為 5,000 + 1,209 = 6,209(元)。

在第 4 年年末:由於資產 < 負債,需要購買一些 4 年期資產,在 0 點的購買量為:

$$\frac{10,000-8,785}{(1+10\%)^4} \approx 830(元)$$

這樣,調整后 4 年期債券的購買量為 6,000 + 830 = 6,830 元。

在第 3 年年末:由於資產 > 負債,需要出售一些 3 年期資產,在 0 點的出售量為:

$$\frac{19,566-10,000}{(1+10\%)^3} \approx 7,187(元)$$

這樣,調整后 3 年期債券的出售量為 14,700 - 7,187 = 7,513(元)。

在第 2 年年末:由於資產 < 負債,需要購買一些 2 年期資產,在 0 點的購買量為:

$$\frac{10,000-1,474}{(1+10\%)^2} \approx 7,045(元)$$

這裡,取過剩近似值且調整后 2 年期債券的購買量為 1,218 + 7,045 = 8,265(元)。

在第 1 年年末:由於資產 > 負債,需要出售一些 1 年期資產,在 0 點的出售量為:

$$\frac{12,089-10,000}{1+10\%} \approx 1,899(元)$$

這樣,調整后 1 年期債券的出售量為 10,990 - 1,899 = 9,091(元)。

顯然,資產的購進售出調整總量應為 0,本題為 -2(即多售出了 2 元),系四舍五入所致。

例 6.4.7 某資產負債數據如表 6-4-2 所示,可選擇的資產有:① 1 年期 5% 的政府債券;② 2 年期 6% 的政府債券;③ 3 年期 7% 的政府債券;④ 4 年期 8% 的政府債券;⑤ 5 年期 9% 的政府債券。從資產負債匹配的角度決定需要進行的資產交易。

表 6-4-2　　　　　　　　　　資產負債表　　　　　　　　　　單位:元

時點	第 1 年年末	第 2 年年末	第 3 年年末	第 4 年年末	第 5 年年末
負債	6,500	5,200	8,000	3,000	10,000
資產	6,002	3,535	5,884	4,188	11,962

解:在第 5 年年末:由於資產 > 負債,需要出售一些 5 年期資產,其出售量為:

$$\frac{11,962-10,000}{1+9\%} = 1,800(元)$$

出售了 1,800 元 5 年期債券后,意味著第 1～4 年每年年末資產將減少 1,800 × 9% = 162 元,第 5 年年末資產將減少 1,800(1 + 9%) = 1,962 元,於是調整后的資產負債模式如表 6-4-3 所示。

表 6-4-3　　　　　　　資產負債匹配調整表之一　　　　　　　單位:元

時點	第 1 年年末	第 2 年年末	第 3 年年末	第 4 年年末	第 5 年年末
負債	6,500	5,200	8,000	3,000	10,000
原資產	6,002	3,535	5,884	4,188	11,962
售出的資產	162	162	162	162	1,962
調整後的資產	5,840	3,373	5,722	4,026	10,000

在第 4 年年末:由於資產 > 負債,需要出售一些 4 年期資產,其出售量為

$$\frac{4,026 - 3,000}{1 + 8\%} = 950（元）$$

出售了 950 元 4 年期債券后,意味著第 1～3 年每年年末資產將減少 $950 \times 8\% = 76$ 元,第 4 年年末資產將減少 $950(1 + 8\%) = 1,026$ 元,於是調整后的資產負債模式如表 6-4-4 所示。

表 6-4-4　　　　資產負債匹配調整表之二　　　　單位:元

時點	第 1 年年末	第 2 年年末	第 3 年年末	第 4 年年末	第 5 年年末
負債	6,500	5,200	8,000	3,000	10,000
原資產	5,840	3,373	5,722	4,026	10,000
售出的資產	76	76	76	1,026	0
調整後的資產	5,764	3,297	5,646	3,000	10,000

在第 3 年年末:由於資產 < 負債,需要購買一些 3 年期資產,其購買量為:

$$\frac{8,000 - 5,464}{1 + 7\%} = 2,200（元）$$

購買了 2,200 元 3 年期債券后,意味著第 1～2 年每年年末資產將增加 $2,200 \times 7\% = 154$ 元,第 3 年年末資產將增加 $2,200(1 + 7\%) = 2,354$ 元,調整后的資產負債模式如表 6-4-5 所示。

表 6-4-5　　　　資產負債匹配調整表之三　　　　單位:元

時點	第 1 年年末	第 2 年年末	第 3 年年末	第 4 年年末	第 5 年年末
負債	6,500	5,200	8,000	3,000	10,000
原資產	5,764	3,297	5,646	3,000	10,000
購買的資產	154	154	2,354	0	0
調整後的資產	5,918	3,451	8,000	3,000	10,000

在第 2 年年末:由於資產 < 負債,需要購買一些 2 年期資產,其購買量為:

$$\frac{5,200 - 3,451}{1 + 6\%} = 1,650（元）$$

購買了 1,650 元 2 年期債券后,意味著第 1 年年末資產將增加 $1,650 \times 6\% = 99$ 元,第 2 年年末資產將增加 $1,650(1 + 6\%) = 1,749$ 元,調整后的資產負債模式如表 6-4-6 所示。

表 6-4-6　　　　資產負債匹配調整表之四　　　　單位:元

時點	第 1 年年末	第 2 年年末	第 3 年年末	第 4 年年末	第 5 年年末
負債	6,500	5,200	8,000	3,000	10,000
原資產	5,918	3,451	8,000	3,000	10,000
購買的資產	99	1,749	0	0	0
調整後的資產	6,017	5,200	8,000	3,000	10,000

在第 1 年年末:由於資產 < 負債,需要購買一些 1 年期資產,其購買量為:
$$\frac{6,500 - 6,017}{1 + 5\%} = 460(元)$$

購買了 460 元 1 年期債券後,意味著第 1 年年末資產將增加 $460(1 + 5\%) = 483$ 元,調整後的資產負債模式如表 6 - 4 - 7 所示。

表 6 - 4 - 7　　　　　　資產負債匹配調整表之五　　　　　　單位:元

時點	第 1 年年末	第 2 年年末	第 3 年年末	第 4 年年末	第 5 年年末
負債	6,500	5,200	8,000	3,000	10,000
原資產	6,017	5,200	8,000	3,000	10,000
購買的資產	483	0	0	0	0
調整後的資產	6,500	5,200	8,000	3,000	10,000

綜上所述,在原有資產負債結構的基礎上,應購買 1 年期債券 460 元、2 年期債券 1,650 元、3 年期債券 2,200 元,出售 4 年期債券 950 元、5 年期債券 1,800 元,就可以實現資產與負債的絕對匹配,即各年末現金流入與現金流出剛好相等。

(二) 一般匹配法

該方法由 J. A. Tilley 提出,方法比較複雜,下面將用例子予以說明。該方法的基本思路可概括為:在已知各年末負債模式、利率變化模式、可供選擇的資產種類、資產收回及再投資收益模式條件下,尋找可行的組合策略,使之在任何已知利率變化模式下都可以保證最終的資產價值非負。

例 6.4.8　已知一家銀行對兩年期存款保證有 8% 的實際利率,基金可在第 1 年年末或第 2 年年末抽回存款而不付罰金,該銀行只能以兩種手段進行投資:① 產生 8% 的年實際利率的 1 年期國債;② 產生 8.5% 的年實際利率的 2 年期國債。試確定應投資於 1 年期或 2 年期國債的比例,使第 2 年年末資產非負。

解:設 s_1 和 s_2 分別為存單持有者在第 1 年年末和第 2 年年末抽回的基金金額,每存入 1 元,則有如下價值方程:
$$1 = (1.08)^{-1}s_1 + (1.08)^{-2}s_2$$
即
$$s_2 = (1.08)^2 - 1.08s_1$$

設 p_1 和 p_2 分別為該銀行投資於 1 年期和 2 年期國債的比例,顯然有 $p_1 + p_2 = 1$;設 f 為 1 年期國債在第 2 年的再投資收益率(或遠期利率),A_2 為該投資業務在第 2 年年末的累積值,於是
$$A_2 = [p_1(1.08) - s_1](1 + f) + [p_2(1.085)^2 - s_2]$$
$$= [1.08(1 + f) - (1.085)^2]p_1 + s_1(0.08 - f) + (1.085)^2 - (1.08)^2$$

下面考察 f 的波動對 A_2 的影響,並由此確定選擇 p_1 或 p_2 的策略,即選擇適當的 p_1,無論 s_1 與 f 如何變化,都有 $A_2 > 0$。

(1) 當利率降低時,不妨假設 $f = 7\%$,於是在第 1 年年末抽回的金額應當比較低,令 $s_1 = 0.1$,則

$$A_2 = -0.021,625p_1 + 0.011,825$$

要使 $A_2 > 0$,則必須 $p_1 < 54.68\%$。

(2) 當利率上升時,不妨假設 $f = 9.5\%$,於是在第 1 年年末抽回的金額應當比較高,令 $s_1 = 0.9$,則

$$A_2 = 0.005,375p_1 - 0.002,675$$

要使 $A_2 > 0$,則必須 $p_1 > 49.77\%$。

這樣,基於上述假設而推薦給該銀行的投資策略是使 p_1 滿足如下的不等式:$49.77\% < p_1 < 54.68\%$。由 $p_2 = 1 - p_1$ 可確定 p_2 的變化範圍,於是就確定了投資配置策略。

說明:應用該方法時,需要投資管理人做出某種關鍵性的假設,而這在經典免疫理論中是不需要的。其一為利率上升或下降情形下的再投資收益率;其二為利率上升或下降情形下單位儲蓄所抽回的金額。然而不幸的是,該方法對這些假設相當敏感,即這些假設的不太大的變化就會造成很不相同的配置策略。儘管如此,這種方法在實際應用中已被證明是有用的。

本章小結

1. 內容概要

本章進一步研究了利率問題在實踐中的應用,主要研究了誠實信貸、抵押貸款、資產折舊、利率水平決定因素、資產負債匹配等問題的應用。

誠實信貸是美國《消費信貸保護法》中的內容之一,該法律只適用於消費貸款,而不適用於商業貸款。該法律要求公開兩個關鍵性的金融指標:一是資金籌措費,二是年百分率。前者表示貸款期間索要的利息金額;后者表示應付利息的年利率,其利息結轉頻率與還款頻率相同。

不動產抵押貸款是一種特別重要的貸款類型,因為貸款金額通常很大,還款期限也較長,通常採用月度還款方式。可以採用固定利率方式與可調利率方式,由此導致利率風險的實際承擔者發生差異。雖有抵押物作為保證,貸款人面臨的風險一般較小,但由於在分期還款中,尤其當還款期相當長時,最初幾年幾乎都在支付利息,只有很少部分用於償還本金,而作為抵押物的固定資產將因為折舊而貶值,很可能出現抵押物價值低於未償還貸款餘額的情況,從而使這種貸款方式同樣處於風險之中。處置風險的方法主要有縮短還款期限和增加首付款。本章主要介紹了快速折舊法、直線折舊法、慢速折舊法、餘額遞減法、雙倍餘額遞減法。

年百分率 APR 可用迭代法得到較精確的結果,也可採用近似法來計算。

本章還重點分析了通貨膨脹、投資期限對利率水平的影響,比較了債券的期限、

等時間法的期限、持續期限和修正持續期限等概念。

　　資產負債管理的基本目標就是資產與負債能夠及時、準確地匹配,以消除利率風險。資產負債管理的具體過程可概括為對資產、負債進行調整使之匹配,但負債模式已事先確定或不易調整,因而資產負債的管理實質上就是對資產的管理。消除利率風險的方法有兩種:一是免疫法,二是資產負債匹配法。其基本思路就是建立一種合理的資產負債結構,使得無論市場利率如何變化,都能穩定地實現資產保值增值,從而保證未來預定的現金流出的需要。

2. 重要公式

(1) $R = \dfrac{L+E}{n}$　　$Ra_{\overline{n}|j} = L$　　$i = mj$

(2) $(1+s_{n-1})^{n-1}(1+f_{n-1,n}) = (1+s_n)^n$

(3) $(1+s_n)^n = (1+f_{0,1})(1+f_{1,2})\cdots(1+f_{n-1,n})$

(4) $r_n = \dfrac{1-(1+s_n)^{-n}}{\sum_{k=1}^{n}(1+s_k)^{-k}}$

(5) 快速折舊法: $D_k = \dfrac{n-k+1}{S_n}(A-S)$

$$B_k = A - \sum_{t=1}^{k} D_t = S + \dfrac{S_{n-1}}{S_n}(A-S)$$

(6) 直線折舊法: $D_t = \dfrac{A-S}{n}$　　$B_k = \left(1-\dfrac{k}{n}\right)A + \dfrac{k}{n}S$

(7) 慢速折舊法: $D_k = \dfrac{A-S}{s_{\overline{n}|}}(1+i)^{k-1}$　　$B_k = A - \dfrac{A-S}{s_{\overline{n}|}}s_{\overline{k}|}$

(8) 余額遞減法: $D_t = dB_{t-1}$　　$B_t = A(1-d)^t$　　$\left[d = 1-\left(\dfrac{S}{A}\right)^{\frac{1}{n}}\right]$

(9) $E = A + \dfrac{A-S}{is_{\overline{n}|j}} + \dfrac{M}{i}$

(10) $\dfrac{A_1 i + \dfrac{A_1-S_1}{s_{\overline{n_1}|j}} + M_1}{U_1} = \dfrac{A_2 i + \dfrac{A_2-S_2}{s_{\overline{n_2}|j}} + M_2}{U_2}$

(11) $i \approx i' + r$　　$i' = \dfrac{i-r}{1+r}$

(12) $\bar{d} = \dfrac{\sum_{t=1}^{n} tv^t R_t}{\sum_{t=1}^{n} v^t R_t}$　　$\bar{v} = -\dfrac{P'(i)}{P(i)} = \dfrac{\bar{d}}{1+i}$　　$\bar{c} = \dfrac{P''(i)}{P(i)}$

習題6

6-1 一家財務公司對一項用月度付款償還的18個月貸款收取11%的籌措費。求 APR。

6-2 一家財務公司對每10,000元的原始貸款要求在24個月內在每月末償還456元,求此項貸款的年實際利率。

6-3 一筆10,000元、年利率為8%的貸款,以如下三次付款來償還:在第3月月末付款3,000元,在第9月月末付款4,500元,在第12月月末付款 X 元。試分別用:① 合眾國規則;② 貿易商規則;③ 實際利率法(複利) 來求 X。

6-4 某資產將在7年內折舊完畢,它的殘值是原值的50%,已知:① 用年數和法,第3年的折舊值為1,000元;② 運用償債基金法,年利率為5%,第3年的折舊值為 X 元。求 X。

6-5 某機器買價為1,000元,第8年年末殘值為50元,分別用年數和法及余額遞減法求第6年年末的帳面值。

6-6 一項價值5,000元的資產在 n 年之末有殘值2,000元,已知用年數和法在第12年的折舊費為100元,求 n。

6-7 一臺設備價值18,000元,使用10年,10年后該設備殘值為2,000元。分別使用下列折舊方法並利用Excel程序計算該設備各年折舊額及各年年末帳面值:① 償債基金法,每年利率為5%;② 直線法;③ 余額遞減法;④ 年數和法;⑤ 雙倍余額遞減法。

6-8 某人貸款10萬元,購買了一臺設備,該貸款的 APR 為9%,用該設備作為抵押,10年內每月末等額分期還款,假設該設備使用 10 年,殘值為 3,000 元。試用 Excel 比較不同折舊方式下抵押物的價值與殘余本金的變化關係。

6-9 一臺機器售價10,000元,在第10年年末有殘值800元,此機器的年度維修費為600元,設年利率為6.5%,求此項資產的:① 週期性費用;② 核定成本。

6-10 1號機器以100,000元出售,年度維持費4,000元,壽命為20年,殘值為2,000元;2號機器的年度維持費為5,000元,壽命為15年,殘值為1,000元。假設年實際利率為5%,2號機器的生產效率為1號機器的生產效率的2倍,購買者購買這兩種機器無差別。求2號機器的價格。

6-11 一項貸款可以這樣來償還:第3年年末付款2,000元,第4年年末付款5,000元,第5年年末付款4 000元,年實際利率為10%。求:① 貸款金額;② 持續期限;③ 修正持續期限。

6-12 已知年實際利率為8%,求下列投資的凸性:① 一項10年期零息債券;② 一項永久支付等額分紅的優先股。

6 – 13　證明修正持續期限與凸性間的關係：$\dfrac{d}{di}v = v^2 - c$。

6 – 14　求 $a_{\overline{n}|}$ 修正持續期限的表達式。

6 – 15　證明永久年金的修正期限與其現值相等。

6 – 16　2010 年 1 月 1 日簽發了面額為 100 元、年票息率為 8% 的 10 年期債券，其贖回值為 107 元，按面值發行。求：①該債券每年的實際利率。②在考慮了物價指數后的實質收益率。

6 – 17　按照當前利率期限結構，1 年、2 年、3 年期零息債券的收益率分別為 8%、10%、11%，求 1 年后遠期年利率與 2 年后遠期年利率。

6 – 18　假設 n 年期零息債券的到期收益率 $s_n = 0.04 + \dfrac{n}{100}$，某投資者購買了年票息率為 6% 的 5 年期債券，到期按面值贖回，求該債券價格與到期收益率。

6 – 19　某金融機構有一筆在 5 年期內每年年末支付 10,000 萬元的債務。該機構以收入 $10{,}000 a_{\overline{5}|0.1} = 37{,}908$ 萬元來交換承擔這筆債務。該機構用 8,040 萬元、11,018 萬元、4,000 萬元、9,800 萬元、5,050 萬元，分別購買了 1～5 年期的零息債券，收益率均為 10%。試證明該機構的這種投資戰略按免疫法理論是最優的，並可以通過資產結構調整，實現資產與負債的完全匹配。

6 – 20　某資產負債數據如表 6 – 習題 6 – 1 所示，可選擇的資產有：① 1 年期 4% 的政府債券；② 2 年期 5% 的政府債券；③ 3 年期 6% 的政府債券；④ 4 年期 7% 的政府債券；⑤ 5 年期 8% 的政府債券。從資產負債匹配的角度決定需要進行的資產交易。

表 6 – 習題 6 – 1　　　　　　　　資產負債表　　　　　　　　　　單位：元

時點	第 1 年年末	第 2 年年末	第 3 年年末	第 4 年年末	第 5 年年末
負債	4,583	8,849	6,269	4,268	10,000
資產	6,000	11,680	5,100	1,600	8,650

第七章 利息的隨機處理

在前面各章中,我們對利息的處理是建立在確定性基礎之上的,儘管諸如違約概率、資產負債匹配中的存款抽回、通知償還債券中的通知條款的實現及抵押貸款中預付款的比率等問題都隱含著風險和不確定性,但總體上而言,其處理方法是確定的。

本章首先把利率作為一個隨機變量,然后介紹幾個隨機模型,最后再研究其實際應用。

第一節 隨機利率

本節將把利率作為隨機變量來處理,這樣的利率簡稱隨機利率。它包括兩種情形:一是某一時期利率獨立於其他任何時期利率;二是它們具有某種程度的相關性。但為簡便起見,這裡僅考慮前者。

一、累積值的期望值與方差

令 $i_t(t=1,2,\cdots,n)$ 為第 t 期的利率,它是一個服從某種分佈的隨機變量,假定所有的 i_t 獨立同分佈,且有均值 i 和方差 s^2;於是,在 0 點投入單位 1,在第 n 期期末的累積值為

$$a(n) = (1+i_1)(1+i_2)\cdots(1+i_n) = \prod_{t=1}^{n}(1+i_t) \tag{7.1.1}$$

顯然,$a(n)$ 也是一個隨機變量,因而可得其期望值與方差:

$$\mathrm{E}[a(n)] = \mathrm{E}[\prod_{t=1}^{n}(1+i_t)] = \prod_{t=1}^{n}\mathrm{E}(1+i_t) = (1+i)^n \tag{7.1.2}$$

(7.1.2) 式表明累積值的期望值等於以利率期望值作為利率而得到的累積值。

$$\mathrm{E}[a^2(n)] = \mathrm{E}[\prod_{t=1}^{n}(1+i_t)^2] = \prod_{t=1}^{n}\mathrm{E}[(1+i_t)^2] = (1+2i+i^2+s^2)^n$$

上式中
$$E[(1+i_t)^2] = E(1+2i_t+i_t^2) = 1+2i+i^2+s^2$$
$$E(i_t^2) = \text{var}(i_t) + E^2(i_t) = s^2+i^2$$
因此
$$\text{var}[a(n)] = E[a^2(n)] - E^2[a(n)]$$
$$= (1+2i+i^2+s^2)^n - (1+i)^{2n} = (1+j)^n - (1+i)^{2n} \tag{7.1.3}$$
這裡
$$j = 2i+i^2+s^2$$
由(2.1.48)式知
$$\tilde{s}_{\overline{n}|} = (1+i_n) + (1+i_n)(1+i_{n-1}) + \cdots + (1+i_n)(1+i_{n-1})\cdots(1+i_1)$$
$$E(\tilde{s}_{\overline{n}|}) = E(1+i_n) + E[(1+i_n)(1+i_{n-1})\cdots(1+i_1)] + \cdots$$
$$+ E[(1+i_n)(1+i_{n-1})\cdots(1+i_1)]$$
$$= (1+i) + (1+i)^2 + \cdots + (1+i)^n = \ddot{s}_{\overline{n}|i} \tag{7.1.4}$$
可以證明
$$\text{var}(\tilde{s}_{\overline{n}|}) = \frac{m_2^s + m_1^s}{m_2^s - m_1^s}\ddot{s}_{\overline{n}|j} - \frac{2m_2^s}{m_2^s - m_1^s}\ddot{s}_{\overline{n}|i} - (\ddot{s}_{\overline{n}|i})^2 \tag{7.1.5}$$
這裡
$$j = 2i+i^2+s^2, m_1^s = E(1+i_t) = 1+i, m_2^s = E[(1+i_t)^2] = 1+j$$
事實上，只需用數學歸納法證明下列結論即可：

隨機變量 $X_n = x_1 + x_1x_2 + \cdots + x_1x_2\cdots x_n$ 的方差為
$$\text{var}(X_n) = \frac{m_2 + m_1}{m_2 - m_1}s_n(m_2) - \frac{2m_2}{m_2 - m_1}s_n(m_1) - [s_n(m_1)]^2 \tag{7.1.6}$$
上式中，$x_1, x_2, \cdots, x_n$ 是獨立同分佈的隨機變量，且
$$E(x_k) = m_1, E(x_k^2) = m_2, s_n(t) = \sum_{k=1}^{n} t^k, k = 1, 2, \cdots, n$$

二、現值的期望值與方差

一般說來，$E\left[\dfrac{1}{1+i_t}\right] \neq \dfrac{1}{E(1+i_t)}$，為了得到與累積值的期望值及方差類似的結論，必須由等式定義 $i:E[(1+i_t)^{-1}] = (1+i)^{-1}$，這與上面的從 $E(i_t) = i$ 得到的 i 不相同。於是
$$E[a^{-1}(n)] = (1+i)^{-n} \tag{7.1.7}$$
$$\text{var}[a^{-1}(n)] = E[a^{-2}(n)] - E^2[a^{-1}(n)]$$
$$= (1+k)^{-n} - (1+i)^{-2n} \tag{7.1.8}$$
上式中

$$(1+k)^{-1} = E[(1+i_t)^{-2}]$$

下面考慮可變利率年金現值的期望值與方差。由(2.1.45)式得

$$\tilde{a}_{\overline{n}|} = (1+i_1)^{-1} + (1+i_1)^{-1}(1+i_2)^{-1} + \cdots + (1+i_1)^{-1}(1+i_2)^{-1}\cdots(1+i_n)^{-1}$$

$$= \sum_{t=1}^{n} \prod_{s=1}^{t} (1+i_s)^{-1}$$

因此，$\tilde{a}_{\overline{n}|}$ 的期望值與方差分別為

$$E(\tilde{a}_{\overline{n}|}) = a_{\overline{n}|i} \tag{7.1.9}$$

$$\operatorname{var}(\tilde{a}_{\overline{n}|}) = \frac{m_2^a + m_1^a}{m_2^a - m_1^a} a_{\overline{n}|k} - \frac{2m_2^a}{m_2^a - m_1^a} a_{\overline{n}|i} - (a_{\overline{n}|i})^2 \tag{7.1.10}$$

這裡

$$m_1^a = E[(1+i_t)^{-1}] = (1+i)^{-1}, m_2^a = E[(1+i_t)^{-2}] = (1+k)^{-1}$$

例 7.1.1　設 $i_1, i_2, \cdots, i_{10}$ 是獨立同分佈的隨機變量，i_t 以 1/3 的概率取 0.02，以 1/3 的概率取 0.04，以 1/3 的概率取 0.06，求 $s_{10} = (1+i_1)(1+i_2)\cdots(1+i_{10})$ 的均值與方差。

解：$E(i_t) = 0.02 \times (1/3) + 0.04 \times (1/3) + 0.06 \times (1/3) = 0.04$

$$E(i_t^2) = 0.02^2 \times (1/3) + 0.04^2 \times (1/3) + 0.06^2 \times (1/3) = \frac{56}{3} \cdot 10^{-4}$$

因此

$$\operatorname{var}(i_t) = E(i_t^2) - E^2(i_t) = \frac{8}{3} \cdot 10^{-4}$$

$$E(s_{10}) = (1+0.04)^{10} \approx 1.480,2$$

$$E(s_{10}^2) = (1 + 2 \times 0.04 + \frac{56}{3} \times 10^{-4})^{10} \approx 2.196,5$$

$$\operatorname{var}(s_{10}) \approx E(s_{10}^2) - E^2(s_{10}) \approx 0.005,4$$

三、對數正態模型

設 $1+i_t$ 是相互獨立且服從參數為 μ 和 σ^2 的對數正態分佈的隨機變量，即

$$\ln(1+i_t) \sim N(\mu, \sigma^2)$$

並且 $1+i_t$ 的期望值和方差分別為：

$$E(1+i_t) = e^{\mu + \sigma^2/2}$$

$$\operatorname{var}(1+i_t) = e^{2\mu+\sigma^2}(e^{\sigma^2} - 1)$$

在時刻 0 投資的單位 1 在時刻 n 的累積值為：

$$a(n) = (1+i_1)(1+i_2)\cdots(1+i_n)$$

$$\ln a(n) = \sum_{t=1}^{n} \ln(1+i_t) \sim N(n\mu, n\sigma^2)$$

於是，$a(n)$ 服從參數為 $n\mu$ 和 $n\sigma^2$ 的對數正態分佈，由此可得其期望值與方差。

例 7.1.2　已知 $1+i_t$ 服從參數為 0.05 和 0.1^2 的對數正態分佈，在時刻 0 投入 1

單位本金,求在時刻10累積值大於3.064的概率及其期望值與方差。

解:∵ $1 + i_t$ 服從參數為 0.05 和 0.1^2 的對數正態分佈

∴ $a(10)$ 服從參數為 0.05×10 和 $0.1^2 \times 10$,即 0.5 和 0.1 的對數正態分佈。於是,所求概率、期望值與方差分別為

$$P[a(10) > 3.064] = P[\ln a(10) > \ln 3.964]$$

$$= P\left(\frac{\ln a(10) - 0.5}{\sqrt{0.1}} > \frac{\ln 3.064 - 0.5}{\sqrt{0.1}}\right)$$

$$= P\left(\frac{\ln a(10) - 0.5}{\sqrt{0.1}} > 1.96\right) \approx 0.025$$

$$E[a(10)] = e^{0.5+0.1/2} \approx 1.733$$

$$\text{var}[a(10)] = e^{2 \times 0.5+0.1}(e^{0.1} - 1) \approx 0.316。$$

例 7.1.3 假設 i_t 對於 $t = 1,2,3,4,5$ 均為在區間 $[0.06, 0.08]$ 上服從均勻分佈的實際利率。試求 1 單位投資在第 5 年年末的累積值的期望值與方差。

解:

(1) 對於均勻分佈我們有

$$E(i_t) = i = \frac{0.06 + 0.08}{2} = 0.07$$

因此

$$E[a(5)] = (1 + 0.07)^5 \approx 1.402,552$$

(2) 對於均勻分佈我們有

$$\text{var}(i_t) = s^2 = \frac{(0.08 - 0.06)^2}{12} = \frac{0.000,1}{3}$$

由於

$$j = 2i + i^2 + s^2 = 2 \times 0.07 + 0.07^2 + \frac{0.000,1}{3} \approx 0.144,933,333$$

因此,由(7.1.3)式可得:

$$\text{var}[a(5)] = (1 + j)^5 - (1 + i)^{10}$$

$$= (1 + 0.144,933,333)^5 - (1 + 0.07)^{10} \approx 0.000,286,38$$

$a(5)$ 的標準差為:

$$\sqrt{0.000,286,38} \approx 0.016,923$$

考慮到可能結果的最大範圍為 $1.06^5 \approx 1.338,226, 1.08^5 \approx 1.469,328$,這一答案看來是合理的。

例 7.1.4 對於 5 年內每年年初投資單位 1 的累積值,重做例 7.1.3。

解:由(7.1.4)式得:

$$E(\tilde{s}_{\overline{5}|}) = \ddot{s}_{\overline{5}|i} = \ddot{s}_{\overline{5}|0.07} \approx 6.153,291$$

由於

$$m_1^s = 1 + i = 1.07, m_2^s = 1 + j \approx 1.144,933$$

因此，由公式(7.1.5)式得

$$\text{var}(\tilde{s}_{\overline{5}|}) = \frac{m_2^s + m_1^s}{m_2^s - m_1^s}\ddot{s}_{\overline{n}|j} - \frac{2m_2^s}{m_2^s - m_1^s}\ddot{s}_{\overline{5}|i} - (\ddot{s}_{\overline{5}|i})^2$$

$$= \frac{1.144,933 + 1.07}{1.144,933 - 1.07} \times 7.642,491$$

$$- \frac{2 \times 1.144,933}{1.144,933 - 1.07} \times 6.153,291 - (6.153,291)^2$$

$$\approx 0.002,752$$

故標準差為：

$$\sqrt{0.002,752} \approx 0.052,5$$

考慮到可能結果的最大範圍為 $\ddot{s}_{\overline{5}|0.06} \approx 5.975,3$，$\ddot{s}_{\overline{5}|0.08} \approx 6.335,9$，這一答案看來是合理的。

例7.1.5 假設 $1 + i_t$ 服從參數為 $\mu = 0.05$ 和 $\sigma^2 = 0.01$ 的對數正態分佈，試求：①$a(5)$；②$\tilde{\ddot{s}}_{\overline{5}|}$；③$a^{-1}(5)$；④$\tilde{\ddot{a}}_{\overline{5}|}$ 的期望值與標準差。

解：

(1) $\because$ $1 + i_t$ 服從參數為 $\mu = 0.05$ 和 $\sigma^2 = 0.01$ 的對數正態分佈

$\therefore \text{E}(1 + i_t) = 1 + i = e^{\mu + \sigma^2/2} = e^{0.05 + 0.01/2} \approx 1.056,540,62$

由(7.1.2)式得：

$$\text{E}[a(5)] = (1.056,540,62)^5 \approx 1.316,531$$

由於 $a(5)$ 服從參數為 5μ 和 $5\sigma^2$ 的對數正態分佈，因此

$$\text{var}[a(5)] = e^{2 \times 5\mu + 5\sigma^2}(e^{5\sigma^2} - 1) = e^{0.55}(e^{0.05} - 1) \approx 0.088,866$$

其標準差為：

$$\sqrt{0.088,866} \approx 0.298,10$$

也可由公式(7.1.3)來求得：

$$\text{var}(1 + i_t) = e^{2\mu + \sigma^2}(e^{\sigma^2} - 1) = e^{0.11}(e^{0.01} - 1) \approx 0.011,218,78$$

$$\text{var}(i_t) = s^2 = \text{var}[(1 + i_t) - 1] = \text{var}(1 + i_t) \approx 0.011,218,78$$

$$j = 2i + i^2 + s^2$$

$$\approx 2 \times 0.056,540,62 + 0.056,540,62^2 + 0.011,218,78 \approx 0.127,496,86$$

於是，由(7.1.3)式可得：

$$\text{var}[a(5)] = (1 + j)^5 - (1 + i)^{2 \times 5}$$

$$\approx 1.127,496,86^5 - 1.056,540,62^{10} \approx 0.088,866$$

其標準差為：

$$\sqrt{0.088,866} \approx 0.298,10$$

(2) 由(7.1.4)式得：

$$\text{E}(\tilde{\ddot{s}}_{\overline{5}|}) = \ddot{s}_{\overline{5}|i} = \ddot{s}_{\overline{5}|0.056,540,62} \approx 5.914,819$$

由於

$m_1^s = 1 + i \approx 1.056,540,62$, $m_2^s = 1 + j \approx 1.127,496,86$

因此，由公式(7.1.5)得：

$$\operatorname{var}(\tilde{s}_{\overline{5}|}) = \frac{m_2^s + m_1^s}{m_2^s - m_1^s}\ddot{s}_{\overline{5}|j} - \frac{2m_2^s}{m_2^s - m_1^s}\ddot{s}_{\overline{5}|i} - (\ddot{s}_{\overline{5}|i})^2$$

$$= \frac{1.127,496,86 + 1.056,540,62}{1.127,496,86 - 1.056,540,62} \times 7.270,268,80$$

$$- \frac{2 \times 1.127,496,86}{1.127,496,86 - 1.056,540,62} \times (5.914,819,30)$$

$$- (5.914,819,30)^2$$

$$\approx 0.820,913,3$$

故標準差為：

$$\sqrt{0.820,913,3} \approx 0.906,043。$$

(3) 首先分析$(1 + i_t)^{-1}$的分佈。由於$\ln[(1 + i_t)^{-1}] = -\ln(1 + i_t)$，它為以$-\mu$和$\sigma^2$分別為均值、方差的正態分佈，因而$(1 + i_t)^{-1}$服從以$-\mu$和$\sigma^2$為參數的對數正態分佈。

$$\therefore \mathrm{E}[(1 + i_t)^{-1}] = e^{-0.05 + 0.01/2} \approx 0.955,997,48$$

由$(1 + i)^{-1} = 0.955,997,48$ 得 $i \approx 0.046,027,86$，顯然它與上面(1)、(2)中的利率i不同。由(7.1.7)式可得：

$$\mathrm{E}[a^{-1}(5)] = (1 + i)^{-5} \approx (0.955,997,48)^5 \approx 0.798,516$$

由於$a^{-1}(5)$服從參數-5μ和$5\sigma^2$的對數正態分佈，因此

$$\operatorname{var}[a^{-1}(5)] = e^{-2 \times 5\mu + 5\sigma^2}(e^{5\sigma^2} - 1) = e^{-0.45}(e^{0.05} - 1) \approx 0.032,691,89$$

這樣，所求的標準差為

$$\sqrt{0.032,691,89} \approx 0.180,809$$

(4) 依據(3)知，$i \approx 0.046,027,86$

由(7.1.9)式得：

$$\mathrm{E}(\tilde{a}_{\overline{5}|}) = a_{\overline{5}|i} = a_{\overline{5}|0.046,028} \approx 4.377,429$$

$$(1 + k)^{-1} = \mathrm{E}[(1 + i_t)^{-2}] = e^{-0.1 + 0.01} \approx 0.913,931,185$$

$$\therefore k \approx 0.094,174,28$$

由於

$$m_1^a = \mathrm{E}[(1 + i_t)^{-1}] = (1 + i)^{-1} \approx 0.955,997,48$$

$$m_2^a = \mathrm{E}[(1 + i_t)^{-2}] = (1 + k)^{-1} \approx 0.913,931,185$$

因此，由(7.1.10)式可得：

$$\operatorname{var}(\tilde{a}_{\overline{5}|}) = \frac{m_2^a + m_1^a}{m_2^a - m_1^a}a_{\overline{5}|k} - \frac{2m_2^a}{m_2^a - m_1^a}a_{\overline{5}|i} - (a_{\overline{5}|i})^2$$

$$= \frac{0.913,931,185 + 0.955,997,48}{0.913,931,185 - 0.955,997,48} \times 3.847,885$$

$$-\frac{2 \times 0.913,931,185}{0.913,931,185 - 0.955,997,48} \times 4.377,429 - 4.377,429^2$$
$$\approx 1.853,2 \times 10^{-5}$$

這樣,所求的標準差為:
$$\sqrt{1.853,2 \times 10^{-5}} \approx 0.004,305$$

例 7.1.6 假設對 $t = 1,2,3$ 有 $E(i_t) = 0.08$,$1 + i_t$ 服從帶有參數 $\sigma^2 = 0.000,1$ 的對數正態分佈。求 1 單位的投資在第 3 年年末的累積值的 95% 置信區間。

解:∵ 隨機變量 $\ln(1 + i_t)$ 服從正態分佈,其參數為 μ, σ^2

∴ $1 + i_t$ 服從參數為 μ, σ^2 的對數正態分佈

因而
$$E(1 + i_t) = e^{\mu + \sigma^2/2} = 1 + E(i_t) = 1.08$$
$$\therefore \mu = \ln(1.08) - \sigma^2/2 \approx 0.076,911,04$$

於是 $\ln a(3)$ 服從參數為 $3\mu, 3\sigma^2$,即 0.230,733 與 0.000,3 的正態分佈。因此 $\ln a(3)$ 的 95% 的置信區間由下式給出:
$$\mu \pm 1.96\sigma \approx 0.230,733,1 \pm 1.96\sqrt{0.000,3}$$

即為 (0.196,785, 0.264,681);對應地,$a(3)$ 的 95% 置信區間為 ($e^{0.196,785}, e^{0.264,681}$),或為 (1.217,48, 1.303,01),這是圍繞 $(1.08)^3 \approx 1.259,71$ 的 95% 置信區間。

第二節　資產的定價模型

金融決策的核心問題就是收益與風險(包括流動性問題)的權衡,個體的決策通過競爭統一到市場的無套利均衡之中。當面臨預期收益相同而風險大小不同的兩項決策時,選擇風險大的那項決策將是無效的;當面臨風險大小相同而預期收益大小不相同的兩項決策時,選擇預期收益小的那項決策將是無效的。人們在高風險高收益與低風險低收益之間,按照自己對收益/風險的偏好進行權衡與優化,但市場均衡會導致與個體的收益/風險無關的結果。

1952 年馬柯維茨(Harry Markowitz)提出投資組合理論,通常被認為是現代金融學的發端。這一理論的問世,使金融學開始擺脫純粹描述性的研究和單憑經驗操作的狀態,數量化方法進入了金融領域。投資組合選擇的狹義含義是如何構建有價證券的頭寸(包括多頭和空頭)來使之能最好地符合投資者對收益與風險的權衡;廣義的含義則包含對所有資產和負債的構成做出決策,甚至包括對人力資本的投資在內。這裡從狹義的角度去理解。

投資者有不同的利益結構,對市場變動的敏感性不同,調整自己的投資組合的週期長短未必相同,對風險的厭惡程度與承受能力也不盡相同。儘管金融機構提供無窮多種投資組合,但實際上只有有限的幾種,因而並不存在對所有投資者最佳的投資組

合或投資組合的選擇策略。

下面我們從風險的角度來討論構建投資組合以對預期收益與風險進行權衡。為方便起見,把除無風險證券外的所有有風險的股票、債券及其他所有證券統稱為有風險的資產。投資組合理論的基本思想就是通過分散化的投資來抵消一部分風險。

假設資產1在組合裡(按市價值計)的比重為w,則資產2的比重為$1-w$,它們的預期收益率與收益率的方差分別為$E(r_1)$、$E(r_2)$與σ_1^2、σ_2^2;投資組合的預期收益率與收益率的方差記為$E(r)$和σ^2。由於$r = wr_1 + (1-w)r_2$,因此

$$E(r) = wE(r_1) + (1-w)E(r_2) \tag{7.2.1}$$
$$\sigma^2 = w^2\sigma_1^2 + (1-w)^2\sigma_2^2 + 2w(1-w)\rho\sigma_1\sigma_2 \tag{7.2.2}$$

上式中ρ為相關係數,且$|\rho| \leq 1$。

一、一項有風險資產與一項無風險資產的組合

如果某項資產如資產2為無風險資產,那麼$E(r_2) = r_f$,$\sigma_2 = 0$,並由(7.2.1)式可得:

$$E(r) = r_f + w[E(r_1) - r_f] \tag{7.2.3}$$
$$\sigma = w\sigma_1 \tag{7.2.4}$$

這裡,r_f是無風險條件下的預期收益率。

從(7.2.3)式可以看出,組合的預期收益率是在無風險收益率的基礎上加上風險補償。風險補償的大小按有風險資產在投資組合中所佔比重來分配,有風險資產本身的收益率中含有風險補償部分$E(r_1) - r_f$。

由(7.2.3)式、(7.2.4)式可解得:

$$w = \frac{E(r) - r_f}{E(r_1) - r_f} \tag{7.2.5}$$

$$E(r) = r_f + \frac{E(r_1) - r_f}{\sigma_1}\sigma \tag{7.2.6}$$

在給定的風險水平下,如果某投資組合可能獲得最大的預期收益,那麼這一組合稱為有效組合。按這一定義,上面所研究的組合就不是有效組合,因為還可以加進風險資產,使風險更分散。將多項有風險資產組合在一起,可以抵消部分風險而不降低平均的預期收益率,這是馬柯維茨的主要貢獻。

二、兩項有風險資產的組合

兩項有風險資產的組合的預期收益率與收益率方差,已由(7.2.1)式、(7.2.2)式表明。由於$-1 \leq \rho \leq 1$,因而

$$[w\sigma_1 - (1-w)\sigma_2]^2 \leq \sigma^2 \leq [w\sigma_1 + (1-w)\sigma_2]^2 \tag{7.2.7}$$

由於有系統風險(市場風險)的存在,所以不討論$\rho = -1$的情形;若$\rho = 1$,則意味著兩項資產的風險完全正相關。由於允許賣空,可選擇適當的比例w使$\sigma^2 = 0$,但有一權重為負數(空頭)。由無風險套利原理可知,預期收益率應等於無風險利率,此

時這兩種證券的多頭與空頭頭寸正好相互對沖,我們也可以不予考慮。因此有
$$\sigma \leq | w\sigma_1 + (1-w)\sigma_2 | \tag{7.2.8}$$
即組合的標準差不會大於標準差的組合,這表明投資組合的確能起到降低風險的作用,這就是投資分散化的基本原理。

最小方差組合中的投資 1 所占比例為:
$$w_{\min} = \frac{\sigma_2^2 - \rho\sigma_1\sigma_2}{\sigma_1^2 + \sigma_2^2 - 2\rho\sigma_1\sigma_2} \tag{7.2.9}$$

由(7.2.1)式、(7.2.2)式確定的方程組可以看成是描述了預期收益率和標準差通過參數 w 聯繫起來的關係,由此確定的曲線是一條雙曲線,因為其方程為:
$$\frac{\sigma^2}{a^2} - \frac{[E(r)-h]^2}{b^2} = 1 \tag{7.2.10}$$

上式中,
$$a^2 = \sigma_1^2\sigma_2^2(1-\rho^2)$$
$$b^2 = \frac{\sigma_1^2\sigma_2^2(1-\rho^2)[E(r_1)-E(r_2)]^2}{(\sigma_1^2+\sigma_2^2-2\rho\sigma_1\sigma_2)^2}$$
$$h = \frac{E(r_2)\sigma_1^2 + E(r_1)\sigma_2^2 - \rho\sigma_1\sigma_2[E(r_1)+E(r_2)]}{\sigma_1^2+\sigma_2^2-2\rho\sigma_1\sigma_2}$$

三、多項有風險資產的組合

假設現在有 n 項有風險資產,它們的預期收益率分別為 $E(r_1), E(r_2), \cdots, E(r_n)$,彼此間的協方差為 σ_{kl},其中 $k,l = 1,2,\cdots,n$(當時 $l=k$, σ_{kk} 就表示方差)。$w_1, w_2, \cdots, w_n$ 表示相應資產在資產組合中所占的比重。於是投資組合的預期收益率和方差分別為:
$$E(r) = \sum_{k=1}^{n} w_k E(r_k) \tag{7.2.11}$$
$$\sigma^2 = \sum_{k=1}^{n}\sum_{l=1}^{n} w_k w_l \sigma_{kl} \tag{7.2.12}$$

優化組合就是要求組合在一定的預期收益率的前提條件下,使組合的方差最小,即求解以下二次線性規劃:
$$\min_{w} \sigma^2 = \sum_{k=1}^{n}\sum_{l=1}^{n} w_k w_l \sigma_{kl}$$
$$\text{s.t.} \sum_{k=1}^{n} w_k E(r_k) = E(r), \quad \sum_{k=1}^{n} w_k = 1$$

對於每一給定的 $E(r)$,可以解出相應的標準差 σ,每一對 $[E(r),\sigma]$ 構成標準差-收益率曲線圖的一個坐標點(見圖 7-2-1)。同樣可以從數學上證明,這條曲線是雙曲線,即最小方差曲線。

實際上最小方差曲線只有右上方的那一段才有意義,與其對稱的右下方那一段

沒有意義。因為在承受同樣風險(同樣的標準差)的情況下，上方的點所代表的投資組合的預期收益率比下方的點所代表的投資組合的預期收益率高。因此，我們稱最小方差曲線右上方的那一段為有效組合邊界。顯然，只有在有效組合邊界上的點所代表的組合才是符合正確的投資策略要求的優化組合。不過，現在還沒有無風險證券。

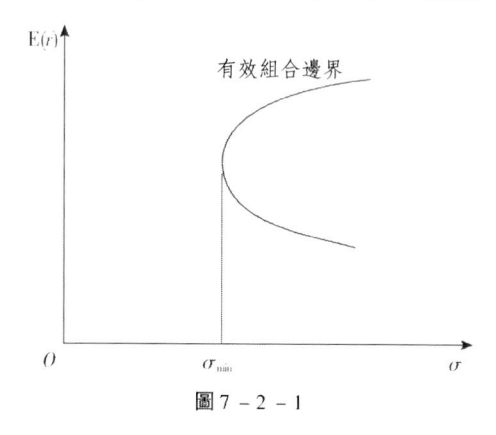

圖 7－2－1

由於承受高的風險要求有高的風險補償，所以等效用曲線是遞增的。在已經承受較高風險的情況下，要進一步增加風險，就會要求更多的風險補償；反之，在預期收益率已經比較低時，要進一步降低風險，就會要求更少的風險補償。等效用曲線是向右下方凸的，越向左上方移動，等效用曲線所表示的效用函數就越大。顯然，如果這位投資者要從這些有風險資產中選擇投資組合的話，他的等效用曲線和有效組合邊界相切的那一點所代表的組合一定是最佳選擇，見圖 7－2－2 中的 E 點。

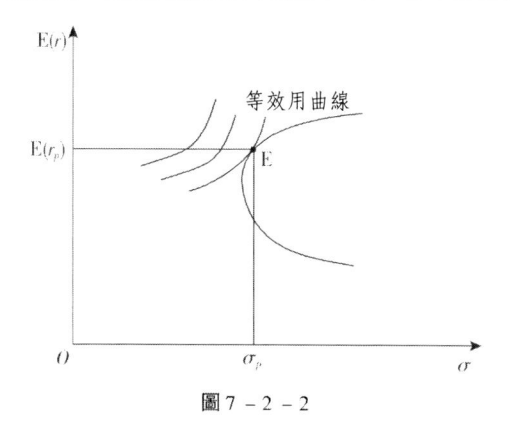

圖 7－2－2

假設 n 種有風險資產在投資組合裡比重是一樣的，即 $w_k = \dfrac{1}{n}, k = 1, 2, \cdots, n$，於是組合的方差可寫成

$$\sigma^2 = \sum_{k=1}^{n}\sum_{l=1}^{n} \frac{1}{n} \cdot \frac{1}{n} \sigma_{kl} = \frac{1}{n^2} \sum_{k=1}^{n} \sigma_{kk} + \frac{1}{n^2} \sum_{k=1}^{n} \sum_{\substack{l=1 \\ l \neq k}}^{n} \sigma_{kl} \qquad (7.2.13)$$

由於 $\sigma_{kk} = \sigma_k^2$ 且數值有限，因此(7.2.13) 式右端的第一項當 n 趨於無窮大時趨於 0，第二項不會趨於 0，而是趨於方差的平均值，即

$$\frac{1}{n^2}\sum_{k=1}^{n}\sum_{\substack{l=1\\l\neq k}}^{n}\sigma_{kl} = \frac{n^2-n}{n^2}\bar{\sigma}_{kl} \to \bar{\sigma}_{kl} \qquad (n\to\infty)$$

這裡

$$\bar{\sigma}_{kl} = \frac{1}{n^2-n}\sum_{k=1}^{n}\sum_{\substack{l=1\\l\neq k}}^{n}\sigma_{kl}$$

由此可知，當投資組合含有許多有風險資產時，個別資產的方差將不起作用。各項資產間的協方差有正有負，它們會起相互對沖抵消的作用，但不會完全對沖抵消掉。因而，組合的方差就近似等於平均的協方差（即未抵消的部分）。為什麼不會完全對沖抵消而使平均協方差等於0?因為各項資產的收益率變動存在某種同向性，這種同向性的風險是所有的不同資產都同時承受的，被稱為系統風險或市場風險，而可以對沖抵消掉的風險被稱為非系統風險或企業風險。於是，我們得出結論：通過擴大投資組合（即增加所包含的資產種類）進行風險分散化，可以消除非系統風險（企業風險），但不能消除系統風險。

非系統風險是企業特有的風險，諸如企業陷入法律糾紛、罷工、新產品開發失敗，等等。系統風險則是指整個市場所承受到的風險，如經濟的景氣情況、市場總體利率水平的變化等因為整個市場環境發生變化而產生的風險。由於投資者可通過採用分散化投資策略降低乃至於消除非系統風險，因此持有風險分散化投資組合的投資者比未持有風險分散化投資組合的投資者要求相對較低的投資回報率（預期收益率），這樣，在市場交易中就處於比較有利的競爭地位。而市場的均衡定價將根據競爭者的行為來定價，其定價的結果將只對系統風險提供風險補償，只有系統風險才是市場所承認的風險。換言之，只有市場所承認的風險（即系統風險）才能獲得風險補償。

對於有風險資產而言，通過市場交易定出的均衡價格，其收益率只包括系統風險的風險補償，而不對非系統風險提供風險補償。我們討論的市場上所有有風險資產的可能組合一定是通過充分的風險分散化而消除了非系統風險的組合。

四、資本市場線

現在考慮在投資組合中引入無風險資產。在所有可能有風險資產構成的雙曲線所圍區域的有效組合邊界右上端就是最小方差組合。因為存在系統風險，所以最小方差組合併不是無風險的，其預期收益率也一定高於無風險利率 r_f。於是，在標準差—預期收益率圖中，有效組合邊界和表示預期收益率大小的縱坐標是不相交的，但代表無風險證券的收益／風險坐標點則將落在這根軸上。因而在加入無風險證券後，代表新的組合的點一定落在連接 r_f 點和包含所有可能的有風險資產組合的雙曲線所圍區域及其邊界的某一點的射線上。這樣的射線有無窮多條。但當射線逆時針旋轉時，不管投資者的收益／風險偏好如何（即不管效用函數的曲線形狀如何），越在上面的射線上的點的效用值也越大。於是，效用值最大的射線一定是與有效組合邊界相切的那

一條,即以 r_f 為端點過點 M 的射線。這條射線實際構成了無風險證券和有風險資產組合的有效組合邊界,我們稱其為資本市場線,見圖7-2-3。

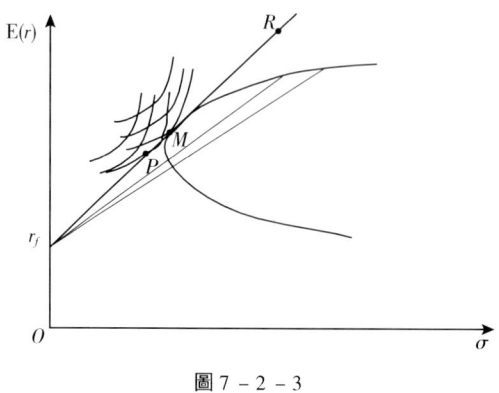

圖7-2-3

在本節情形1中,一項有風險資產不會落在所有有風險資產的有效組合邊界上,更不會是切點 M 所代表的投資組合,因而那裡所講的組合不會是有效組合。在包含無風險證券時,代表有效組合的點必然落在資本市場線上。有關兩基金分離定理仍然成立,只不過其中一項基金是無風險證券,而另一項則是切點所代表的有風險資產的組合。資本市場線上任一點(如 P 點)所代表的投資組合,都可以由一定比例的無風險證券和由 M 點代表的有風險資產的組合生成。即對於從事投資服務的金融機構來說,不管投資者的收益/風險偏好如何,只需找到切點 M 所代表的有風險投資組合,再加上無風險證券,就能為所有的投資者提供最佳投資方案,投資者的收益/風險偏好就只反應在組合中無風險證券所占的比重。

這裡兩基金分離定理指的是:在所有有風險資產組合的有效組合邊界上,任意兩個分離的點都代表兩個分離的有效投資組合,而有效組合邊界上任意其他的點所代表的有效投資組合都可以通過這兩個分離的點所代表的有效投資組合的線性組合生成。

設 M 點所代表的有風險資產組合的預期收益率和標準差分別為 $E(r_M)$ 和 σ_M,投資於這一有風險資產組合的資金比例是 w_M,投資於無風險證券的資金的比例則是 $1-w_M$,加上無風險證券后的投資組合的預期收益率 $E(r_p)$ 和標準差 σ_p 就為

$$E(r_p) = r_f + \frac{E(r_M) - r_f}{\sigma_M}\sigma_p \tag{7.2.14}$$

$$\sigma_p = w_M \sigma_M \tag{7.2.15}$$

下面來分析 M 點所代表的有風險資產組合是什麼樣的投資組合。首先,我們來研究市場組合,它指的是這樣一種投資組合,該組合包含所有市場上存在的資產種類,各種資產所占比例和每種資產的總市值占市場所有資產的總市值的比例相同。市場組合只不過是一個縮小了的市場盤子。例如,假設市場上有三種資產:股票A、股票B和無風險證券,它們的總市值分別為500億元、300億元和200億元,於是,股票A、股

票 B 和無風險證券在市場中所占比例分別為 50%、30% 和 20%，因而一個市場組合中股票 A、股票 B 和無風險證券所占比例分別為 50%、30% 和 20%。而有風險資產的市場組合就是指從市場組合中去掉無風險證券的組合，這樣股票 A、股票 B 所占比例就分別為 62.5% 和 37.5%。

然后，我們斷言：資本市場線與有風險資產的有效組合邊界的切點 M 所代表的資產組合就是有風險資產的市場組合。

一方面，因為任何市場上存在的資產必然包含在 M 所代表的資產組合裡。如若不然，理性投資者都會選擇資本市場線上的點所代表的投資組合，不被 M 所包含的資產會變得無人問津，其價格會下跌，從而收益率會上升，直到進入 M 所代表的資產組合裡。另一方面，當市場均衡時，任何一種資產都不會有過度的需求和過度的供給。因為理性的投資者所選擇的有風險資產的比例都與 M 所代表的資產組合裡的投資比例相同，所以在市場處於均衡狀態時，各種有風險資產的市場價值在全部有風險資產的市場總價值裡的比重應當和 M 所代表的資產組合的比重相同。於是，M 所代表的資產組合就是有風險資產的市場組合。

這樣，我們就引出了雖然被動但很有效的指數化的投資策略。該策略分兩步運行：①按照市場組合來構建有風險資產的組合，這樣也一定能實現風險的分散化；②將資金按照投資者的收益/風險偏好分投到無風險證券和所構建的有風險市場組合中去。這種策略調節起來非常方便。若覺得風險偏大，則可適當增加無風險證券的比例，反之則增加風險證券的比例。這種投資策略的制定，確實與個別投資者的效用函數無關，它是市場整合的結果。

市場組合(可以看成一個基金)和無風險證券(可以看成另一個基金)構成了新的兩基金分離定理：所有合乎理性的投資組合都是市場組合和無風險證券的一個線性組合，而所有這樣的線性組合構成了資本市場線。這一新的兩基金分離定理成為資本資產定價模型的基礎。

五、資本資產定價模型

1965 年前後由威廉・夏普(William Sharpe)、約翰・林特納(John Lintner)和簡・莫辛(Jan Mossion)分別獨立提出的資產定價模型標誌著現代金融學走向成熟。資本資產定價模型有許多前提性的假設條件，主要是對市場的完善性和環境的無摩擦性的假設。其中的主要假設條件有：

(1) 存在許多投資者，與整個市場相比，每位投資者的財富份額都很小，因此投資者都是價格的接受者，不具備「做市」的力量，市場處於完全競爭狀態。

(2) 所有投資者都只計劃持有投資資產的一個相同的週期，即所有投資者都是「近視」的，只關心投資計劃期內的情況，而不考慮計劃期以後的事情。

(3) 投資者只能交易可公開交易的金融投資工具，如股票、債券等，即不把人力資本(教育)、私人企業(負債和權益不公開交易的企業)、政府融資項目等考慮在內。並假設投資者可以不受限制地以固定的無風險利率進行借貸(容易賣空無風險證券)。

（4）無稅和無交易成本，即市場環境是無摩擦的。

（5）所有投資者的行為都是理性的，都按照馬柯維茨的投資組合選擇模型來優化自己的投資行為。

（6）所有的投資者都以相同的觀點和分析方法來對待各種投資工具，他們對所交易的金融工具未來的收益現金流的概率分佈、預期值和方差都有相同的估計，這就是一致性假設。

資本資產定價模型只有在這些條件都成立的前提下才成立。

記 $\sigma_{kM} = \sum_{l=1}^{n} w_{lM}\sigma_{kl}$，$\sigma_M = [\sum_{k=1}^{n} w_{kM}\sigma_{kM}]^{\frac{1}{2}} = (\sum_{k=1}^{n}\sum_{l=1}^{n} w_{kM}w_{lM}\sigma_{kl})^{\frac{1}{2}}$，其中 w_{kM} 是第 k 項資產在有風險資產的市場組合中的比重。由此可知，有風險資產的市場組合的總風險只與各項資產與市場組合的風險相關性（各項資產的收益率與市場組合的收益率之間的協方差）有關，而與各項資產本身的風險（各項資產的收益率的方差）無關。於是投資者認為，若 σ_{kM} 越大，則第 k 項資產受市場組合的風險的影響就越大；在市場均衡時，該項資產應該得到的風險補償也應該越大。於是可得證券市場線：

$$\mathrm{E}(r_k) = r_f + \frac{\mathrm{E}(r_M) - r_f}{\sigma_M^2}\sigma_{kM}$$

或

$$\mathrm{E}(r_k) = r_f + \beta_k(\mathrm{E}(r_M) - r_f) \tag{7.2.16}$$

上式中，$\beta_k = \dfrac{\sigma_{kM}}{\sigma_M^2}$ 被稱為第 k 項資產的 β 系數。它是資產 k 的系統性風險與市場組合的系統性風險的比率，反應了資產 k 的相對系統性風險。換言之，如果市場組合的系統性風險為1，那麼資產 k 的系統性風險就是 β_k。

事實上，假如按比例 α、$(1-\alpha)$ 將資金分別投入證券 k 和有風險的市場組合 M，這樣形成的組合 p 的預期收益率和標準差分別是：

$$\mathrm{E}(r_p) = \alpha\mathrm{E}(r_k) + (1-\alpha)\mathrm{E}(r_M)$$

$$\sigma_p = [\alpha^2\sigma_k^2 + (1-\alpha)^2\sigma_M^2 + 2\alpha(1-\alpha)\sigma_{kM}]^{\frac{1}{2}}$$

它們分別對參數 α 求導數得：

$$\frac{d\mathrm{E}(r_p)}{d\alpha} = \mathrm{E}(r_k) - \mathrm{E}(r_M)$$

$$\frac{d\sigma_p}{d\alpha} = \frac{\alpha\sigma_k^2 - \sigma_M^2 + \alpha\sigma_M^2 + \sigma_{kM} - 2\alpha\sigma_{kM}}{[\alpha^2\sigma_k^2 + (1-\alpha)^2\sigma_M^2 + 2\alpha(1-\alpha)\sigma_{kM}]^{1/2}}$$

因此，標準差—預期收益率曲線的斜率為：

$$\frac{d\mathrm{E}(r_p)}{d\sigma_p} = \frac{d\mathrm{E}(r_p)}{d\alpha} \div \frac{d\sigma_p}{d\alpha}$$

$$= \frac{[\mathrm{E}(r_k) - \mathrm{E}(r_M)][\alpha^2\sigma_k^2 + (1-\alpha)^2\sigma_M^2 + 2\alpha(1-\alpha)\sigma_{kM}]^{\frac{1}{2}}}{\alpha\sigma_k^2 - \sigma_M^2 + \alpha\sigma_M^2 + \sigma_{kM} - 2\alpha\sigma_{kM}}$$

若 $\alpha = 0$，則意味著所有資金都投入到有風險市場組合 M 中，此時的組合 p 就成

為有風險市場組合 M,即上式變為

$$\left.\frac{dE(r_p)}{d\sigma_p}\right|_{p=M} = \frac{[E(r_k) - E(r_M)]\sigma_M}{\sigma_{kM} - \sigma_M^2}$$

因為 M 在有效組合邊界上,連接代表證券 k 的點和代表有風險市場組合的點 M 的曲線不能穿越有效組合邊界,所以在 M 點的切線必然和資本市場線重合,即斜率與資本市場線的斜率相等。於是有

$$\frac{[E(r_k) - E(r_M)]\sigma_M}{\sigma_{kM} - \sigma_M^2} = \frac{E(r_M) - r_f}{\sigma_M}$$

由此可得(7.2.16)式。

β 系數具有線性可加性。若在一個包含 n 項資產的投資組合裡,各項資產的比重為 w_k,則組合的 β 系數為

$$\beta_p = \sum_{k=1}^{n} w_k \beta_k$$

組合的收益率為:

$$E(r_p) = r_f + \beta_p[E(r_M) - r_f] \tag{7.2.17}$$

(7.2.17) 式表明,一項有價證券的風險補償應當是它的 β 系數乘以有風險資產的市場組合的風險補償,它表明了組合 p 的風險溢價是市場組合 M 的風險溢價的 β 倍。如果一項資產的 β 系數大於1,該項資產的風險補償就大於市場組合的風險補償,意味著這項資產在市場上的價格波動會大於市場的平均價格波動。如果一項資產的 β 系數小於1,就意味著這項資產在市場上的價格波動會小於市場的平均價格波動。從理論上講,β 系數可能為負,這意味著該項證券的收益率與整個市場存在負相關的關係。由於無風險利率會隨著時間的變化而變化,因而點 r_f 會在 $E(r)$ 軸上上下移動。當 r_f 點位置變動時,若證券市場線的斜率不變,則證券市場線上下平移,說明整個市場對待風險的態度沒有發生變化。若證券市場線的斜率變大,即繞著點 r_f 逆時針方向旋轉,說明整個市場對風險的厭惡增加,對同樣的風險要求有更大的風險補償,市場趨於保守;反之,則說明整個市場對風險的厭惡減少,對同樣的風險只要求比較小的風險補償,市場更富於進取精神。

資本資產定價模型有很多用途,最主要有兩個用途:一是在投資基金的實際運作中,經理人往往只經營他們熟悉的若干種有價證券,而不去經營一個市場組合。因此,證券市場線可以評估他們的經營業績。二是證券市場線常常用來作為確定資本成本的依據,尤其是對一些非競爭項目(如軍事項目或其他秘密項目)來說,是非常有用的。

例 7.2.1 某普通股以 50 元出售,在第 1 年年末支付 2 元的紅利,該股票的 β 系數在剛剛過去的時刻為 1.5,當前的無風險利率為 5%,假設風險上溢為 7.6%,求股票在年末價格的期望值。

解:由(7.2.16)式得

$$E(r_k) = r_f + \beta_k[E(r_M) - r_f] = 5\% + 1.5 \times 7.6\% = 16.4\%$$

設 P 為年末價格的期望值,則有如下等值方程:

$$50(1 + 16.4\%) = 2 + P$$

解之得

$$P = 56.2(元)。$$

六、調整付款法

前面我們已討論了風險量化通過風險上溢實現的利率調整法。下面考慮風險量化的另一種方法——調整付款法。

考慮一項投資期為1期的投資。設 W 為不確定資金流,$E(W)$ 為不確定的資金流在期末的期望值,它以收益率 r(包含了適當的風險上溢)進行折現,其現值 V 可表示為

$$V = \frac{E(W)}{1+r} \tag{7.2.18}$$

現在將風險在付款中量化而不是在利率中量化,然後再按照無風險利率折現。假設等價的調整付款(已假設為肯定支付)為 W',於是

$$V = \frac{W'}{1+r_f} \tag{7.2.19}$$

下面尋找 W' 的表達式,並使 $W' < E(W)$。記 $E(r_k) = r$,$E(r_p) = \mu_p$ 及 $\mathrm{var}(r_p) = \sigma_p^2$,將(7.2.16)式代入(7.2.18)式,並將 M 替換為 p 得

$$\frac{E(W)}{V} = 1 + r = 1 + r_f + \beta_k(\mu_p - r_f) = 1 + r_f + \frac{\sigma_{kp}}{\sigma_p^2}(\mu_p - r_f)$$

這裡

$$\sigma_{kp} = \mathrm{cov}(r_k, r_p) = \mathrm{cov}\left(\frac{W}{V} - 1, r_p\right) = \frac{\mathrm{cov}(W, r_p)}{V}$$

於是

$$\frac{E(W)}{V} = 1 + r_f + \frac{\mu_p - r_f}{\sigma_p^2} \cdot \frac{\mathrm{cov}(W, r_p)}{V}$$

令 $\lambda = \dfrac{\mu_p - r_f}{\sigma_p^2}$,則有:

$$\frac{E(W)}{V} = 1 + r_f + \lambda \frac{\mathrm{cov}(W, r_p)}{V}$$

解之得

$$V = \frac{E(W) - \lambda \mathrm{cov}(W, r_p)}{1 + r_f} \tag{7.2.20}$$

比較(7.2.19)式與(7.2.20)式得:

$$W' = E(W) - \lambda \mathrm{cov}(W, r_p) \tag{7.2.21}$$

由於 λ 與協方差一般為正,因此,正如預期,有 $W' < E(W)$。

公式(7.2.21)給出了對於不確定資金流的期望值由於不確定性所需做出的調

整量的表達式，這樣就可按照無風險利率計算現值了。

第三節　　期權定價模型

一、期權的含義

期權也稱為選擇權，它是一種契約，其持有人有權在未來一段時間內（或未來某一特定日期），以一定價格向對方購買或出售一定的特定標的物，除了支付購買價格外沒有其他義務。期權作為一種衍生金融商品，20世紀70年代產生於西方，在1973年Black – Scholes期權定價模型（OPM）建立後開始得到日新月異的發展，各種金融衍生物層出不窮，OPM也在原來基礎上出現了十多個變種，用以處理不同類型的期權交易和類似行為。如今，期權已經具有非常豐富的內涵和日益複雜的交易技巧，被廣泛應用於金融工程、投資、保險、財務管理之中。

期權作為一種金融商品，具有幾個顯著特點：① 期權的交易對象是一種權利，即買進或賣出特定標的物的權利，但並不承擔一定要買進或賣出的義務；② 這種權利具有很強的時效性，超過規定的有效期限不行使，期權即自動失效；③ 期權具有以小搏大的槓桿效應。期權合約的買者和賣者的權利和義務是不對稱的。這表現在買者擁有履約權利而不負擔義務以及風險與收益的不對稱上。對買者來說，他在價格有利的情況下行使期權有可能取得無限的收益，而他所承擔的最大風險只是為購買期權所支付的權利金，對賣者而言則相反。這意味著期權投資能以支付有限的權利金為代價，購買到無限盈利的機會。上述特點使得期權很適宜成為規避風險、增加收益的手段。企業可以把經營中閒置的資金投入期權市場，或者同時投資於股票和期權，在投資時即可預知風險（最大損失為權利金），卻有獲取成倍回報的可能性。一旦行情不好，還可以反向操作以補償損失，效果比傳統的交易工具理想，這也是期權衍生物迅猛發展的主要原因。在西方國家，由於收益稅和資本所得稅的負擔不同，一些投資者傾向於連續不斷地持有期權，直到其短期收益轉化為長期的資本所得為止，這樣可以起到免繳短期收益稅金的目的。期權有時也被用於接管策略，兼併公司購買目標公司股票的買權，當購買了足夠的買權且擁有的股票數額已達到必須向證券交易委員會聲明時，就執行這些期權，從而取得這些股票，這一策略降低了兼併公司的接管成本。這些都是直接利用期權作為理財手段的例子。事實上，任何資產，不管是有形的還是無形的，都可以成為期權的標的物，甚至期權本身也可以成為標的物，從而形成復式期權。期權的不斷創新使交易更加靈活，功能更加齊全，可滿足企業多種多樣的規避風險和投機的需求。

二、Black – Scholes期權定價模型

資產價格的隨機行為是金融經濟學領域的一個重要內容。價格波動的合理解釋

在決定資產本身的均衡價格及衍生定價中起著重要的作用。1973 年由 F. Black 和 M. Scholes 首次提出的歐式看漲期權定價公式是目前世界上最普遍使用的期權定價公式。該公式最初主要用於股票期權,現在也用於其他期權。

(一) 定價模型的假設條件

Black – Scholes 期權定價模型有如下一些假設條件:

(1) 市場無摩擦性:沒有交易費用和稅負;所有的資產可以無限細分;沒有賣空限制。

(2) 從時刻 $t = 0$ 到時刻 $t = T$ 都可以以一相同的不變的利率借貸,利率按連續複利 r 計算。

(3) 從時刻 $t = 0$ 到時刻 $t = T$,股票不分紅。

(4) 標的物資產價格的變化是遵循對數正態分佈的隨機過程,包括以下條件:① 資產價格連續變化;② 在整個期權生命期內,資產的預期收益率和收益率方差保持不變;③ 任何時間段資產的收益和其他時間段資產的收益互相獨立;④ 任何時間段資產的價格變化指數服從對數正態分佈,即有

$$\ln\left(\frac{S(t_2)}{S(t_1)}\right) \sim N[\mu(t_2 - t_1), \sigma^2(t_2 - t_1)]$$

當然,該模型原始定價的歐式期權必須到到期日才能執行。

在上述假設條件下,Black 和 Scholes 推導出了看漲期權的定價模型,以股票為基礎資產。

(二) 伊藤過程

在以上假設條件下,股票價格遵循一種幾何布朗運動的規律,在數學上則表現為一種被稱為伊藤過程的隨機過程,即

$$dS(t) = \mu^* S(t) dt + \sigma S(t) dz \tag{7.3.1}$$

上式中,$S = S(t)$ 為時刻 t 的資產(如股票)價格;μ^* 是連續計算收益率的資產在單位時間內的預期收益率;σ 為資產價格的波動率,即連續計算收益率的股票在單位時間內收益的自然對數的標準差;$dz = \varepsilon \sqrt{dt}$ 是被稱為維納過程(即布朗運動)的一種隨機過程,其中 ε 服從標準正態分佈,即 $\varepsilon \sim N(0,1)$,所以 $dz \sim N(0, dt)$,$\sigma dz \sim N(0, \sigma^2 dt)$。由於布朗運動的每一連續瞬間都是獨立同分佈的隨機變量,因此有

$$\int_{t_1}^{t_2} \sigma dz \sim N[0, \sigma^2(t_2 - t_1)] \tag{7.3.2}$$

(三) 伊藤引理

為方便說明問題,下面我們引入伊藤引理。

定理 7.3.1 (伊藤引理) 設 $f(S,t)$ 是衍生品的價格(取決於標的物資產的價格 S 和時間 t),是關於 S 的兩次連續可微、關於 t 的一次可微的函數,$S(t)$ 是滿足隨機微分方程(7.3.1)的擴散過程,則有以下隨機變量函數的伊藤微分公式:

$$df = \frac{\partial f}{\partial t}\mu^* S dt + \frac{\partial f}{\partial t} dt + \frac{\partial f}{\partial S}\sigma S dz + \frac{1}{2}\frac{\partial^2 f}{\partial S^2}\sigma^2 S^2 dt \tag{7.3.3}$$

事實上，因為函數 $f = f(S, t)$ 的泰勒展開式(差分形式)為

$$\Delta f = \frac{\partial f}{\partial S}\Delta S + \frac{\partial f}{\partial t}\Delta t + \frac{1}{2}\frac{\partial^2 f}{\partial S^2}\Delta S^2 + \frac{\partial^2 f}{\partial S \partial t}\Delta S \Delta t + \frac{1}{2}\frac{\partial^2 f}{\partial t^2}\Delta t^2 + \cdots \qquad (7.3.4)$$

伊藤過程也可寫成差分形式：

$$\Delta S = \mu^* S \Delta t + \sigma S \varepsilon \sqrt{\Delta t}$$

於是

$$\Delta S^2 = \sigma^2 S^2 \varepsilon^2 \Delta t + o(\Delta t) \qquad (7.3.5)$$

因為 $\varepsilon \sim N(0, 1)$，所以 $E(\varepsilon) = 0$，$\mathrm{var}(\varepsilon) = 1$，從而 $E(\varepsilon^2) = 1$。

由於

$$\mathrm{var}(\varepsilon^2 \Delta t) = (\Delta t)^2 E[\varepsilon^2 - E(\varepsilon^2)]^2$$

因此，當 $\Delta t \to 0$ 時，$\mathrm{var}(\varepsilon^2 \Delta t)$ 是 Δt 的高階無窮小量。這意味著當 $\Delta t \to 0$ 時，$\varepsilon^2 \Delta t$ 將不再是隨機變量，而是 $\varepsilon^2 \Delta t \to \mathrm{d}t$。

由(7.3.5)式可得：

$$\mathrm{d}S^2 = \sigma^2 S^2 \mathrm{d}t \qquad (7.3.6)$$

將此結果代入泰勒展開式，並略去二階及二階以上的高階無窮小量，可得：

$$\mathrm{d}f = \frac{\partial f}{\partial S}\mathrm{d}S + \frac{\partial f}{\partial t}\mathrm{d}t + \frac{1}{2}\frac{\partial^2 f}{\partial S^2}\sigma^2 S^2 \mathrm{d}t \qquad (7.3.7)$$

將(7.3.1)式代入(7.3.7)式可得(7.3.3)式。

(四) 任何時間段資產的價格變化指數均服從對數正態分佈

如果 f 是 S 的一元函數 $f = f(S)$，則同理可導出伊藤引理的結果

$$\mathrm{d}f = \left(\frac{\mathrm{d}f}{\mathrm{d}S}\mu^* S + \frac{1}{2}\frac{\mathrm{d}^2 f}{\mathrm{d}S^2}\sigma^2 S^2\right)\mathrm{d}t + \frac{\mathrm{d}f}{\mathrm{d}S}\sigma S \mathrm{d}z \qquad (7.3.8)$$

兩邊從 t_1 到 t_2 積分得：

$$f[S(t_2)] = f[S(t_1)] + \int_{t_1}^{t_2}\left(\frac{\mathrm{d}f}{\mathrm{d}S}\mu^* S + \frac{1}{2}\frac{\mathrm{d}^2 f}{\mathrm{d}S^2}\sigma^2 S^2\right)\mathrm{d}t + \int_{t_1}^{t_2}\frac{\mathrm{d}f}{\mathrm{d}S}\sigma S \mathrm{d}z \qquad (7.3.9)$$

令 $f(S) = \ln S$，則

$$\frac{\mathrm{d}f}{\mathrm{d}S} = \frac{1}{S},\ \frac{\mathrm{d}^2 f}{\mathrm{d}S^2} = -\frac{1}{S^2}$$

於是(7.3.9)式可變為

$$\ln\left(\frac{S(t_2)}{S(t_1)}\right) = \left(\mu^* - \frac{1}{2}\sigma^2\right)(t_2 - t_1) + \int_{t_1}^{t_2}\sigma \mathrm{d}z$$

由(7.3.2)式得：

$$\ln\left(\frac{S(t_2)}{S(t_1)}\right) \sim N[\mu(t_2 - t_1), \sigma^2(t_2 - t_1)] \qquad (7.3.10)$$

上式中，$\mu = \mu^* - \frac{1}{2}\sigma^2$

這實際上表明，服從伊藤過程的股票價格變化服從對數正態分佈。

特別地，

$$\ln\left(\frac{S(t)}{S(0)}\right) \sim N(\mu t, \sigma^2 t) \tag{7.3.11}$$

(五)歐式看漲期權值(Black – Scholes 公式)

對看漲期權而言,其在到期日的價值為

$$C(T) = \max[S(T) - E, 0] = \begin{cases} 0, & S(T) \leq E \\ S(T) - E, & S(T) > E \end{cases} \tag{7.3.12}$$

上式中 $S(T)$ 代表對應資產到期日的價格(下面簡記為 S),E 代表期權的交割價格。

$$E[C(T)] = \int_{-\infty}^{E} 0 \cdot f_S(s)\,ds + \int_{E}^{\infty}(s - E)f_S(s)\,ds$$

$$= \int_{E}^{\infty} sf_S(s)\,ds - E\int_{E}^{\infty} f_S(s)\,ds = A - EB$$

上式中,$f_S(s)$ 為 S 概率密度函數。

令 $Y = \ln(\dfrac{S}{S_0})$

則

$$S = S_0 e^Y, \quad y = y(s) = \ln(\dfrac{s}{S_0})$$

由(7.3.11)式知

$$Y \sim N(\mu t, \sigma^2 t)$$

從而有

$$f_S(s) = f_Y[y(s)]\dfrac{dy(s)}{ds}, \text{這裡} f_Y(y) \text{為隨機變量 } Y \text{ 的概率密度函數。}$$

一方面,

$$A = \int_{E}^{\infty} sf_S(s)\,ds = \int_{E}^{\infty} sf_Y[y(s)]\dfrac{dy(s)}{ds}ds = \int_{E}^{\infty} sf_Y[y(s)]\,dy(s)$$

$$= \int_{\ln(\frac{E}{S_0})}^{\infty} S_0 e^y \dfrac{1}{\sqrt{2\pi t}\sigma} e^{-\frac{(y-\mu t)^2}{2\sigma^2 t}}\,dy \quad [\text{令 } y = y(s)]$$

$$= \int_{\ln(\frac{E}{S_0})}^{\infty} S_0 e^{\mu t + \frac{1}{2}\sigma^2 t} \dfrac{1}{\sqrt{2\pi t}\sigma} e^{-\frac{(y-\mu t - \sigma^2 t)^2}{2\sigma^2 t}}\,dy$$

$$= S_0 e^{\mu^* t} \int_{-d_1}^{\infty} \dfrac{1}{\sqrt{2\pi}} e^{-\frac{1}{2}u^2}\,du \quad (\text{令 } u = \dfrac{y - \mu t - \sigma^2 t}{\sigma\sqrt{t}})$$

$$= S_0 e^{\mu^* t} \int_{-\infty}^{d_1} \dfrac{1}{\sqrt{2\pi}} e^{-\frac{1}{2}x^2}\,dx \quad (\text{令 } x = -u)$$

$$= S_0 e^{\mu^* t} N(d_1)$$

上式中,

$$\mu^* = \mu + \dfrac{1}{2}\sigma^2, \quad d_1 = \left\{\ln(\dfrac{S_0}{E}) + (\mu^* + \dfrac{1}{2}\sigma^2)t\right\}\Big/(\sigma\sqrt{t})$$

$$N(d_1) = \int_{-\infty}^{d_1} \dfrac{1}{\sqrt{2\pi}} e^{-\frac{1}{2}x^2}\,dx$$

另一方面，

$$B = \int_E^\infty f_S(s)\,\mathrm{d}s = \int_E^\infty f_Y[y(s)]\,\frac{\mathrm{d}y(s)}{\mathrm{d}s}\mathrm{d}s = \int_E^\infty f_Y[y(s)]\,\mathrm{d}y(s)$$

$$= \int_{\ln(\frac{E}{S_0})}^\infty \frac{1}{\sqrt{2\pi t}\sigma}\mathrm{e}^{-\frac{(y-\mu)^2}{2\sigma^2 t}}\mathrm{d}y \quad [\diamondsuit\; y = y(s)]$$

$$= \int_{\ln(\frac{E}{S_0})}^\infty \frac{1}{\sqrt{2\pi t}\sigma}\mathrm{e}^{-\frac{(y-\mu t)^2}{2\sigma^2 t}}\mathrm{d}y$$

$$= \int_{-\infty}^{d_2} \frac{1}{\sqrt{2\pi}}\mathrm{e}^{-\frac{1}{2}x^2}\mathrm{d}x \quad (\diamondsuit\; x = -\frac{y-\mu t}{\sigma\sqrt{t}})$$

$$= N(d_2)$$

上式中，

$$d_2 = \left[\ln(\frac{S_0}{E}) + (\mu^* - \frac{1}{2}\sigma^2)t\right]\big/(\sigma\sqrt{t})$$

從而可得期權的預期價值為：

$$\mathrm{E}[C(T)] = A - EB = S_0\mathrm{e}^{\mu^* t}N(d_1) - EN(d_2)$$

將其折現為現值即得期權的合理價格：

$$C = \mathrm{E}[C(T)]\mathrm{e}^{-\mu^* t} = S_0 N(d_1) - E\mathrm{e}^{-\mu^* t}N(d_2) \tag{7.3.13}$$

需要說明的是，μ^* 不僅是 $\mu + \frac{1}{2}\sigma^2$ 的簡單表達式，它實際上是連續的複合零風險利率，即無風險利息效力。這並不奇怪，因為期權價值的確定並不依賴於投資者的偏好，即風險中性，而風險中性的本質含義就是要求資產的終值要以該項資產的收益率為折現率計算現值。因此以何種利率推導期權定價模型是無關緊要的，這裡之所以選擇無風險利率是因為較方便而已。這樣，自然要求有

$$\mathrm{E}\left(\frac{S(T)}{S_0}\right) = \mathrm{e}^{(\mu+\frac{1}{2}\sigma^2)t} = \mathrm{e}^{\mu^* t}，即\; \mu^* = \mu + \frac{1}{2}\sigma^2$$

另外，$N(d_1) = \Phi(d_1), N(d_2) = \Phi(d_2)$。

歐式看跌期權值的 Black – Scholes 公式是：

$$P = E\mathrm{e}^{-\mu^* t}[1 - N(d_2)] - S_0[1 - N(d_1)] \tag{7.3.14}$$

$$= C - S_0 + E\mathrm{e}^{-\mu^* t} \tag{7.3.15}$$

$$= E\mathrm{e}^{-\mu^* t}N(-d_2) - S_0 N(-d_1) \tag{7.3.16}$$

上式中 P 是看跌期權的值，而其余符號的意義與(7.3.13)式相同。令人驚奇的是，美國看跌期權的值大於歐洲看跌期權的值，甚至在基礎股票不分紅的情況下，早期履行也可以是最優的。一方面，長期看跌期權可能比短期看跌期權更有價值，這是因為可以有更長的時間讓基礎股票價格向喜歡的方向移動；但另一方面，短期看跌期權也可能比長期看跌期權更有價值，這是由於金錢存在時間價值。未來的日期越遠，在未來以喜歡的價格購買某些東西的權利價值越低。因此，看跌期權的早期履行可能是最優的，故美國看跌期權比歐洲看跌期權更值錢。

用經驗數據對 Black – Scholes 公式進行測試的結果表明,該公式在某些條件下是合理的,但在以下情形時會有較大的誤差:① 當履行價格 E 與當前市場價格 S_0 相差很大時;② 對於那種其波動遠高於或遠低於平均值的證券,即 σ 很大或很小;③ 若到期日在很遠的未來,即 n 很大。

例 7.3.1 用 Black – Scholes 公式求一種歐洲看漲期權的值,該期權在 2 年后到期,它對當前售價為 50 元的股票的履行價格為 70 元,股票連續收益率的標準差為 0.4,無風險利息強度為 10%。

解:∵ $S_0 = 50, E = 70, t = 2, \sigma = 0.4, \mu^* = 10\%$

$$\therefore d_1 = \left[\ln\left(\frac{S_0}{E}\right) + \left(\mu^* + \frac{1}{2}\sigma^2\right)t\right] / (\sigma\sqrt{t})$$

$$= \left[\ln\left(\frac{50}{70}\right) + \left(0.1 + \frac{1}{2} \times 0.4^2\right) \times 2\right] / (0.4\sqrt{2}) \approx 0.041,591,60$$

$$d_2 = \left[\ln\left(\frac{S_0}{E}\right) + \left(\mu^* - \frac{1}{2}\sigma^2\right)t\right] / (\sigma\sqrt{t})$$

$$= \left[\ln\left(\frac{50}{70}\right) + \left(0.1 - \frac{1}{2} \times 0.4^2\right) \times 2\right] / (0.4\sqrt{2}) \approx -0.524,093,82$$

查表可得:

$$N(d_1) = \Phi(d_1) \approx 0.516,588$$
$$N(d_2) = \Phi(d_2) \approx 0.300,107$$

代入(7.3.13)式得:

$$C = S_0 N(d_1) - E e^{-\mu^* t} N(d_2)$$
$$= 50 \times 0.516,588 - 70 e^{-10\% \times 2} \times 0.300,107 \approx 8.63(元)$$

順便提一句,本問題的看跌期權值可由公式(7.3.15)得,即:

$$P = C - S_0 + E e^{-\mu^* t} \approx 8.63 - 50 + 70 e^{-10\% \times 2} \approx 15.94(元)$$

(六)Black – Scholes 公式的發展與推廣

1. 外匯市場期權定價模型

1983 年 Garman 和 Kohlhagen 對 Black – Scholes 的期權定價公式提出了修正,創造了適用於外匯期權的第二種定價公式。該模式進一步考慮了本國貨幣和外國貨幣不同的利率水平,使計算結果更加精確。修正后的公式如下:

$$C = e^{-Ft} S_0 N(d_1 + \sigma\sqrt{t}) - e^{-Dt} E N(d_1) \tag{7.3.17}$$

上式中, $d_1 = \dfrac{\ln\left(\dfrac{S_0}{E}\right) + \left(D - F - \dfrac{1}{2}\sigma^2\right)t}{\sigma\sqrt{t}}$

上式中,D 為本國貨幣利率,F 為外國貨幣利率,其他符號的意義不變。

上述公式計算的是看漲期權價格,看跌期權的價格可在計算出看漲期權的價格后,利用外匯市場看跌期權、看漲期權和遠期匯率的平價理論公式,用代入法求出。該平價理論用下列公式表示:

$$C - P = \frac{G - E}{(1 + i)t} \tag{7.3.18}$$

上式中，G 為與期權到期時間相同的遠期匯率；C 為看漲期權的價格；P 為看跌期權的價格；E 為協定價格；i 為利率；t 為到期時間，以年表示。

2. 標的物（股票）支付已知紅利

設標的物（股票）在時刻 t 支付已知數額的紅利 D。因為在買權的到期日之前要支付紅利，標的物（股票）的價值不是股票本身，而應是股票減去紅利後的現值，因此，標的物現在的價值（即在 0 時刻的價值）S_0 由兩部分構成：① 發生在時刻 t 的無風險紅利（因為紅利的數額是預先確定的）；② 紅利支付後到時刻 T 股票價值的現值，這一部分價值是有風險的，故稱為 $\tilde{S}_0$。顯然

$$\tilde{S}_0 = S_0 - De^{-\mu^* t} \tag{7.3.19}$$

（7.3.19）式對於在時刻 0 與時刻 T 之間多次發生已知數額紅利的情況也是適用的。更一般情形有 $\tilde{S}_0 = S_0 - D^*$。上式中，D^* 為在時刻 0 與時刻 T 之間發生的紅利的現值。於是期權值為

$$C = \tilde{S}_0 N(d_1) - E e^{-\mu^* t} N(d_2)$$

上式中，

$$d_1 = \left[\ln(\frac{\tilde{S}_0}{E}) + (\mu^* + \frac{1}{2}\sigma^2)t\right] / (\sigma\sqrt{t})$$

$$d_2 = \left[\ln(\frac{\tilde{S}_0}{E}) + (\mu^* - \frac{1}{2}\sigma^2)t\right] / (\sigma\sqrt{t}) = d_1 - \sigma\sqrt{t}$$

本章小結

1. 內容概要

首先，本章將利率作為一個隨機變量，研究了有關年金現值與終值的期望值與方差，接著具體研究了利率的對數正態分佈模型下的相關計算。

其次，研究了資產定價模型。金融決策的核心問題就是收益與風險（包括流動性問題）的權衡，個體的決策通過競爭統一到市場的無套利均衡之中。人們在高風險高收益與低風險低收益之間，按照自己對收益/風險的偏好進行權衡與優化，但市場均衡會導致與個體的收益/風險無關的結果。投資組合理論的基本思想就是通過分散化的投資來抵消一部分風險。通過擴大投資組合（即增加所包含的資產種類）進行風險分散，可以消除非系統風險（企業風險），但不能消除系統風險。只有系統風險才是市場承認的風險。換言之，只有市場承認的風險（即系統風險）才能獲得風險補償。被動但很有效的指數化的投資策略有：① 按照市場組合來構建有風險資產的組合，這樣也一定能實現風險的分散化；② 將資金按照投資者的收益/風險偏好分別投到無風險證券和所構建的有風險市場組合中去。風險量化除了可以採用包含風險上溢的

利率調整法外，還可採用另一種方法——調整付款法。

最後，介紹了期權定價模型。期權作為一種衍生金融商品，20世紀70年代產生於西方，在1973年Black–Scholes期權定價模型（OPM）建立後開始得到日新月異的發展，各種金融衍生物層出不窮，OPM也在原來基礎上出現了十多個變種，以處理不同類型的期權交易和類似行為。如今，期權已經具有非常豐富的內涵和日益複雜的交易技巧，被廣泛應用於金融工程、投資、保險、財務管理之中。

2. 重要公式

(1) $E[a(n)] = (1+i)^n \quad \text{var}[a(n)] = (1+j)^n - 1(1+i)^{2n}$

上式中，$E(i_t) = i$, $\text{var}(i_t) = s^2$, $j = 2i + i^2 + s^2$

(2) $E(\ddot{s}_{\overline{n}|}) = \ddot{s}_{\overline{n}|i}$; $\text{var}(\ddot{s}_{\overline{n}|}) = \dfrac{m_2^s + m_1^s}{m_2^s - m_1^s}\ddot{s}_{\overline{n}|j} - \dfrac{2m_2^s}{m_2^s - m_1^s}\ddot{s}_{\overline{n}|i} - (\ddot{s}_{\overline{n}|i})^2$

上式中，$j = 2i + i^2 + s^2$, $m_1^s = 1 + i$, $m_2^s = 1 + j$

(3) $E[a^{-1}(n)] = (1+i)^{-n} \quad \text{var}[a^{-1}(n)] = (1+k)^{-n} - (1+i)^{-2n}$

上式中，$(1+k)^{-1} = E[(1+i_t)^{-2}]$, $(1+i)^{-1} = E[(1+i_t)^{-1}]$

(4) $E(\tilde{a}_{\overline{n}|}) = a_{\overline{n}|i} \quad \text{var}(\tilde{a}_{\overline{n}|}) = \dfrac{m_2^a + m_1^a}{m_2^a - m_1^a}a_{\overline{n}|k} - \dfrac{2m_2^a}{m_2^a - m_1^a}a_{\overline{n}|t} - (a_{\overline{n}|i})^2$

上式中，$m_1^a = (1+i)^{-1}$, $m_2^a = (1+k)^{-1}$

(5) $E(1+i_t) = e^{\mu+\sigma^2/2}$; $\text{var}(1+i_t) = e^{2\mu+\sigma^2}(e^{\sigma^2}-1)$

上式中，$\ln(1+i_t) \sim N(\mu, \sigma^2)$

(6) $E(r) = wE(r_1) + (1-w)E(r_2)$

$\sigma^2 = w^2\sigma_1^2 + (1-w)^2\sigma_2^2 + 2w(1-w)\rho\sigma_1\sigma_2$

(7) $E(r_k) = r_f + \beta_k[E(r_M) - r_f]$

上式中，$\beta_k = \dfrac{\sigma_{kM}}{\sigma_M^2}$, $\sigma_{kM} = \sum\limits_{l=1}^{n} w_{lM}\sigma_{kl}$, $\sigma_M = \left(\sum\limits_{k=1}^{n} w_{kM}\sigma_{kM}\right)^{\frac{1}{2}}$

(8) $E(r_p) = r_f + \beta_p[E(r_M) - r_f]$, $\beta_p = \sum\limits_{k=1}^{n} w_k\beta_k$

(9) $V = \dfrac{E(W)}{1+r} = \dfrac{W'}{1+r_f}$, $W' = E(W) - \lambda\text{cov}(W, r_p)$

(10) 歐式看漲期權值（Black–Scholes 公式）

$C = S_0 N(d_1) - Ee^{-\mu^* t}N(d_2)$

歐式看跌期權值的 Black–Scholes 公式

$P = Ee^{-\mu^* t}N(-d_2) - S_0 N(-d_1)$

上式中，$d_1 = \left[\ln\left(\dfrac{S_0}{E}\right) + \left(\mu^* + \dfrac{1}{2}\sigma^2\right)t\right]\Big/\sigma\sqrt{t}$

$d_2 = \left[\ln\left(\dfrac{S_0}{E}\right) + \left(\mu^* - \dfrac{1}{2}\sigma^2\right)t\right]\Big/\sigma\sqrt{t}$

$$\mu^* = \mu + \frac{1}{2}\sigma^2$$

(11) $C = e^{-Ft}S_0 N(d_1 + \sigma\sqrt{t}) - e^{-Dt}EN(d_1)$

上式中，$d_1 = \dfrac{\ln(\dfrac{S_0}{E}) + (D - F - \dfrac{1}{2}\sigma^2)t}{\sigma\sqrt{t}}$

習題 7

7-1 投資 1,000 元，為期 3 年，第 1 年的實際利率為 8%，第 2 年的實際利率有相等的可能性比第 1 年高 1% 或低 1%；第 3 年的實際利率有相等的可能性比第 2 年高 1% 或低 1%。求：① 3 年內每 1 年的平均利率；② 3 年內每 1 年利率的標準差；③ 第 3 年年末的最大可能累積值；④ 第 3 年年末的最小可能累積值；⑤ 第 3 年年末按平均利率計算的累積值；⑥ 第 3 年年末累積值的平均值；⑦ 第 3 年年末累積值的標準差。

7-2 已知 $1 + i_t$ 服從參數為 0.06 和 0.2^2 的對數正態分佈，僅在時刻 0 投入 1 單位本金。求在時刻 10 累積值 $a(10)$ 大於 $5.511,3$ 的概率及其期望值與方差。

7-3 假設 i_t 對於 $t = 1,2,3$ 均為在區間 $[0.07, 0.09]$ 上服從均勻分佈的實際利率。試求 1 單位投資在第 3 年年末的累積值的期望值與標準差。

7-4 假設 i_t 對於 $t = 1,2,3$ 均為在區間 $[0.07, 0.09]$ 上服從均勻分佈的實際利率。3 年內每年年初投資 1，求其累積值的期望值與方差。

7-5 已知 $1 + i_t$ 服從參數為 0.06 和 0.01^2 的對數正態分佈，求以下各隨機變量的期望值與標準差：① $a(10)$；② $\tilde{s}_{\overline{10}|}$；③ $a^{-1}(10)$；④ $\tilde{a}_{\overline{10}|}$。

7-6 某普通股以 40 元出售，第 1 年年末支付 1.5 元的紅利，該股票的 β 系數在剛剛過去的時刻為 1.3，當前的無風險利率為 6%。假設風險上溢為 5.5%，求股票年末價格的期望值。

7-7 股票 A 有 $\beta = 0.3$，而投資者期望得到 6% 的收益率；股票 B 有 $\beta = 1.2$，而投資者期望得到 12% 的收益率。求無風險利率。

7-8 某投資計劃在第 1 年年末可收回 11,000 元，第 2 年年末可再收回 12,100 元，無風險利率為 6%，市場風險上溢為 10%，此項投資的 β 值為 0.4。求：① 此項投資按風險調整利率的現值；② 在每年年末等價的調整付款額。

7-9 用 Black–Scholes 公式求一種歐洲看漲期權的值，該期權在 2 年後到期，它對當前售價為 40 元的股票的履行價格為 50 元，股票連續收益率的標準差為 0.3，無風險利息強度為 8%。

7-10 用 Black–Scholes 公式求一種歐洲看跌期權的值，該期權在 2 年後到期，它對當前售價為 40 元的股票的履行價格為 50 元，股票連續收益率的標準差為 0.3，無風險利息強度為 8%。

復習思考題

1. 每年年初存入 10,000 元,在單利條件下在第 20 年年末的累積值為 284,000 元,那麼在複利條件下的終值為多少?

2. 一項每月第 1 日支付 1 次的 10 年期年金:1 月份付款 1,000 元,2 月份付款 2,000 元……第 12 月份付款 12,000 元,每年皆這樣循環。已知年利率為 5%,求該年金的現值與終值。

3. 已知利息力 $\delta_t = \begin{cases} 0.05 & (0 \leq t \leq 3) \\ 0.09 - 0.01t & (3 < t \leq 8) \\ 0.01t - 0.03 & (t > 8) \end{cases}$,在時刻 2 投資 500 元,在時刻 9 再投資 800 元,求在時刻 10 的累積值。

4. 已知某種期末付年金,年利率為 5%,每 4 年增長 10.25%,支付 40 年,第 1 次付款 1,000 元發生在第 1 年年末。求下列條件下該年金的現值:①每年支付 1 次;②每 4 年支付 1 次。

5. 已知某種等額貸款償還法,貸款 30 期,每期末還款 R 元,寫出第 13 次還款中的利息部分的表達式。

6. 已知某種貸款 50,000 元,年實際利率為 5%,每月末還款一次,貸款 5 年,每月還款多少?貸款的 APR 為 6%,則結果又如何?

7. 已知某種貸款 50,000 元,等額本利還款,年計息 12 次的年名義利率為 15%,貸款 3 年,第 25 次還款后貸款利率上升為年計息 12 次的年名義利率 18%,則每月還款額將增加多少元?

8. 已知某種貸款 50,000 元,貸款 7 年,每半年還款一次,每次還款 X 元,前 2 年每年計息 2 次的年名義利率為 6%,后 5 年每年計息 2 次的年名義利率為 8%,求 X。

9. 已知貸款 50,000 元,貸款 20 年,年利率為 7%,每一次還款比上一次增加 2%,第 15 次還款后的貸款餘額是多少?

10. 已知當前銀行儲蓄存款 2 年期、3 年期、5 年期年利率分別為 4.50%、5.22%

和 5.76%,求 2 年后 3 年期的遠期年利率。

11. 已知 $\delta_t = 0.006t^2, 0 \le t \le 10$,現在投資 3 萬元,在時刻 3 再投資 2 萬元,則在時刻 9 可獲得的終值是多少?

12. 已知 $a(t)$ 為 t 的二次函數,且前半年的年計息 2 次的年名義利率為 4%,后半年為年計息 2 次的年名義利率為 6%。求 $\delta_{0.25}$、i_4。

13. 已知某一種年金第 1 年年末支付 800 元,第 2 年年末支付 900 元……第 9 年年末支付 1,600 元,$i = 4\%$。求其現值。

14. 已知 $i = 6\%$,第 1 年年末付款 500 元,第 4 年年末付款 800 元,第 5 年年末付款 400 元,第 7 年年末付款 600 元。這 4 次付款等價於何時一次性付款 2,300 元?

15. 投資 100 萬元,每年可獲得 12% 的利息,投資 10 年,其利息以 4% 的年利率再投資。求年平均收益率。

16. 每年年初投資 10,000 元,年利率為 6%,投資 10 年,利息以年利率 7% 進行再投資。求年平均收益率。

17. 某債券以 1,000 元出售,其面值為 1,000 元,年票息率為 6%,每年獲得的利息以 5% 的利率進行再投資,債券 10 年到期,並以面值贖回。求年收益率。

18. 某項投資在時刻 t 的利息力為 $\frac{1}{5+t}$,若在時刻 5 投資 10,000 元,則在時刻 10 的累積值是多少?

19. 已知某項每年年末支付一次的永久年金:在第 $3t+1$ 年年末支付 1 元,在第 $3t+2$ 年年末支付 2 元,在第 $3t+3$ 年年末支付 3 元($t = 0,1,2,\cdots,n$),年計息 2 次的年名義利率為 6%。求該年金的理論價格。

20. 若 $(I\ddot{a})_{\overline{n+1}|} = X(I\ddot{a})_{\overline{n}|} + Y$,求 X、Y。

21. 一項貸款計劃在 n 年內($n > 5$),每年年末還款 X 元,若在第 1 年年末、第 3 年年末、第 5 年年末還款中的利息部分分別為 1,000 元、982 元、960 元,求 X。

22. 已知某項貸款本金為 L,計劃 n 年內每年年末還款 1,該貸款年利率設為 i,且 B 為本金部分的現值,寫出 $(Ia)_{\overline{n}|}$、$(I\ddot{a})_{\overline{n}|}$ 的表達式。

23. 已知 $\ddot{a}_{\overline{n}|} = 8.988,7$,$\ddot{a}_{\overline{2n}|} = 13.584,2$,求 i 和 n。

24. 某人簽訂了一張 1 年期的 100,000 元的借據,並從銀行收到 92,000 元。在第 6 個月月末,他還款 28,800 元,在單貼現條件下,年末還應還款多少元?

25. 已知 $a_{\overline{7}|} = 5.153$,$a_{\overline{11}|} = 7.036$,$a_{\overline{18}|} = 9.180$,求 i。

26. 某期末付永久年金的付款額依次為:1,3,5,7……若第 6 次、第 7 次付款額現值相等,求該永久年金現值。

27. 延期 1 年連續支付的年金共付款 13 年,在時刻 t 時,年付款率為 $t^2 - 1$,在時刻 t 的利息力為 $(1+t)^{-1}$。求該年金的現值。

28. 某人從銀行獲得貸款 100,000 元,貸款 25 年,年利率為 3%,每月末還款一次。在還款 10 年后年利率上升為 5%。求每月還款增加額。

29. 假設一個每年年末支付一次的 60 年期年金,在第 $3t+1$ 年年末付款 2,在第 $3t$

+ 2 年年末付款 4,在第 3t + 3 年年末付款 6,其中 t = 0,1,2……19,年計息 2 次的年名義利率為 5%。求該年金的現值。

30. 某項等額季末付貸款,貸款 10 年,貸款每季計息 1 次,第 8 次、第 24 次還款的本金部分分別為 30,000 元和 50,000 元。求第 15 次還款中的利息部分。

31. 某投資者立即投資 7,000 元,第 2 年年末投資 1,000 元,而在第 1 年、第 3 年年末分別收回 4,000 元和 5,500 元。求該資金流的收益率。

32. 某基金帳戶信息如表復 – 1 所示:

表復 – 1   單位:元

時間	1月1日	3月1日	4月1日	M月1日	12月31日
帳戶餘額	100,000	110,000	102,000	118,000	140,000
投入		– 15,000	20,000	X	

其中 X > 0,該帳戶的時間加權收益率為 13.90%,投資額加權收益率為 11.86%。求 M 與 X。

33. 基金 A 與基金 B 的數據分別如表復 – 2、表復 – 3 所示,基金 A 的投資額加權收益率與基金 B 的時間收益率相等。求 X。

表復 – 2   基金 A   單位:元

時間	1月1日	3月1日	5月1日	11月1日	12月31日
帳戶餘額	5,000	5,500	5,200	7,731	4,310
投入			2,400	– 3,600	

表復 – 3   基金 B   單位:元

時間	1月1日	4月1日	12月31日
帳戶餘額	5,000	5,250	X
投入		– 720	

34. 某項貸款 10,000 元,分 20 年償還,每年年末償還額為 1,000 元,貸款人即刻將還款投資於某項基金,其年利率為 5%。求這 20 年內貸款者的實際年收益率。

35. 某人在銀行帳戶中存入 10,000 元人民幣,年利率為 4%,如果存款在 5 年半以前從銀行支取存款,就會有相當於支取額的 5% 的罰金從帳戶中扣除。該儲戶在第 4、5、6、7 年年末各從銀行支取了 K 元,該帳戶在第 10 年年末的累積值恰好為 10,000 元。求 K。

36. A 先生獲得了 100,000 元保險金,他用這筆錢可以購買到 10 年期每年年末給付 15,380 元的年金,也可以購買 20 年期的期末付年金,則每年年末可以領取 10,720 元。求收益率 i。

37. 某人以 10 倍於目前股票年收入的價格購買股票,8 年后,股票年收入增加了

50%,8 年中股票無任何分紅;第 8 年年末,他以股票年收入的 13.5 倍的價格賣出股票。求年收益率。

38. 某投資基金年初有 500,000 元,年末有 680,000 元,當年毛利息為 60,000 元,投資費用為 5,000 元。求該基金的年收益率。

39. 甲需要貸款 10,000 元,分 4 年每年年末等額償還。乙、丙可提供這筆貸款,乙要求每年年末支付利息,同時建立償債基金,貸款年利率為 10%,償債基金的年利率為 8%;丙則要求分期償還。求使兩種貸款等價的丙提供的貸款的年利率。

40. 某貸款 10,000 元,為期 10 年,年利率為 i,按償債基金法等額還款,償債基金年利率為 8%,則借款人每年年末支出總額為 X 元;若貸款年利率翻一番,則每年年末支出總額將升為 1.5X 元。求 i。

41. 某項每年連續還款 1,000 元的 25 年期的貸款,已知其年利率為 6%,求第 6 年到第 10 年間利息的支付總額。

42. 某貸款分 20 年均衡償還,年利率為 9%,則償還額利息與本金部分最接近的是第幾次?

43. 若貸款年利率為 5%,每年年末還款 1 次,共 10 年,首期還款 200 萬元,以後每期比上一期增加 10 萬元。計算第 5 次還款中的利息部分。

44. 若貸款年利率為 5%,每年年末還款 1 次,共 10 年,首期還款 200 萬元,以後每期比上一期增加 10%,計算第 5 次還款中的利息部分。

45. 某公司貸款 100 萬元,期限 30 年,年利率為 4%,每年年末還款 1 次,其中後 10 年每年年末還款額是前 20 年的年度還款額的 2 倍,在第 10 年年末正常還款後,可再選擇一次性支付 X 萬元來還清貸款,這將使貸款的年利率上升到 4.6%。求 X。

46. 面值為 1,000 元的 10 年期債券,票息率為每年計息 2 次的年名義利率 10%,贖回值為 1,050 元,收益率為每年計息 2 次的年名義利率 8%。若所得稅率為 30%,資本增益稅率為 20%。求:① 繳納所得稅後的債券價格;② 繳納所得稅和資本增益稅後的債券價格。

47. 已知債券 A 的面值為 1,000 元,票息率為每年計息 2 次的年名義利率 8%,期限 5 年,到期按面值贖回。現以面值出售,若市場現行利率突然達到年計息 2 次的年名義利率 10%,求債券 A 的價格下跌的幅度。

48. 兩種面值 1,000 元的債券在相同時間以面值贖回,現以年計息 2 次的年名義利率 4% 的收益率購買,債券 A 的價格為 1,128.49 元,票息率為年計息 2 次的年名義利率 6%。債券 B 的票息率為年計息 2 次的年名義利率 5%。求債券 B 的價格。

49. 面值為 1,000 元的 n 年期債券,到期以面值贖回,票息率為年計息 2 次的年名義利率 6%,收益率為年計息 2 次的年名義利率 5%。若債券期限加倍,則價格將增加 42 元。求該 n 年期債券的價格。

50. 投資者購買了兩種 20 年期債券,均為半年期息票,都以面值到期,都產生相同的收益率。債券 A 的面值為 500 元,票息為 45 元;債券 B 的面值為 1,000 元,票息為 30 元。債券 A 的溢價額是債券 B 的折價額的 2 倍。求年計息 2 次的年名義收益率。

51. 現有系列債券，年計息2次的年名義票息率為6%，均按面值贖回。面值1,000元的債券在第10年年末贖回，面值2,000元的債券在第11年年末贖回……面值20,000元的債券在第29年年末贖回。若投資者要通過購買該系列債券實現8%的年實際收益率，求該債券的價格。

52. 現有兩個 n 年期面值為5,000元的債券。債券A有年計息2次的年名義票息率14%，售價為7,038.5元，半年計息1次；債券B有年計息2次的年名義票息率12%，售價為6,359元，與A有相同的年名義收益率。債券C與A相比，只是其年計息2次的年名義收益率低1個百分點。假設三種債券均以面值贖回，求債券C的價格。

53. A先生以1,759.38元購買了一個20年期、面值為1,500元、年計息2次的10%的年名義票息率的可贖回債券，可在第15年起及以後的每年年末均以面值C提前贖回，以確保至少能獲得8%的年計息2次的年名義收益率。除了不可贖回外，B先生購買了與A先生同樣條款的債券。假設B先生獲得了8%的年計息2次的年名義收益率，求其購買價格。

54. 某優先股在第1年年末付紅利10元，以后每年紅利比上一年增加5%，$i = 12\%$。求與之等價的等額年紅利。

55. 以10,000元出售的機器在第10年年末有殘值1,000元，年維修費為500元，年利率為5%，該資產的週期性費用為多少？其投資成本為多少？

56. 價值為11,000元的新機器將有殘值900元，使用壽命為100年。設第 t 年年末其帳面值按直線法為 $(BVSL)_t$，按年數和法為 $(BVSD)_t$，求使 $(BVSD)_t - (BVSL)_t$ 最大的 t 值。

57. 某塑料托盤值20元，能使用8年；金屬托盤值 X 元，能使用24年。要求使用托盤48年，通貨膨脹使托盤成本每年增加5%，年利率為10.25%。若消費者購買兩種托盤無差別，求 X。

58. 某財務公司要求對每100萬元原始貸款在16個月內每月償還7.66萬元。求該公司貸款的APR。

59. 每年年末支付紅利和股息的普通股，若每年紅利比前一年增加4%，實際股息率為年8%。求該普通股的期限。

60. 李先生用600,000元購買了一套商品房，首期付款30%，同時獲得了年名義利率6.21%（每月計息一次）、20年期等額分期付款的貸款。另外，他必須在購房時支付貸款額度的2%和500元的結算費用，並且貸款額的1.5%和300元的結算費用必須包含在APR的計算中。求該信貸合同的APR。

61. 某人貸款50萬元，需要在30年內還清。他在第1年年末付款 X 元，接著的19年內每年付款比上一年增加1,000元，20年以後的付款不再增加。該貸款的年實際利率為6%，求 X。

62. 10年前某投資者把10,000元投入了一筆買賣，每年年末取得1,500元收入，共收入了10次，正要收回投入的10,000元本金時失敗了。他把每年的收入都投進了年實際利率為8%的基金。求投資者實際的年收益率。

63. 某機器 A 售價 100,000 元,使用 15 年,殘值為 0 元,年產量 20,000 個單位;機器 B 使用 12 年,殘值為售價的 10%,年產量 17,000 個單位。年實際利率為 6.5%,計算年度折舊費時採用的年實際利率也為 6.5%。兩種機器均沒有維修費用。求兩種機器無差異時機器 B 的價格。

64. 某銀行發放了 100 萬元的兩年期抵押貸款,年利率為 8%,第 1 年年末除支付到期利息外,還需等額償還本金,借款人可能在第 1 年年末提前還清貸款,而無需交納罰金。第 1 年年末的實際利率等可能為 6% 或 10%,銀行能以該利率將第 1 年年末的收入在第 2 年進行再投資。借款人是否提前還款取決於是否對自己有利,違約概率為 0。求:① 第 2 年年末抵押貸款的期望值;② 銀行的預期收益率。

65. 某投資者購買了 1,000 元的可贖回債券,年票息率為 10%,並可能在第 10 年年末以面值到期,也可能在第 5 年年末以 1,050 元提前贖回。投資者能將取得的各種收入以 7% 的年實際利率投資於接下來的 10 年。投資者買此債券花了 1,100 元。假設債券提前贖回的概率為 25%。求該投資者在今后 10 年間的預期收益率。

66. 某股票每年末分紅一次,2 個月後將有一次分紅,假設該股票年風險收益率為 7%,下一次每股紅利為 12 元,紅利年增長率為 4%。求該股票的價格。

67. 已知某 10 年期年金,每年支付 10,000 元,於每季末等額支付。假設年實際利率為 5%,求該年金的現值。

68. 已知 5 年期即期利率為 6.66%,2 年期的即期利率為 5.63%,求 2 年後的 3 年期遠期利率。

69. 若 10 年間每年年初投資 1,000 元,投資收益率為 7%,利息的再投資收益率為 5%,若投資者要求 8% 的年收益率,求該投資的最高價格。

70. 某人以貼現方式向銀行申請貸款 10,000 元,貸款期限為 2 年,第 1 年按年計息 2 次的 6% 的年名義利率計息,第 2 年按年實際利率 7% 計息,則此人年初可獲得的貸款額度為多少元?

71. 某債券面值為 1,000 元,票息率為年計息 2 次的年名義利率 6%,期限為 10 年,投資者要求的收益率為年計息 2 次的年名義利率 8%,票息所得稅率為 20%。若該債券的購買價格為 819 元,求贖回值。

72. 表復－4 給出了投資年度法和投資組合法的收益率,選擇期為 2 年,即 2 年後可運用組合收益率。

表復－4

原始投資日曆年	投資年利率		組合年利率	組合利率日曆年
y	i_1^y	i_2^y	i^{y+2}	$y+2$
z	9.00%	10.00%	11.00%	$z+2$
$z+1$	7.00%	8.00%		
$z+2$	5.00%			

在日曆年 z、$z+1$、$z+2$ 年的每年年初投資 1,000 元,求三年間年實際加權收益率。

73. 某投資帳戶有如表復 – 5 所示信息:

表復 – 5　　　　　　　　　　　　　　　　　　　　　　　　　　　　　單位:元

時間	1/1/2007	3/1/2007	4/1/2007	T/2007	1/1/2008
帳戶餘額(存入或撤出前)	100	104	99	118	130
存入			17	X	
撤出		9			

時間加權收益率為 13.75%,幣值加權收益率為 12.81%,求 T。

74. 有兩種支付序列。年金 A 是一個 60 年期的定期年金,頭 2 年每年年末支付 1,接下來的 2 年間每年年末支付 2,再接下來的 2 年間每年年末支付 3……而序列 B 也是一個 60 年期的定期年金,頭 3 年每年年末支付 k,接下來的 3 年間每年年末支付 $2k$,再接下來的 3 年間每年年末支付 $3k$……已知兩種年金的現值相等且 $i=5\%$,求 k。

75. A 先生以 1,968 元的價格購買了一個面值為 1,200 元的 28 年期債券,該債券到期以面值贖回,年實際收益率為 i,票息率為 $2i$。在第 7 年年末,A 先生以價格 P 元賣給 B 先生,而 B 先生獲得同樣的年實際收益率 i,求 P。

76. 一個面值為 1,000 元的附有 4.20% 的年度票息率的債券以某一價格賣出,將產生年收益率 i。已知如下信息:① 若年票息率不是 4.20% 而是 5.25%,則價格將增加 100 元;② 在購買日,所有票息的現值之和等於贖回值 1,000 元的現值。求 i。

77. 面值為 1,000 元的 3 年期債券,附有年度票息:第 1 年為 50 元,第 2 年為 70 元,第 3 年為 90 元,到期以面值贖回,購買該債券產生的收益可用息力 δ_t

$$\delta_t = \frac{2t-1}{2(t^2-t+1)}(t>0)$$ 表示,求該債券的價格。

78. 某投資基金在年初有 5,000 元余額,在第 4 月月末投資了 1,000 元,在第 8 月月末又追加了 4,000 元的投資,沒有投資撤出,該基金餘額在年末已達到了 10,560 元。已知利息力為 $\delta_t = \dfrac{r}{1+(1-t)r}(0 \leq t \leq 1)$,求 r。

79. 一種 10 年期債券,面值為 1,000 元,年票息率為 r,到期可以 1,100 元贖回。若要獲得 4% 的年收益率,則該債券可定價為 P 元;若獲得 5% 的年收益率,則該債券可定價為 $P-81.49$ 元;若產生 r 的年收益率,則該債券可定價為 X 元。求 X。

80. 某貸款在 10 年間每年年末償還 P 萬元,已知該貸款前 3 年償還的本金部分之和為 290.35 萬元,最后 3 年償還的本金部分之和為 408.55 萬元。求該貸款利息負擔總額。

81. 某 n 年期債券的面值為 1,000 元,到期以面值贖回,具有 12% 的年票息率,假設年收益率為 $i(i>0)$,第 2 年年末面值為 1,479.65 元,第 4 年年末面值為 1,439.57 元。求該債券的價格。

82. A 先生希望獲得 10,000 元的貸款。貸款人 X 與貸款人 Y 開出如下條件：
(1) 貸款人 X 要求按年利率 8% 在 10 年間等額償還；
(2) 貸款人 Y 要求的年利率為 i，按償債基金法，每年等額向年利率為 7% 的償債基金儲蓄以償還本金。
兩種情形下，借款人每年支付的金額保持不變，求 i。

83. 面值為 1,000 元的 10 年期債券，到期可按面值贖回，購買價格為 870 元，年收益率為 i，年票息率為 $i - 0.02$，求 i。

84. 下列三種年金有相同的現值 P：
(1) 一項期末付永久年金，每年年末支付 2，年實際利率為 i；
(2) 一項 20 年期末付年金，每年年末支付 X，年實際利率為 $2i$；
(3) 一項 20 年期初付年金，每年年初支付 $0.961,54X$，年實際利率為 $2i$，求 P。

85. 現有兩項貸款，其額度相同，年利率為 5%。貸款 L 要求 30 年間採用等額本利償還法償還，而貸款 N 則要求 30 年間採用等額本金償還法償還，貸款 L 年度償還額在第 t 年年末首次超過貸款 N，求 t。

86. 已知條件如表復 - 6 所示：

表復 - 6　　　　　　　　　　　　　　　　　　　　　　　　　　單位：萬元

序列	支付時點			
	6	12	18	第 18 年年末累積值
A	240	200	300	X
B	0	360	700	$X+100$
C	Y	600	0	X

求 X 與 Y。

87. 年金 X 與 Y 提供如下支付：

年末	年金 X	年金 Y
1 ~ 10	1	K
11 ~ 20	2	0
21 ~ 30	1	K

使年金 X 與年金 Y 現值相等的實際利率 i 滿足：$v^{10} = \dfrac{1}{2}$，求 K。

88. 已知 $(Ia)_{\overline{n}|0.1} = 55$，$a_{\overline{n}|0.1} = 8.08$，利用 $\dfrac{\partial}{\partial i} a_{\overline{n}|}$ 近似計算 $a_{\overline{n}|0.102}$。

89. 已知 $A(t) = Kt^2 + Lt + M (0 \leq t \leq 2)$，且 $A(0) = 100, A(1) = 110, A(2) = 136$，求 $\delta_{0.5}$。

90. 已知 $\delta_t = \dfrac{3+2t}{50} (0 \leq t \leq 1)$，在年中若投資 1,000 元，求其在年末的累積值。

91. 某 5 年期投資項目的本金為 1 萬元，第 1 年年結轉利息 2 次的年名義利率為

4%，第 2 年年實際利率為4%，第 3 年年計算貼息 4 次的年名義貼現率為4%，第 4 年的年實際貼現率為4%，第 5 年連續計息的利息力為4%，則第 5 年年末該投資的餘額為多少？

92. 設某公司最新估計其股票的 β 係數為 1.2，無風險利率 $r_f = 3.5\%$，市場組合的風險溢價 $E(r_p) - r_f = 4.5\%$。求該公司股票收益率的期望值。

93. 已知年實際利率為7%，10 年間每年年末等額本利償還貸款。求該貸款的持續期限與修正持續期限。

94. 李先生用 800,000 元購買了一套商品房，首期付款25%，同時獲得了年名義利率7.5%（每月計息一次），30 年期等額分期付款的貸款。另外，他必須在購房時支付貸款額度的 2% 和 600 元的結算費用，根據誠實信貸法，貸款額的 1.5% 和 400 元的結算費用必須包含在 APR 的計算中，求該信貸合同的 APR。必要時可查閱表復 – 7。

表復 – 7

i	$a_{\overline{360}|i}$
0.625%	143.02
0.630%	142.18
0.635%	141.35
0.640%	140.53
0.645%	139.72

95. 假設 $\{i_t\}_{t=1}^{\infty}$ 獨立同分佈，且 $(1 + i_t)$ 服從參數為 μ 和 σ^2 的對數正態分佈，且 $E(i_t) = 0.05$，$\mathrm{var}(i_t) = 0.088^2$，計算：①$\mu$ 和 σ^2；②$a(12) > 1.8$ 的概率；③$E(\tilde{s}_{\overline{n}|})$ 與 $\mathrm{var}(\tilde{s}_{\overline{n}|})$。

96. 假設某一 10 年期債券，票息率為年計息 2 次的年名義利率10%，以面值的120%贖回，資本增益稅為25%，若要產生 7% 的年實際利率，① 票息所得稅率為 30%；② 沒有票息所得稅。求債券的價格。

97. 現在投資100 萬元，在未來10 年間每年年末可以收到10 萬元，如果市場利率為6% 的年實際利率，求其淨流入現值以及盈虧平衡年。

98. 某人購買了一個遞增永久期初付年金，每年支付一次，支付額從 5,000 元開始，以後每次比上一次增加 5,000 元，直到達到 100,000 元，然後保持該水平。假設年實際利率為6%，求此年金的現值。

99. 求下列現金流在時刻15 的累積值。已知年利率為5%，現現金流在時刻 t 以年利率 $\rho(t)$ 從時刻 0 連續支付到時刻 15，$\rho(t) = \begin{cases} 10, & 0 \leq t < 5 \\ 15, & 5 \leq t < 10 \\ 20, & 10 \leq t < 15 \end{cases}$。

100. 某債券的面值為 1,000 元，期限為 15 年，年票息率為11%，到期時按面值贖回。如果當時市場利率為12%時，試計算其價格、馬考勒持續期、修正持續期與凸度。

习题 1

1 - 1 50,834.93 元

1 - 2 1,190.91 元

1 - 3 7.53%

1 - 4 14,129.74 元

1 - 5 $\ln(1+i), \ln(1+i)$

1 - 6 5.83%, 5.78%, 5.66%

1 - 9 0.037,864

1 - 10 $\ln a + 2t\ln b + c^t \ln c \ln d$

1 - 11 19.92 年

1 - 12 2.28 年; 2.31 年

1 - 13 120,922.64 元, 5.30%

1 - 14 0.075,638

1 - 15 0.046,402

习题 2

2 - 1 32,329.28 元

2 - 2 144.95 元

2 - 3 前 5 年每年 19,403.71 元; 后 5 年每年 9,701.85 元

2－4 $\dfrac{x+y-z}{xy}$

2－5 4,7,4

2－6 155,970.91 元

2－7 8,004.17 元

2－9 6,764.25 元;7,359.59 元

2－10 21.47 萬元;2,168.58 萬元

2－11 10.961,3 萬元;54.630,5 萬元

2－12 15.785,8 萬元

2－13 25

2－15 8.106,817 萬元

2－16 95 次,965.74 元;453.01 元

2－17 第 21 年末;146.07 萬元

2－18 14.5

2－19 384,089.42 元

2－20 406,331.58 元

2－22 179,259.89 元

2－23 $\dfrac{1}{30}$

2－24 45,281.05 元

2－25 (1)90,724.32 元；(2)90,194.79 元

2－26 9.46%

2－27 40

2－28 6.93%

2－30 18,860.25 元

2－32 0.062,996

2－34 (1) $\dfrac{q}{p-q}$；(2) $\dfrac{2q}{p-q}$

2－35 $\dfrac{a^3}{(2a-b)^2}\left[2a-b-(b-a)\ln\dfrac{a}{b-a}\right]$

2－36 15.815,717

2－37 1,108.67

2－38 $\dfrac{1+v+v^2}{1+v}$

2－39 $\dfrac{n(1+i)-2\ddot{a}_{\overline{n}|}+nv^n}{i^2}$；$\dfrac{in(n+1)-2n+2a_{\overline{n}|}}{2i^2}$

習題 3

3－1　(1) 可行；(2) 不可行；(3) 7.16%

3－2　(1) 3 個；(2) 存在，6.60%

3－3　不存在

3－4　7%、9%

3－6　幣值加權收益率的精確法 0.105,242，近似法 0.105,572，0.089,552；時間加權收益率 0.108,305

3－7　0.087,179；0.079,487

3－8　當債券 A 的再投資收益率不低於 0.020,699 時，選擇 A；否則選擇 B

3－9　(1) 5%；(2) 4.81%；(3) 4.51%

3－10　7.31%

3－12　$(n+1)^2$

3－13　等價

3－14　1,166.53 元

3－15　5.51%

3－17　(1) 13,848.14 元；(2) 7,039.69 元；(3) 14,234.12 元，7,235.90 元

3－18　9.47%

3－19　4,130.89 元

3－20　(1) 12.07%；(2) 是；(3) 14.78%；(4) 拒絕

習題 4

4－1　4,480.02 元

4－2　(1) 9,266.93 元；(2) 17 次；(3) 1,600.58 元

4－3　24,981.41 元

4－4　18,000 元；12,000 元

4－7　21 次；30 次

4－8　(1) 1,287.76 元；(2) 276.24 元

4－9　26.30 元；559.01 元；791.62 元；125,538.32 元

4－10　1,378.03 元；587.20 元；790.84 元；126,861.19 元

4－11　13 次

4－12　1,297.17 元；463.83 元；833.33 元；100,000 元

4－13　27,354.56 元

4－14　757.19 元

4－15　6,653.37 元

4－16　1,495.96 元

4－18　(1)1,384.50 元,920 元,464.50 元；(2)126,306.12 元

4－19　26,999.38 元；7,965.88 元；19,033.50 元

4－20　12,010.51 元；80,421.36 元；6 年

習題 5

5－1　1,200 元；1,051.13 元；1,027.66 元

5－2　833.33 元；965.35 元；990.57 元

5－3　979.21 元

5－4　794.83 元

5－5　1,100 元

5－6　0.9 單位

5－7　(1)712.99 元；(2)747.26 元

5－8　844.77 元

5－9　884.45 元；868.55 元

5－10　6.96%

5－11　6.51%

5－12　11.93%

5－13　27 種

5－15　(1)1,148.77 元；(2)846.28 元

5－16　(1)918.56 元；(2)1,152.27 元

5－17　926 元

5－18　1,153.21 元

5－19　77.65 元

5－20　15.71%

習題 6

6－1　13.47%

6－2　9.18%

6－3　(1)3,047.76 元；(2)3,030 元；(3)3,034.32 元

6－4　758.29 元

6 – 5　129.17 元；105.74 元

6 – 6　15 或 44 年

6 – 9　(1)1,931.76 元；(2)29,719.43 元

6 – 10　196,942.48 元

6 – 11　(1)7,401.38 元；(2)4.13 年；(3)3.76 年

6 – 12　(1)94.31；(2)312.50

6 – 14　$\dfrac{v(\overline{Ia})_{\overline{n}|}}{\overline{a}_{\overline{n}|}}$

6 – 16　8.99%；7.29%

6 – 17　12.04%；13.03%

6 – 18　98.41；7.43%

6 – 20　售出 1,525 元 1 年期、售出 3,000 元 2 年期債券；分別購買 3 年、4 年、5 年期債券 850 元、2,400 元、1,250 元

習題 7

7 – 1　(1) 均為 8%；(2)0；0.01；0.01$\sqrt{2}$；(3)1,294.92 元；
　　　(4)1,224.94 元；(5)1,259.71 元；(6)1,259.82 元；(7)26.08 元

7 – 2　0.040,1；2.225,5；2.436,0

7 – 3　1.259,7；0.011,664

7 – 4　3.506,1；0.000,564

7 – 5　(1)1.823；0.058；(2)14.121,0.295；(3)0.549,0.017；(4)7.298,0

7 – 6　43.76 元

7 – 7　4%

7 – 8　(1)20,000 元；10,600 元；11,236 元

7 – 9　5.71 元

7 – 10　8.32 元

復習思考題

1. 309,692.02
2. 613,875.86；999,939.09
3. 1,559.72
4. (1)23,765. (2)80；6,383.09
5. $R(1 - v^{18})$

6. 941.02；966.64
7. 25.24
8. 4,577.28
9. 23,247.32
10. 6.61%
11. 21.03 萬元
12. 0.039,7；13.90%
13. 8,728.39
14. 4.30 年或 4.18 年
15. 9.33%
16. 6.15%
17. 5.78%
18. 6.09%
19. 32.19
20. $v, \ddot{a}_{\overline{n+1}|}$ 或 $1, (n+1)v^n$
21. 1,081
22. $\dfrac{L-B}{d}, (1+i)\dfrac{L-B}{d}$
23. 5.75%；13
24. 69,948
25. 8.30%
26. 66
27. 84.5
28. 66.08
29. 73.70
30. 48,523.96
31. 9.56%
32. 22,409.26；11
33. 4,681
34. 6.16%
35. 979.93
36. 8.69%
37. 9.22%
38. 9.78%
39. 10.94%
40. 1,380.29
41. 3,190.11

42. 13
43. 173.11
44. 94.28
45. 97.98
46. （1）954.87；（2）945.31
47. 7.72%
48. 1,064.25
49. 1,140元或1,060元
50. 8.40%
51. 169,286.83
52. 7,487.17
53. 1,796.89
54. 17.14
55. 1,715.54；34,310.82
56. 50
57. 42.70
58. 30%
59. 27
60. 6.41%
61. 26,819.53
62. 8.07%
63. 77,389.63
64. （1）1,161,400；（2）7.77%
65. 7.91%
66. 423.20
67. 78,650.46
68. 7.35%
69. 6,711.44
70. 8,809.31
71. 1,079.86
72. 8.58%
73. 7
74. 1.458,126
75. 1,842.29
76. 6.30%
77. 502.40
78. 0.08

79. 1,070.80
80. 341.76
81. 1,514.80
82. 7.67%
83. 8.71%
84. 100
85. 12
86. 1,140；106.67
87. 1.8
88. 7.98
89. 9.71%
90. 1,046.03
91. 1.22
92. 8.9%
93. 4.95 年；4.62
94. 7.66%
95. （1）0.045,29，0.007,00；（2）0.44；（3）2.152,5，0.041,14
96. 109.70；132.45
97. 47.26 萬元；第 7 年
98. 107.40 萬元
99. 313.90
100. 931.89；7.75；6.92；74.67

附錄

附錄一　線性插值法與迭代法的應用

1. 基本思路

反覆運用公式(1.2.10),即

$$\hat{i}_k = \tilde{i}_1 - (\tilde{i}_2 - \tilde{i}_1)\frac{f(\tilde{i}_1)}{f(\tilde{i}_2) - f(\tilde{i}_1)} \tag{1.2.10}$$

求解例 1.2.8 的方程

$$f(i) \triangleq (1+i)^{12} + 3(1+i)^6 + (1+i)^2 - 7 = 0$$

2. 操作過程

(1)打開一個工作簿,命名為「利息理論實驗」(可任意命名),將其工作表 sheet1 重新命名為「linear」,下面在此工作表上操作。

(2)在第 5 行的 A5、B5、C5、D5、E5、F5 分別輸入提示符號:k、$\tilde{i}_1$、$\tilde{i}_2$、$f(\tilde{i}_1)$、$f(\tilde{i}_2)$、$\hat{i}_k$。

(3)從 A6 向下依次輸入 1,2,3,…,10,表示線性插值次數。必要時可增加迭代次數,以得到更精確的近似解。

(4)在 D6 中輸入「= (1 + B6)^12 + 3 * (1 + B6)^6 + (1 + B6)^2 - 7」,即以單元格 B6 中的利率計算出函數值 $f(\tilde{i}_1)$,這裡 B6 中並沒有輸入任何數據,即默認為已輸入「0」。將單元格 D6 向下拖動到 D15(必要時可增加),向右拖動即得 E6,再向下拖動到 E15,即得到 $f(\tilde{i}_2)$ 的值。

(5)在 F6 中輸入「= B6 - (C6 - B6) * D6/(E6 - D6)」,即輸入(1.2.10)式的右邊。再向下拖動到 F15。注意這裡會出現分母為 0 無法計算的情況,現在不必考慮這些問題。

(6)在 B7 中輸入「= F6」,即相當於第 2 次線性插值時運用第一次線性插值的結果,將其作為 $\tilde{i}_1$,並向下拖動到 B15。

（7）下面尋找初始的 $\tilde{i}_1$、$\tilde{i}_2$ 的值，要求其對應的函數值異號。在 C6、C7 中分別輸入 0 與 0.01（或者 0 與 0.05，或者 0 與 0.1），然后拖動此區域直到第 E 列相應函數值變號時即終止。本例已找到這樣的值為 0.05 與 0.06。

（8）在 B6、C6 中分別輸入 0.05、0.06（或者 0.06、0.05），當然第一次線性結果已得到 $\hat{i}_1 \approx 0.051,721,07$，在下一次線性插值中將其作為 $\tilde{i}_1$ 的值，依次計算下去。

（9）觀察 D7，由於其值為負，即 $f(\tilde{i}_1)$ 為負，需要在 0.05 與 0.06 的函數值中找一個與 D7 異號的，即 0.06，在 C7 中直接輸入 0.06，並拖動此數字到 C15。

（10）觀察 F 列，不難發現第 4 次線性插值結果 0.051,772,95，就可達到 8 位小數的精度。

（11）保留此模版，可求解任何一元方程。只需重複上述（4）、（7）、（8）、（9）步驟。可在空白處留下線性插值公式與方程，以作為提示。見附圖 1。

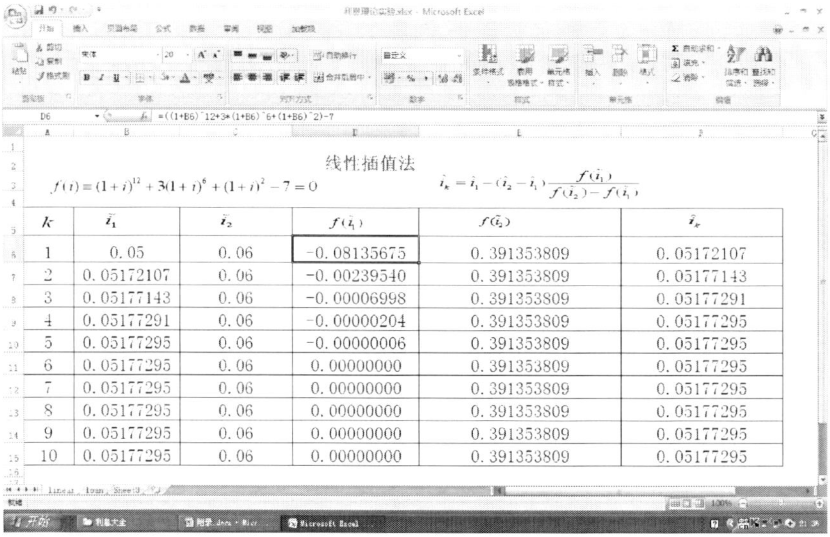

D6 =((1+B6)^12+3*(1+B6)^6+(1+B6)^2)-7

线性插值法

$f(i) \equiv (1+i)^{12} + 3(1+i)^6 + (1+i)^2 - 7 = 0$

$\hat{i}_k = \tilde{i}_1 - (\tilde{i}_2 - \tilde{i}_1)\dfrac{f(\tilde{i}_1)}{f(\tilde{i}_2) - f(\tilde{i}_1)}$

k	$\tilde{i}_1$	$\tilde{i}_2$	$f(\tilde{i}_1)$	$f(\tilde{i}_2)$	$\hat{i}_k$
1	0.05	0.06	-0.08135675	0.391353809	0.05172107
2	0.05172107	0.06	-0.00239540	0.391353809	0.05177143
3	0.05177143	0.06	-0.00006998	0.391353809	0.05177291
4	0.05177291	0.06	-0.00000204	0.391353809	0.05177295
5	0.05177295	0.06	-0.00000006	0.391353809	0.05177295
6	0.05177295	0.06	0.00000000	0.391353809	0.05177295
7	0.05177295	0.06	0.00000000	0.391353809	0.05177295
8	0.05177295	0.06	0.00000000	0.391353809	0.05177295
9	0.05177295	0.06	0.00000000	0.391353809	0.05177295
10	0.05177295	0.06	0.00000000	0.391353809	0.05177295

附圖 1

3. 思考題

求解下列方程：

（1）$f(i) = 11(1+i) - 4.8(1+i)^{\frac{2}{3}} + 2.9(1+i)^{\frac{1}{4}} - 10 = 0$；

（2）$100 = 8a_{\overline{10}|} + 115v^{10}$。

附錄二　等額本利分期償還法

1. 基本原理

運用（4.1.2）式～（4.1.5）式做出等額分期還款表。已知貸款年計息 12 次的年名義利率為 7.8%，貸款本金 60 萬元，貸款 20 年，試做出分期還款表。

2.操作過程

(1)任意打開工作簿「利息理論實驗」,將工作表 sheet2 重新命名為「loan」,任意選擇一行(如第 1 行),在單元格 A1、B1、C1、D1 內分別輸入提示文字「貸款本金 L_0」、「貸款利率 i」、「貸款期限 n」和「每期末還款數額 R」。

(2)在這些選定的單元格下一行(如第 2 行)對應單元格,即在 A2、B2、C2 內,輸入具體的貸款本金、貸款期限、貸款利率的取值,並用紅色數字標註,意味著它們可以變動,其餘數字也將自動變動。在 D2 單元格內輸入每期末還款數額 R 的具體的計算公式「 $= A2 * B2/[1 - (1 + B2)^\wedge(-C2)]$ 」,按 Enter 鍵,即得 R 值。

(3)在同一工作表上,任意選定其他行(如第 6 行)中的單元格 A6、B6、C6、D6、E6,分別輸入提示文字「第 k 期末」、「每期償還額 R」、「償還的利息 I_k」、「償還的本金 P_k」和「殘余本金 L_k」。

(4)在 A 列中從第 7 行起,依次輸入數字 0,1,2,…,240;在 E7 單元格內輸入「 $= A2$ 」;在單元格 B8、C8、D8、E8 中分別輸入計算公式「 $= \$D\$2$ 」、「 $= E7 * \$B\$2$ 」、「 $= B8 - C8$ 」、「 $= E7 - D8$ 」,按 Enter 鍵,得到 B8、C8、D8、E8 的具體數值。

(5)然後拖動 B8、C8、D8、E8 所在的列,直至所需要的最後一行,本例將拖至第 247 行,這樣就得到了等額分期償還表。見附圖 2。

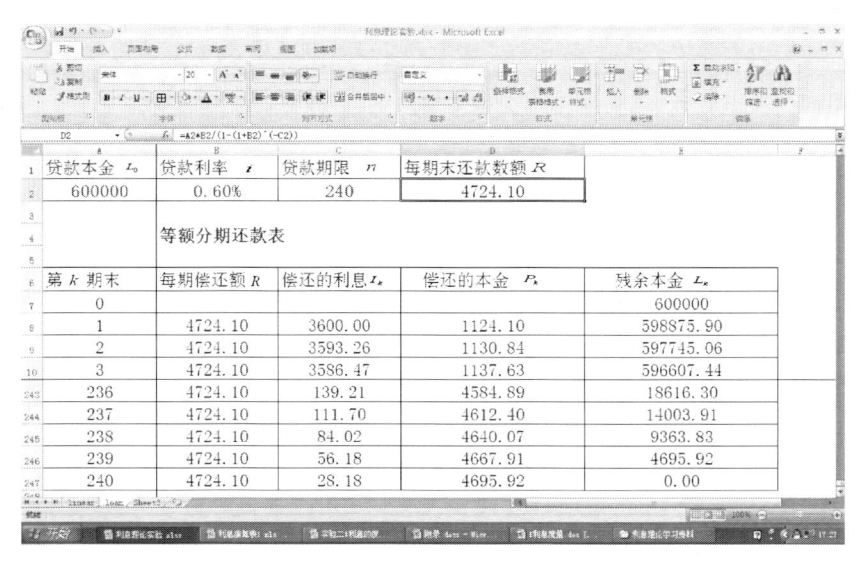

附圖 2

3.思考題

做出下列分期還款表:

(1)貸款 50 萬元,期限 10 年,貸款年計息 12 次的年名義利率為 7.83%。

(2)貸款 100 萬元,期限 20 年,貸款年計息 12 次的年名義利率為 7.2%;但從第 6 年起貸款利率已上升至年計息 12 次的年名義利率為 7.8%。

附錄三　其他方法

1. 運用牛頓迭代法

利用定理 2.1.2,或公式(2.1.39)、公式(2.1.44)求解方程。

2. 仿照分期還款表做出債券帳面值表

利用第五章的基本原理完成。

3. 利用 Excel 的財務函數完成計算

常見的函數有:

(1) 現值函數 PV(rate,nper,pmt,fv,type);

(2) 終值函數 FV(rate,nper,pmt,pv,type);

(3) 名義利率 NOMINAL(effect_rate,npery);

(4) 實際利率 NOMINAL(effect_rate,npery);

(5) 每期還款額 PMT(rate,nper,pv,fv,type);

(6) 每期還款額中利息部分 IPMT(rate,per,nper,pv,fv,type);

(7) 每期還款額中本金部分 PPMT(rate,per,nper,pv,fv,type);

(8) 貸款中的利率 RATE(nper,pmt,pv,fv,type,guess);

(9) 貸款償還中的期數 NPER(rate,pmt,pv,fv,type);

(10) 固定余額遞減法 DB(cost,salvage,life,period,month);

(11) 雙倍余額遞減法 DDB(cost,salvage,life,period,factor);

(12) 內部收益率 IRR(values,guess);

(13) Macauley 修正持續期限:

　　　　MDURATION(settlement,maturity,coupon,yld,frequency,basis);

(14) 淨現值 NPV(rate,value1,value2,...);

(15) 有價證券收益率:

　　　　YIELD(settlement,maturity,rate,pr,redemption,frequency,basis)。

附表

附表1　常用系數表

i	0.5%	1.0%	1.5%	2.0%	2.5%
i	0.00500000	0.01000000	0.01500000	0.02000000	0.02500000
$i^{(2)}$	0.00499377	0.00997512	0.01494417	0.01990099	0.02484567
$i^{(4)}$	0.00499065	0.00996272	0.01491636	0.01985173	0.02476899
$i^{(12)}$	0.00498858	0.00995446	0.01489785	0.01981898	0.02471804
δ	0.00498754	0.00995033	0.01488861	0.01980263	0.02469261
$(1+i)^{1/2}$	1.00249688	1.00498756	1.00747208	1.00995049	1.01242284
$(1+i)^{1/4}$	1.00124766	1.00249068	1.00372909	1.00496293	1.00619225
$(1+i)^{1/12}$	1.00041571	1.00082954	1.00124149	1.00165158	1.00205984
v	0.99502488	0.99009901	0.98522167	0.98039216	0.97560976
$v^{1/2}$	0.99750934	0.99503719	0.99258333	0.99014754	0.98772960
$v^{1/4}$	0.99875389	0.99751551	0.99628477	0.99506158	0.99384586
$v^{1/12}$	0.99958446	0.99917115	0.99876005	0.99835114	0.99794440
d	0.00497512	0.00990099	0.01477833	0.01960784	0.02439024
$d^{(2)}$	0.00498133	0.00992562	0.01483333	0.01970491	0.02454081
$d^{(4)}$	0.00498443	0.00993796	0.01486094	0.01975369	0.02461655
$d^{(12)}$	0.00498651	0.00994621	0.01487938	0.01978630	0.02466722
$\ddot{a}_{\overline{1}|}^{(2)}$	0.99875467	0.99751860	0.99629167	0.99507377	0.99386480
$\ddot{a}_{\overline{1}|}^{(4)}$	0.99813239	0.99627943	0.99444094	0.99261672	0.99080661
$\ddot{a}_{\overline{1}|}^{(12)}$	0.99771768	0.99545389	0.99320839	0.99098094	0.98877130
$\bar{a}_{\overline{1}|}$	0.99751037	0.99504130	0.99259250	0.99016372	0.98775469
$a_{\overline{1}|}^{(2)}$	0.99626711	0.99256810	0.98890250	0.98526985	0.98166968
$a_{\overline{1}|}^{(4)}$	0.99688861	0.99380418	0.99074636	0.98771476	0.98470905
$a_{\overline{1}|}^{(12)}$	0.99730309	0.99462881	0.99197687	0.98934695	0.98673878

261

附表1(續1)

i	3.0%	3.5%	4.0%	4.5%	5.0%
i	0.03000000	0.03500000	0.04000000	0.04500000	0.05000000
$i^{(2)}$	0.02977831	0.03469899	0.03960781	0.04450483	0.04939015
$i^{(4)}$	0.02966829	0.03454978	0.03941363	0.04425996	0.04908894
$i^{(12)}$	0.02959524	0.03445078	0.03928488	0.04409771	0.04888949
δ	0.02955880	0.03440143	0.03922071	0.04401689	0.04879016
$(1+i)^{1/2}$	1.01488916	1.01734950	1.01980390	1.02225742	1.02469508
$(1+i)^{1/4}$	1.00741707	1.00863745	1.00985341	1.01106499	1.01227223
$(1+i)^{1/12}$	1.00246627	1.00287090	1.00327374	1.00367481	1.00407412
v	0.97087379	0.96618357	0.96153846	0.95693780	0.95238095
$v^{1/2}$	0.98532928	0.98294637	0.98058068	0.97823198	0.97590007
$v^{1/4}$	0.99263754	0.99143652	0.99024274	0.98905610	0.98787655
$v^{1/12}$	0.99753980	0.99713732	0.99673694	0.99633865	0.99594241
d	0.02912621	0.03381643	0.03846154	0.04306220	0.04761905
$d^{(2)}$	0.02934144	0.03410725	0.03883865	0.04353605	0.04819985
$d^{(4)}$	0.02944986	0.03425392	0.03902906	0.04377559	0.04849381
$d^{(12)}$	0.02952243	0.03435216	0.03915669	0.04393626	0.04869111
$\ddot{a}_{\overline{1}|}^{(2)}$	0.99266464	0.99147319	0.99029034	0.98911599	0.98795004
$\ddot{a}_{\overline{1}|}^{(4)}$	0.98901041	0.98722796	0.98545908	0.98370360	0.98196135
$\ddot{a}_{\overline{1}|}^{(12)}$	0.98657924	0.98440454	0.98224696	0.98010630	0.97798234
$\bar{a}_{\overline{1}|}$	0.98536515	0.98299484	0.98064353	0.97831095	0.97599687
$a_{\overline{1}|}^{(2)}$	0.97810153	0.97456497	0.97105957	0.96758489	0.96414051
$a_{\overline{1}|}^{(4)}$	0.98172886	0.97877385	0.97584369	0.97293805	0.97005659
$a_{\overline{1}|}^{(12)}$	0.98415206	0.98158650	0.97904184	0.97651779	0.97401409

附表1(續2)

i	5.5%	6.0%	6.5%	7.0%	7.5%
i	0.05500000	0.06000000	0.06500000	0.07000000	0.07500000
$i^{(2)}$	0.05426386	0.05912603	0.06397674	0.06881609	0.07364414
$i^{(4)}$	0.05390070	0.05869538	0.06347314	0.06823410	0.07297840
$i^{(12)}$	0.05366039	0.05841061	0.06314033	0.06784974	0.07253903
δ	0.05354077	0.05826891	0.06297480	0.06765865	0.07232066
$(1+i)^{1/2}$	1.02713193	1.02956301	1.03198837	1.03440804	1.03682207
$(1+i)^{1/4}$	1.01347517	1.01467385	1.01586828	1.01705853	1.01824460
$(1+i)^{1/12}$	1.00447170	1.00486755	1.00526169	1.00565415	1.00604492
v	0.94786730	0.94339623	0.93896714	0.93457944	0.93023256
$v^{1/2}$	0.97358477	0.97128586	0.96900317	0.96673649	0.96448564
$v^{1/4}$	0.98670399	0.98553836	0.98437958	0.98322759	0.98208230
$v^{1/12}$	0.99554821	0.99515603	0.99476585	0.99437764	0.99399140
d	0.05213270	0.05660377	0.06103286	0.06542056	0.06976744
$d^{(2)}$	0.05283047	0.05742828	0.06199367	0.06652702	0.07102871
$d^{(4)}$	0.05318403	0.05784655	0.06248166	0.06708965	0.07167080
$d^{(12)}$	0.05342150	0.05812767	0.06280985	0.06746827	0.07210317
$\ddot{a}^{(2)}_{\overline{1}\rceil}$	0.98679238	0.98564293	0.98450158	0.98336824	0.98224282
$\ddot{a}^{(4)}_{\overline{1}\rceil}$	0.98023218	0.97851593	0.97681242	0.97512152	0.97344306
$\ddot{a}^{(12)}_{\overline{1}\rceil}$	0.97587487	0.97378367	0.97170856	0.96964931	0.96760574
$\bar{a}_{\overline{1}\rceil}$	0.97370106	0.97142328	0.96916329	0.96692089	0.96469585
$a^{(2)}_{\overline{1}\rceil}$	0.96072603	0.95734104	0.95398515	0.95065796	0.94735910
$a^{(4)}_{\overline{1}\rceil}$	0.96719901	0.96436498	0.96155421	0.95876638	0.95600120
$a^{(12)}_{\overline{1}\rceil}$	0.97153048	0.96906669	0.96662248	0.96419760	0.96179179

附表1(續3)

i	8.0%	8.5%	9.0%	9.5%	10.0%
i	0.08000000	0.08500000	0.09000000	0.09500000	0.10000000
$i^{(2)}$	0.07846097	0.08326667	0.08806130	0.09284495	0.09761770
$i^{(4)}$	0.07770619	0.08241758	0.08711272	0.09179174	0.09645476
$i^{(12)}$	0.07720836	0.08185792	0.08648788	0.09109841	0.09568969
δ	0.07696104	0.08157999	0.08617770	0.09075436	0.09531018
$(1+i)^{1/2}$	1.03923048	1.04163333	1.04403065	1.04642248	1.04880885
$(1+i)^{1/4}$	1.01942655	1.02060440	1.02177818	1.02294793	1.02411369
$(1+i)^{1/12}$	1.00643403	1.00682149	1.00720732	1.00759153	1.00797414
v	0.92592593	0.92165899	0.91743119	0.91324201	0.90909091
$v^{1/2}$	0.96225045	0.96003072	0.95782629	0.95563697	0.95346259
$v^{1/4}$	0.98094365	0.97981157	0.97868600	0.97756686	0.97645409
$v^{1/12}$	0.99360710	0.99322472	0.99284425	0.99246566	0.99208894
d	0.07407407	0.07834101	0.08256881	0.08675799	0.09090909
$d^{(2)}$	0.07549910	0.07993856	0.08434743	0.08872607	0.09307482
$d^{(4)}$	0.07622539	0.08075370	0.08525600	0.08973256	0.09418364
$d^{(12)}$	0.07671478	0.08130331	0.08586899	0.09041205	0.09493268
$\ddot{a}^{(2)}_{\overline{1}\rceil}$	0.98112522	0.98001536	0.97891314	0.97781848	0.97673129
$\ddot{a}^{(4)}_{\overline{1}\rceil}$	0.97177689	0.97012288	0.96848086	0.96685071	0.96523228
$\ddot{a}^{(12)}_{\overline{1}\rceil}$	0.96557766	0.96356487	0.96156719	0.95958443	0.95761641
$\bar{a}_{\overline{1}\rceil}$	0.96248794	0.96029696	0.95812270	0.95596496	0.95382352
$a^{(2)}_{\overline{1}\rceil}$	0.94408819	0.94084485	0.93762874	0.93443949	0.93127675
$a^{(4)}_{\overline{1}\rceil}$	0.95325837	0.95053762	0.94783866	0.94516122	0.94250501
$a^{(12)}_{\overline{1}\rceil}$	0.95940482	0.95703645	0.95468645	0.95235460	0.95004065

附表2 終值系數[$(1+i)^n$]表

n \ i	0.5%	1.0%	1.5%	2.0%	2.5%
1	1.00500000	1.01000000	1.01500000	1.02000000	1.02500000
2	1.01002500	1.01010075	1.03022500	1.04040000	1.05062500
3	1.01507513	1.01015151	1.04567838	1.06120800	1.07689063
4	1.02015050	1.01020253	1.06136355	1.08243216	1.10381289
5	1.02525125	1.01025380	1.07728400	1.10408080	1.13140821
6	1.03037751	1.01030534	1.09344326	1.12616242	1.15969342
7	1.03552940	1.01035713	1.10984491	1.14868567	1.18868575
8	1.04070704	1.01040918	1.12649259	1.17165938	1.21840290
9	1.04591058	1.01046150	1.14338998	1.19509257	1.24886297
10	1.05114013	1.01051408	1.16054083	1.21899442	1.28008454
11	1.05639583	1.01056693	1.17794894	1.24337431	1.31208666
12	1.06167781	1.01062004	1.19561817	1.26824179	1.34488882
13	1.06698620	1.01067342	1.21355244	1.29360663	1.37851104
14	1.07232113	1.01072708	1.23175573	1.31947876	1.41297382
15	1.07768274	1.01078100	1.25023207	1.34586834	1.44829817
16	1.08307115	1.01083520	1.26898555	1.37278571	1.48450562
17	1.08848651	1.01088967	1.28802033	1.40024142	1.52161826
18	1.09392894	1.01094441	1.30734064	1.42824625	1.55965872
19	1.09939858	1.01099943	1.32695075	1.45681117	1.59865019
20	1.10489558	1.01105473	1.34685501	1.48594740	1.63861644
21	1.11042006	1.01111031	1.36705783	1.51566634	1.67958185
22	1.11597216	1.01116617	1.38756370	1.54597967	1.72157140
23	1.12155202	1.01122232	1.40837715	1.57689926	1.76461068
24	1.12715978	1.01127874	1.42950281	1.60843725	1.80872595
25	1.13279558	1.01133546	1.45094535	1.64060599	1.85394410
26	1.13845955	1.01139245	1.47270953	1.67341811	1.90029270
27	1.14415185	1.01144974	1.49480018	1.70688648	1.94780002
28	1.14987261	1.01150732	1.51722218	1.74102421	1.99649502
29	1.15562197	1.01156519	1.53998051	1.77584469	2.04640739
30	1.16140008	1.01162335	1.56308022	1.81136158	2.09756758
31	1.16720708	1.01168180	1.58652642	1.84758882	2.15000677
32	1.17304312	1.01174055	1.61032432	1.88454059	2.20375694
33	1.17890833	1.01179960	1.63447918	1.92223140	2.25885086
34	1.18480288	1.01185895	1.65899637	1.96067603	2.31532213
35	1.19072689	1.01191859	1.68388132	1.99988955	2.37320519
36	1.19668052	1.01197854	1.70913954	2.03988734	2.43253532
37	1.20266393	1.01203879	1.73477663	2.08068509	2.49334870
38	1.20867725	1.01209935	1.76079828	2.12229879	2.55568242
39	1.21472063	1.01216021	1.78721025	2.16474477	2.61957448
40	1.22079424	1.01222138	1.81401841	2.20803966	2.68506384

附表2(續1)

n \ i	3.0%	3.5%	4.0%	4.5%	5.0%
1	1.03000000	1.03500000	1.04000000	1.04500000	1.05000000
2	1.06090000	1.07122500	1.08160000	1.09202500	1.10250000
3	1.09272700	1.10871788	1.12486400	1.14116613	1.15762500
4	1.12550881	1.14752300	1.16985856	1.19251860	1.21550625
5	1.15927407	1.18768631	1.21665290	1.24618194	1.27628156
6	1.19405230	1.22925533	1.26531902	1.30226012	1.34009564
7	1.22987387	1.27227926	1.31593178	1.36086183	1.40710042
8	1.26677008	1.31680904	1.36856905	1.42210061	1.47745544
9	1.30477318	1.36289735	1.42331181	1.48609514	1.55132822
10	1.34391638	1.41059876	1.48024428	1.55296942	1.62889463
11	1.38423387	1.45996972	1.53945406	1.62285305	1.71033936
12	1.42576089	1.51106866	1.60103222	1.69588143	1.79585633
13	1.46853371	1.56395606	1.66507351	1.77219610	1.88564914
14	1.51258972	1.61869452	1.73167645	1.85194492	1.97993160
15	1.55796742	1.67534883	1.80094351	1.93528244	2.07892818
16	1.60470644	1.73398604	1.87298125	2.02237015	2.18287459
17	1.65284763	1.79467555	1.94790050	2.11337681	2.29201832
18	1.70243306	1.85748920	2.02581652	2.20847877	2.40661923
19	1.75350605	1.92250132	2.10684918	2.30786031	2.52695020
20	1.80611123	1.98978886	2.19112314	2.41171402	2.65329771
21	1.86029457	2.05943147	2.27876807	2.52024116	2.78596259
22	1.91610341	2.13151158	2.36991879	2.63365201	2.92526072
23	1.97358651	2.20611448	2.46471554	2.75216635	3.07152376
24	2.03279411	2.28332849	2.56330416	2.87601383	3.22509994
25	2.09377793	2.36324498	2.66583633	3.00543446	3.38635494
26	2.15659127	2.44595856	2.77246978	3.14067901	3.55567269
27	2.22128901	2.53156711	2.88336858	3.28200956	3.73345632
28	2.28792768	2.62017196	2.99870332	3.42969999	3.92012914
29	2.35656551	2.71187798	3.11865145	3.58403649	4.11613560
30	2.42726247	2.80679370	3.24339751	3.74531813	4.32194238
31	2.50008035	2.90503148	3.37313341	3.91385745	4.53803949
32	2.57508276	3.00670759	3.50805875	4.08998104	4.76494147
33	2.65233524	3.11194235	3.64838110	4.27403018	5.00318854
34	2.73190530	3.22086033	3.79431634	4.46636154	5.25334797
35	2.81386245	3.33359045	3.94608899	4.66734781	5.51601537
36	2.89827833	3.45026611	4.10393255	4.87737846	5.79181614
37	2.98522668	3.57102543	4.26808986	5.09686049	6.08140694
38	3.07478348	3.69601132	4.43881345	5.32621921	6.38547729
39	3.16702698	3.82537171	4.61636599	5.56589908	6.70475115
40	3.26203779	3.95925972	4.80102063	5.81636454	7.03998871

附表2(續2)

n \ i	5.5%	6.0%	6.5%	7.0%	7.5%
1	1.05500000	1.06000000	1.06500000	1.07000000	1.07500000
2	1.11302500	1.12360000	1.13422500	1.14490000	1.15562500
3	1.17424138	1.19101600	1.20794963	1.22504300	1.24229688
4	1.23882465	1.26247696	1.28646635	1.31079601	1.33546914
5	1.30696001	1.33822558	1.37008666	1.40255173	1.43562933
6	1.37884281	1.41851911	1.45914230	1.50073035	1.54330153
7	1.45467916	1.50363026	1.55398655	1.60578148	1.65904914
8	1.53468651	1.59384807	1.65499567	1.71818618	1.78347783
9	1.61909427	1.68947896	1.76257039	1.83845921	1.91723866
10	1.70814446	1.79084770	1.87713747	1.96715136	2.06103156
11	1.80209240	1.89829856	1.99915140	2.10485195	2.21560893
12	1.90120749	2.01219647	2.12909624	2.25219159	2.38177960
13	2.00577390	2.13292826	2.26748750	2.40984500	2.56041307
14	2.11609146	2.26090396	2.41487418	2.57853415	2.75244405
15	2.23247649	2.39655819	2.57184101	2.75903154	2.95887735
16	2.35526270	2.54035168	2.73901067	2.95216375	3.18079315
17	2.48480215	2.69277279	2.91704637	3.15881521	3.41935264
18	2.62146627	2.85433915	3.10665438	3.37993228	3.67580409
19	2.76564691	3.02559950	3.30858691	3.61652754	3.95148940
20	2.91775749	3.20713547	3.52364506	3.86968446	4.24785110
21	3.07823415	3.39956360	3.75268199	4.14056237	4.56643993
22	3.24753703	3.60353742	3.99660632	4.43040174	4.90892293
23	3.42615157	3.81974966	4.25638573	4.74052986	5.27709215
24	3.61458990	4.04893464	4.53305081	5.07236695	5.67287406
25	3.81339235	4.29187072	4.82769911	5.42743264	6.09833961
26	4.02312893	4.54938296	5.14149955	5.80735292	6.55571508
27	4.24440102	4.82234594	5.47569702	6.21386763	7.04739371
28	4.47784307	5.11168670	5.83161733	6.64883836	7.57594824
29	4.72412444	5.41838790	6.21067245	7.11425705	8.14414436
30	4.98395129	5.74349117	6.61436616	7.61225504	8.75495519
31	5.25806861	6.08810064	7.04429996	8.14511290	9.41157683
32	5.54726238	6.45338668	7.50217946	8.71527080	10.11744509
33	5.85236181	6.84058988	7.98982113	9.32533975	10.87625347
34	6.17424171	7.25102528	8.50915950	9.97811354	11.69197248
35	6.51382501	7.68608679	9.06225487	10.67658148	12.56887042
36	6.87208538	8.14725200	9.65130143	11.42394219	13.51153570
37	7.25005008	8.63608712	10.27863603	12.22361814	14.52490088
38	7.64880283	9.15425235	10.94674637	13.07927141	15.61426844
39	8.06948699	9.70350749	11.65828595	13.99482041	16.78533858
40	8.51330877	10.28571794	12.41607453	14.97445784	18.04423897

附表2(續3)

n \ i	8.0%	8.5%	9.0%	9.5%	10.0%
1	1.08000000	1.08500000	1.09000000	1.09500000	1.10000000
2	1.16640000	1.17722500	1.18810000	1.19902500	1.21000000
3	1.25971200	1.27728913	1.29502900	1.31293238	1.33100000
4	1.36048896	1.38585870	1.41158161	1.43766095	1.46410000
5	1.46932808	1.50365669	1.53862395	1.57423874	1.61051000
6	1.58687432	1.63146751	1.67710011	1.72379142	1.77156100
7	1.71382427	1.77014225	1.82803912	1.88755161	1.94871710
8	1.85093021	1.92060434	1.99256264	2.06686901	2.14358881
9	1.99900463	2.08385571	2.17189328	2.26322156	2.35794769
10	2.15892500	2.26098344	2.36736367	2.47822761	2.59374246
11	2.33163900	2.45316703	2.58042641	2.71365924	2.85311671
12	2.51817012	2.66168623	2.81266478	2.97145686	3.13842838
13	2.71962373	2.88792956	3.06580461	3.25374527	3.45227121
14	2.93719362	3.13340357	3.34172703	3.56285107	3.79749834
15	3.17216911	3.39974288	3.64248246	3.90132192	4.17724817
16	3.42594264	3.68872102	3.97030588	4.27194750	4.59497299
17	3.70001805	4.00226231	4.32763341	4.67778251	5.05447028
18	3.99601950	4.34245461	4.71712042	5.12217185	5.55991731
19	4.31570106	4.71156325	5.14166125	5.60877818	6.11590904
20	4.66095714	5.11204612	5.60441077	6.14161210	6.72749995
21	5.03383372	5.54657005	6.10880774	6.72506525	7.40024994
22	5.43654041	6.01802850	6.65860043	7.36394645	8.14027494
23	5.87146365	6.52956092	7.25787447	8.06352137	8.95430243
24	6.34118074	7.08457360	7.91108317	8.82955590	9.84973268
25	6.84847520	7.68676236	8.62308066	9.66836371	10.83470594
26	7.39635321	8.34013716	9.39915792	10.58685826	11.91817654
27	7.98806147	9.04904881	10.24508213	11.59260979	13.10999419
28	8.62710639	9.81821796	11.16713952	12.69390772	14.42099361
29	9.31727490	10.65276649	12.17218208	13.89982896	15.86309297
30	10.06265689	11.55825164	13.26767847	15.22031271	17.44940227
31	10.86766944	12.54070303	14.46176953	16.66624241	19.19434250
32	11.73708300	13.60666279	15.76332879	18.24953544	21.11377675
33	12.67604964	14.76322913	17.18202838	19.98324131	23.22515442
34	13.69013361	16.01810360	18.72841093	21.88164924	25.54766986
35	14.78534429	17.37964241	20.41396792	23.96040591	28.10243685
36	15.96817184	18.85691201	22.25122503	26.23664448	30.91268053
37	17.24562558	20.45974953	24.25383528	28.72912570	34.00394859
38	18.62527563	22.19882824	26.43668046	31.45839264	37.40434344
39	20.11529768	24.08572865	28.81598170	34.44693994	41.14477779
40	21.72452150	26.13301558	31.40942005	37.71939924	45.25925557

附表3　現值系數 $[v^n = (1+i)^{-n}]$ 表

n \ i	0.5%	1.0%	1.5%	2.0%	2.5%
1	0.99502488	0.99009901	0.98522167	0.98039216	0.97560976
2	0.99007450	0.98029605	0.97066175	0.96116878	0.95181440
3	0.98514876	0.97059015	0.95631699	0.94232233	0.92859941
4	0.98024752	0.96098034	0.94218423	0.92384543	0.90595064
5	0.97537067	0.95146569	0.92826033	0.90573081	0.88385429
6	0.97051808	0.94204524	0.91454219	0.88797138	0.86229687
7	0.96568963	0.93271805	0.90102679	0.87056018	0.84126524
8	0.96088520	0.92348322	0.88771112	0.85349037	0.82074657
9	0.95610468	0.91433982	0.87459224	0.83675527	0.80072836
10	0.95134794	0.90528695	0.86166723	0.82034830	0.78119840
11	0.94661487	0.89632372	0.84893323	0.80426304	0.76214478
12	0.94190534	0.88744923	0.83638742	0.78849318	0.74355589
13	0.93721924	0.87866260	0.82402702	0.77303253	0.72542038
14	0.93255646	0.86996297	0.81184928	0.75787502	0.70772720
15	0.92791688	0.86134947	0.79985150	0.74301473	0.69046556
16	0.92330037	0.85282126	0.78803104	0.72844581	0.67362493
17	0.91870684	0.84437749	0.77638526	0.71416256	0.65719506
18	0.91413616	0.83601731	0.76491159	0.70015937	0.64116591
19	0.90958822	0.82773992	0.75360747	0.68643076	0.62552772
20	0.90506290	0.81954447	0.74247042	0.67297133	0.61027094
21	0.90056010	0.81143017	0.73149795	0.65977582	0.59538629
22	0.89607971	0.80339621	0.72068763	0.64683904	0.58086467
23	0.89162160	0.79544179	0.71003708	0.63415592	0.56669724
24	0.88718567	0.78756613	0.69954392	0.62172149	0.55287535
25	0.88277181	0.77976844	0.68920583	0.60953087	0.53939059
26	0.87837991	0.77204796	0.67902052	0.59757928	0.52623472
27	0.87400986	0.76440392	0.66898574	0.58586204	0.51339973
28	0.86966155	0.75683557	0.65909925	0.57437455	0.50087778
29	0.86533488	0.74934215	0.64935887	0.56311231	0.48866125
30	0.86102973	0.74192292	0.63976243	0.55207089	0.47674269
31	0.85674600	0.73457715	0.63030781	0.54124597	0.46511481
32	0.85248358	0.72730411	0.62099292	0.53063330	0.45377055
33	0.84824237	0.72010307	0.61181568	0.52022873	0.44270298
34	0.84402226	0.71297334	0.60277407	0.51002817	0.43190534
35	0.83982314	0.70591420	0.59386608	0.50002761	0.42137107
36	0.83564492	0.69892495	0.58508974	0.49022315	0.41109372
37	0.83148748	0.69200490	0.57644309	0.48061093	0.40106705
38	0.82735073	0.68515337	0.56792423	0.47118719	0.39128492
39	0.82323455	0.67836967	0.55953126	0.46194822	0.38174139
40	0.81913886	0.67165314	0.55126232	0.45289042	0.37243062

附表3(續1)

n \ i	3.0%	3.5%	4.0%	4.5%	5.0%
1	0.97087379	0.96618357	0.96153846	0.95693780	0.95238095
2	0.94259591	0.93351070	0.92455621	0.91572995	0.90702948
3	0.91514166	0.90194271	0.88899636	0.87629660	0.86383760
4	0.88848705	0.87144223	0.85480419	0.83856134	0.82270247
5	0.86260878	0.84197317	0.82192711	0.80245105	0.78352617
6	0.83748426	0.81350064	0.79031453	0.76789574	0.74621540
7	0.81309151	0.78599096	0.75991781	0.73482846	0.71068133
8	0.78940923	0.75941156	0.73069021	0.70318513	0.67683936
9	0.76641673	0.73373097	0.70258674	0.67290443	0.64460892
10	0.74409391	0.70891881	0.67556417	0.64392768	0.61391325
11	0.72242128	0.68494571	0.64958093	0.61619874	0.58467929
12	0.70137988	0.66178330	0.62459705	0.58966386	0.55683742
13	0.68095134	0.63940415	0.60057409	0.56427164	0.53032135
14	0.66111781	0.61778179	0.57747508	0.53997286	0.50506795
15	0.64186195	0.59689062	0.55526450	0.51672044	0.48101710
16	0.62316694	0.57670591	0.53390818	0.49446932	0.45811152
17	0.60501645	0.55720378	0.51337325	0.47317639	0.43629669
18	0.58739461	0.53836114	0.49362812	0.45280037	0.41552065
19	0.57028603	0.52015569	0.47464242	0.43330179	0.39573396
20	0.55367575	0.50256588	0.45638695	0.41464286	0.37688948
21	0.53754928	0.48557090	0.43883360	0.39678743	0.35894236
22	0.52189250	0.46915063	0.42195539	0.37970089	0.34184987
23	0.50669175	0.45328563	0.40572633	0.36335013	0.32557131
24	0.49193374	0.43795713	0.39012147	0.34770347	0.31006791
25	0.47760557	0.42314699	0.37511680	0.33273060	0.29530277
26	0.46369473	0.40883767	0.36068923	0.31840248	0.28124073
27	0.45018906	0.39501224	0.34681657	0.30469137	0.26784832
28	0.43707675	0.38165434	0.33347747	0.29157069	0.25509364
29	0.42434636	0.36874815	0.32065141	0.27901502	0.24294632
30	0.41198676	0.35627841	0.30831867	0.26700002	0.23137745
31	0.39998715	0.34423035	0.29646026	0.25550241	0.22035947
32	0.38833703	0.33258971	0.28505794	0.24449991	0.20986617
33	0.37702625	0.32134271	0.27409417	0.23397121	0.19987254
34	0.36604490	0.31047605	0.26355209	0.22389589	0.19035480
35	0.35538340	0.29997686	0.25341547	0.21425444	0.18129029
36	0.34503243	0.28983272	0.24366872	0.20502817	0.17265741
37	0.33498294	0.28003161	0.23429685	0.19619921	0.16443563
38	0.32522615	0.27056194	0.22528543	0.18775044	0.15660536
39	0.31575355	0.26141250	0.21662061	0.17966549	0.14914797
40	0.30655684	0.25257247	0.20828904	0.17192870	0.14204568

附表 3（續 2）

n \ i	5.5%	6.0%	6.5%	7.0%	7.5%
1	0.94786730	0.94339623	0.93896714	0.93457944	0.93023256
2	0.89845242	0.88999644	0.88165928	0.87343873	0.86533261
3	0.85161366	0.83961928	0.82784909	0.81629788	0.80496057
4	0.80721674	0.79209366	0.77732309	0.76289521	0.74880053
5	0.76513435	0.74725817	0.72988084	0.71298618	0.69655863
6	0.72524583	0.70496054	0.68533412	0.66634222	0.64796152
7	0.68743681	0.66505711	0.64350621	0.62274974	0.60275490
8	0.65159887	0.62741237	0.60423119	0.58200910	0.56070223
9	0.61762926	0.59189846	0.56735323	0.54393374	0.52158347
10	0.58543058	0.55839478	0.53272604	0.50834929	0.48519393
11	0.55491050	0.52678753	0.50021224	0.47509280	0.45134319
12	0.52598152	0.49696936	0.46968285	0.44401196	0.41985413
13	0.49856068	0.46883902	0.44101676	0.41496445	0.39056198
14	0.47256937	0.44230096	0.41410025	0.38781724	0.36331347
15	0.44793305	0.41726506	0.38882652	0.36244602	0.33796602
16	0.42458109	0.39364628	0.36509533	0.33873460	0.31438699
17	0.40244653	0.37136442	0.34281251	0.31657439	0.29245302
18	0.38146590	0.35034379	0.32188969	0.29586392	0.27204932
19	0.36157906	0.33051301	0.30224384	0.27650833	0.25306913
20	0.34272896	0.31180473	0.28379703	0.25841900	0.23541315
21	0.32486158	0.29415540	0.26647608	0.24151309	0.21898897
22	0.30792567	0.27750510	0.25021228	0.22571317	0.20371067
23	0.29187267	0.26179726	0.23494111	0.21094688	0.18949830
24	0.27665656	0.24697855	0.22060198	0.19714662	0.17627749
25	0.26223370	0.23299863	0.20713801	0.18424918	0.16397906
26	0.24856275	0.21981003	0.19449579	0.17219549	0.15253866
27	0.23560450	0.20736795	0.18262515	0.16093037	0.14189643
28	0.22332181	0.19563014	0.17147902	0.15040221	0.13199668
29	0.21167944	0.18455674	0.16101316	0.14056282	0.12278761
30	0.20064402	0.17411013	0.15118607	0.13136712	0.11422103
31	0.19018390	0.16425484	0.14195875	0.12277301	0.10625212
32	0.18026910	0.15495740	0.13329460	0.11474113	0.09883918
33	0.17087119	0.14618622	0.12515925	0.10723470	0.09194343
34	0.16196321	0.13791153	0.11752042	0.10021934	0.08552877
35	0.15351963	0.13010522	0.11034781	0.09366294	0.07956164
36	0.14551624	0.12274077	0.10361297	0.08753546	0.07401083
37	0.13793008	0.11579318	0.09728917	0.08180884	0.06884729
38	0.13073941	0.10923885	0.09135134	0.07645686	0.06404399
39	0.12392362	0.10305552	0.08577590	0.07145501	0.05957580
40	0.11746314	0.09722219	0.08054075	0.06678038	0.05541935

附表3(續3)

n\i	8.0%	8.5%	9.0%	9.5%	10.0%
1	0.92592593	0.92165899	0.91743119	0.91324201	0.90909091
2	0.85733882	0.84945529	0.84167999	0.83401097	0.82644628
3	0.79383224	0.78290810	0.77218348	0.76165385	0.75131480
4	0.73502985	0.72157428	0.70842521	0.69557429	0.68301346
5	0.68058320	0.66504542	0.64993139	0.63522767	0.62092132
6	0.63016963	0.61294509	0.59626733	0.58011659	0.56447393
7	0.58349040	0.56492635	0.54703424	0.52978684	0.51315812
8	0.54026888	0.52066945	0.50186628	0.48382360	0.46650738
9	0.50024897	0.47987968	0.46042778	0.44184803	0.42409762
10	0.46319349	0.44228542	0.42241081	0.40351419	0.38554329
11	0.42888286	0.40763633	0.38753285	0.36850611	0.35049390
12	0.39711376	0.37570168	0.35553473	0.33653526	0.31863082
13	0.36769792	0.34626883	0.32617865	0.30733813	0.28966438
14	0.34046104	0.31914178	0.29924647	0.28067410	0.26333125
15	0.31524170	0.29413989	0.27453804	0.25632337	0.23939205
16	0.29189047	0.27109667	0.25186976	0.23408527	0.21762914
17	0.27026895	0.24985869	0.23107318	0.21377651	0.19784467
18	0.25024903	0.23028450	0.21199374	0.19522969	0.17985879
19	0.23171206	0.21224378	0.19448967	0.17829195	0.16350799
20	0.21454821	0.19561639	0.17843089	0.16282370	0.14864363
21	0.19865575	0.18029160	0.16369806	0.14869744	0.13513057
22	0.18394051	0.16616738	0.15018171	0.13579675	0.12284597
23	0.17031528	0.15314965	0.13778139	0.12401530	0.11167816
24	0.15769934	0.14115176	0.12640494	0.11325598	0.10152560
25	0.14601790	0.13009378	0.11596784	0.10343012	0.09229600
26	0.13520176	0.11990210	0.10639251	0.09445673	0.08390545
27	0.12518682	0.11050885	0.09760781	0.08626185	0.07627768
28	0.11591372	0.10185148	0.08954845	0.07877795	0.06934335
29	0.10732752	0.09387233	0.08215454	0.07194333	0.06303941
30	0.09937733	0.08651828	0.07537114	0.06570167	0.05730855
31	0.09201605	0.07974035	0.06914783	0.06000153	0.05209868
32	0.08520005	0.07349341	0.06343838	0.05479592	0.04736244
33	0.07888893	0.06773586	0.05820035	0.05004193	0.04305676
34	0.07304531	0.06242936	0.05339481	0.04570039	0.03914251
35	0.06763454	0.05753858	0.04898607	0.04173552	0.03558410
36	0.06262458	0.05303095	0.04494135	0.03811463	0.03234918
37	0.05798572	0.04887645	0.04123059	0.03480788	0.02940835
38	0.05369048	0.04504742	0.03782623	0.03178802	0.02673486
39	0.04971341	0.04151836	0.03470296	0.02903015	0.02430442
40	0.04603093	0.03826577	0.03183758	0.02651156	0.02209493

附表4　年金現值系數（$a_{\overline{n}|i}$）表

n \ i	0.5%	1.0%	1.5%	2.0%	2.5%
1	0.99502488	0.99009901	0.98522167	0.98039216	0.97560976
2	1.98509938	1.97039506	1.95588342	1.94156094	1.92742415
3	2.97024814	2.94098521	2.91220042	2.88388327	2.85602356
4	3.95049566	3.90196555	3.85438465	3.80772870	3.76197421
5	4.92586633	4.85343124	4.78264497	4.71345951	4.64582850
6	5.89638441	5.79547647	5.69718717	5.60143089	5.50812536
7	6.86207404	6.72819453	6.59821396	6.47199107	6.34939060
8	7.82295924	7.65167775	7.48592508	7.32548144	7.17013717
9	8.77906392	8.56601758	8.36051732	8.16223671	7.97086553
10	9.73041186	9.47130453	9.22218455	8.98258501	8.75206393
11	10.67702673	10.36762825	10.07111779	9.78684805	9.51420871
12	11.61893207	11.25507747	10.90750521	10.57534122	10.25776460
13	12.55615131	12.13374007	11.73153222	11.34837375	10.98318497
14	13.48870777	13.00370304	12.54338150	12.10624877	11.69091217
15	14.41662465	13.86505252	13.34323301	12.84926350	12.38137773
16	15.33992502	14.71787378	14.13126405	13.57770931	13.05500266
17	16.25863186	15.56225127	14.90764931	14.29187188	13.71219772
18	17.17276802	16.39826858	15.67256089	14.99203125	14.35336363
19	18.08235624	17.22600850	16.42616837	15.67846201	14.97889134
20	18.98741915	18.04555297	17.16863879	16.35143334	15.58916229
21	19.88797925	18.85698313	17.90013673	17.01120916	16.18454857
22	20.78405896	19.66037934	18.62082437	17.65804820	16.76541324
23	21.67568055	20.45582113	19.33086145	18.29220412	17.33211048
24	22.56286622	21.24338726	20.03040537	18.91392560	17.88498583
25	23.44563803	22.02315570	20.71961120	19.52345647	18.42437642
26	24.32401794	22.79520366	21.39863172	20.12103576	18.95061114
27	25.19802780	23.55960759	22.06761746	20.70689780	19.46401087
28	26.06768936	24.31644316	22.72671671	21.28127236	19.96488866
29	26.93302423	25.06578530	23.37607558	21.84438466	20.45354991
30	27.79405397	25.80770822	24.01583801	22.39645555	20.93029259
31	28.65079997	26.54228537	24.64614582	22.93770152	21.39540741
32	29.50328355	27.26958947	25.26713874	23.46833482	21.84917796
33	30.35152592	27.98969255	25.87895442	23.98856355	22.29188094
34	31.19554818	28.70266589	26.48172849	24.49859172	22.72378628
35	32.03537132	29.40858009	27.07559458	24.99861933	23.14515734
36	32.87101624	30.10750504	27.66068431	25.48884248	23.55625107
37	33.70250372	30.79950994	28.23712740	25.96945341	23.95731812
38	34.52985445	31.48466330	28.80505163	26.44064060	24.34860304
39	35.35308900	32.16303298	29.36458288	26.90258883	24.73034443
40	36.17222786	32.83468611	29.91584520	27.35547924	25.10277505

附表 4(續 1)

n \ i	3.0%	3.5%	4.0%	4.5%	5.0%
1	0.97087379	0.96618357	0.96153846	0.95693780	0.95238095
2	1.91346970	1.89969428	1.88609467	1.87266775	1.85941043
3	2.82861135	2.80163698	2.77509103	2.74896435	2.72324803
4	3.71709840	3.67307921	3.62989522	3.58752570	3.54595050
5	4.57970719	4.51505238	4.45182233	4.38997674	4.32947667
6	5.41719144	5.32855302	5.24213686	5.15787248	5.07569207
7	6.23028296	6.11454398	6.00205467	5.89270094	5.78637340
8	7.01969219	6.87395554	6.73274487	6.59588607	6.46321276
9	7.78610892	7.60768651	7.43533161	7.26879050	7.10782168
10	8.53020284	8.31660532	8.11089578	7.91271818	7.72173493
11	9.25262411	9.00155104	8.76047671	8.52891692	8.30641422
12	9.95400399	9.66333433	9.38507376	9.11858078	8.86325164
13	10.63495533	10.30273849	9.98564785	9.68285242	9.39357299
14	11.29607314	10.92052028	10.56312293	10.22282528	9.89864094
15	11.93793509	11.51741090	11.11838743	10.73954573	10.37965804
16	12.56110203	12.09411681	11.65229561	11.23401505	10.83776956
17	13.16611847	12.65132059	12.16566885	11.70719143	11.27406625
18	13.75351308	13.18968173	12.65929697	12.15999180	11.68958690
19	14.32379911	13.70983742	13.13393940	12.59329359	12.08532086
20	14.87747486	14.21240330	13.59032634	13.00793645	12.46221034
21	15.41502414	14.69797420	14.02915995	13.40472388	12.82115271
22	15.93691664	15.16712484	14.45111533	13.78442476	13.16300258
23	16.44360839	15.62041047	14.85684167	14.14777489	13.48857388
24	16.93554212	16.05836760	15.24696314	14.49547837	13.79864179
25	17.41314769	16.48151459	15.62207994	14.82820896	14.09394457
26	17.87684242	16.89035226	15.98276918	15.14661145	14.37518530
27	18.32703147	17.28536451	16.32958575	15.45130282	14.64303362
28	18.76410823	17.66701885	16.66306322	15.74287351	14.89812726
29	19.18845459	18.03576700	16.98371463	16.02188853	15.14107358
30	19.60044135	18.39204541	17.29203330	16.28888854	15.37245103
31	20.00042849	18.73627576	17.58849356	16.54439095	15.59281050
32	20.38876553	19.06886547	17.87355150	16.78889086	15.80267667
33	20.76579178	19.39020818	18.14764567	17.02286207	16.00254921
34	21.13183668	19.70068423	18.41119776	17.24675796	16.19290401
35	21.48722007	20.00066110	18.66461323	17.46101240	16.37419429
36	21.83225250	20.29049381	18.90828195	17.66604058	16.54685171
37	22.16723544	20.57052542	19.14257880	17.86223979	16.71128734
38	22.49246159	20.84108536	19.36786423	18.04999023	16.86789271
39	22.80821513	21.10249987	19.58448484	18.22965572	17.01704067
40	23.11477197	21.35507234	19.79277388	18.40158442	17.15908635

附表4(續2)

n \ i	5.5%	6.0%	6.5%	7.0%	7.5%
1	0.94786730	0.94339623	0.93896714	0.93457944	0.93023256
2	1.84631971	1.83339267	1.82062642	1.80801817	1.79556517
3	2.69793338	2.67301195	2.64847551	2.62431604	2.60052574
4	3.50515012	3.46510561	3.42579860	3.38721126	3.34932627
5	4.27028448	4.21236379	4.15567944	4.10019744	4.04588490
6	4.99553031	4.91732433	4.84101356	4.76653966	4.69384642
7	5.68296712	5.58238144	5.48451977	5.38928940	5.29660132
8	6.33456599	6.20979381	6.08875096	5.97129851	5.85730355
9	6.95219525	6.80169227	6.65610419	6.51523225	6.37888703
10	7.53762583	7.36008705	7.18883022	7.02358154	6.86408096
11	8.09253633	7.88687458	7.68904246	7.49867434	7.31542415
12	8.61851785	8.38384394	8.15872532	7.94268630	7.73527827
13	9.11707853	8.85268296	8.59974208	8.35765074	8.12584026
14	9.58964790	9.29498393	9.01384233	8.74546799	8.48915373
15	10.03758094	9.71224899	9.40266885	9.10791401	8.82711975
16	10.46216203	10.10589527	9.76776418	9.44664860	9.14150674
17	10.86460856	10.47725969	10.11057670	9.76322299	9.43395976
18	11.24607447	10.82760348	10.43246638	10.05908691	9.70600908
19	11.60765352	11.15811649	10.73471022	10.33559524	9.95907821
20	11.95038248	11.46992122	11.01850725	10.59401425	10.19449136
21	12.27524406	11.76407662	11.28498333	10.83552733	10.41348033
22	12.58316973	12.04158172	11.53519562	11.06124050	10.61719101
23	12.87504239	12.30337898	11.77013673	11.27218738	10.80668931
24	13.15169895	12.55035753	11.99073871	11.46933400	10.98296680
25	13.41393266	12.78335616	12.19787673	11.65358318	11.14694586
26	13.66249541	13.00316619	12.39237251	11.82577867	11.29948452
27	13.89809991	13.21053414	12.57499766	11.98670904	11.44138095
28	14.12142172	13.40616428	12.74647668	12.13711125	11.57337763
29	14.33310116	13.59072102	12.90748984	12.27767407	11.69616524
30	14.53374517	13.76483115	13.05867591	12.40904118	11.81038627
31	14.72392907	13.92908599	13.20063465	12.53181419	11.91663839
32	14.90419817	14.08404339	13.33392925	12.64655532	12.01547757
33	15.07506936	14.23022961	13.45908850	12.75379002	12.10742099
34	15.23703257	14.36814114	13.57660892	12.85400936	12.19294976
35	15.39055220	14.49824636	13.68695673	12.94767230	12.27251141
36	15.53606843	14.62098713	13.79056970	13.03520776	12.34652224
37	15.67399851	14.73678031	13.88785887	13.11701660	12.41536952
38	15.80473793	14.84601916	13.97921021	13.19347285	12.47941351
39	15.92866154	14.94907468	14.06498611	13.26492846	12.53898931
40	16.04612469	15.04629687	14.14552687	13.33170884	12.59440866

附表4(續3)

n \ i	8.0%	8.5%	9.0%	9.5%	10.0%
1	0.92592593	0.92165899	0.91743119	0.91324201	0.90909091
2	1.78326475	1.77111427	1.75911119	1.74725298	1.73553719
3	2.57709699	2.55402237	2.53129467	2.50890683	2.48685199
4	3.31212684	3.27559666	3.23971988	3.20448112	3.16986545
5	3.99271004	3.94064208	3.88965126	3.83970879	3.79078677
6	4.62287966	4.55358717	4.48591859	4.41982538	4.35526070
7	5.20637006	5.11851352	5.03295284	4.94961222	4.86841882
8	5.74663894	5.63918297	5.53481911	5.43343581	5.33492620
9	6.24688791	6.11906264	5.99524689	5.87528385	5.75902382
10	6.71008140	6.56134806	6.41765770	6.27879803	6.14456711
11	7.13896426	6.96898439	6.80519055	6.64730414	6.49506101
12	7.53607802	7.34468607	7.16072528	6.98383940	6.81369182
13	7.90377594	7.69095490	7.48690392	7.29117753	7.10335620
14	8.24423698	8.01009668	7.78615039	7.57185163	7.36668746
15	8.55947869	8.30423658	8.06068843	7.82817500	7.60607951
16	8.85136916	8.57533325	8.31255819	8.06226028	7.82370864
17	9.12163811	8.82519194	8.54363137	8.27603678	8.02155331
18	9.37188714	9.05547644	8.75562511	8.47126647	8.20141210
19	9.60359920	9.26772022	8.95011478	8.64955842	8.36492009
20	9.81814741	9.46333661	9.12854567	8.81238212	8.51356372
21	10.01680316	9.64362821	9.29224373	8.96107956	8.64869429
22	10.20074366	9.80979559	9.44242544	9.09687631	8.77154026
23	10.37105895	9.96294524	9.58020683	9.22089161	8.88321842
24	10.52875828	10.10409700	9.70661177	9.33414759	8.98474402
25	10.67477619	10.23419078	9.82257960	9.43757770	9.07704002
26	10.80997795	10.35409288	9.92897211	9.53203443	9.16094547
27	10.93516477	10.46460174	10.02657992	9.61829629	9.23722316
28	11.05107849	10.56645321	10.11612837	9.69707423	9.30656651
29	11.15840601	10.66032554	10.19828291	9.76901756	9.36960591
30	11.25778334	10.74684382	10.27365404	9.83471924	9.42691447
31	11.34979939	10.82658416	10.34280187	9.89472076	9.47901315
32	11.43499944	10.90007757	10.40624025	9.94951668	9.52637559
33	11.51388837	10.96781343	10.46444060	9.99955861	9.56943236
34	11.58693367	11.03024279	10.51783541	10.04525901	9.60857487
35	11.65456822	11.08778537	10.56682148	10.08699853	9.64415897
36	11.71719279	11.14081233	10.61176282	10.12510916	9.67650816
37	11.77517851	11.18968878	10.65299342	10.15991704	9.70591651
38	11.82886899	11.23473620	10.69081965	10.19170506	9.73265137
39	11.87858240	11.27625457	10.72552261	10.22073521	9.75695579
40	11.92461333	11.31452034	10.75736020	10.24724677	9.77905072

附表5　年金終值系數($s_{\overline{n}|i}$) 表

n \ i	0.5%	1.0%	1.5%	2.0%	2.5%
1	1.00000000	1.00000000	1.00000000	1.00000000	1.00000000
2	2.00500000	2.01000000	2.01500000	2.02000000	2.02500000
3	3.01502500	3.03010000	3.04522500	3.06040000	3.07562500
4	4.03010012	4.06040100	4.09090337	4.12160800	4.15251562
5	5.05025063	5.10100501	5.15226693	5.20404016	5.25632852
6	6.07550188	6.15201506	6.22955093	6.30812096	6.38773673
7	7.10587939	7.21353521	7.32299419	7.43428338	7.54743015
8	8.14140879	8.28567056	8.43283911	8.58296905	8.73611590
9	9.18211583	9.36852727	9.55933169	9.75462843	9.95451880
10	10.22802641	10.46221254	10.70272167	10.94972100	11.20338177
11	11.27916654	11.56683467	11.86326249	12.16871542	12.48346631
12	12.33556237	12.68250301	13.04121143	13.41208973	13.79555297
13	13.39724018	13.80932804	14.23682960	14.68033152	15.14044179
14	14.46422639	14.94742132	15.45038205	15.97393815	16.51895284
15	15.53654752	16.09689554	16.68213778	17.29341692	17.93192666
16	16.61423026	17.25786449	17.93236984	18.63928525	19.38022483
17	17.69730141	18.43044314	19.20135539	20.01207096	20.86473045
18	18.78578791	19.61474757	20.48937572	21.41231238	22.38634871
19	19.87971685	20.81089504	21.79671636	22.84055863	23.94600743
20	20.97911544	22.01900399	23.12366710	24.29736980	25.54465761
21	22.08401101	23.23919403	24.47052211	25.78331719	27.18327405
22	23.19443107	24.47158598	25.83757994	27.29898354	28.86285590
23	24.31040322	25.71630183	27.22514364	28.84496321	30.58442730
24	25.43195524	26.97346485	28.63352080	30.42186247	32.34903798
25	26.55911502	28.24319950	30.06302361	32.03029972	34.15776393
26	27.69191059	29.52563150	31.51396896	33.67090572	36.01170803
27	28.83037015	30.82088781	32.98667850	35.34432383	37.91200073
28	29.97452200	32.12909669	34.48147867	37.05121031	39.85980075
29	31.12439461	33.45038766	35.99870085	38.79223451	41.85629577
30	32.28001658	34.78489153	37.53868137	40.56807921	43.90270316
31	33.44141666	36.13274045	39.10176159	42.37944079	46.00027074
32	34.60862375	37.49406785	40.68828801	44.22702961	48.15027751
33	35.78166686	38.86900853	42.29861233	46.11157020	50.35403445
34	36.96057520	40.25769862	43.93309152	48.03380160	52.61288531
35	38.14537807	41.66027560	45.59208789	49.99447763	54.92820744
36	39.33610496	43.07687836	47.27596921	51.99436719	57.30141263
37	40.53278549	44.50764714	48.98510874	54.03425453	59.73394794
38	41.73544942	45.95272361	50.71988538	56.11493962	62.22729664
39	42.94412666	47.41225085	52.48068366	58.23723841	64.78297906
40	44.15884730	48.88637336	54.26789391	60.40198318	67.40255354

附表 5(續 1)

n \ i	3.0%	3.5%	4.0%	4.5%	5.0%
1	1.00000000	1.00000000	1.00000000	1.00000000	1.00000000
2	2.03000000	2.03500000	2.04000000	2.04500000	2.05000000
3	3.09090000	3.10622500	3.12160000	3.13702500	3.15250000
4	4.18362700	4.21494287	4.24646400	4.27819112	4.31012500
5	5.30913581	5.36246588	5.41632256	5.47070973	5.52563125
6	6.46840988	6.55015218	6.63297546	6.71689166	6.80191281
7	7.66246218	7.77940751	7.89829448	8.01915179	8.14200845
8	8.89233605	9.05168677	9.21422626	9.38001362	9.54910888
9	10.15910613	10.36849581	10.58279531	10.80211423	11.02656432
10	11.46387931	11.73139316	12.00610712	12.28820937	12.57789254
11	12.80779569	13.14199192	13.48635141	13.84117879	14.20678716
12	14.19202956	14.60196164	15.02580546	15.46403184	15.91712652
13	15.61779045	16.11303030	16.62683768	17.15991327	17.71298285
14	17.08632416	17.67698636	18.29191119	18.93210937	19.59863199
15	18.59891389	19.29568088	20.02358764	20.78405429	21.57856359
16	20.15688130	20.97102971	21.82453114	22.71933673	23.65749177
17	21.76158774	22.70501575	23.69751239	24.74170689	25.84036636
18	23.41443537	24.49969130	25.64541288	26.85508370	28.13238467
19	25.11686844	26.35718050	27.67122940	29.06356246	30.53900391
20	26.87037449	28.27968181	29.77807858	31.37142277	33.06595410
21	28.67648572	30.26947068	31.96920172	33.78313680	35.71925181
22	30.53678030	32.32890215	34.24796979	36.30337795	38.50521440
23	32.45288370	34.46041373	36.61788858	38.93702996	41.43047512
24	34.42647022	36.66652821	39.08260412	41.68919631	44.50199887
25	36.45926432	38.94985669	41.64590829	44.56521015	47.72709882
26	38.55304225	41.31310168	44.31174462	47.57064460	51.11345376
27	40.70963352	43.75906024	47.08421440	50.71132361	54.66912645
28	42.93092252	46.29062734	49.96758298	53.99333317	58.40258277
29	45.21885020	48.91079530	52.96628630	57.42303316	62.32271191
30	47.57541571	51.62267728	56.08493775	61.00706966	66.43884750
31	50.00267818	54.42947098	59.32833526	64.75238779	70.76078988
32	52.50275852	57.33450247	62.70146867	68.66624524	75.29882937
33	55.07784128	60.34121005	66.20952742	72.75622628	80.06377084
34	57.73017652	63.45315240	69.85790851	77.03025646	85.06695938
35	60.46208181	66.67401274	73.65222486	81.49661800	90.32030735
36	63.27594427	70.00760518	77.59831385	86.16396581	95.83632272
37	66.17422259	73.45786930	81.70224640	91.04134827	101.62813886
38	69.15944927	77.02889472	85.97033626	96.13820476	107.70954580
39	72.23423275	80.72490604	90.40914971	101.46442398	114.09502309
40	75.40125973	84.55027775	95.02551570	107.03032306	120.79977424

附表5(續2)

n \ i	5.5%	6.0%	6.5%	7.0%	7.5%
1	1.00000000	1.00000000	1.00000000	1.00000000	1.00000000
2	2.05500000	2.06000000	2.06500000	2.07000000	2.07500000
3	3.16802500	3.18360000	3.19922500	3.21490000	3.23062500
4	4.34226638	4.37461600	4.40717462	4.43994300	4.47292188
5	5.58109103	5.63709296	5.69364098	5.75073901	5.80839102
6	6.88805103	6.97531854	7.06372764	7.15329074	7.24402034
7	8.26689384	8.39383765	8.52286994	8.65402109	8.78732187
8	9.72157300	9.89746791	10.07685648	10.25980257	10.44637101
9	11.25625951	11.49131598	11.73185215	11.97798875	12.22984883
10	12.87535379	13.18079494	13.49442254	13.81644796	14.14708750
11	14.58349825	14.97164264	15.37156001	15.78359932	16.20811906
12	16.38559065	16.86994120	17.37071141	17.88845127	18.42372799
13	18.28679814	18.88213767	19.49980765	20.14064286	20.80550759
14	20.29257203	21.01506593	21.76729515	22.55048786	23.36592066
15	22.40866350	23.27596988	24.18216933	25.12902201	26.11836470
16	24.64113999	25.67252808	26.75401034	27.88805355	29.07724206
17	26.99640269	28.21287976	29.49302101	30.84021730	32.25803521
18	29.48120483	30.90565255	32.41006738	33.99903251	35.67738785
19	32.10267110	33.75999170	35.51672176	37.37896479	39.35319194
20	34.86831801	36.78559120	38.82530867	40.99549232	43.30468134
21	37.78607550	39.99272668	42.34895373	44.86517678	47.55253244
22	40.86430965	43.39229028	46.10163573	49.00573916	52.11897237
23	44.11184669	46.99582769	50.09824205	53.43614090	57.02789530
24	47.53799825	50.81557735	54.35462778	58.17667076	62.30498744
25	51.15258816	54.86451200	58.88767859	63.24903772	67.97786150
26	54.96598051	59.15638272	63.71537769	68.67647036	74.07620112
27	58.98910943	63.70576568	68.85687725	74.48382328	80.63191620
28	63.23351045	68.52811162	74.33257427	80.69769091	87.67930991
29	67.71135353	73.63979832	80.16419159	87.34652927	95.25525816
30	72.43547797	79.05818622	86.37486405	94.46078632	103.39940252
31	77.41942926	84.80167739	92.98923021	102.07304137	112.15435771
32	82.67749787	90.88977803	100.03353017	110.21815426	121.56593454
33	88.22476025	97.34316471	107.53570963	118.93342506	131.68337963
34	94.07712207	104.18375460	115.52553076	128.25876481	142.55963310
35	100.25136378	111.43477987	124.03469026	138.23687835	154.25160558
36	106.76518879	119.12086666	133.09694513	148.91345984	166.82047600
37	113.63727417	127.26811866	142.74824656	160.33740202	180.33201170
38	120.88732425	135.90420578	153.02688259	172.56102017	194.85691258
39	128.53612708	145.05845813	163.97362996	185.64029158	210.47118102
40	136.60561407	154.76196562	175.63191590	199.63511199	227.25651960

附表5(續3)

n \ i	8.0%	8.5%	9.0%	9.5%	10.0%
1	1.00000000	1.00000000	1.00000000	1.00000000	1.00000000
2	2.08000000	2.08500000	2.09000000	2.09500000	2.10000000
3	3.24640000	3.26222500	3.27810000	3.29402500	3.31000000
4	4.50611200	4.53951413	4.57312900	4.60695738	4.64100000
5	5.86660096	5.92537283	5.98471061	6.04461833	6.10510000
6	7.33592904	7.42902952	7.52333456	7.61885707	7.71561000
7	8.92280336	9.06049702	9.20043468	9.34264849	9.48717100
8	10.63662763	10.83063927	11.02847380	11.23020009	11.43588810
9	12.48755784	12.75124361	13.02103644	13.29706910	13.57947691
10	14.48656247	14.83509932	15.19292972	15.56029067	15.93742460
11	16.64548746	17.09608276	17.56029339	18.03851828	18.53116706
12	18.97712646	19.54924979	20.14071980	20.75217752	21.38428377
13	21.49529658	22.21093603	22.95338458	23.72363438	24.52271214
14	24.21492030	25.09886559	26.01918919	26.97737965	27.97498336
15	27.15211393	28.23226916	29.36091622	30.54023072	31.77248169
16	30.32428304	31.63201204	33.00339868	34.44155263	35.94972986
17	33.75022569	35.32073306	36.97370456	38.71350013	40.54470285
18	37.45024374	39.32299538	41.30133797	43.39128265	45.59917313
19	41.44626324	43.66544998	46.01845839	48.51345450	51.15909045
20	45.76196430	48.37701323	51.16011964	54.12223267	57.27499949
21	50.42292144	53.48905936	56.76453041	60.26384478	64.00249944
22	55.45675516	59.03562940	62.87333815	66.98891003	71.40274939
23	60.89329557	65.05365790	69.53193858	74.35285649	79.54302433
24	66.76475922	71.58321882	76.78981305	82.41637785	88.49732676
25	73.10593995	78.66779242	84.70089623	91.24593375	98.34705943
26	79.95441515	86.35455478	93.32397689	100.91429745	109.18176538
27	87.35076836	94.69469193	102.72313481	111.50115571	121.09994192
28	95.33882983	103.74374075	112.96821694	123.09376551	134.20993611
29	103.96593622	113.56195871	124.13535646	135.78767323	148.63092972
30	113.28321111	124.21472520	136.30753855	149.68750218	164.49402269
31	123.34586800	135.77297684	149.57521702	164.90781489	181.94342496
32	134.21353744	148.31367987	164.03698655	181.57405731	201.13776745
33	145.95062044	161.92034266	179.80031534	199.82359275	222.25154420
34	158.62667007	176.68357179	196.98234372	219.80683406	245.47669862
35	172.31680368	192.70167539	215.71075465	241.68848330	271.02436848
36	187.10214797	210.08131780	236.12472557	265.64888921	299.12680533
37	203.07031981	228.93822981	258.37594760	291.88553369	330.03948586
38	220.31594540	249.39797935	282.62978288	320.61465939	364.04343445
39	238.94122103	271.59680759	309.06646334	352.07305203	401.44777789
40	259.05651871	295.68253624	337.88244504	386.51999197	442.59255568

國家圖書館出版品預行編目(CIP)資料

利息理論與應用 / 張運剛 編著. -- 第三版.
-- 臺北市：財經錢線文化出版：崧博發行, 2018.11

　面　；　公分

ISBN 978-957-680-275-1(平裝)

1.利率

562.32　　　　107018839

書　名：利息理論與應用
作　者：張運剛 編著
發行人：黃振庭
出版者：財經錢線文化事業有限公司
發行者：崧博出版事業有限公司
E-mail：sonbookservice@gmail.com
粉絲頁　　　　　網　址：
地　址：台北市中正區延平南路六十一號五樓一室
8F.-815, No.61, Sec. 1, Chongqing S. Rd., Zhongzheng
Dist., Taipei City 100, Taiwan (R.O.C.)
電　話：(02)2370-3310　傳　真：(02) 2370-3210
總經銷：紅螞蟻圖書有限公司
地　址：台北市內湖區舊宗路二段 121 巷 19 號
電　話：02-2795-3656　傳真：02-2795-4100　網址：
印　刷：京峯彩色印刷有限公司（京峰數位）

　　本書版權為西南財經大學出版社所有授權崧博出版事業有限公司獨家發行電子書及繁體書繁體版。若有其他相關權利及授權需求請與本公司聯繫。

定價：600元

發行日期：2018 年 11 月第三版

◎ 本書以POD印製發行